Michail und August Stern · Der verklemmte Genosse

Michail Stern
und August Stern

Der verklemmte Genosse

Das sexuelle Leben in der Sowjetunion

Aus dem Französischen
von Otto Weith

Ullstein

Inhalt

Einführung
Im Land des heimlichen Sex

Eines – wie wir uns lieben, was wir unseren Frauen sagen, was unsere Frauen zu uns sagen, warum wir uns verheiraten, wie wir uns wehtun, wie wir lügen, wie wir nach der Wahrheit suchen, wie wir die sexuelle Wirklichkeit der Länder des Westens sehen.

Ein anderes – die Sexualität im Land der Sowjets, die normale, die pathologische, jene der freien, jene der eingesperrten Menschen, jene des Mannes von der Straße wie jene der Privilegierten – Heirat, Scheidung, erste sexuelle Regungen Heranwachsender, die sich dem anderen Geschlecht nähern – die Emanzipation der Frau: gibt es sie in der Sowjetunion? Und die Homosexualität? Und die Wochenenden der Entspannung für die Großen des Regimes auf dem Land, fern von indiskreten Blicken.

Dies ist der Stoff meines Vorhabens.

Jedermann weiß es heutzutage: die riesige Sowjetunion ist eine geheimnisvolle, eine verschlossene Welt. Wenn ein Fremder den Fuß auf den Flughafen von Moskau setzt, bildet er sich vielleicht ein, er mache sich zur Entdeckung eines Landes auf. Meist werden solche Hoffnungen schon am nächsten Tag zunichte, denn sein Aufenthalt ist vorprogrammiert und beschert ihm kaum eine Überraschung. Man wird ihm den Roten Platz, den Kreml, die historischen Bauten Leningrads zeigen, man wird mit ihm eine Fabrik oder eine Musterkolchose besuchen, anhand der vorher sorgfältig vorbereiteten Reiseroute auf besondere Wirkung berechnet. Versucht er aber, mit den Menschen – nicht mit den offiziellen Reisebegleitern, sondern mit dem Mann aus dem Volk Verbindung aufzunehmen, so wird er fast immer, wenn er feinfühlig genug ist, es zu merken, auf eine Angst, eine Spannung, eine Gezwungenheit stoßen, die auch ein aufrichtiges Lächeln verzerrt, das ihm der andere vielleicht schenkt. In einem Land, das Trug und Täuschung zur Staatsraison erhoben hat, wo alles darauf ausgerichtet ist, die Wirklichkeit als eine Art irdischen Paradieses zu präsentieren, und wo jeder Mensch gezwungen ist, als Bürger seines Staates ständig die Dogmen der offiziellen Ideologie zu wiederholen – in diesem Land verbirgt jedermann fortwährend etwas, so daß der Ausländer die Sowjetunion verlassen wird, ohne das Wesen des Alltags der Sowjetrussen noch ihre eigentlichen Gedanken wirklich kennengelernt zu haben.

Man denke nur einmal an diesen Kontrast: einerseits der elegante und bequeme Luxuszug zwischen Moskau und Leningrad, in dem die Ausländer nur Erster Klasse fahren, andererseits der Bummelzug, der vierzehn Tage brauchte, um mich aus dem Gefängnis von Winniza ins Konzentrationslager von Charkow zu überführen, und in dem die Gefangenen zu zehnt in die Abteile gepreßt wurden, im Unrat, im Gestank, bei erstickender Hitze. Ich wähle bewußt dieses brutale Bild, um eine Vorstellung von der Divergenz zu geben, die das Aussehen der Dinge von ihrem durch den Schleier der offiziellen Ideologie verborgenen wahren Gesicht scheidet.

Ich sage es geradeheraus: diese Divergenz ist eben das Wesen der sowjetischen Wirklichkeit. Die Aufteilung der Persönlichkeit, der unausstehliche Widerspruch zwischen dem öffentlichen, offiziellen Auftreten der Menschen und ihrem privaten, der Außenwelt verborgenen Verhalten sind es, die mehr noch als das Fehlen politischer und individueller Freiheiten die Menschen psychisch und physisch zugrunde richten.

Ja, auch physisch, denn nichts sonst enthüllt die Aufteilung der Persönlichkeit klarer als das Sexualleben der sowjetischen Menschen. Seit der Stalin-Epoche hat die Ideologie des Regimes den Sex aus sowjetischen Landen verbannt. Der »Sowjetmensch«, den man angeblich geschaffen hatte, mußte eine Art Supermann mit einer untadeligen Moral sein, dessen Liebesleben, das übrigens auf ein striktes Minimum und auf die keuschesten Praktiken zu beschränken sei, zu nichts anderem gedacht war als zur Stärkung der »roten sowjetischen Familie« und der sozialistischen Gesellschaft. Erschien eine Frau auf irgendwelchen Illustrationen offizieller Presseerzeugnisse, war sie fast regelmäßig mit einem Gewehr oder einer Sichel bewaffnet. Passierte es ihr einmal zufällig, daß eine Brust entblößt war, so konnte man sichergehen, daß diese Kühnheit nur zu dem edlen Zweck gestattet war, einen künftigen ›Pionier‹ des sozialistischen Vaterlands zu stillen.

Dieser Wesenszug des Regimes ist in der Sowjetunion über die Jahre hinweg recht wirksam geblieben. Dies erklärt teilweise die gegenwärtige Situation, in der z. B. über das Leben in den Lagern viel mehr Informationen zirkulieren als über das Sexualverhalten der sowjetischen Bevölkerung.

Gewiß, die Ächtung und das Schweigen, die alles umgeben, was sich auf den Sex bezieht, sind keine Erfindung des Sowjetregimes: andere Länder haben sie gekannt und kennen sie noch. Was die Sowjetunion davon unterscheidet, ist die lähmende Allgegenwart einer Dauerselbstüberwachung, die für den *homo sovieticus* schließlich zur zweiten Natur geworden ist – eine von oben auferlegte moralische Norm, die im Gegensatz zu den traditionellen ethischen Systemen keiner Wirklichkeit mehr entspricht und außerdem einen brutalen Eingriff des Staats in die intimsten Gebiete der menschlichen Existenz darstellt. Im imaginären totalitären Regime Orwells in »1984« wird der nicht kontrollierte Geschlechtsakt als Herausforderung des Systems gewertet; für mich besteht kein Zweifel, daß der Kommunismus in seinen letzten Tendenzen immer nach diesem »idealen« Zustand gesucht hat.

Dieses Buch über die Sexualität in der Sowjetunion ist weder eine medizinische Abhandlung noch ein politisches Pamphlet. Ich möchte meinen Standpunkt als Endokrinologe und Sexologe über die sozio-sexuellen Anomalien darlegen, die den Menschen durch den sowjetischen »way of life« aufgedrängt werden, und die Erfahrungen aus meiner dreißigjährigen ärztlichen Praxis beschreiben. Ohne den Anspruch einer soziologischen Untersuchung – die im übrigen aus allerlei Gründen unmöglich wäre, wie ich später erläutern werde – will ich ans Licht bringen, was zu sehen ich Gelegenheit hatte, wobei ich so verheimlichte Aspekte angehe wie die Homosexualität oder gewisse Praktiken der Großen des Regimes, wenn sie sich im Schutz ihrer Datschas amüsieren. Fände sich in der Sowjetunion jemand, der sich an ein Buch dieser Art wagte, würde ihm seine Kühnheit mit Bestimmtheit einen offiziellen Eintrag in die Schwarze Liste der Dissidenten oder der Verdächtigen einbringen. Nach den Richtlinien der Zensur ist nämlich jede objektive Forschung auf diesem Gebiet unmöglich.

Seit etlichen Jahren sind in den Ländern des Westens zahlreiche Untersuchungen über das sexuelle Leben der Männer und der Frauen veröffentlicht worden. Man denke nur an den »Hite Report« oder an »Beyond the male Myth« von A. Pietropinto und J. Simenauer. Vom offiziellen sowjetischen Gesichtspunkt aus bestätigen solche Arbeiten nur die moralische Zersetzung der ›verfaulten‹ westlichen Gesellschaft, die so tief gesunken ist, daß nur mehr sexuelle Perversionen ihr Interesse wecken. Es versteht sich, daß in der Sowjetunion die Sexologie kein Heimatrecht hat. Schon den Ausdruck Sexologe gibt es kaum. Weder die wissenschaftliche Disziplin noch die Praxis der Sexologie konnten dort jemals heimisch werden; somit ist der Sowjetbürger, der Rat sucht, gezwungen, sich an den Psychiater, den Endokrinologen,

Gynäkologen, Urologen oder an den Facharzt für Geschlechtskrankheiten zu wenden, der vielleicht geruhen wird, ihn anzuhören. Ein Spezialist, der sich darauf einließe, sich mit Problemen dieser Art zu befassen, würde nie über Mangel an Arbeit zu klagen haben. Denn in der Sowjetunion haben die sexuellen Abweichungen einen katastrophalen Umfang angenommen, aber Sexologen gibt es praktisch keine.

Die wenigen Ärzte, die sich als Sexologen betätigen, spielen die Rolle von wagemutigen Pionieren. Sie können sich lediglich auf ihre praktische Erfahrung und ihr persönliches Können verlassen, denn es gibt keine Möglichkeit, sich offiziell entsprechende Kenntnisse anzueignen, und das in einem Land, das behauptet, auf der Welt für die Qualität und Effektivität seiner Gesundheitsorganisation an erster Stelle zu stehen.

Hätte der Leser in meinem Sprechzimmer mithören können, er wäre aus dem Staunen nicht herausgekommen. Auch mit guten russischen Sprachkenntnissen dürfte er außer der unaufhörlichen Wiederholung des einsilbigen Worts »das« nicht viel verstanden haben. Mit »das« wird alles mögliche bezeichnet, der Penis, der Geschlechtsakt, die Vagina, die Schwangerschaft, die Masturbation, der Orgasmus und eine Menge anderer Dinge, nach deren eigentlichen genauen Bezeichnungen und deren freiem Gebrauch in der russischen Sprache man vergeblich suchen würde. Die ganze Kunst des Arztes besteht darin, sich auf seine Erfahrung und seine psychologischen Kenntnisse zu verlassen und auf Grund all dieser »das« – auch wenn sie nicht ausgesprochen werden – eine Diagnose zu stellen und sich zu der anzuwendenden Behandlung oder den angebrachten Ratschlägen zu entschließen. Häufig werden solche Fragen außer der Reihe am Ende einer Routinekonsultation gestellt. Oft und oft kamen Patienten wegen irgendwelcher Drüsenkrankheiten zu mir und flüsterten mir, bevor sie den Raum verließen, vertraulich und verschämt zu: »Herr Doktor, ich hätte noch gern einen kleinen Rat von Ihnen.«

Trotz all dieser Handikaps wird die Tätigkeit des ›heimlichen‹ Sexologen dank einer Besonderheit der sowjetischen Medizin erleichtert, denn die Funktion des Arztes geht beträchtlich über das strikt Medizinische hinaus. Früher einmal gingen die Russen zum Popen, wenn sie ihre Sünden bekennen oder über ihre Probleme sprechen wollten. Heutzutage, da die Religion praktisch ausgeschaltet ist, sind die Popen des Einverständnisses mit der Polizei verdächtig, und so weiß niemand mehr, wem er sich anvertrauen könnte. Hier beginnt die Aufgabe des Arztes, vertrauliche Bekenntnisse anzuhören und sozusagen die Seele genau so wie den Leib zu heilen. Zweifellos ist die Arztpraxis eine der seltenen, vor dem Regime sicheren Inseln; dem Arzt erzählen die Menschen ohne Scheu von Problemen, die sie nie mit anderen besprechen würden. Er genießt das Vertrauen der Bevölkerung und gelangt zu Informationen, die oft nicht einmal dem KGB bekannt sind.

Meine Erfahrungen als Endokrino-Sexologe lagen in dem eben skizzierten allgemeinen Rahmen. Auf den im Lauf meiner ärztlichen Praxis gesammelten Gegebenheiten beruht der größere Teil dieses Buchs. Als Arzt habe ich in der Sowjetunion für das Volk inmitten des Volks gearbeitet. Meine Patienten gehörten allen Altersstufen an, kamen aus allen Bevölkerungsschichten – der einfache Bauer, der General des KGB, der Minister. Bei einer dreißigjährigen Praxis ist die Zahl der durch meine Hände gegangenen Patienten schwer zu schätzen. In der Klinik von Winniza, die ich leitete, lag die Zahl der zu Behandelnden pro Tag zwischen dreißig und fünfunddreißig, in meiner Praxis konnte sich die Zahl verdoppeln. Es gab sogar Zeiten, da ich bis zu hundert Kranke zu untersuchen hatte, ganz zu schweigen von der furchtbaren Hungersnot im Jahr 1947, als die Zahl der Patienten auf zweihundert ansteigen konnte.

Ich habe den größten Teil meines Lebens in der Ukraine gearbeitet, die Patienten aber kamen aus allen Gebieten der Sowjetunion.

Die Nationalitäten meiner Patienten waren breit gefächert: Ukrainer, Juden, Russen, Georgier, Tschechen, Polen, buddhistische Burjäten, moslemische Azeri, christliche Armenier; dieses ganze Mosaik des Vielvölkerstaats, Atheisten oder Gottgläubige, hat mir ziemlich vollständige Kenntnisse von den heterogensten Völkern vermittelt.

Winniza, wo ich eine Klinik leitete, ist eine typische sowjetische Stadt. Meine im wesentlichen provinziellen Erfahrungen sind viel repräsentativer für die sowjetische Wirklichkeit als jene, die ich in Städten wie Moskau und Leningrad hätte gewinnen können, auf die man sich im allgemeinen zu berufen pflegt. Menschen aus dem Westen wie die Sowjetrussen selbst neigen in der Tat dazu, etwas zu übertreiben, was schließlich nicht mehr ist als das Fenster der sowjetischen Welt in den Westen.

Winniza ist auch sonst eine interessante Stadt. Im 2. Weltkrieg war es Sitz des Stabs der Sowjetarmee, und während der Besetzung installierte sich Hitler in der Stadt. Einem angenehmen Klima verdankt es Winniza, ein hochgestellten Persönlichkeiten vorbehaltener Sommererholungsort geworden zu sein. Eine Straße in der Altstadt ist fast nur von Generälen a. D. bewohnt. Sie ließen mich oft rufen oder kamen in meine Sprechstunde. So wurde mir die Ehre eines Besuchs des Ersten Parteisekretärs von Winniza zuteil, der wichtigsten Persönlichkeit der Region.

In den dreißig Jahren meiner ärztlichen Praxis konnte ich alle möglichen Arten sexueller oder hormonaler Anomalien, unglaubliche Tragödien beobachten, außergewöhnliche und geheime Schicksale begreifen lernen. Die häufigsten Störungen waren sexuelle Unreife, Impotenz, vorzeitige Ejakulation, Frigidität. Manche Patienten kamen gern, manche mußten sich zwingen: da war eine Frau, die ihren impotenten Mann mitbrachte, der sich mit dem Arzt besprechen sollte – Eltern, die entdeckt hatten, daß ihr Kind masturbierte. Andere trieb die Verzweiflung über pathologische Angstzustände zum Arzt. Die einen wußten von ihren Anomalien, die anderen entdeckten sie im Lauf der Untersuchung. Ich habe Kranke behandelt, deren nächste Verwandte zu mir um Hilfe kamen. Andere wünschten – aus falscher Scham – eine Beratung per Telefon. Es gab Patienten, die privat in meine Wohnung kamen, weil sie sich scheuten, eine staatliche Klinik aufzusuchen. Es waren hauptsächlich Homosexuelle, Geschlechtskranke oder auch einmal Frauen aus Kiew, die die »Schande« vermeiden und abtreiben lassen wollten, Männer, die sich heimlich wegen ihrer »entwürdigenden« Impotenz behandeln ließen, oder eine Lesbierin, die mir ein Kollege aus Leningrad schickte. Wenn ich in der Klinik merkte, daß jemand über seine Schwierigkeiten nicht sprechen konnte, schlug ich ihm vor, mich in meiner Wohnung aufzusuchen. In einer privaten Unterhaltung kann sich der Patient mit weniger Hemmungen aussprechen. Kollegen und Freunde aus Charkow, Kiew oder Moskau wiesen oft Kranke an mich. Es kam auch vor, daß ich in anderen Städten ordinierte, wo ich Privilegierte oder auch gewöhnliche Sterbliche beriet.

Ich bin gezwungen, aus Tausenden von Fällen besonders kennzeichnende aus dem Gedächtnis wiederzugeben. Als ich die Sowjetunion verließ, konnte ich nur einige wenige Notizen, Briefe und Fotos mitnehmen, weil meine gesamten Unterlagen von der Polizei konfisziert worden waren. Diese Gedächtnisleistung mag den Leser überraschen, aber er muß bedenken, daß in einer totalitären Gesellschaft das Gedächtnis weitaus wichtiger ist als anderswo. Im Westen braucht niemand Angst zu haben, seine Erlebnisse, seine Anschauungen dem Papier anzuvertrauen (wenn er nicht gerade ein Krimineller oder ein Spion ist), in der Sowjetunion jedoch ist es unerläßlich, sich Tatsachen und Namen einzuprägen, die dann manchmal eine außerordentliche Deutlichkeit und Schärfe annehmen. Geschriebenes ist unsicher und kann zur Beschlagnahme und Verfolgung führen. In Sowjetrußland gehört ein Text sozusagen nicht seinem Autor. Nadeschda Mandelstam, die Witwe des Dichters, trainierte sich, Hunderte von Gedichten ihres Mannes auswendig zu lernen – die einzige Möglichkeit, seine Werke vor dem drohenden Nichts zu retten. Diese Umstände verleihen den Schriften der sowjetischen Dissidenten gar nicht zu vermeidende autobiographische und empirische Züge. Auch mein Buch dürfte keine Ausnahme von der Regel sein.

Diese Untersuchung stützt sich, wie bereits gesagt, vor allem auf meine ärztliche Erfahrung, aber der Leser wird auch andere Informationsquellen darin finden, die ich in erster Linie von den Personen habe, die ich außerhalb meiner ärztlichen Praxis kennenlernen konnte: Bekannte, Freunde, Kollegen usw. Dann jene, die von »speziellen« Patienten stammen, von Würdenträgern der Partei und ihren Frauen, von Ministern, Militärs im Ruhestand, Funktionären des KGB, von Intourist, Justizpersonen, Journalisten der »Prawda«: eine nicht zu verachtende Quelle. Jedermann weiß, daß in der Sowjetunion die Information nicht »umläuft«, sondern in fast allen Kreisen der sowjetischen Gesellschaft – geheim bleibt – daß sie meistens kleinen, geschlossenen Zirkeln vorbehalten ist. Die Sowjetunion ist ein Land, in dem die Neuigkeiten von Mund zu Mund gehen und die Anekdote den Platz der Lokalzeitung einnimmt. Dank meines Berufs hatte ich oft Gelegenheit, vertrauliche Mitteilungen aus der am besten informierten Bevölkerungsschicht zu bekommen. Als altem Parteimitglied war es mir auch möglich, geheime Dokumente einzusehen, die dem einfachen Bürger unzugänglich sind.

Auch habe ich einige sowjetische soziologische Werke benützt, soweit trotz der Barriere der Zensur Informationen durchsickern, ferner in der sowjetischen Presse erschienene Artikel, medizinische oder andere, in denen es einem geübten Auge manchmal glückt, zwischen den Zeilen zu lesen, außerdem westliche historische oder soziologische Arbeiten, die ich nach meiner Abreise aus der Sowjetunion zu Rate ziehen konnte.*

Schließlich zitiere ich als Quelle die 1500 Gefangenen des Konzentrations-

* An erster Stelle das Buch von I. Kurganow, »Die Frauen und der Kommunismus« (russisch), New York 1968, dem ich an dieser Stelle danken möchte.

lagers ITK-12* bei Charkow, in dem ich die drei letzten Jahre meines Daseins in der Sowjetunion zubrachte und wo ich einen neuen Aspekt der sowjetischen Sexualität entdeckte. Das Lager ist nun gewiß keine Forschungsstätte, und der Häftling beschäftigt sich mehr mit dem Überleben als mit dem sexuellen Verhalten seiner Kameraden im Unglück. Aber auch dort hat mir die Achtung, die der Tätigkeit des Arztes gezollt wird, die Position des Vertrauenswürdigen, des Beobachters, des Spezialisten eingetragen, den man konsultiert. Heute, da der Alptraum hinter mir liegt, staune ich über die Klarheit, mit der sich die Namen, die Gewaltakte, Morde und Selbstmorde, tragische und tragikomische Vorkommnisse, die Gesichter Lebender und Toter in mein Gedächtnis gegraben haben.

Dort im Lager habe ich begriffen, was mir, als ich noch in Freiheit lebte, noch nicht klar gewesen war – daß nämlich eine Verbindung besteht zwischen den blutigen Erscheinungen des plötzlichen Umschwungs, die die Geschichte der Sowjetrepublik begleitet haben, zwischen dem Terror, den Schrecken einerseits und den tiefgreifenden Anomalien des sowjetischen Sexuallebens andererseits. Ich habe erkannt, daß das seit 1917 bestehende totalitäre Regime pathologische Phänomene hervorgebracht hat, die ihm eigentümlich sind und die sich auf katastrophale Weise vermehrt haben. Auch ist das Buch nicht nur die Frucht meiner persönlichen Erfahrungen als Arzt und Dissident, denn es reflektiert gewissermaßen jene von Tausenden von Patienten, die ich beobachten und deren Unglück ich manchmal lindern konnte. Die Tatsache, daß ich den größeren Teil meines Lebens unter einem totalitären Regime zugebracht habe, drei Jahre davon hinter Stacheldraht, hat mich politisch geprägt.

Zwei außerhalb des sowjetischen Rußland verbrachte Jahre haben mich den Unterschied zwischen der westlichen und der sowjetischen Welt erkennen lassen. Viele im Westen werden sich über die rückständig gewordene sowjetische Medizin und die erstaunliche Naivität der Sowjetmenschen wundern. Dies erklärt sich aus verschiedenen Faktoren, die zu erhellen ich mich bemühen will. Vorweg muß ich betonen, daß die in der Sowjetunion verwendete Terminologie viel ungenauer als die im Westen übliche ist. Man weiß, daß die Medizin eine Universalsprache hat, die nach einer Unesco-Konvention in allen Ländern vereinheitlicht ist. Die Sowjetunion hat zwar diese Terminologie übernommen, ohne sie jedoch auf das Gebiet der

* ITK: Lager zur Umerziehung durch Arbeit.

Sexologie auszudehnen. Ein Beispiel: die Ausdrücke Impotenz oder Frigidität bezeichnen voneinander verschiedene Zustände, die die westliche Wissenschaft feiner unterscheidet als die sowjetische (vorzeitige Ejakulation, Anorgasmie usw.). Befriedigung, Lust, Orgasmus werden aus Unkenntnis ihrer besonderen Bedeutungen unterschiedlos gebraucht.

In dieser Untersuchung verwende ich bewußt die in der Sowjetunion gebräuchliche Terminologie, um den Charakter der Authentizität zu wahren. Ich erbitte dafür die Nachsicht des Lesers. Es ist mein Ziel, ein möglichst eingehendes Bild des sowjetischen Sexuallebens zu zeichnen, aber nichts ist schwieriger, als empirische Erfahrung in präzise Sprache zu übertragen. Mir schien dies unerläßlich zu sein, ich habe es gewagt.

Man wird, wie ich weiß, in diesem Buch Schwächen und Widersprüche finden können; ich hoffe aber, daß es andere zu Untersuchungen über das sexuelle Leben in der Sowjetunion anregt.

TEIL I
DAS SOWJETISCHE REGIME UND DIE SEXUALITÄT

In einem politischen Regime ein Problem zu sehen, wenn man über Sexualität sprechen will, mag ungereimt scheinen: welche Beziehung kann zwischen einem Staat mit seinen vielfältigen politischen, wirtschaftlichen, internationalen Aufgaben und dem Intimsten der menschlichen Existenz bestehen? Gibt der Autor etwa antikommunistischen Ideen nach, wenn er die Politik in die Gegend unterhalb der Gürtellinie verlegen will, mag sich der Leser fragen.

Auf diese Vorhaltung möchte ich mit nur einem Beispiel aus meiner ärztlichen Erfahrung antworten, das für mich immer von erschreckender Symbolik war.

1937 in der Ukraine. Elena und Andrej wachten eines Morgens mit einem großen Glücksgefühl auf; sie hatten geheiratet und wollten alle Freuden des neuen Lebens genießen – Gefühle so alt wie die Menschheit, wie das Leben selbst.

Das ganze Land war aber mitten in einer Säuberung – 1937, der Gipfel des großen Stalin-Terrors in Vorkriegszeiten. Millionen Unschuldiger wurden ohne Urteil festgenommen, in die Gefängnisse und Lager geschickt, unter den unwahrscheinlichsten Vorwänden erschossen. Angst herrschte überall, in Bauernhütten wie in städtischen Wohnungen, in Arbeitervierteln wie in den Villen der Würdenträger.

Kann man lieben, wenn man zum Tod verurteilt ist? Ja, und vielleicht intensiver als der Henker samt seiner Seelenruhe. Niemand wollte sterben, alle klammerten sich ans Leben, an die kleinsten Freuden, an die unsinnigsten Hoffnungen. Mehr oder weniger erwartete jedermann seine baldige Verhaftung, aber man biß die Zähne zusammen und lebte weiter; abends nach einem Tag harter Arbeit legte man sich schlafen – in der dauernden Erwartung von Faustschlägen mitten in der Nacht gegen die Tür, man schlief ein in der Unsicherheit, ob man nicht zum letztenmal die Nacht im Bett verbringe.

Die Agenten des NKWD operierten mit Vorliebe nachts. Jemandem, dem zwanzig Jahre Lager oder die Todesstrafe drohten, machte es wenig aus, ob man ihn vom gedeckten Tisch weg oder aus dem Ehebett heraus verhaftete. Den Menschen jedoch, die Verhaftungen überlebten, die heil aus dieser entsetzlichen Zeit herauskamen, blieb von den nächtlichen Festnahmen ein schweres Trauma, dessen Bedeutung für ihr Leben man gar nicht überschätzen kann. In diesen Jahren lebte die Bevölkerung in Angst und Schrecken. Die Angst hat nicht nur bei Millionen seelische Verheerungen angerichtet, sondern auch bei zahlreichen Menschen schwere Störungen des Sexuallebens verursacht.

Kommen wir auf Andrej und Elena zurück. In der Nacht zum 20. April 1938, »an Führers Geburtstag«, wie Andrej später zu scherzen pflegte, wurde er verhaftet und kurz danach zu zwanzig Jahren Arbeitslager verurteilt. Bei Kriegsbeginn 1941 schickte man ihn in einem Sonderbataillon von »Kriminellen« und »Feinden des Volkes« an die Front. Er erzählte mir, daß alle seine Kameraden gefallen seien, er allein habe eine schwere Verwundung davongetragen. Aus unerforschlichen bürokratischen Gründen oder vielleicht dank des Chaos nach dem Ende des Kriegs wurde er nicht mehr ins Lager zurückbefohlen, sondern konnte mit einem Arm weniger, aber trotzdem gesund und munter nach Haus zurückkehren. Wirklich gesund und munter? In seiner Ehe mit Elena war Andrej sexuell ein vollkommen normaler Mann gewesen, aber nach seiner Rückkehr konnte er nachts seine Ängste nicht loswerden; das geringste Geräusch auf der Straße oder im Haus versetzte ihn in wahre Todesfurcht: »Sie kommen wieder und holen mich ab.« Manchmal stand er auf und schlich zum Fenster, um auf die Straße hinunterzuschauen. Kein Mensch war zu sehen, Andrej legte sich wieder nieder. Und wieder schnürte ihm die Angst die Kehle zu. Seine Frau zeigte Verständnis und ließ ihn fühlen, daß sie ihn noch genau so liebe, auch wenn er nur einen Arm habe und unter Beängstigungen leide. Vergebens: trotz starken Verlangens machte die ihn beherrschende Angst einen Impotenten aus ihm.

Jahre vergingen ohne die geringste Wendung zum Besseren. Als ich Andrej 1950 kennenlernte, erzählte er, daß er in der ganzen Zeit nur sechs- oder siebenmal Verkehr mit Elena gehabt habe. Nur ihre große Liebe hatte die Ehe gerettet, aber Andrej wollte so nicht weiterleben und hatte sich vorgenommen, seiner Frau trotz seiner Liebe zu ihr die Freiheit zu geben. Ich glaube nicht, daß Elena dieses Opfer angenommen hätte; sie war bereit, das

Sexualleben der Liebe zu opfern.

Eine Reihe hypnotischer Sitzungen war erfolglos. Ich war verzweifelt, daß ich den beiden Menschen nicht helfen konnte, deren Ehe das System zerstört hatte. Schließlich riet ich Andrej, nicht mit seiner Frau im selben Bett zu schlafen, eine oder zwei Wochen zu verreisen und es dann erneut zu versuchen; diesmal aber am hellen Tag – was bei den sowjetischen Lebensverhältnissen etwas absolut Ungewohntes ist.

Wie ich auf diese Idee verfiel, weiß ich nicht mehr; vielleicht hatte ich bereits die ganze Tragweite der Zwangsvorstellung »Verhaftung« erfaßt, oder war es einfach Intuition. Ich werde nie den Augenblick vergessen, als Elena und Andrej mich besuchten, eine Flasche Wodka und einen riesigen Kuchen in den Händen. Ohne sich zu genieren, weinten beide vor Freude, wir umarmten uns.

Es ist kein Zufall, wenn ich das Thema dieses Buchs mit einer Betrachtung der Konsequenzen angehe, die die Gewalttaten des Regimes für das sexuelle Leben von sowjetischen Bürgern gehabt haben. Eben dieses Regime veranlaßte mich auch, mich im Eheleben einfacher Männer und Frauen umzusehen.

Das 20. Jahrhundert hat uns gezeigt, daß jede Gesellschaft, jedes soziale und politische Regime Verbote über Sex zuläßt, Verhaltensregeln aufstellt, die seinen Mitgliedern mit mehr oder weniger Erfolg auferlegt werden, und schließlich ideologische und moralische Idealbilder errichtet, die sich dem Kollektivbewußtsein einprägen. Die Menschen haben sich von den rein biologischen Funktionen der Sexualität gelöst und wissen oft nichts von den starken Bindungen, die zwischen den Grundformen der sexuellen Betätigung, der Erotik und dem Orgasmus einerseits und der Geschichte der Gesellschaft eines jeden Volks andererseits bestehen.

Heute weiß jedermann, daß die sogenannten primitiven Gesellschaften, weit entfernt von »natürlicher, wilder«, ihnen zugeschriebener Wahllosigkeit des sexuellen Lebens, sehr strenge Familienordnungen kennen, in denen z. B. der Inzest generell verboten ist.

Aus gutem Grund verharrt das sowjetische Regime, das auf die totale Kontrolle des Einzelwesens in allen seinen Verhaltensweisen und sogar seiner Gedanken Anspruch erhebt, vor dem Sex nicht gleichgültig und tatenlos. Der Gründer des Kommunismus, Lenin, schrieb an seine platonische Freundin Inessa Armand, daß hinsichtlich der Liebe das ganze Problem in der »objektiven Logik« der Beziehungen der Klassen untereinander liege.

Ob es einem paßt oder nicht, die Liebe gehört in den Bereich der Öffentlichkeit: »kommunistisch« muß die Familie und die auf sowjetische Manier befreite Frau sein; seit 1934 wird Homosexualität gesetzlich bestraft.

Man kann also vom sexuellen Leben des Menschen der Sowjetunion nichts begreifen, wenn man den politischen und sozialen Hintergrund, auf dem es sich abzeichnet, außer Betracht läßt. Der Leser wird es auch verstehen, wenn ich einen historischen Abriß der Sexualität in Rußland vor und besonders seit 1917 gebe. Ich bin kein Historiker, und überhaupt erlaubt der gegenwärtige Stand der Kenntnisse kaum ein so ehrgeiziges Unternehmen wie eine gründliche Geschichte des sexuellen Lebens in Rußland. Ich werde mich darauf beschränken, auf charakteristische Züge hinzuweisen, auf wesentliche Gesichtspunkte, die ein Licht auf die Sitten und Gewohnheiten werfen, die dazu beigetragen haben, die historische Grundlage für dieses Volk in seiner Epoche des revolutionären Aufbruchs zu bilden.

1
Ein kurzer historischer Rückblick

Das aus der Oktober-Revolution von 1917 hervorgegangene Regime hatte es unternommen, die gesamte Gesellschaft nach einem vorgegebenen Bild umzugestalten. Man sollte sich vorher fragen, was es mit der Sexualität im alten Rußland auf sich hatte.

Die »Barbaren«

Das sexuelle Leben im Europa des Mittelalters und der Neuzeit interessiert zunehmend die westlichen Historiker. Auf diesem relativ neuen Gebiet ist Rußland ein weißer Fleck auf der Landkarte, der noch erforscht werden muß. Für das mittelalterliche Rußland verfügt man praktisch nur über Reiseberichte von Ausländern und kirchliche Dokumente. Von Reisenden verdient Adam Olearius, ein Gesandter Schleswig-Holsteins des 17. Jahrhunderts, für die Genauigkeit seiner Zeugenaussage und auch wegen des Entsetzens zitiert zu werden, mit dem er die Barbarei der Russen, dieses »höchst ungeschliffenen« Volks schilderte: »Wenn man die Russen nach ihren Gemüthern/Sitten und Leben betrachtet/sind sie billich unter die Barbaren zu rechnen... und bleiben ungelehrt und grob.« Und dann: »*Omnem pudorem ac verecundiam exuerunt*... Wir selbst haben es unterschiedliche mahl in Mußcau gesehen/daß Mann- und Weibes-Personen aus den gemeinen Badstuben zu erkühlen gegangen/und bloß/wie sie GOtt geschaffen/gegen uns getreten/und unsere junge Mannschafft mit halb zerbrochenen teutschen Worten unzüchtig zugeruffen. Zu solchen Geilheiten veranlasset ihrer viel der Müssiggang... wie auch insonderheit die Trunckenheit/der sie so sehr/als keine Nation in der Welt/ergeben... Wenn sie dann also übermässig angefüllet/gehen sie als ungezeumte Biester darauff loß/ wohin sie ihre geile Begierde lencket... Sie sind den fleischlichen Lüsten und Unzucht also ergeben/daß auch etliche mit dem abscheulichen Laster/so wir

Sodamiterey nennen/sich beschmutzen/und nicht alleine *pueros*... sondern auch Männer und Pferde darzu gebrauchen.«

Schließlich beschreibt er noch, wie sich die frommen Pilger im Wallfahrtsort Nowgorod betrinken und viehisch benehmen: »Jährlich zu Naugard [Nowgorod] wird ein grosser Wallfahrts Tag gehalten/da dann der Schenkke... aus erkaufften Vergünstigung des *Metropoliten* vor dem Kruge etliche Zelte aufschläget/in welchen die frembden Wallfarths-Brüder und Schwestern... ihre Wallfarths Andacht erträncken. An solch einem Tage hat sichs begeben/daß ein volles Weib aus dem Kruge gekommen/auff dem Wege nieder gefallen und eingeschlaffen. Indem ein ander voller Russe fürüber gehend diß Weib mit entblöstem Leibe liegen siehet/hat er aus Geilheit entbrandt sich zu ihr geleget/unerachtet/daß es bey hellem Tage und am allgemeinen Wege. Ist auch bei ihr liegen blieben/und mit schlaffend worden. Viel jung Volck haben sich in einen Crayß umb diß bestialische Paar gestellet/eine gute Weile ihr Gelächter und Kurtzweil daran gehabt/biß endlich ein alter Mann gekommen/einen Rock über sie geworffen/und ihre Schande zugedecket.«*

Dieses »Tableau« zeigt eine hemmungslose Gesellschaft, die in echter Promiskuität lebte. Der Reisende Olearius gehört einer Gesellschaft an, in der das sexuelle Leben sich bereits mit Scham zu verkleiden weiß. Die Russen baden nackt, trinken unmäßig (damals schon), ihre Zechgelage arten in wüste Spiele aus.

Vermeiden wir es trotzdem, unserem Reisenden gänzlich auf dem Gebiet moralischer Urteile und voreiliger Schlüsse zu folgen. Es ist nicht gesagt, daß eine Gesellschaft der freien Sitten gar keine Regeln kennt, auch wenn sie sie bei der ersten sich bietenden Gelegenheit in Lebenslust und Fröhlichkeit mißachtet. Diesem liederlichen Tableau könnte ein würdiger Patriarch ganz gut eine tugendhafte Inkarnation dieser Regeln in einem Land gegenüberstellen, in dem das Patriarchat herrschte.

Überhaupt waren die Sitten der Bauern Europas im Mittelalter vor der Kultivierung durch die Kirche kaum prüder. Die Schilderungen des Olearius

* Adam Olearius (Ölschläger; 1603–1671), »Des Welt-berühmten Adami Olearii colligirte und viel vermehrte Moskowitische und Persianische Reise-Beschreibungen. Bestehend in der nach Mußkau und Persien. Nebst beygefügtem Persianischen Rosen-Thal und Bauern-Garten.« Hamburg. In Verlegung Zacharias Herteln und Thomas von Wiering. Von Neuem aufgelegt A° MDCXCVI. Deutsche Neudrucke, Reihe Barock, 21: Fotokopie 2 Bde., Niemeyer Tübingen 1971, Bd. 1, S. 93, 97, 98.

lassen das nicht zu bezweifelnde Bild einer noch in Primitivität lebenden, noch kaum von der Zivilisation berührten Gesellschaft erstehen. Es fragt sich, ob man darin irgendwelche den Russen eigentümliche Züge, den Beweis für ihr angeborenes Barbarentum oder Folgeerscheinungen des mongolischen Jochs sehen soll, das die Russen vom 13. bis zum 15. Jahrhundert in einen Zustand der Minderwertigkeit und der Sklaverei herabgedrückt hatte. Es sind dies nichts als Hypothesen, die zudem mit Vorurteilen der kultivierten Schichten des 19. Jahrhunderts belastet sind, als man sich immer noch seiner Bauern schämte – Vorurteile, die zu beseitigen nicht meine Sache ist. Trotzdem dürfte daraus ersichtlich sein, daß der zivilisatorische und repressive Einfluß der Kirche im alten Rußland sehr viel schwächer war als in den europäischen bäuerlichen Gesellschaften.

Olearius gibt auch einen wertvollen Bericht über das Wesen der »skomorochi« – des bunten Völkleins der Fahrenden –, die das monotone ländliche Leben der Bauern und die Gelage der Fürsten aufheiterten. Zu den Darbietungen der Bänkelsänger usw. schreibt er: »Erzehlen allerhand schandbahre Fabeln... Zotten und Schandpossen... Dahin zielen auch ihre Täntze/welche sie zum theil mit üppigen Bewegungen der Glieder verrichten. Es sollen bißweilen die herumbschweiffende Comödien-Spieler im tantzen gar den Hintersten/und weiß nicht was mehr/entblössen... Dan̄ ihre Bärendäntzer haben auch solche Comödianten bey sich/die unter andern alsbald einen Possen... mit Poppen [Puppen] agiren können; Binden umb den Leib eine Decke/und staffeln sie über sich/lassen unten ihre Poppen dantzen/so ohn alle Zweydeutigkeit viehische Unzucht und Sodomiterey mimen... Wie Ehre und Zucht in solchen Fällen und Gelegenheiten Noth und Schiffbruch leiden muß/ist leicht zu erachten.«*

Die Vorstellungen dieser Gaukler waren eine Begleiterscheinung der traditionellen, ursprünglich heidnischen großen Feste: Fastnacht, Frühlingsfeste, Feste zum Sommer- und Winteranfang – ebensoviele Kümmernisse für die Kirche, die sich bemühte, sie zu verchristlichen. Ganz wie der europäische Karneval dienten die Feste der Befreiung von allen Tabus. Die Lieder der Bänkelsänger zeichneten sich nicht immer durch musterhafte Dezenz aus. In der Sowjetunion werden zur Zeit Liedertexte aus alten Heldengedichten herausgegeben, deren Ursprung auf frühe Zeiten zurückgeht. Es widerstrebt den Wissenschaftlern, sich mit obszönen und auch nur lustigen

* Olearius, ibid., S. 97f., 100.

Liedern abzugeben, die sich über alles Verbotene hinwegsetzten.

Die Ehe wird unter lächerlichen Aspekten gesehen: die Frau betrügt ihren Mann und läßt ihn im Schlaf von ihrem Liebhaber würgen, worauf der Ehemann aber nur mit verstärktem Schnarchen reagiert. Die Kirche wird verhöhnt: ein Satan, widernatürlich von einem Teufel mißbraucht, verliert dadurch gänzlich sein grauenerregendes Wesen, er mag sich winden, wie er will. Und wenn Satan keine Furcht mehr einflößt, ist Sünde keine Sünde mehr. Ein Pope, dessen sicher, treibt es mit Mutter und Tochter, die ihm zum Dank einen Eierkuchen zubereiten.

Solche Lieder waren gegen Ende des 18. Jahrhunderts gesammelt worden (Anthologie von Kircha Danilow). Es läßt sich auch sagen, daß die von Olearius beschriebenen Szenen unter den Bauern der Epoche lebendig blieben. Die Fahrenden zogen weiterhin von Dorf zu Dorf und zeigten der Menge ihre Künste hauptsächlich bei den großen Festen, sehr zum Schaden der Kirche, die bis ins 19. Jahrhundert hinein nicht aufhörte, gegen die Gottlosigkeit und Unanständigkeit dieser Vergnügungen anzukämpfen.

Unter Iwan dem Schrecklichen z. B. donnerte das Concilium der Hundert Domkapitel (Stoglaw) von 1551 gegen gewisse Praktiken, bei denen »die Männer und die Halbwüchsigen sich mit Frauenkleidern herausstaffieren«, gegen gewisse »Spiele, die Männer und Frauen zum Lachen bringen und zur Hurerei treiben«, und schließlich gegen »alle diese teuflischen Lieder und Tänze und noch viel verworfenere Akte, die mit der Verderbtheit der Jünglinge und der Beschmutzung der Mädchen enden«.

Pamphilius, ein Prediger im 16. Jahrhundert, beklagt sich: »Im Monat Mai gerät fast die ganze Stadt ins Kochen, und da ist ein großer Lärm von Trommeln, Flöten und Geigen. Die Frauen und die Mädchen tanzen, sie beschmutzen ihre Lippen mit Schreien und gottlosen Liedern, ihr Rücken dreht und windet sich, ihre Beine stampfen und wirbeln; und groß ist die Versuchung für die Männer und Jünglinge, in Sünde zu fallen... Die verheirateten Frauen begehen die Sünde des Ehebruchs, die Mädchen werden geschändet.«

Heidnische Spiele und Lüsternheit

Während repressive Maßnahmen der Kirche etwa beim Verjagen der Gaukler Erfolg hatten, beschränkte sich im Alltag ihr Einfluß darauf, die heidnischen Feste umzutaufen (aus dem Winterfest wurde Weihnachten, aus dem

Junifest das Johannisfest) und zu versuchen, die moralischen Schäden zu begrenzen. Das von den entrüsteten Priestern beschriebene wüste Treiben setzte sich bis ins 19. Jahrhundert und sogar noch bis zum Ausbruch der Revolution fort, wie das ganze umfangreiche ethnographische Schrifttum dieser Zeit beweist.

An Weihnachten (»swiatki«) tauschen die Mädchen und die jungen Männer die Kleidung, und »man muß schon sagen, daß sich diese Machenschaften nicht gerade durch ihre Unschuld auszeichnen; damit man sich ungenierter fühlt, schickt man die Kinder hinaus«.* Der Autor fühlt sich verpflichtet, »die schamlosesten Vorgänge bei gewissen Spielen nicht zu zitieren, die zum guten Teil Überbleibsel aus dem Heidentum sind und den Zuschauer durch ihre eindeutige Schlüpfrigkeit erschrecken«.

In verschiedenen Gegenden Rußlands tauchte bei Festen oder auch Andachtsübungen lange Zeit ein phallischer Kult auf, dessen heidnischer Ursprung außer Zweifel steht. Beim Frühlingsfest simulierten die Dörfler das Begräbnis einer Puppe, die Jarilo hieß (vielleicht ein alter slawischer Gott), der mit einem riesigen Phallus versehen war. Die Frauen schauten lüstern zu, die Männer lachten und machten obszöne Witze, die von ihnen wahrscheinlich gar nicht als obszön empfunden wurden. Während des »Begräbnisses« küßte man sich, und wie der Autor meint, »war der Umgang der beiden Geschlechter frei«.

Hier nimmt die Sexualität eine metaphysische Dimension an: die erotischen Riten symbolisieren den Anfang des Frühlings und sollen die Fruchtbarkeit der Erde mehren (das phallische Idol wird eingegraben, »gesät«).

In einer der von Maximow beschriebenen Szenen, dem »Spiel vom Schmied«, verkleiden sich die jungen Leute als alte, und in einer magischen Scheinhandlung schlägt sie der Schmied, um sie zu verjüngen. Nach dieser Verjüngungskur sind die falschen Alten wieder voll neuem Feuer und werfen sich auf die Mädchen. Aufgeführt wurde dieses Spiel von ledigen jungen Leuten. Man kann feststellen, daß eine gewisse Freiheit vor der Ehe toleriert wurde – wenn auch nicht in Form des Geschlechtsaktes, so doch als recht anstößige erotische Spielereien.

Wie man sieht, war in dieser Zeit die Sexualität ein integrierender Bestandteil der bäuerlichen Zivilisation. Die erotischen Spiele wurden zur Tradition, man empfand sie nicht als sündhaft und brauchte sie auch nicht in

* Maximow, »Schändliche Kräfte«, 1903.

eine dezentere Form zu kleiden. Oft haftete ihnen etwas Rituelles, sogar Magisches an, dessen Sinn über die Begriffe der Menge hinausging.

An Weihnachten pflegte man auch die Zukunft zu befragen; besonders die jungen Mädchen wollten wissen, wer ihr Zukünftiger sein werde. Eine Methode bestand darin, daß das Mädchen nachts allein zum Schafstall ging, sich bückte, ihr nacktes Hinterteil in die offene Tür streckte und dazu sagte: »Mein Geliebter, mir Versprochener, liebkose mich.« War, was dann darüber streichelte, rauh, bedeutete es eine reiche Heirat. War es aber glatt, stand dem Mädchen ein ärmliches Eheleben bevor. Auch hier ist das Erotische ein Vorspiel zur Heirat und symbolisiert sie im voraus.

Manche Ethnographen überwanden ab und zu ihre Prüderie und schrieben sich Sprüche auf wie diesen:

»Säcklein und Schwänzlein sind hinabgeschwommen den Fluß, Haben gefunden ihr Büchslein auf einer geschlagenen Brücke.«

Es handelt sich um ein Hochzeitslied, nach dem getanzt wurde. Eine entsprechende Wiedergabe befand sich auf dem Hochzeitskuchen. Was an Ausdrücken heutzutage unflätig wirkt, wurde seinerzeit natürlich, lustig und sogar poetisch empfunden. Das sexuelle Element wird dem Alltagsleben und -denken integriert. Die Heirat bestätigt sich offen als geschlechtliche Vereinigung, zu verbergen ist da nichts.

Auch in Novellen erscheint Sex häufig. Dem berühmten Geschichtensammler Alexander Afanasjew (1826–1871) gelang es nie, seine »Contes secrets russes« in Russisch zu veröffentlichen, die vor mehr als hundert Jahren in Genf erschienen und eine bibliophile Rarität blieben, bis sie kürzlich in Frankreich neu herauskamen. Sie stecken voll fröhlicher Unanständigkeiten. Eine der Afanasjewschen Geschichten findet der Leser im Anhang. (S.287 ff.) Die Sexualität wird, unter lockeren Freiheiten versteckt, einer hierarchisierten Tradition integriert.

Es geht vor allem um die Welt der Familie, den Mittelpunkt des bäuerlichen Lebens. Seit dem 17. Jahrhundert wurden die Gemeindegründe periodisch an die Familien je nach ihrer Bedeutung neu verteilt. Es war die Familie, die das überlassene Land bewirtschaftete; von Eigentum des Einzelnen wußte man nichts. Eine solche Kollektivgruppe konnte mehrere Dutzend Personen umfassen und unterstand der Autorität des Familienvorstands – Vater, Großvater, Großonkel –, dessen patriarchalische Machtbefugnisse so weit reichten, daß er ab und zu mit seinen Schwiegertöchtern schlief, ohne daß dies als besonders skandalös empfunden worden wäre.

Somit war in diesem Familienverband wenig Platz für »Feminismus« und Emanzipation. Der »domostroj«, eine Art Kodex des häuslichen Lebens im 16. Jahrhundert, empfahl dem Ehemann, die Frau zwar zu prügeln, aber allzu kräftige Hiebe auf den Kopf oder empfindliche Körperteile zu vermeiden. Der »domostroj« war ursprünglich für die Kaufmannschaft abgefaßt, galt aber auch für die Gesamtheit der Bevölkerung. Die Frau, die geschlagen wird, war nicht nur eine alltägliche Erscheinung, sie wurde zum Archetyp, zum Modellfall, zum Thema des Volkslieds.

Die gründlich hierarchisierte Familie, deren Aufgaben im Haus wie auf Äckern und Wiesen sorgfältig unter die einzelnen Mitglieder verteilt waren, hat ein so solides Gesamtbild ergeben, daß es allen möglichen nostalgischen Träumen und Lamentationen über ein verlorenes Glück reiche Nahrung lieferte. Der bäuerlichen Erlebnisebene nun steht die des Landadels in der Lebensweise, im Rhythmus der Jahreszeiten und im Kult der Familie recht nah. Es finden sich in der russischen Literatur zahllose idyllische Szenen des Familienglücks, angefangen schon von Sergej Aksakows (1791–1859) »Eine Familienchronik« (1856, deutsch Leipzig 1963) oder Leo Tolstojs »Krieg und Frieden« (1864–1869) – ein Glück, das meistens aus der Vergangenheit heraufbeschworen wird, denn es war das harte Los des Edelmanns, die Familie gegen das rauhe Soldatenleben oder das kalte Grau von Schulen in Städten einzutauschen, die den der Familie, ihren Dorfkameraden und Kindermädchen entrissenen Kinder wie fremde Welten erscheinen mußten.

Dieses traditionelle ländliche Rußland blieb bis ins 20. Jahrhundert hinein unverändert.

Die Souveräne amüsieren sich

Es ist für niemanden ein Geheimnis, daß Rußland den Eros des Westens kaum gekannt hat. Vergebens sucht man die höfische Liebe bei den Zerstreuungen der russischen Standesherrn. Am Hof der Fürsten Rußlands sind bis zum 17. Jahrhundert die Sitten rauh und ungeschlacht. Grobheit und Grausamkeit werden kaum durch einen Hauch von Idealisierung der Frau und der Liebe gemildert.

Die Regierungszeit Iwan des Schrecklichen (1547–1584) genießt Ruhm. Nicht zufrieden, siebenmal geheiratet zu haben, nahm sein Sadismus die Form der Vergewaltigung an, die zu seinen Beziehungen zu den Frauen gehörte und gelegentlich auch politischen Zwecken diente. Als er auf einen Bojaren wütend war, tat er dessen Frau Gewalt an und lieferte sie neunundvierzig Mann seines Gardecorps aus. Nach diesen Heldentaten schickte er das Opfer dem Gatten mit einem Brief zurück, in dem er ihm mitteilte, daß der Zar und neunundvierzig seiner treuen Diener aus seiner Frau »große Liebesfreuden« gezogen hätten. Überdies verachtete er auch homosexuelle Vergnügen nicht (bekannt war sein Geliebter Basmanow) und organisierte wahre hetero- und homosexuelle Orgien mit seinen Polizeischergen.

Dies gehört in den Intimbereich, und außerdem ist nicht gesagt, daß die Untergebenen eines Zaren dem Beispiel seiner Verderbtheit folgten. Die Könige von Frankreich und von England waren auch keine Muster an Tugend. Was bei Iwan bestürzt, ist sein ungezügelter Charakter, der keine Zurückhaltung kannte, wenn er sich seinen Exzessen hingab. Nicht daß ihm ein christliches Gewissen gefehlt hätte. Wie man weiß, verfiel er periodisch in Depressionen und eilte voll Reue ins Kloster, um sein Gewissen zu erleichtern. Bedenkt man nun, daß sich zur selben Zeit Europa mitten in der Renaissance befand, daß Kunst und Literatur ein verfeinertes Bild der Liebe geschaffen hatten, steht man betroffen vor den erbärmlichen Zuständen in Rußland. Seit der Regierung Peters des Großen (1696–1725) und besonders Katharinas II. der Großen (1762–1796) verfeinern sich die Sitten, die Elite des Landes geht beim Westen in die Schule, die nicht nur aus bukolischer Poesie und sentimentalem Roman besteht, sondern nach dem Vorbild des leichtfertigen Frankreich auch aus lockerem Ethos, von dem sich die Russen des 19. Jahrhunderts mit Schrecken abwenden werden. Die Deutsche Katharina selbst gab sich fröhlich dem süßen Leben hin. Die Liebhaber lösten einander im kaiserlichen Bett ab – von Saltykow bis Poniatowski, von Orlow bis Potemkin und den nach ihren männlichen Attributen und physischen Qualitäten aus der Garde sorgfältig ausgewählten Kerlen.

Nach Katharina zieht mehr und mehr die Tugend in den kaiserlichen Hof ein. Nikolaus I., Alexander II. und III., Nikolaus II. führen ein geregeltes und (ersterer) asketisches Leben und liefern der Skandal-Chronik kaum Material. Lediglich kurz vor der Revolution wird durch die Episode Rasputin die Monotonie des kaiserlichen Familienlebens unterbrochen; sein außerordentlicher Aufstieg scheint auf der erotischen Ebene nicht ganz in Unschuld erfolgt zu sein. Diese im Westen weithin bekannte Affäre ist vor allem deswegen interessant, weil sie die beklagenswerte Dekadenz der russischen Monarchie enthüllt – das Vorspiel zum Zusammenbruch von 1917.

Gehen wir ins 19. Jahrhundert zurück. Die russische Aristokratie und die kultivierte Klasse des Westens treffen sich zur richtigen Stunde; die Liebe schmückt sich mit Fröhlichkeit, Poesie, Spiel, kurz, mit Erotik.

In dieser Zeit, die man mit Recht die russische Renaissance nennt, erscheint eine erotische Literatur. Im Anhang (S. 292ff.) zitiere ich als Probestück ein Gedicht »Luka Mudischtschew«, das oft Puschkin zugeschrieben wird, das aber gegen Ende des 18. Jahrhunderts wahrscheinlich von Iwan Barkow (1732–1768) verfaßt wurde. Ohne den parodistischen, mit einer gewissen poetischen Eleganz versehenen Aspekt zu übersehen, ist es doch eine Mischung aus volkstümlichem Humor und Obszönität. Die riesige Rute, mit der er die Kupplerin tötet, kommt direkt aus Karneval und Folklore. In einer »Geheimen Geschichte« Afanasjews bedient sich ein Held eines ähnlichen Apparats, um ein Boot zu zertrümmern.

Das Gedicht ist in der Sowjetunion unzugänglich und zirkuliert nur als Samisdat. Ich kann nicht umhin, hier einen Blick in unsere Zeit vorauszuwerfen und eine Propagandakonferenz in Kiew zu erwähnen, in der es um die Ehe in der Sowjetunion ging. Dem Referenten wurde ein Zettel zugesteckt, auf dem er gebeten wurde, über »Luka Mudischtschew« zu sprechen. Der biedere Redner gab ungefähr folgende Albernheiten von sich: »Ich habe dieses Gedicht niemals gelesen«, sagte er mit allem Grimm, dessen er fähig war, »aber ich weiß, daß es schwere Fehler aufweist, die sich, wohlverstanden, durch die soziale Herkunft des Autors erklären. Dieses Machwerk erwähnt nichts von den Befreiungsbewegungen im Rußland jener Zeit, nichts von den Leiden der Bauern, die gezwungen waren, zu Schmuserinnen ihre Zuflucht zu nehmen. Lukas wird als isoliert von der Masse beschrieben: allein kämpft er gegen die Klasse der Kaufleute, und deshalb ist sein Ende tragisch.«

Das abgestumpfte Publikum schwieg. Wahrscheinlich hatte nicht nur der Redner, sondern auch sämtliche Zuhörer das satirische Gedicht nie gelesen.

Um auf die russische Renaissance zurückzukommen: das beste Beispiel des fröhlichen, freien und genießerischen Eros wäre wiederum das Werk Puschkins, Höhepunkt der russischen Literatur. Unglücklicherweise sind seine Sämtlichen Werke – gesäuberte Sämtliche Werke – derart mit Unterbrechungspunkten übersät, daß manche seiner Epigramme oder humoristischen Gedichte dadurch unverständlich werden. Könnte die sowjetische

Zensur es zulassen, daß ein Gedicht wie das folgende vollständig dem Publikum vorgelegt würde?

»Als Adam lag Orlow neben Istomina,
Für welches feur'ge Tun
Der Wackelgeneral
Grad' kein toller Hirsch war.
Die Istomina wollte dem Chéri
Nicht lästig fallen,
Besorgt' sich eine Lupe
Der Vergrößerung
Und sagt' zu ihm: ›Erlaube mir,
Bei dir zu untersuchen,
Mit was du mich geliebt hast.‹«

Und was soll man von seiner »Gawriliade« sagen, einem Kleinod der erotischen Literatur, wo die Jungfrau Maria die Angriffe des Bösen und des Erzengels Gabriel aushält, die einer mehr als zweifelhaften unbefleckten Empfängnis vorhergehen?

Kranker Eros

Die russische Kultur dieser Zeit ist der ganzen Welt bekannt. Nicht daß sie ein genaues Spiegelbild dessen wäre, was sich in dieser Epoche in Rußland zutrug, aber sie scheint des besonderen Interesses wert zu sein, denn sie erhellt die Mentalität der Aristokratie und der ganzen kultivierten Schichten während der langen Zeit des Austragens, der Entwicklung, als das Land sich »zivilisierte«. Diese Kultur bringt nach dem kurzen Freudenfeuer der Ära Puschkin einen immer düsterer werdenden Eros auf die Bühne. Sogar bei Puschkin findet man Züge, die ein Unbehagen, ein Nichtgenügen vor der Liebe ahnen lassen.

In seinem Roman »Eugen Onegin« (1833) verliebt sich die Heldin Tatjana in Eugen und erklärt ihm ihre Liebe. Es handelt sich also nicht um den in Europa klassischen Roman von der Verführung der Frau durch den Mann. Hier unternimmt die Frau, den Mann zu verführen, die aktive Rolle spielt sie. Interessant ist, daß die Heldin nur auf Kälte trifft, einen falschen Skeptizismus, die zusammen das Unvermögen zu lieben verbergen. Die Werbende statt des Werbenden:

Tatjana: »Dich zu gewinnen, war mein Leben,
Gott selber hat Dich mir gegeben...
O komm: der Seele banges Hoffen
Belebt ein einz'ger Blick von Dir.«

Eugen: »Hätt's je bei mir den Trieb gegeben
Nach Kinderglück und Gattenhand...
Doch bin ich nicht dafür geboren.
Nie hat mein Sinn danach begehrt.«*

Alles läuft ab, als habe der Mann nichts Männliches mehr. Die entmystifizierte Frau entspricht nicht dem mehr oder weniger echten Bild, das sie in der ritterlichen Liebe entstehen ließ, als der Mann die geliebte Frau umwarb, als es zu erobern galt. Nun wird der Mann als ein närrischer Mensch dargestellt, der der Frau unwürdig und als scheinbarer Don Juan dahinter impotent ist.

Offenbar gibt diese Konstellation die wahre Situation der russischen Frau im 19. Jahrhundert keineswegs wieder. Es scheint aber, daß der Archetyp »Eugen Onegin« eine tiefreichende geistige Struktur enthüllt. Man findet ihn auch in manchen anderen Werken des vorigen Jahrhunderts. So zeigt z.B. in dem Roman von Iwan Gontscharow, »Oblomow« (1859), die gleichnamige Hauptperson eine derartige Indolenz und Unbeweglichkeit, daß Oblomow unfähig ist, die geliebte Frau zu gewinnen, die ihm überdies günstig gesinnt ist. Schließlich heiratet sie einen Deutschen. Oblomow ist nicht nur in Rußland zum Inbegriff des verweichlichten, kraftlosen, passiven Mannes geworden, seine träge Lebensweise zur »Oblomowerei«.

War das wie ein neuerliches Statut der Sklaverei, wie Folgeerscheinungen der mongolischen Besetzung oder der Leibeigenschaft, die in Rußland mehr der Sklaverei der Schwarzen gleichkam als der europäischen Leibeigenschaft? All das ist möglich. Fest steht jedenfalls, daß diese Verwünschung der Liebe – Reaktion auf die Freude an ihr und auf die Erotik, über die Puschkin gebot – in der ganzen russischen Kultur zu finden ist, wenig aber von Liebe und Sex: Kultur, die den weiblichen Akt nicht zur Kenntnis nimmt, Kultur, die die »Kreutzersonate« Tolstojs hervorgebracht hat, diesen Hymnus des Hasses auf die Liebe und das sexuelle Verlangen, die beide dem Schmutz gleichgestellt werden, in den auch die immer schuldige Frau gezogen wird. Was alles eben diesen Tolstoj nicht hinderte, seiner Frau eine Unmenge

* Alexander Puschkin, »Gesammelte Werke«, 6 Bde., Frankfurt am Main, 1974, Bd. 3, S. 72, 83

Kinder zu machen, ganz zu schweigen von seinen Affären mit den Mägden. Dieser Widerspruch zwischen einer von Schuldgefühlen eingefärbten Antierotik und einer voll ausgelebten Sexualität offenbart nur eine um so tiefere innere Spaltung.

Dostojewski rührt zweifellos an die tiefen Wurzeln des russischen Eros, wie er sich mit seiner einzigartigen Mischung aus brutalem Sadismus, Notzucht und einem der Impotenz nahen Masochismus darstellt. Der Held in »Aufzeichnungen aus einem Kellerloch« (1864) quält einen ganzen Tag lang eine Prostituierte mit Gesprächen, ohne sich zu entschließen, mit ihr ins Bett zu gehen. Jener der »Dämonen« ist von der Erinnerung an eine Vergewaltigung besessen, die er an einem kleinen Mädchen begangen hat, und scheint keines anderen Sexuallebens fähig zu sein – Doppelgesichtigkeit, Ambiguität des 19. Jahrhunderts, eine zage Assimilation des westlichen Eros, den man aber mehr und mehr ins Tragische verbiegt, als stehe man unter einem Fluch.

Im Heraufdämmern des 20. Jahrhunderts erscheint in dem, was sich die Russen unter Sex vorstellen, ein neuer Impuls, eine Art Imperativ: Verzicht auf Sexualleben im Namen der Revolution. Bei den kleinen Extremistengruppen, die gegen Ende des 19. Jahrhunderts blühten, läßt sich beobachten, daß sie nicht die Gesellschaft in ihrer Gesamtheit, sondern das Leben selbst verachten, das man für ein ideologisches System zurechtbiegen möchte. Schon der Held des Romans »Was tun?« von Tschernyschewski* erlegt sich eine Lebensführung auf, die bis in kleinste Regeln der Vorbereitung des künftigen Ideals geweiht ist. Nichts darf ihn von seiner Aufgabe ablenken, vor allem nicht die Liebe, deren einzige denkbare Existenzform für ihn in einer Art von Sympathie besteht, die sich auf ein gegenseitiges ideologisches Einverständnis und kämpferische Aktivität gründet. Schlechter Roman, lächerliche Ideologie, wird der gesunde Menschenverstand einwenden. Trotzdem war diese Ideologie der »Enterotisierung«, des Verzichts auf das »Leben« das Credo ganzer Generationen von Revolutionären; viele bemühten sich ernstlich, ihr Leben nach dem von Tschernyschewski vorgezeichneten asketischen Modell einzurichten – bis zu einem gewissen Uljanow, der sich später Lenin nannte, für den dieser Roman ein Lieblingsbuch war.

Die verrückte Vorstellung, das Unterfangen, einen »neuen Menschen« aus einer Ideologie zu formen, der der reinen Vernunft und den »kollekti-

* Nikolai Gawrilowitsch Tschernyschewski, Verfechter radikal-sozialistischer Ideen (1828–1889), schrieb im Gefängnis »Was tun?« (erschien 1867 in der Schweiz, deutsch 1949).

ven« Interessen zu dienen habe, keimte in der fruchtbaren Erde des 19. Jahrhunderts und entfaltete sich voll im nächsten unter dem Regime von Lenin und Stalin.

2
Von der »Sozialisierung der Frau« zur »kommunistischen Familie«

Platz dem Eros!

Moskau, 1922. Nackte Männer und Frauen demonstrierten, Frauen trugen hastig hergestellte Transparente, Männer hatten Blumensträuße bei sich, Frauen hielten sich an den Händen, die Gesichter strahlten vor Freude.

»Liebe! Liebe!«

»Nieder mit dem Schamgefühl! Nieder mit der falschen Scham!«

Wie angewurzelt blieben die Menschen auf der Straße stehen, tugendhaft entrüstet oder auch ekstatisch glücklich. Ab und zu zog sich eine Frau aus und schloß sich der Kundgebung an. Ein Tschekist, das Gesicht von Haß verzerrt, überlegte sich, ob man nicht in den schamlosen Haufen hineinschießen sollte.

Von heute aus gesehen kann man es kaum für möglich halten, daß sich eine derartige Szene im sowjetischen Rußland hatte abspielen können. Trotzdem, eine Erfindung kann sie nicht sein, denn alte Leute, die die »tollen Jahre« miterlebt haben, erinnern sich genau an solche Vorkommnisse. Ich selbst habe einen Mann gekannt, der an der Manifestation der Entkleideten in Moskau teilgenommen hat. Wie er sagte, handelte es sich um eine sehr kurze Zeit einer erstaunlichen Freiheit, einer Emanzipation der Geister.

Die Demonstration von 1922 in Moskau war eine von mehreren, die es von 1917 bis 1923 bald hier, bald dort in den großen Städten Rußlands gab, vor allem in Petrograd und Moskau, aber auch in Odessa, Saratow usw. Es war eine Zeit, da »Ligen der freien Liebe« das Licht des Tages erblickten – wie in der Ukraine, wo man sich einbildete, daß von nun an alles erlaubt sei.

Die Demonstrationen der Nackten waren Eintagserscheinungen: man bekämpfte sie schnellstens, die Teilnehmer wurden von der Polizei oder eigens dafür aufgebotenen »entrüsteten Arbeitern« zerstreut. Die Demonstranten flohen nicht ohne Behinderungen in ihre Wohnungen; die Frauen wurden manchmal tätlich angegriffen und vergewaltigt, je nachdem auch von eben den »entrüsteten Arbeitern«.

Zum besseren Verständnis der Epoche muß man sich von der Revolution von 1917 mit dem Zusammenbruch aller Werte und traditionellen Einrichtungen, den sie nach sich zog, ein Bild machen. Wenn auch das Regime, das sich bereits etabliert hatte, eines des Terrors und der Repression war, so lag das Opium der Freiheit, das sich 1917 über ganz Rußland verbreitet hatte, immer noch in der Luft. Deswegen erscheinen die zwanziger Jahre den Zeitgenossen oft wie eine Explosion einer unbeschränkten Freiheit, als die kühnsten Ideen, die verrücktesten Experimente eine exaltierte Jugend erhitzten.

An diesem Bild ist zweifellos vieles richtig. Dank des sozialen Chaos, das während des Bürgerkriegs in Rußland herrschte, war die Krise der lange Zeit in ihren elementaren Regungen unterdrückten Sexualität wie ein Dampfkessel am Siedepunkt explodiert.

In der ganzen russischen Geschichte findet sich keine Epoche, in der sexuelle Probleme die Geister derart beschäftigt hätten. Nun wurden sie wie öffentliche Angelegenheiten behandelt. Sexuelle Dramen, die Beziehungen zwischen den Geschlechtern wurden zu einer unerschöpflichen Quelle für alle Formen der Kunst und insbesondere für die Literatur.

Nehmen wir eine typische Geschichte: den 1927 in Moskau erschienenen Roman von Leo Gumilewski »Das Hundegäßchen«. Die ganze Handlung spielt unter jungen Kommunisten des Komsomol. Die Hauptperson verkündet die Theorie der »freien Liebe«, der »biologischen Liebe«: Liebe ist nichts als ein physiologisches Bedürfnis, das man infolgedessen wie Durst und Hunger befriedigen muß. Der junge Mann findet also eine Kameradin, eine Studentin, Mitglied im Komsomol wie er, und sagt zu ihr: »Das ist ganz natürlich: ich brauche eine Frau und wende mich an dich, in aller Offenheit, ganz einfach, als Kamerad. Anna ist nicht da. Na, und? Kannst du mir nicht diesen Freundschaftsdienst erweisen? ... Wenn ich dir sagte, ich hätte Hunger und müßte arbeiten gehen, würdest du als Kamerad mit mir dein Stück Brot teilen, nicht?«

Auf diese ungezwungene Sprache – das mindeste, was man dazu sagen kann – trifft man quer durch die ganze Epoche. Das große Thema war die freie Liebe. So genoß z. B. die Ehe zu dritt zwischen dem Dichter Majakowski und den Eheleuten Brik Berühmtheit. Man betrachtete seine Zeit nicht als skandalös, sondern als Musterbeispiel eines Zustands, ohne Vorurteile.

Alexandra Kollontaj (1872–1952), deren Ideen den Westen eroberten und sie berühmt machten, erhob sich zur Verfechterin der freien Liebe, die sich der Begriffe Besitz und Eifersucht entledigt hat.

Die Kollontaj war zu ihrer Zeit in der Kommunistischen Partei eine leitende Persönlichkeit. Auch muß man sagen, daß die von ihr entwickelten Ideen nicht das Gedankengut irgendwelcher exaltierter Randfiguren waren.

Die Liebe selbst wird nach damaliger Ausdrucksweise »physiologisch« und entbehrt – nach einem bekannten Klischee der Zeit – der »Kirschblüte« (Anspielung auf eine Novelle von P. Romanow, in der ein Mädchen sich auf wenig romantische, animalische Art verführen läßt): der Sexualakt wird einem Glas Wasser verglichen, das man leert. In ihrem Essai »Platz dem geflügelten Eros« schreibt Alexandra Kollontaj, daß der sexuelle Akt sich »en passant wie sonst eine Handlung unter vielen ergeben muß und sich bereits ergibt, um biologischen Bedürfnissen zu genügen, die loszuwerden sich die Partner beschleunigt bemühen, damit dadurch nicht das Wesentliche beeinträchtigt wird: die revolutionäre Aktivität.«*

Neue Anhänger kamen hauptsächlich aus der Mitgliedschaft des Komsomol, der Jungkommunisten. Eine junge Komsomolzin namens S. Smidowitsch gibt ein ironisches, kaum karikaturistisch gemeintes Resümee ihrer »Regeln«: »Jeder Komsomolze ... kann und muß seine sexuellen Regungen befriedigen. Ich weiß nicht, warum man dies nicht als Tatsache betrachtet, über die nicht diskutiert zu werden braucht. Die sexuelle Abstinenz wird für kleinbürgerlich angesehen. Jede junge Kommunistin ... auf die sich das Begehren dieses oder jenes Kommilitonen richtet (übrigens gelingt es mir nicht zu begreifen, wieso derartige afrikanische Leidenschaftlichkeiten sich hier bei uns, den nordischen Menschen, haben entwickeln können), muß seinen Wünschen entgegenkommen, will sie nicht eine Kleinbürgerin sein, unwürdig, den Ehrennamen einer Komsomolzin, einer proletarischen Studentin zu tragen.«** Man sieht hier, daß die freie Liebe oft nichts weniger als »feministisch« ist, denn ihre Funktion ist einseitig und eindeutig im Sinn des Mannes.

Der unsinnige, wahnwitzige, jedoch für die Zeit und die Mentalität gewisser den Kommunisten nahestehender Kreise aufschlußreiche Text des Dekrets eines Sowjets der Stadt Wladimir (einen ähnlichen gab es in Saratow) schlug die Sozialisierung der Frau vor.

> »Ab achtzehn Jahren wird jedes junge Mädchen zum Staatseigentum erklärt.

* *Die junge Garde,* Nr. 10, 1923.
** Zit. in *Soziologische Forschungen,* Nr. 4, Moskau 1970.

Jedes junge Mädchen, das das achtzehnte Lebensjahr erreicht hat und nicht verheiratet ist, ist unter Androhung der Verfolgung und schwerer Strafen verpflichtet, sich in einem Büro der ›freien Liebe‹ registrieren zu lassen.

Sind die Mädchen registriert, haben sie das Recht, einen Ehemann zwischen neunzehn und fünfzig Jahren zu wählen.

Auch die Männer haben das Recht, ein Mädchen zu wählen, das das achtzehnte Jahr erreicht hat, wenn sie eine Bescheinigung vorweisen können, daß sie dem Proletariat angehören.

Für jene, die es wünschen, kann die Wahl des Mannes oder der Frau einmal im Monat geschehen.

Im Interesse des Staats haben die Männer zwischen neunzehn und fünfzig Jahren das Recht, im Büro registrierte Frauen auch ohne deren Zustimmung zu wählen. Die Kinder, die aus diesem Typ der Beiwohnung als Frucht hervorgehen können, werden Eigentum der Republik.«*

Dieser blühende Unsinn ist, wohlgemerkt, die Ausnahme; Ansätze zu einem »sexuellen Kommunismus« sahen kaum den nächsten Tag. Aber die Zeit kochte über an Ideen dieser Art – Bünde der freien Liebe, Gruppensex, Nacktmärsche, Projekt der Erstellung öffentlicher, den Bedürfnisanstalten in Parks und Straßen angebauter Kabinen für den Geschlechtsverkehr – all das wurde in Versammlungen ernsthaft diskutiert und in der Presse und im Schrifttum verbreitet.

Als Gegenstück zu dem phallokratischen »Dekret« des Sowjets gibt Alexandra Kollontaj die feministische Variante der freien Liebe. Nebenbei: Feminismus im Sinn von Emanzipation der Frau gab es bereits unter dem Zarentum mit der »Union für die Gleichheit der Frau«, die 1905 fünftausend Mitglieder hatte, mit dem »Panrussischen Congreß der Frauen« 1908 in Petersburg, mit einer von siebentausend Frauen unterzeichneten Petition an die Duma (das Parlament).

Die Heldin des Romans von Alexandra Kollontaj »Die Liebe der drei Generationen« drückt ihren Standpunkt so aus: »Für mich ist die sexuelle Betätigung ein einfaches physisches Bedürfnis! Ich wechsle meine Liebhaber nach Lust und Laune. Zur Zeit bin ich schwanger, aber ich weiß nicht, wer der Vater des kommenden Kindes ist, und es ist mir gleichgültig.«

Im Aufwind der »neuen Ideen«, aber auf anderer Ebene, sind die zwanzi-

* Zit. v. A. G. Chartschew, »Ehe und Familie in der UdSSR«, Moskau 1964.

ger Jahre auch die Zeit der Vorliebe für die Psychoanalyse. Schon vor dem Ersten Weltkrieg war sie in gewisse intellektuelle und ärztliche Kreise vorgedrungen. 1921 wurde in Moskau eine Psychoanalytische Gesellschaft gegründet. Vera Schmidt fing an, Kinder nach Prinzipien zu erziehen, die sie Freudschen Schriften entnahm. Andere Vereinigungen entstanden in Kiew, Odessa und Rostow.

Lockerung der Sitten?

Bis jetzt haben wir uns im Stadium der Worte bewegt. Wie sieht es mit Taten aus? Anders gesagt, haben sich die Sitten unmittelbar nach der Revolution liberalisiert? Manche Anzeichen beantworten die Frage positiv.

Das Eintrittsalter ins Sexualleben scheint sich gesenkt zu haben. Eine Umfrage unter Moskauer Studenten ergab 1922, daß 41,5 von 100 ihr sexuelles Leben im Alter von vor sechzehneinhalb Jahren, 7,5 von 100 vor dem dreizehnten Lebensjahr begonnen hatten. Die Theorien zur freien Liebe scheinen früh angewendet worden zu sein.

Der oben zitierte Artikel des Fräuleins Smidowitsch löste eine Flut von Briefen an die *»Prawda«* aus, von denen sie am 7. Mai 1925 Auszüge abdruckte. Ein junges Mädchen schrieb: »Die Studenten haben nur Verachtung für junge Kommunistinnen, die sich weigern, mit ihnen zu schlafen, und betrachten sie als rückständige Kleinbürgerinnen, die es nicht fertiggebracht haben, sich der Vorurteile der alten Gesellschaft zu entledigen. Es gibt eine Anschauung, nach der nicht nur die sexuelle Enthaltsamkeit, sondern auch die Mutterschaft einer bourgeoisen Ideologie angehören.«

Dies paßt gut zu dem, was gedruckt wurde. In der zweiten Hälfte der zwanziger Jahre war die Presse und besonders die »Zeitschrift für Lehrer« voll von Sexualskandalen.

Parallel dazu begünstigte die neue Gesetzgebung die »sexuelle Revolution«. Plötzlich proklamierte das Regime die Emanzipation der Frau, die von nun an die gleichen Rechte wie der Mann haben sollte. Die Scheidung und die damit verbundenen Formalitäten wurden extrem vereinfacht: sie erfolgte auf einfaches Verlangen *eines* der beiden Eheleute praktisch kostenlos seit dem Dekret vom Dezember 1917, das die Scheidung legalisierte. Uneheliche Kinder hatten die gleichen Rechte wie die ehelichen, womit die sogenannten freien Ehen offiziell anerkannt wurden (Gesetz von 1923). In einem der

Familie traditionell verschriebenen Land wie Rußland waren alle diese Maßnahmen ebenso viele Anlässe zu tiefen Erschütterungen in einer in Gärung befindlichen Gesellschaft.

Schließlich und vor allem hatte die Erleichterung der Abtreibung von 1920 schwerwiegende Konsequenzen auf das Verhalten der Menschen. Da die Abtreibung zum Empfängnisverhütungsmittel Nummer eins wurde, war sie nicht nur ein Hauptthema des Komsomolschrifttums der zwanziger Jahre, sondern erfuhr in ihrer Anwendung eine ungeheure Zunahme. Die Zahl der Abtreibungen vervierfachte sich von 1922 bis 1926.* In Leningrad gab es 1928 auf 1000 Einwohner 31,5 Abtreibungen gegen 22,6 Geburten. Die Kurve stieg weiter bis 1934, als man in Moskau drei Abtreibungen auf eine Geburt und auf dem Land zur gleichen Zeit drei Abtreibungen auf zwei Geburten registrierte.

Bleiben wir trotzdem objektiv. Wenn Scheidung und Abtreibung gänzlich neue Elemente in das Sexualverhalten der sowjetischen Menschen brachten, bedeutet das nicht, daß die Familie in Auflösung begriffen gewesen wäre, oder daß ein plötzlicher Wandel irgendwelche neue revolutionäre Formen des Sexuallebens hätte entstehen lassen, die Zukunftsvisionen entsprächen. Wenn man versucht, die Zeit unvoreingenommen zu sehen, muß das Gesamtbild nüchterner betrachtet werden.

Vor allem scheint die Liberalisierung nur eine Minderheit der Bevölkerung betroffen zu haben. Auf dem Land blieb trotz aller neuen Gesetze die Familie eine unersetzliche Säule der bäuerlichen Gesellschaft. Mit dem Bürgerkrieg und der Aufteilung des Bodens ergaben sich Reaktionen im Familienleben. Als man in den Dörfern Diskussionen veranstaltete, um den neuen Familienkodex von 1926 zu erläutern, protestierte die Bauernschaft: die Erleichterung der Scheidung wurde als Aufforderung zur Unsittlichkeit aufgefaßt und war vor allem eine Bedrohung der wirtschaftlichen Einheit, der Familie. Die Jungvermählten richten sich im Hof der Familie des Mannes ein und integrieren sich der von der überragenden Figur des Familienoberhaupts beherrschten sozialen Gruppe. Wenn die Frau sich ohne weiteres scheiden lassen und den Hof verlassen kann, ist das ein Schlag gegen die gemeinsame Nutzung des Hofs, und das um so mehr, als die Frau eben erst das Recht erlangt hat, Unterhaltszahlung zu verlangen. In wessen Namen, sagen die Vertreter der Bauernschaft, die Brüder oder der Vater des

* So Rudolph Schlesinger, »The Family in the U.R.S.S.«, London 1949.

»schlechten« Ehemanns (denn für den Bauern liegt bei einer Scheidung der Fehler beim Ehemann – vielleicht hat er seine Frau nicht genügend verhauen?), wäre die ganze Familie verpflichtet, für sie zu zahlen? Schlimmer noch: die geschiedene Frau, dem Mann vor dem Gesetz gleichgestellt, hätte auch Anspruch auf einen Teil des Bodens, während das gewohnte Recht den einen und unteilbaren Familienbesitz zusichert.

Der Unterschied zwischen den revolutionären und den traditionellen Vorstellungen war also erheblich. Es ist nicht schwer – und das neue Regime hat nicht verfehlt, es zu tun –, auf dem Papier die Befreiung der Frau zu verkünden und Gesetze zu verordnen, die für die Bauern etwa so viel Bedeutung hatten wie Signale außerirdischer Wesen – leicht auch, sich zu rühmen, den »Sozialismus« eingeführt zu haben, ohne sich andererseits Gedanken über die manchmal katastrophalen Konsequenzen zu machen. Die Zeitungen dieser Zeit beklagen sich auch über ein Phänomen, das man als »Saisonfrauen« bezeichnete. Manche Bauern wollten vom Scheidungsgesetz profitieren – nicht etwa im Sinn einer sexuellen Freiheit, sondern zu sehr eigensüchtigen Zwecken: sie heirateten im beginnenden Frühjahr und ließen sich im Herbst scheiden. Höchst einfache Rechnung: man verfügte während der arbeitsreichen schönen Jahreszeit über zwei zusätzliche Hände und verzichtete darauf, sich mit der Belastung eines über den Winter hinweg zu ernährenden unnützen Essers abzugeben.*

Auch unter der städtischen Bevölkerung waren nicht alle Kreise betroffen. Eine Umfrage von 1923 bei den Studenten von Moskau zeigte, daß 72 von 100 Männern und 81 von 100 Frauen sich für feste sexuelle Bindungen aussprachen – im Gegensatz zum »Glas Wasser«, das in Mode war.**

Was vor allem überrascht: Die »neuen« Ideen wurden der alten Denkungsart aufgepfropft, woraus die merkwürdigsten Mischungen entstanden. Ein Beispiel: ein Mann fragt einen Redner, der gerade auseinandergesetzt hat, daß es keine Liebe gebe, daß allein das sexuelle Verlangen Realität sei:

»Genosse Referent! Wenn einer heiratet, gehört ihm allein die Frau oder allen?«

»Gehören«: der gute Mann zweifelt als guter alter Phallokrat keinen Augenblick, daß die Frau ein Eigentum ist. Sein Problem, wenn er den kollektivistischen Trend mitmachen will, besteht darin zu erfahren, ob dieses Eigentum individuell oder kollektivistisch ist.

* So Kent Geiger, »The Family in Soviet Russia«, Cambridge 1968.
** »Soziologische Forschungen«, Nr. 4, Moskau 1970, S. 104.

Sexuelle Revolution also? Sicher nicht. Lockerung der Sitten? Zweifellos. Lockerung, die vor allem jene begünstigte, die auf den besten Plätzen saßen, um davon profitieren zu können: die neuen führenden Schichten. Ich denke keineswegs an die reinen und harten Bolschewiki wie Lenin, von dem man weiß, daß er von seiner Mission einen zu hohen Begriff hatte, als daß er seine Zeit mit einer Bagatelle verschwendet hätte, sondern an alle die mittleren Funktionäre, örtlichen Kommissare, neugebackenen Tschekisten und Parvenüs aller Gattungen, die sich auf den Kuchen der Macht stürzten, fest entschlossen, sich möglichst große Stücke abzuschneiden.

Für sie konnten sich die Leichtigkeit der Scheidung und die Ideen von einem »sexuellen Kommunismus« als sehr bequem erweisen. Es war ein Kinderspiel, seine alte oder ältliche Frau zu verstoßen und von den durch die neuen Funktionen gebotenen Möglichkeiten Gebrauch zu machen. So schrieb eine kommunistische Studentin an die »Prawda« (Ausgabe vom 7. Mai 1925): »Nicht nur die kommunistische Jugend, sondern auch die älteren Parteimitglieder leiden unter der gleichen Krankheit: sie knüpfen unbesonnen Liebesbeziehungen an und denken nicht daran, ihnen Dauer zu verleihen. Wie sie sagen, ist Treue etwas Langweiliges, Ausdrücke wie ›Ehemann‹ und ›Ehefrau‹ Erfindungen der Bourgeoisie. Sie sind baß erstaunt, wenn man eine Frage nach ihrer Frau stellt. Zur Antwort grinsen sie oder stellen die Gegenfrage, welche man meine. Ich kenne eine hochgestellte Persönlichkeit, einen Mann, der in jeder Stadt, in die er kam, eine Frau hatte ... Ein anderer Kommunist, der Mann meiner Freundin, machte mir den Vorschlag, für eine Nacht mit ihm zu schlafen, und gab als Vorwand an, daß seine Frau unwohl und augenblicklich nicht in der Lage sei, ihn zu befriedigen. Als ich nein sagte, nannte er mich eine blöde Bourgeoise, die unfähig sei, sich zur Höhe des kommunistischen Geists aufzuschwingen. Seither grüßt er mich nicht mehr. Das alles war schrecklich für mich, weil ich zu seiner Rechtschaffenheit Vertrauen hatte; schließlich ist er Parteimitglied und kennt die Doktrin.«

Örtliche Kommissare, ländliche Don Juans, wie sie die »Zeitschrift für Lehrer« vom 4. Dezember 1926 »qualifiziert«, nötigen neu im Dorf angekommene junge Lehrerinnen unter Androhung administrativer Maßnahmen, mit ihnen ins Bett zu gehen.

Darüber hinaus darf man aber nicht unbeachtet lassen, was zum allgemeinen Gepräge der Zeit gehört: die Anarchie, die Talfahrt, in die das Land seit dem Krieg geraten war. Der Bürgerkrieg hatte ganze Regionen verwüstet und Millionen Tote gekostet. Pogrome, Zerstörungen, Notzucht, Gewalttaten aller Art waren an der Tagesordnung. Während der großen Hungersnot von 1921 auf 1922 war es im Wolgagebiet zu Kannibalismus gekommen. Die Zahl vagabundierender, verlassener Kinder, Waisen, davongelaufener oder krimineller Jugendlicher stieg im Jahr 1922 auf sieben bis neun Millionen. Dies war das eigentliche Zersplittern der traditionellen Familie, die eigentliche »Revolution«, mehr als alle Themen, die gerade in Mode waren. Das Land verfiel ins Chaos, und dieser Zustand der Barbarei verschonte niemanden.

Es gab zahlreiche Fälle von Vergewaltigung, von Sexualverbrechen, gefolgt von Skandalen, Prozessen und ideologischen Diskussionen unter den Verantwortlichen – Kollektivschändung 1926 in Tscheljabinsk, begangen von Schülern an einer Klassenkameradin*, Prozeß gegen eine Gruppe von sieben Männern, darunter mehrere Kommunisten, die zwei Frauen vergewaltigt hatten: eine Affäre, die nach dem Namen der Straße, in der die Tat begangen worden war, als »Zustände à la Tschubarow« bekannt wurde.** Wie die Zeitung hervorhebt, habe man den Eindruck, daß diese Angelegenheit Teil des Zeitgeists, der gegenwärtigen Sitten sei. Schrieb nicht sogar Majakowski zynisch:

»Mir verschlägt es nichts, welches Mädchen, jung und schön,
Nehmen will ich sie gewaltsam.
Und zu ihrem Spott und Hohn
Werd' ich spucken
Ihr ins Herz.«

Um damit zu Ende zu kommen, bringe ich noch eine Geschichte, die ich von einer Patientin habe. Es handelt sich um einen außergewöhnlichen, pathologischen Fall, gewiß, der aber trotzdem eine unglaubliche Verrohung der Sitten bloßlegt und Gelegenheit gäbe, über die verborgenen Beziehungen zwischen Macht und sexuellem Sadismus nachzudenken. Die Mutter meiner Patientin war eine Bäuerin aus Baschkirien. Im Jahr des großen Hungers war sie bis nach Ufa gekommen, um sich Brot zu beschaffen. Ein bewaffneter Tschekist sprach sie auf dem Bahnsteig an und nahm sie mit. Unerfahren in der Liebe, hoffte sie, Brot im Tausch gegen ihren Körper zu bekommen. Der Tschekist befahl ihr in seinem Zimmer, sich auszuziehen, und überließ sie seinem Hund. Die Frau hatte einen so grausamen Hunger,

* »Zeitschrift für Lehrer«, 26. Juni 1926.
** »Leningradskaja Prawda«, 17. Dezember 1926.

daß sie sich nicht widersetzte in der Hoffnung, sie werde nachher etwas zu essen bekommen. Als der Hund sein Sperma ausgespritzt hatte, stieß der Tschekist die Bäuerin ohne Brot oder Geld zur Tür hinaus.

Man hielt sich in diesen Zeiten im allgemeinen an die Familie, aber überall sanken die sittlichen Normen. Die Kommunisten hatten sie nach dem Prinzip »Erlaubt ist alles« verworfen – im Namen der Revolution, versteht sich. Unter der Maske einer heuchlerischen Moral erscheint als kommunistische Wirklichkeit die Entschlossenheit, ohne sittliche Normen zu leben. Die »sexuelle Freiheit«, die den seit zwei Jahrzehnten überall in der Welt angestellten, tastenden Versuchen ähnelt, führte im Gegensatz zum Westen absolut nicht zu einer Emanzipation des Denkens und einer Weiterentwicklung in den Verhaltensweisen der Geschlechter.

»Sex ist der Feind der Revolution«

Dieser Satz wurde im Lauf der zwanziger Jahre zu einer Parole der Kommunistischen Partei. Selbstverständlich waren die Dinge weit weniger einfach als diese Formulierung. Beim ersten Anlauf ging alles vor sich, als tue die Partei ihr möglichstes, die Familie und die alte Ethik zu erschüttern, und als arbeite sie für die »sexuelle Freiheit«. Danach besann sie sich, zog allmählich alle Schrauben der juristischen und sozialen Maschine an und installierte eine Art Herrschaft der Sittsamkeit, ja Sittenstrenge. Um diesen Widerspruch zu verstehen, muß man auf die Grundlagen der kommunistischen Ideologie zurückgreifen.

Bei der Verwirklichung einer gänzlich umgestalteten Gesellschaft zur Herausbildung des »kommunistischen Menschen« stieß das Regime auf ein bedeutsames Hindernis: die Familie. Die Familie ist der Ort, wohin sich der einzelne flüchtet, wenn das gesamte öffentliche Leben unter die Kontrolle des Staats gerät. Die Familie erzieht die Kinder, die dadurch der staatlichen Erziehung entgehen. Die Familie, vor allem die bäuerliche, steht für den Fortbestand der Traditionen der Vorfahren. Sie wird Gegenstand des besonderen Hasses der neuen Pioniere des Fortschritts. Eine rückschrittliche Institution, die noch bestehen bliebe und die Ausstrahlung der Lichter des Kommunismus abschirmte? Man muß sie schwächen, vernichten!

Wie Lenin dachte über die traditionelle Familie? Er warf sich zum Vorkämpfer der Befreiung der Frau auf und schrieb: »Die Frau bleibt die

Haussklavin ..., denn das häusliche Einzelsystem, das des kleinen Haushalts, unterdrückt, erstickt und verdummt sie ... vergeudet ihre Kraft mit einer unglaublich unproduktiven, kleinlichen, entnervenden, entwürdigenden und bedrückenden Werkelei.«

Man muß also zu einer vollständigen Umgestaltung dieser verfehlten Institution in einem großen sozialistischen System aufrufen.

Diese Vorstellungen lassen keinen Zweifel an Lenins Absichten zu. Die sogenannte Befreiung der Frau mußte als Mittel dienen, das inzwischen realisierte Ideal der Sozialisierung zu erreichen, wie man noch sehen wird. Die Familie interessierte Lenin nicht vom Sexuellen her, vielmehr wollte er sie aufsplittern, ihr den Sinn ihrer Existenz nehmen. Lunatscharski, Minister für Kultus und Erziehung, verlieh 1918 Lenins Ideal Ausdruck: »Daß doch dieser pädagogische Kleinbetrieb, den die Familie darstellt, diese Miniaturwerkstatt ... dieses Unheil ... der Vergangenheit angehöre ... Der Staat«, fügte der für seine Mäßigung und seinen Liberalismus bekannte würdige Minister hinzu, »muß das Kind in dem Augenblick mit Beschlag belegen, wenn die Mutter es aus den Händen läßt.«*

Millionen verlassener Kinder galten vielfach bereits als ein Schritt nach vorn zur Auflösung der »bürgerlichen« Familie.

Verständlich, daß das Dekret über die Scheidung schon im Dezember 1917 von Lenin unterschrieben wurde: es ist ein im wahrsten Sinn des Worts historisches Faktum, wenn nur einen Monat nach dem Oktoberumsturz Lenin in einem für das neue Regime äußerst kritischen Augenblick die Zeit fand, sich mit dem Scheidungsrecht zu beschäftigen. Man darf daraus schließen, daß die Zerstörung der traditionellen Familie in seinem Denken eine wichtige Stelle einnahm.

Lenin war aber ebensowenig ein Vorkämpfer sexueller Gemeinschaftlichkeit. Angesichts der Theorie vom Glas Wasser und der Exzesse seiner Mädchenschar im Komsomol reagierte er mit Abscheu. Wie in den Erinnerungen Clara Zetkins (1857–1933), der führenden deutschen Kommunistin, zu lesen ist, sagte Lenin: »Das angebliche ›neue sexuelle Leben‹ der Jugend und der Erwachsenen hat gar oft den Anschein des Kleinbürgerlichen und kommt mir vor wie eine Spielart des guten alten bürgerlichen Hurenhauses.«

Für ihn ist das »Glas Wasser« antimarxistisch. Er kann sich dem Prinzip der Ehe nicht entgegenstellen, er will eine »proletarische Zivilehe, die sich

* Anatoli Lunatscharski, »Erziehung und Unterricht«, Neuausgabe Moskau 1976.

auf Liebe und Ideologie gründet«. Der Proletarier würde sich nicht mit einer Bürgertochter verheiraten dürfen.

Lenins Erklärungen predigen mit einer Tendenz zum Puritanischen eine asketische Absage an den Sex: »Das Fehlen einer Kontrolle des sexuellen Lebens ist ein Phänomen der Bourgeoisie. Die Revolution braucht eine Konzentration der Kräfte. Wilde Exzesse des Sexuallebens sind reaktionäre Symptome. Wir brauchen Menschen mit gesunder Sinnesart.«

Was das Privatleben Lenins angeht, so ging seine ganze Energie restlos in dem Willen auf, seine Partei zu schmieden. Wie Tschernyschewskis Held, den er bewunderte, ließ er Gefühlen und fleischlichen Begierden keinen Raum. Essen, Trinken, Kleidung, das ganze Leben des Alltags dienten nur dazu, ihn für die große Sache in möglichst guter Form zu halten. Physische Freuden waren verbannt, alles hatte der Revolution zu dienen.

Aus Lenins Leben sind nur zwei Frauen bekannt: seine Ehefrau Nadeschda Krupskaja (1869–1939), seine Freundin Inessa Armand (gest. 1920). Die Sowjets verbergen sorgfältig seine Beziehungen zu Inessa, obwohl diese rein platonische Idylle vielleicht die einzige menschliche, ansprechende Seite seines Lebens ist. Kinder hatte er keine. Die einzigen Früchte seiner kämpferischen Ehe mit der Krupskaja waren die mystischen Ideen von einem kommenden Paradies, die ihnen gemeinsam waren.

Ich weiß nicht, wie das Urteil der Geschichte und der Historiker über Lenin aussehen wird. Wenn ich aber als Arzt sein Gehabe, im besonderen seine Gestik und sein Mienenspiel analysiere, neige ich zu der Ansicht, daß der kommunistische Gigant ein sexueller Pygmäe war. Die ihm ziemlich allgemein in der Sowjetunion zugeschriebene Impotenz entbehrt vielleicht nicht ganz der Grundlage. Wenn ich den »Fall« Lenin mit den unzähligen Fällen von Impotenz vergleiche, die ich zu behandeln hatte, fallen mir gemeinsame Züge auf: ein sehr energisches, übertriebenes Gestikulieren, wenn er Einwände zu machen hatte, das ihm zur kompensatorischen Sublimierung diente, und außerdem seine vollständige Gleichgültigkeit den Frauen gegenüber.

Da sind wir nun in eine Klatschspalte geraten. Trotzdem ist die Persönlichkeit Lenins von Bedeutung. Anzunehmen, daß sein asexuelles Wesen auf die Gesamtheit der Bevölkerung merklichen Einfluß ausgeübt habe, liegt mir fern (oder daß die rituellen Besuche junger, eben vom Standesamt kommender Paare im Lenin-Mausoleum vor der Hochzeitsnacht anregend wirken könnten). Sein asketisches Ideal, das beim großen Marsch auf die Revolution und die künftige Gesellschaft alle Lebensformen wie eine Dampfwalze einebnete, ist nicht nur ein ihm persönlich eigener Zug: man machte daraus eine wesentliche Komponente der kommunistischen Ideologie.

Es ist etwas Seltsames mit diesem sowjetischen Puritanismus. Dem äußeren Eindruck nach beseitigt die neue Moral beengende Tabus, vermeidet gleichzeitig gegenteilige Exzesse und scheint die Frage des Sex mit dem gesunden Menschenverstand anzugehen. Ein führender Denker der Partei, Nikolai Bucharin (1888–1938), wandte sich 1922 an die Jugend und sprach sie als »nihilistisch-revolutionär« an; er redete von einer »Anarchie in den Verhaltensregeln«. In Wirklichkeit bewegen sich alle Ideen, die angeblich die »liberale« Gesetzgebung, die Projekte der »Befreiung« stützten, nur in eine Richtung: zum Kommunismus hin. Unterwegs fügt es sich, daß die Liebe dahinsiecht und auf der Strecke bleibt. Sie ist kein persönliches Erleben, kein individuelles Abenteuer mehr, sie soll als Basis für eine künftige Gesellschaft die traditionelle umformen.

Ein Genosse Zalkind, seinerzeit bekannt für seine psychologischen Theorien, mit denen er versuchte, Freud der marxistisch-leninistischen Brühe einzurühren, proklamierte in seinem mit dem Wohlwollen der kommunistischen Universität 1925 erschienenen Sammelband »Die Revolution und die Jugend«: »Unser Standpunkt kann nur revolutionär, proletarisch und streng praktisch sein. Wenn diese oder jene sexuelle Regung zur Isolierung eines Individuums hinsichtlich seiner Klassenzugehörigkeit beiträgt..., ihn teilweise seiner Arbeitskraft beraubt... und seine kämpferischen Qualitäten vermindert, muß dem ein Ende gesetzt werden. Tragbar ist nur ein Sexualleben, das dazu beiträgt, kollektivistische Emotionen zu verbreiten.«

Dann verordnete er so deliziöse Regeln, daß ich nicht umhin kann, einige anzuführen:

»... 5. Der sexuelle Akt darf sich nicht oft wiederholen.
6. Man darf den Partner nicht oft wechseln.
7. Die Liebe muß monogam sein...
8. Beim Sexualakt muß man sich immer vor der Möglichkeit der Zeugung eines Kindes in acht nehmen...
9. Die Partnerwahl muß sich nach Klassenkriterien richten und mit den revolutionären und proletarischen Zielen konform gehen...
12. Die Klasse [wohlverstanden: die Kommunistische Partei] hat das Recht, im Sexualleben ihrer Mitglieder zu intervenieren.«

Besagte Intervention kann z.B. darin bestehen, die Liebe zu einem

»Klassenfeind« zu verbieten: »Die für eine einer feindlichen und ethisch fremden Klasse angehörenden Person empfundene sexuelle Anziehung ist eine Perversion wie die für ein Krokodil oder einen Orang-Utan.« Es kommt noch besser: »Die Partei muß über die Reinheit... der Rasse wachen.« Zalkind propagiert »das totale und bedingungslose Recht der Gesellschaft, in das sexuelle Leben der Bevölkerung mit der Absicht einzugreifen, die Rasse durch die Praxis einer künstlichen sexuellen Auslese zu veredeln«.

Diese Zeilen dürften bei gewissen Zeitgenossen unbehagliche Gefühle wecken. Die Melodie ist zu gut bekannt, als daß sie nicht unfreundliche Vergleiche wachriefe. Zalkinds Ideen über Rassenreinheit werden z. B. von einer leitenden Persönlichkeit, Preobraschenski, geteilt, für den Sex ein »soziales Problem« ist, zu sehen vom schlichten Standpunkt der »physischen Gesundheit der Rasse«; es sei zu wünschen, daß das Sexualleben im Sinn einer »besseren Kombination der physischen Qualitäten der Personen, die sexuelle Beziehungen haben«, reglementiert werde.

Ich werde mich nicht länger über die kommunistischen Ideen dieser Periode verbreiten. Man wird, hoffe ich, mit mir einer Meinung sein und das Wesentliche sehen: die Utopie einer gänzlichen Kontrolle des Menschen bis in seine sexuellen Regungen, eine Utopie, die irgendwie der ganzen Geschichte des Regimes zum Richtpunkt dient. Wir finden sie wieder aus der Feder eines A. Sabsowitsch, der 1929 predigte, »die Kinder nach den ersten Tagen einzuziehen« und sie unter die Kontrolle des Staats zu stellen – wir finden sie in den Projekten für Städte der Zukunft, in denen das gesamte tägliche Leben kollektiviert sein sollte, bis zu den jüngsten Städteplanungen.

Ich muß den Leser beruhigen: das Regime hat die Familie nicht gänzlich zerstört und auch keine rassischen Selektionszentren errichtet – wenn nicht im Gulag. Ein alter Häftling, Armand Maloumian, berichtete, daß man 1948 im Lager Männer und Frauen fast unbehindert verkehren ließ, während sie vorher streng getrennt gewesen waren. Man forderte die Gefangenen sogar dazu auf. Die darauf folgende Orgie sei unbeschreiblich gewesen, eine Menge Frauen wurden schwanger. Dann ließ man die werdenden Mütter glauben, sie würden entlassen; sie wurden auch frei, waren aber nach einem Jahr wieder im Lager: man hatte ihnen ihre Kinder weggenommen und sie dem Staat übergeben, der in Sonderschulen u. a. Polizisten aus ihnen machte.*

* A. Maloumian, »Les fils du Goulag«, Paris 1976.

Wie immer realisiert sich die kommunistische Utopie nur im KZ. Um die enormen Lücken zu füllen, die die Säuberungen hinterließen und den daraus entstandenen Kalamitäten zu begegnen, hatte das Regime keinen anderen Ausweg gefunden, als Gefangene wie die Tiere sich paaren zu lassen.

Die Sittsamkeit der Stalin-Ära

Wenn die Gesetzgebung der Lenin-Zeit auf die Zerstörung der Familie abzielte, propagierte jene unter Stalin ihre Wiederherstellung – sicherlich nicht der traditionellen »bürgerlichen«, sondern der sowjetischen.

Und es kam die Herrschaft der Tugendhaftigkeit.

Die Abtreibung wurde 1936 praktisch verboten. Durch Gesetz von 1934 wird Homosexualität als Verbrechen betrachtet. 1944 wurde die Scheidung schwierig und mühsam. Die unehelichen Kinder verloren alle Rechte, und das Schicksal, das sie erwartet, ist schlimmer als unter dem alten Regime.

Gewiß gab es objektive Gründe für diese Politik. Eine Reihe von Katastrophen war über Rußland hereingebrochen: der Erste Weltkrieg, der Bürgerkrieg und die Hungersnot von 1921, die Kollektivierung und abermalige Hungersnöte 1928–1931, ständige Säuberungen, besonders die von 1937, Zweiter Weltkrieg, neue Hungersnot und neue Säuberungen – all diese Verkettungen hatten die Sowjetunion an den Rand des Abgrunds gebracht.

Die von den Sowjets nie, höchstens teilweise zugegebene Zahl der Toten wird von westlichen Demographen für den ganzen Zeitabschnitt auf etwa sechzig Millionen geschätzt. Die unter dem zaristischen Regime sehr hohe Geburtenziffer, jener von unterentwickelten Ländern vergleichbar, nahm seit Beginn der revolutionären Ära beträchtlich ab:

auf 1000	auf 1000
1913 = 45,5	1930 = 39,2
1920 = 31,2	1940 = 31,2
1925 = 44,7	1950 = 26,7
1926 = 44,0	

Man wird mir entgegenhalten, daß die Senkung der Geburtenrate eine Erscheinung ist, die alle europäischen Länder im Gefolge der Industrialisierung erlebten. Dagegen stelle ich die Tatsache, daß in keinem Land die Industrialisierung Millionen Tote gekostet hat. Betrachtet man die Zahlen genauer, bemerkt man, daß zu der einzigen Zeit, als die Gesellschaft (und vor allem die bäuerliche) in verhältnismäßigem Frieden leben konnte, d.h. zwischen 1922 und 1928, die Geburtenziffer fast die Höhe jener vor dem Ersten Weltkrieg erreichte, während zur selben Zeit im westlichen Europa eine Abnahme zu verzeichnen war. In der Sowjetunion trat die Verschlechterung vor allem als Folge der Probleme in der nachrevolutionären Zeit ein.

Um der bevölkerungspolitischen Katastrophe zu begegnen, machte sich das Regime daran, die Familienbande wieder enger zu knüpfen, die bedrohlich zunehmenden Scheidungen und Abtreibungen zu bremsen. Hier liegt aber nicht die eigentliche Erklärung. Der Hauptgrund scheint vielmehr der sowjetische Puritanismus zu sein, dessen Keime auf die zwanziger Jahre, vielleicht schon ins 19. Jahrhundert zurückgehen und die sich seit den dreißiger Jahren richtig entfalteten.

Man kann es aus Maßnahmen schließen, die mit einer Ermutigung zum Kinderkriegen nichts zu tun haben: die im Mai 1918 eingeführte Koedukation wurde 1943 abgeschafft, seit Ende der zwanziger Jahre sind die Psychoanalyse und alle Experimente, pädagogische oder medizinische, verboten, die damit zusammenhängen.

Vor allem war es das vom Regime auferlegte ideologische und ethische Muster, das den »tollen Jahren« ein Ende setzte – ein erdrückendes Vorbild, von dem nicht einmal die strengsten Sittenrichter jemals geträumt haben dürften, durchdrang alles: Diskussionen, Schulen, Versammlungen, die Presse, als sozialistischer Realismus die Literatur und Kunst in millionenfacher Verbreitung.

In diesem Modell ist die Familie offiziell nicht ein Rahmen fürs Leben, eine Quelle des Glücks, eine ökonomische Zelle. Sie wird zur Pflichtübung. Für Makarenko, den Ideologen des Regimes in Erziehungsfragen, ist die Familie eine Institution, der von der Gesellschaft Vollmachten übertragen werden: die Eltern müssen ihre »staatsbürgerliche Pflicht der sowjetischen Gesellschaft gegenüber« erfüllen, die mit einem Obstgarten verglichen wird, deren »großer Chefgärtner« Stalin ist.* Eltern, die ihre Pflicht nicht begreifen, »liefern der Gesellschaft eine Menschenproduktion von zweifelhaftem Wert«.

* Anton S. Makarenko (1888–1939), »Ein Buch für Eltern«, russisch 1937, deutsch 1952, 4. Aufl. 1966.

Es geht also nicht um eine beliebige Familie, die man bessern müßte; es geht um eine Familie, die dem Regime zu Diensten zu stehen habe. Das gleiche gilt für die Frau, die befreit zu haben sich das sowjetische Regime rühmt: »Niemals wurde die Frau mit so viel Fürsorge und Aufmerksamkeit seitens eines Staats und eines Volks bedacht wie in der sozialistischen Gesellschaft.«

Diese Frau ist vor allem eine Mustersozialistin. Nicht zu zählen sind die Konferenzen, Kongresse und Versammlungen aller Art, bei denen sorgfältig ausgesuchte Frauen ihre Treue zum Regime verkünden. Kämpferisch, wie sie sind, tun sie ihr möglichstes, die Erträgnisse der Wirtschaft zu mehren oder wenigstens ihre Männer in ihren hohen Aufgaben als Ingenieure, Techniker oder Arbeiter zu unterstützen (wie bei einer Konferenz von Ingenieurfrauen, deren Männer in der Schwerindustrie beschäftigt waren, worüber die »Prawda« vom 10. Mai 1936 berichtete). Diese Frau ist nicht nur hinsichtlich ihres kommunistischen Selbstbewußtseins eine perfekte Mutter, sie bringt auch zahlreiche Kinder zur Welt und liefert so die von Makarenko geforderte »Produktion an Menschen«. Seit 1944 werden an besonders fruchtbare Mütter Medaillen verliehen: »Mutter-Heldin«, »Mütterlicher Ruhm«, »Medaille der Mutterschaft«. Daraus wird ersichtlich, daß das Regime es vorzieht, mit dem ideologischen Holzhammer zu arbeiten, statt geduldig und behutsam Maßnahmen zu ergreifen, die geeignet wären, den Problemen abzuhelfen.

Man wird verstehen, daß mit all diesen Imperativen die Musterfrau dasteht wie eine Jungfrau von Orléans und die Madonna in einem – wie etwa die Dunjascha in dem Roman »Schurbin« von Kotschetow, eines der schlimmsten stalinistischen Schriftsteller. Das Buch erschien 1952 und ist in Hunderten von Millionen verbreitet. Die Heldin ist charmant und süß, und ihre physischen Qualitäten beschränken sich offenbar auf die Süße ihres engelhaften Antlitzes. Sie ist eine phantastische Arbeiterin und eine vollkommene Mutter. Zu allen idealen Eigenschaften hin findet sie zwischen der Arbeit, der Betreuung ihrer Kinder und der ständigen Austeilung eines guten kommunistischen Worts die Zeit, kommunistische, gewerkschaftliche und andere Jugendtreffen zu besuchen: Modell des neuen sowjetischen Stars.

Aber auch die Kinder haben ihr Ideal. Eingegliedert in die Organisationen der »Pioniere« schwören und verpflichten sie sich, in Gedanken, Worten und Taten rein zu bleiben (ihr siebtes und letztes Gebot) – ein bei der Gründung der Organisation 1922 gutgeheißener »Schwur«. Reinheit ist nämlich ein wesentliches Attribut des kommunistischen Helden. Wie Makarenko sagt, hat die sowjetische Familie eine »sittliche Höhe« erreicht, die nur in einer klassenlosen Gesellschaft möglich ist.*

Aber dieser ganze Katechismus ist noch nichts im Vergleich zum höchsten Heros des Regimes: zum kämpferischen, reinen, harten Mann. Auch hier fehlen die literarischen Vorlagen nicht; um nur die klassischen Romane von Leonid M. Leonow (geb. 1899), Alexander A. Fadejew (1901–1956) und Nikolai A. Ostrowskij (1904–1936) zu erwähnen. Dieser Heros ist der würdige Nachkömmling der Hauptperson in Tschernyschewskis »Was tun?«, den er ohne weiteres in die Tasche steckt, weil er ja die große Chance hat, unter dem Sozialismus zu leben und seine hyperproletarischen Tugenden voll spielen lassen zu können – ein Wesen, das nicht raucht, nicht trinkt, kaum liebt, das sogar die platonische Liebe verweigert und auf ein besseres Morgen verschiebt, denn es kann und darf sich im politischen Kampf und in der Arbeit keinerlei Behinderung auferlegen. Ist es zufällig Familienvater, fragt man sich, durch welche Manipulation des Heiligen Geists die Sache hat passieren können, so sehr hat diese menschliche Maschine ihre ganze Zeit verprogrammiert, ohne für das Privatleben etwas übrig zu lassen: Aufstehen, Morgengymnastik, fröhliche Arbeit, syndikalistische oder politische Versammlung, wo man Zweifler oder Widerspenstige auf den richtigen Weg zurückführen muß, Lektüre der Werke von Marx und Engels in den wenigen Minuten, die bleiben. Wo zum Teufel könnte man da ein bißchen Erotik einschieben?

Das beste Exemplar dieses Helden findet sich in Ostrowskijs Roman »Wie der Stahl gehärtet wurde« (1935, deutsch 1937). Er fängt damit an, auf ein bürgerliches junges Mädchen zu verzichten – obwohl sie ihm gewogen ist –, weil ihre Herkunft entschieden zu schlecht ist, als daß sie eine gute Mitstreiterin werden könnte. Dann trifft er auf eine echte Kämpfernatur, ein Mädchen, das noch dazu hübsch und in ihn verliebt ist. Nach kurzem Zögern verzichtet er schließlich auch auf sie: obwohl sie Kommunistin ist, würde er in einem Leben zu zweit riskieren, etwas von seinem kämpferischen Potential einzubüßen. Vom Impotenten der Literatur der Romantik zum perfekten Kommunisten, hinweg über die Revolutionäre des 19. Jahrhunderts, schließt sich der Ring der Enterotisierung. In der russischen Kultur stirbt der kranke Eros schließlich für alle Zeiten.

* Makarenko, »Ein Buch für Eltern«, deutsch, 4. Aufl. 1966.

Und die Realität des Sexuallebens in der sowjetischen stalinistischen Gesellschaft? Dieses Buch will die Komponenten freilegen, denn die gegenwärtige Sowjetunion lebt immer noch von den »Errungenschaften« der Stalin-Epoche. Ich möchte jedoch das Problem der »kommunistischen« Familie ansprechen.

Es gibt nichts Heuchlerischeres, Gekünstelteres als die stalinistische Moral, die in alle Kanäle der Propaganda ausgegossen wurde (man verbreitet sie übrigens immer noch recht ausgiebig). Die ideale sowjetische Familie war nie etwas anderes als ein Mythus mit so wenig Wirklichkeit hinter sich wie das Ungeheuer von Loch Ness. In der Praxis hat das Regime die Grundlagen und die Strukturen der traditionellen Familie systematisch zersetzt. Dazu brauchte es gar keine entsprechende Gesetzgebung. Lag es übrigens in der Absicht Stalins, dem Gebilde »Familie« tödliche Schläge zu versetzen? Dazu genügen schon das Räderwerk, ja, die bloße Existenz des Systems des Terrors und die ständige Intervention des Staats in alle Bezirke des menschlichen Daseins.

Die Bevölkerungskatastrophe wurde schon erwähnt. Man kann sich denken, daß es ein Unding ist, in einem von der Hungersnot verheerten oder Strafexpeditionen ausgesetzten Dorf, das damit »kollektiviert« werden soll, von Familien- oder Sexualleben zu sprechen.

Katastrophal und zersetzend war auch das Phänomen der Denunziationen. Im ganzen Land mißtraute jeder jedem – dem Arbeitskollegen, dem Nachbarn, dem Verwandten – und Eheleute denunzierten sich gegenseitig. Der Fall Pawlik Morozow – ein »Pionier«, der seinen Vater während der Kollektivierung denunzierte – gab Anlaß zu einem eigenen Artikel in der »Großen Sowjetenzyklopädie«* und sogar zur Errichtung von Denkmälern. Wenn jemand auf Denunziation hin verhaftet wurde, bedurfte es des echten Heroismus des Partners, sich nicht scheiden zu lassen, wozu das Gesetz berechtigte.

Ein »Volksfeind«, Mann oder Frau, setzte den nichtbetroffenen Partner furchtbaren Konsequenzen aus, die oft zur Verhaftung oder auch für ihn ins Lager führen konnten. Man versuche nur, sich vorzustellen, welcher Art die Liebesbeziehungen in einer Familie sein können, in der jeder Angst hat, vor den anderen politische Fragen anzuschneiden, in der die Eltern, die Eheleute

* »Bolschaja Sowjetskaja Enciclopedija«, Moskau 1926 ff., 65 Bde.; 2. Auflage 1944–1958, 51 Bde.

gezwungen sind, ständig Komödie zu spielen, um das Bild eines vollkommenen »sowjetischen Glücks« zu bieten.

Es handelt sich um eine paradoxe Entwicklung: in den zwanziger Jahren legte es der Staat darauf an, die Familie zu zerstören, in den Dreißigern versuchte er, ihre Struktur wieder zu festigen, erreichte aber das Gegenteil; in dem Maß, wie das Regime eine terroristische und totalitäre Form annahm, zersetzte sich die Familie mehr und mehr. Ich darf noch ein der Sowjetunion eigentümliches Phänomen anführen: die Familien ohne Vater, bezeichnend für die Zersplitterung der Familie. Der Krieg, aber auch die Säuberungen hatten vor allem die männliche Bevölkerung derart schwer getroffen, daß bei der Volkszählung von 1959 auf 100 Personen 45 Männer kamen; auf 100 Personen von 32 und mehr Jahren trafen nur 37 Männer (anders gesagt: 170 Frauen auf 100 Männer): jene Altersstufen, die in den schrecklichen Jahren am schlimmsten dezimiert wurden. Das enorme Ungleichgewicht wurde durch die Landflucht noch verschärft (oft verließ der Mann das Dorf, um nach einem besseren Leben zu suchen) und belastete die sowjetische Familie als echtes Trauma. Die durch das Fehlen des Vaters verursachten Störungen sind bekannt und in dem Film von Tarkowski »Der Spiegel« hervorragend dargestellt. Es gibt auch Statistiken, die die Breitenwirkung des Phänomens auswerteten. Bei der Volkszählung von 1959 (immerhin bereits nachstalinistisch) hatten 29 von 100 Familien einen weiblichen Familienvorstand: Witwen, geschiedene Frauen, ledige Mütter. Für die Russische Sozialistische Föderative Sowjetrepublik allein ist das Verhältnis 31 zu 100 und 34 zu 100 auf dem Land. Eine im Gebiet von Kalinin angestellte Untersuchung ergab die Zahlen 11 auf 100.*

Der Unterschied zwischen einer lügenhaften Propaganda, die die allgemeine Überlegenheit und das strahlende Glück der sowjetischen Familie hinausposaunt, und der tragischen Wirklichkeit der traumatisierten Familie bringt mich wieder auf die Aufspaltung des Einzelwesens, die zu verdeutlichen ich von der ersten Seite des Buchs an bemüht war. Die vom Regime verfolgten Ziele, nämlich die Enterotisierung der Liebe, die Unterordnung der sexuellen Regungen unter die ökonomischen und politischen Interessen des Sowjetstaats und das Streben nach Kontrolle des Intimlebens eines jeden Individuums haben schließlich ihre Früchte getragen. Nicht daß der sowjeti-

* L. Anochina und M. Tschmelewa, »Kultur und Alltagsleben der Kolchosebauern im Gebiet von Kalinin«, Moskau 1964.

sche Durchschnittsmensch wie eine gut geölte Maschine den Befehlen des totalitären Staats gehorchte – die grauenhafte Utopie Orwells, »1984«, ist immer noch Utopie – aber das System hat die Sexualität in die Tiefen der unterdrückten Persönlichkeit zurückgestaut. Damit man sich die Situation besser vorstellen kann, möchte ich sie mit dem Sexualleben vergleichen, das es im Gefängnis oder in der Armee geben kann. Der Gefangene oder der Soldat sieht sich vor die Unmöglichkeit gestellt, seine sexuellen Regungen auf natürliche Weise zu befriedigen; sein Sexualleben verkümmert, staut sich und bringt Perversionen aller Art hervor. Ich möchte mit Vorbedacht sagen, daß die sowjetische Sexualität in ihrer Tiefenstruktur etwas Kerkerhaftes hat, ganz wie das Land überhaupt einem riesigen Gefängnis vergleichbar ist.

Trotzdem sei noch ein optimistischer Ton gewagt. Denn die Familie, auch wenn sie angeschlagen ist, und die Liebe, auch wenn verstümmelt, sind Inseln, die den Menschen der Sowjetunion als Zuflucht vor den Härten ihrer Existenz dienen.

Wie sollte man z. B. nicht die Standhaftigkeit und eheliche Treue der Frau eines Gefangenen des Lagers Charkow bewundern: während der Hungersnot von 1947, als die Ukrainer zu Zehntausenden starben, hatte der Mann, Leiter einer Kolchose im Bezirk Chmelnik in der Ukraine, sich an die Spitze einer Bande gesetzt, die die Magazine des Nachbardistrikts plünderte. Die Beute wurde gleichmäßig unter die Kolchosleute verteilt. Er wurde zufällig entdeckt (das ganze Dorf hielt dicht) und zu 25 Jahren Lager verurteilt. Um diese Zeit kam sein erstes Kind zur Welt. Während der ganzen Zeit seiner Gefangenschaft wartete seine Frau geduldig und kam ihn alle sechs Monate besuchen, wie es das Reglement gestattete. Diese Treffen ermöglichten es ihr, während der Gefangenschaft ihres Mannes fünf Kinder zu bekommen. Kein Zweifel, daß der Mann ohne die große Liebe seiner Frau zugrunde gegangen wäre. Trotz Stacheldraht und Wachtürmen hielt die Liebe durch, die Familie blieb intakt.

TEIL II
FAMILIE, HEIRAT, EHELEUTE

3
Die heutige sowjetische Familie

Da die soziale Zelle der Familie in der Sowjetunion immer noch der Schwerpunkt des Sexuallebens ist, scheint es mir erforderlich zu sein, die eigentliche Studie über das sexuelle Leben mit einer Analyse der Familie zu beginnen. Natürlich wird nach wie vor in der Sowjetunion geheiratet und die aus den Ehen hervorgehenden Kinder werden wenigstens teilweise in der gesellschaftlichen Zelle der Familie aufgezogen. Man mache sich also keine Illusionen, die Sowjetunion habe neue Formen des Sexuallebens erfunden; weder der Kommunismus noch die »slawische Seele« hat bis jetzt neue Spielarten hervorgebracht.

Nun bleibt noch zu entdecken, welcher Art die sowjetische Familie ist. Im historischen Kapitel habe ich versucht, die Evolution (oder vielleicht Revolution?) des russischen Systems der Familie zu skizzieren: von der dauerhaften traditionellen, patriarchalischen Familie bis zu jener am Rand der Aufsplitterung unter dem stalinistischen Terror. Wo steht man heute?

Das allmählich entwickelte Modell, das seine unheilvolle Ausprägung unter Stalin gefunden hat, bleibt wirksam: Vollkommene kommunistische Familie, gegründet auf der Arbeit und den Pflichten gegen den Staat; »im Geist des Kommunismus«, wie Lenin sagte, erzogene Kinder; Verzicht auf individuelle Interessen und Gefühle zugunsten des kollektiven Wohls – dieses ganze Credo ergießt sich unaufhörlich durch die Kanäle der Medien, wird in der Schule vermittelt und fehlt nicht einmal bei der Ziviltrauung. Hier interessiert die Realität der sowjetischen Familie.

Auf den ersten Blick unterscheidet sich die gegenwärtige sowjetische Familie eigentlich wenig von der, wie man sie im Westen kennt. Verschwunden ist der im alten Rußland von einem Patriarchen beherrschte, von Kindern überquellende Clan, dem sowjetischen Typ der Familie entspricht das Ehepaar mit einem oder zwei Kindern und vielleicht einer Großmutter, die alle zusammen in einem Raum oder in einer der unter Chruschtschow gebauten Zweizimmerwohnungen hausen. Was gäbe es Banaleres?

Wie alle industrialisierten Länder scheint auch die Sowjetunion hinsichtlich der Geburtenrate Probleme zu haben. Ich führe die weiter vorn zitierte Statistik der Geburtenziffern fort:

auf 1000	auf 1000
1950 = 26,7	1968 = 17,2
1955 = 25,7	1969 = 17,0
1960 = 24,9	1970 = 17,4
1965 = 18,4	1974 = 18,0

Der kleine Anstieg in den siebziger Jahren ist nach Aussage sowjetischer Demographen nichts weiter als die Begleiterscheinung der »starken« Jahrgänge in den Fünfzigern und einer steil ansteigenden Kurve in den islamischen Republiken der Sowjetunion (z. Zt. bereits wieder im Abnehmen).

Bei der Volkszählung von 1970 (der letzten) ergaben sich für die gesamte Sowjetunion im Mittel 3,7 Personen pro Familie. In der Russischen Sozialistischen Föderativen Sowjetrepublik (RSFSR) lag die Zahl mit 3,5 niedriger (3,4 in den Städten), in der Ukrainischen Sozialistischen Sowjetrepublik (USSR) bei 3,4, in den baltischen Republiken von 3,4 bis 3,1, in Leningrad bei 3,1. Die Zahl der Kinder pro Familie verhält sich ähnlich: in der RSFSR haben 21 von 100 Familien kein Kind, 38 haben eines, 26 zwei Kinder. Für die Städte verschlechtert sich das Ergebnis noch: 20 Familien von 100 kein Kind, 43 ein Kind, 28 zwei Kinder.* Ich bringe nur die Zahlen für das eigentliche Rußland, denn in den asiatischen Republiken ist die Situation grundverschieden. In der Ukraine, in Weißrußland und den baltischen Ländern weisen die Statistiken die gleiche Tendenz nach unten aus.

Man fragt sich, ob die sowjetische Familie beim Einkindsystem landet. In den Großstädten erregt eine Familie mit drei Kindern bereits Aufsehen auf der Straße. Eine Umfrage Ende der sechziger Jahre in Moskau ergab, daß 47 von 100 Frauen sich für eine ideale Zahl von zwei Kindern entschieden.** Eigentlich bezeichnend: man träumt davon, zwei Kinder zu haben, begnügt sich aber durchweg mit einem.

Man könnte sich endlos über die Ursachen dieser Entwicklung auslassen (es geht hier um die jüngste Zeit, nicht jene der bereits erwähnten demogra-

* »Ergebnisse der Volkszählung von 1970«, Band 70, Tabellen 4 und 25.

** W. Belowa und L. Darski, »Meinungsstatistik bei der Untersuchung über die Geburtenziffern«, Moskau 1972.

phischen Katastrophen), und die Demographen tun es ausführlich. Da ich kein Spezialist auf diesem Gebiet bin, werde ich keine Feststellung riskieren und mich auf zwei Bemerkungen beschränken.

Die erste ist, daß das Absinken der Geburtenziffer einen tiefreichenden Wandel des Denkens zeigt. Wer die Geburten bewußt beschränkt, will das Leben kontrollieren, eine Sache, die im alten Rußland absolut undenkbar gewesen wäre und, wie man weiß, ebenso in den meisten unterentwickelten Ländern. So gesehen, läßt sich wahrhaftig behaupten, daß die Russen durchaus »auf der Höhe« des Westens sind.

Meine zweite Bemerkung ist nuancierter. Warum schränkt man die Geburten ein? Zweifellos aus Egoismus: die Eltern wollen mehr vom Leben haben, die Frau hat kaum Lust, ihr ganzes Dasein zu opfern, um sechs oder sieben Kinder in einem oder zwei Zimmern aufzuziehen. Man bedenke auch, daß in Rußland zu Beginn des Jahrhunderts die Bauern daran interessiert waren, Kinder zu haben, die billige Arbeitskräfte waren und ihnen auch mehr Land brachten, weil sich die Zuteilung nach der Größe der Familie richtete. Nichts dergleichen gibt es heute noch. Die Stadt und auch das Land bieten Familien mit vielen Köpfen nur wenig Raum. Es wird sich im folgenden zeigen, wie hart das Los der russischen Frau ist. Die amerikanische oder die deutsche Frau genießt einen weitaus höheren materiellen Wohlstand, ist aber in der Zahl der Kinder ebenso zurückhaltend. Mit mehr Grund will die russische Frau, der moderne Ideen bekannt sind, die ein besseres Leben haben möchte, nicht das Opfer einer Sklaverei werden, die sich aus der Erziehung mehrerer Kinder unter den gegenwärtigen Lebensbedingungen ergeben würde.

Wer steht der reduzierten Familie tatsächlich vor? Gibt es immer noch eine Aufgabenteilung wie in der traditionellen Familie, als die Frau sich im Haushalt betätigte und der Mann die Entscheidungen traf, die von Bedeutung waren? Wir betreten hier schwankenden Grund. Formell, man kann es sich denken, ist der Ehemann das Haupt der Familie (auf die »Phallokratie« werde ich zurückkommen), aber oft verzichtet er und überläßt der Frau die ganze Last. Eine Umfrage in Leningrad ergab z. B., daß sich in 56 von 100 Fällen die Frau allein die Erziehung der Kinder sicherte; in 33 von 100 teilten sich die Ehegatten darein, und bei den restlichen 21 Fällen lag die Verantwortung nicht beim Mann, sondern bei der Großmutter.*

* »Soziologische Forschungen«, Nr. 4, 1970, S. 65.

Auch wenn das Gesetz dem Mann die Eigenschaft des Familienvorstands zuerkennt, so betrachtet sich doch die Frau oft als solchen. Eine andere Umfrage zeigte, daß 29 von 100 Frauen im Gegensatz zur Meinung ihrer Männer der Ansicht waren, sie seien das eigentliche Familienoberhaupt.* Die Zeitschrift »Literaturnaja gaseta«, blasses Surrogat einer nicht existierenden öffentlichen Meinung, die oft »Diskussionen« über Probleme der Familie veranstaltet, öffnete 1977 ihre Spalten Frauen, die mit ihren Männern unzufrieden waren: »Was da vorgeht?« schrieb eine Leserin namens Elezkaja. »Das geht vor: schon die Idee vom ›häuslichen Mann‹ hat ihre Bedeutung verloren. Er ist entweder ein launisches Kind und nie zufrieden oder ein brüllender Löwe, der seine Frau wegen Bagatellen malträtiert... Alle mir bekannten Frauen mit ganz seltenen Ausnahmen beklagen sich darüber. Eine jede sagt, es sei leichter, zwei Kinder aufzuziehen, als seinen Mann bei Laune zu halten... Nur eine einzige meiner Freundinnen kann sich rühmen, einen Mann zu haben, der imstande ist, im Haus etwas zu tun. Alle anderen, ich inbegriffen, sind gezwungen, den Hammer und den Pinsel selbst in die Hand zu nehmen. Eine Freundin erzählte mir, daß, als der Lift eine Panne hatte, ihr Mann sich aufregte und schrie: ›Was wartest du und stehst herum, statt dem Elektriker zu telefonieren?‹

Wenn das Becken in der Küche einen Riß hat, das gleiche Theater: ›Seit zwei Tagen schon hättest du den Hauswart anrufen sollen.‹ Es kommt ihm nicht einmal in den Sinn, daß er selber telefonieren könnte. Was soll man dazu sagen? Ist er infantil, unterentwickelt, faul, boshaft, fehlt es ihm am Ernst des Erwachsenen? Ich weiß es nicht, aber ich finde, daß die Männer mehr und mehr das Recht verlieren, sich Familienvater oder Haushaltsvorstand zu nennen.«

Ein hartes Urteil, das die Redaktion der Zeitschrift aber verallgemeinern zu können glaubte: »Zuerst dachten wir, die Briefschreiberin neige dazu, ihre trüben Erfahrungen zu sehr zu generalisieren. Als aber die Einsendungen sich häuften, waren wir gezwungen zuzugeben, daß ihre Ansicht auch typisch für die der anderen Leserinnen unserer Zeitschrift ist.«

Trotz des oft naiven Tons der Leserinnenbriefe ist das Phänomen zu ernst, als daß man mit einem Scherz darüber hinweggehen könnte. Für mich ist es eine wesentliche Komponente des Sexual- und Familienlebens in der So-

* A. Pimenowa, »Das neue Leben und die Einführung der Gleichheit«, »Soziologische Forschungen«, Nr. 7, 1971.

wjetunion. Der Mann, der sich wie ein Kind benimmt, Verantwortung ablehnt, die Last der Vaterschaft auf die Frau ablädt, ist er eine soziale Normalerscheinung? Das Phänomen hat als konkreten Ursprung die vaterlosen Familien, die unter dem Regime Stalins so weit verbreitet waren und heute noch Realität sind. Es gibt aber auch tiefer liegende Ursachen. Es ist, als habe der in der russischen Literatur vorausgeahnte entkräftete russische Mann in der sowjetischen Wirklichkeit Gestalt angenommen. Er hat irgendwie eine moralische Kastration erlitten, die, denkt man genau darüber nach, eine Konsequenz des Regimes ist. Wer ist der für die Familie wirklich Verantwortliche? Der Mann? Die Frau? Die Eltern? Nein. Der Staat als der hauptsächliche Erzieher der Kinder und der Erwachsenen. In einem Buch von 1966, »Soziologie in der Sowjetunion«, heißt es: »Man kann das Intimleben in der Familie nicht sich selbst überlassen. Einzig eine Verstärkung der Erziehungsarbeit an jeder Familie kann es lenken und es auf das gewünschte Ziel ausrichten. Es ist nötig, eine speziell für das Familienoberhaupt gedachte Erziehungsarbeit zu organisieren.«

Die Macht des Staates über die Gesellschaft ist derart umfassend, daß der einzelne Mensch »sozial« nicht existent ist, was den Kindern gegenüber eine geschwächte Autorität der Eltern zur Folge hat. Die Schule beansprucht die Erziehung, das Kind wird von den Pionier-Organisationen abgerichtet und umworben. Natürlich trete ich nicht für das patriarchalische System ein, als der Mann das Weib schlug und ihm damit seine Zuneigung zeigen wollte. Aber die sowjetische Familie ist weder ein Matriarchat noch ein Patriarchat noch auch ein auf der Gleichheit der Geschlechter gegründetes System. Sie ist wie ein Boot, das ohne Steuer auf dem Wasser treibt. Man hat den Eindruck, daß die wesentlichen Federn des Mechanismus der Familie gebrochen sind und daß sie sich weder auf den alten Grundlagen wiedererheben noch sich aus eigener Kraft unter neuen Bedingungen strukturieren kann.

Weit entfernt ist dieses Gebilde von dem beruhigenden und banalen Bild der kleinen, friedlichen Familie, denn sie ist entwurzelt und gespalten.

Entwurzelt: die Bevölkerung der russischen Städte besteht zum großen Teil aus Bauern, die vor noch nicht langer Zeit in die Stadt gekommen sind, hier aber keinen starken strukturellen Rahmen gefunden haben, der sie hätte der Stadt akklimatisieren und integrieren können. 1913 betrug die ländliche Bevölkerung 82%, 1939 68%, 1959 52%, 1970 44%, was bedeutet, daß der Exodus der Bauern jungen Datums ist. Obwohl auf dem Land die Strukturen der bäuerlichen Gesellschaft durch die Kollektivierung stark in Mitleidenschaft gezogen sind, bewahrt die Familie doch noch archaische Züge, sogar in der Stadt: bei der Volkszählung von 1970 lebten in 22 von 100 Familien zwei Generationen zusammen, d. h. die Großmutter, meist verwitwet, bleibt oder ist vielleicht sogar die tragende Säule der Familie. Ich kenne eine Patientin aus Tschita, die zur Großmutter »Mama« und zu ihrer Mutter »Tante« sagt.

Gespalten: ich behaupte sicherlich nicht, daß man in der Sowjetunion kein normales Familienleben führen könne. Wie gesagt, kann die Familie Schutz und Zuflucht vor den Härten der Gesellschaft bieten. Aber die Konflikte zwischen den Generationen und den Geschlechtern sind in der Sowjetunion zweifellos schwerer als anderswo. Auf eheliche komme ich später zurück. Die Kommunikation von einer Generation zur anderen ist schwierig. Eine an der Universität von Tartu angestellte Umfrage erwies, daß 75 von 100 Studenten mit ihren Beziehungen zum Vater, 60 von 100 zur Mutter nicht zufrieden waren; lediglich 10 von 100 erklärten, daß sie zu den Eltern »emotionalen Kontakt« hätten.

Ich weiß nicht, wohin der Weg der Familie schließlich führt, aber ich stelle fest, daß die Familienbande sich lockern, daß die mit ihnen verbundenen sittlichen Werte dahinschwinden. Ich kannte eine Moskauerin von 35 Jahren, die dreimal verheiratet war, mit einem Dutzend Männer gelebt, mehr als zehn Abtreibungen hinter sich gebracht hatte und doch behauptete, sie habe ein durchaus normales Leben geführt. Ein typischer Fall, möchte ich sagen, den ich nicht erwähne, um ein moralisches Urteil abzugeben, sondern um darzutun, daß in der Sowjetunion im Mikrokosmos der Familie tiefe Erschütterungen vor sich gegangen sind.

4
Eheschließung und Scheidung

Wie man heiratet

Man heiratet in der Sowjetunion später als im alten Rußland: nach der Volkszählung von 1970 liegt das Durchschnittsalter bei 25 Jahren, wobei der Altersunterschied zwischen Mann und Frau selten einmal von Bedeutung ist. Eine in Leningrad veranstaltete Umfrage hat ergeben, daß die Ehen meist zwischen Arbeitskollegen, Studienfreunden und Nachbarskindern geschlossen werden.

Die Suche nach dem Partner ist nicht immer einfach. Wegen der Schwierigkeiten der Kontaktaufnahme zwischen den Geschlechtern würden viele gern zu Kleinanzeigen auf dem Heiratsmarkt ihre Zuflucht nehmen, wenn es diese Sparte in den Zeitungen gäbe. Dr. Schliapentosch machte 1977 in der »Literaturnaja gaseta« den Vorschlag, einen »Bekanntschaftendienst« einzurichten, ein Gegenstück also zu der Heiratsvermittlung. Kaum war das Projekt bekanntgeworden – ein für die Sowjetunion sehr kühnes Vorhaben –, trug es der Redaktion zehntausend Zuschriften lediger Leser ein, die ein Heim gründen wollten; mehr als 80% kamen von alleinstehenden Frauen. Die Idee, Karteien zur Heiratsvermittlung zu erstellen, wurde in der Presse und von Soziologen wie Tschetschiot in seinem 1976 erschienenen Buch »Jugend und Heimat« diskutiert. Das alles blieb toter Buchstabe; es ist traurig und lächerlich zugleich, daß in der Sowjetunion der Staat sich zwar dauernd in das Privatleben seiner Bürger einmischt, andererseits aber unfähig ist, die Nutzung seiner Mittel zum Nutzen des Einzelmenschen auch nur für die harmlosesten Absichten ins Auge zu fassen.

Die Allgegenwärtigkeit des Staats bis in die Eheschließung hinein wird vor allem wegen des Ablaufs der offiziellen Förmlichkeiten unangenehm empfunden. Die kirchliche Zeremonie ist aus leicht erklärlichen Gründen fast ganz verschwunden. Bis etwa 1950 heiratete man zur Erfüllung von ein paar Formalitäten in der ziemlich düsteren Atmosphäre des Standesamts in wenigen Minuten, nachdem man in der Schlange angestanden hatte. Ende der fünfziger Jahre dachte man an »Paläste des Glücks«, die für das bedeutsame Ereignis den feierlichen Rahmen bilden sollten, der gewünscht wurde. Es gab sogar Vorschläge, die jungen Paare in prächtige Gewänder mit den Emblemen von Hammer und Sichel zu stecken. Jedenfalls wurden in den größeren Städten »Hochzeitspaläste« eingerichtet. Nicht alle Paare müssen davon Gebrauch machen, viele ziehen das Schnellverfahren im Standesamt vor. Was nun an Zeremonien festgesetzt ist, gleicht etwa jenen in Frankreich, aber sie haben etwas Gekünsteltes, als stammten sie aus einer anderen Welt, und sind natürlich mit kommunistischer Ideologie getränkt.

Der »Palast«, wo sich die Feierlichkeit abspielt, kann bis zu 50 Paare pro Tag durchschleusen, woraus sich das endlose Warten erklärt. Am festgesetzten Tag erscheint das Paar mit seiner ganzen Begleitung im Hochzeitspalast. Dann wickelt sich alles in starrer Reihenfolge ab. Die Verlobten werden in den Wartesälen getrennt: auf der einen Seite sitzen die Männer, auf der anderen die Frauen, das gleiche geschieht mit den Hochzeitsgästen. Die Wände sind mit den Porträts der vielgeliebten führenden Persönlichkeiten geschmückt und tragen Wahlsprüche wie »Proletarier aller Länder, vereinigt euch!«, »Die sowjetische Familie ist die beste der Welt«, usw. Das Paar wird aufgerufen und steigt in Begleitung der Trauzeugen und der Eltern zum großen Saal hinauf. Ein mit einem roten Band gegürteter Funktionär erwartet sie. Er leiert Auszüge aus dem »Sittenkodex« des jungen »Baumeisters« des Kommunismus herunter und gibt einige tiefempfundene ideologische Ermahnungen von sich. Die Brautleute tauschen die Ringe, erhalten ihre gebührendermaßen gestempelten Pässe, lassen sich fotografieren. Das ist alles? Nein. Jetzt wird das Zeremoniell zur Karikatur: ist die Ziviltrauung beendet, entführt man das junge Paar in einem Taxi, auf daß es zu Füßen des Leninmausoleums einen Kranz niederlege. Eine Leningedenkstätte oder ein -denkmal gibt es in jeder sowjetischen Stadt, die eine Stadt sein will. In Leningrad ist es das Marsfeld, in Moskau, wie früher erwähnt, das Mausoleum, wo die Neuvermählten das Glück haben, eintreten zu dürfen, ohne sich anstellen zu müssen.

Das alles ist eher komisch, und ich kann versichern, daß die Mehrzahl der Menschen in der Sowjetunion ebenso empfindet. Was ich als »Heirat auf sowjetisch« beschrieben haben, ist aber auch nicht als Amüsement für das Publikum gedacht. Besser als ein Haufen Erläuterungen zeigt diese Zeremonie, wie sich in der Sowjetunion das private und das öffentliche Leben durchkreuzen. Wenn die Verlobten ihre Zuflucht zum Heiratspalast nehmen, so nicht, weil sie darauf versessen wären, sich als Musterbaumeister des

Kommunismus aufzuspielen oder sich dem großen Lenin zu Füßen zu stürzen, der zweifellos dazu aufgerufen ist, die Fruchtbarkeit des jungen Paars zu segnen – sondern weil sie ihren großen Tag gern festlich begehen und der Öde des Standesamts entgehen möchten. Als Gegenleistung läßt man sie für die »Festlichkeit« mit der Teilnahme an einer ideologischen Komödie des Regimes zahlen, dem sie dadurch irgendwie Treue geloben.

Durch diese Pflichtübung gelingt es dem Staat, den Sinn der Heiratszeremonie zu verfälschen. Auch wenn die Teilnehmer an diesem Schauspiel sich über Politik und Ideologie mokieren, was bei der großen Masse der Bevölkerung der Fall ist – man stellt sie in einen ungewohnten Rahmen, man läßt sie Gesten ausführen, man setzt ihnen rituelle Worte vor, die ihnen fremd sind, so daß sich gerade dadurch die Eheschließung entwertet, weil ein kulturelles und ethisches Modell fehlt, in dem sich die Menschen erkennen könnten.

Entgegen den utopischen Vorstellungen des Regimes in den ersten Jahren wirkt sich die Intervention des Staats nicht auf die Wahl des Partners aus, die frei bleibt, d. h. individuell. Eine direkte Intervention des Staats kann stattfinden, wenn er bei gewissen Eheschließungen Hindernisse sieht. Da ist z. B. eine Geschichte, die dem Dissidenten Wladimir Gussarow passierte und von der er in einer Samisdat-Dokumentation berichtet. Zuvor muß man aber wissen, daß jeder Sowjetbürger unter Strafe der Verfolgung mit festem Wohnsitz registriert sein muß, was in seinen Paß eingetragen wird; er hat nicht das Recht, sich ohne Registrierung, ohne Billigung der Behörde länger als drei Tage an einen anderen Ort zu begeben.

»Um elf Uhr hörte ich ein Klingeln«, schrieb Gussarow, »es war der Kommissar Iwan Tschernjawski.

›Öffnen Sie, Sie haben jemand bei sich, der hier ohne Registrierung wohnt.‹

Nach einigem vergeblichen Hin und Her machte ich auf und ließ ihn eintreten; er wurde von ein paar gutmütig aussehenden Milizionären begleitet. An meinem Tisch saßen meine Verlobte und zwei Freunde; außerdem war im Nebenraum die neunzig Jahre alte Großmutter, die schlief.

›Bei Ihnen hält sich eine nicht registrierte Person auf.‹

›Es ist meine Verlobte. Hier die Bestätigung. Wir sind in drei Tagen aufs Standesamt bestellt. Ich meine, Sie sollten sich entschuldigen, uns Glück wünschen und gehen.‹

›Nein, Sie kommen mit uns aufs Revier, die Frau ist nicht in Moskau registriert.‹

›Nach Ihrer Ansicht hat sie also den feierlichen Augenblick im Bahnhof abzuwarten?‹

›Sie hat nirgends abzuwarten als in Kiew, wo sie registriert ist.‹«

Worauf der Schriftsteller Gussarow in einer psychiatrischen Klinik landete. Der Staat kann also, um einen Dissidenten zu verfolgen, zu bürokratischen Kniffen greifen und ihm z. B. das Heiraten unmöglich machen.

Ein Sonderfall, gewiß, bezeichnend für das Regime, aber nicht für eine sowjetische Normalheirat. Trotzdem muß man die Eheschließung mit einem Partner ausländischer Staatsangehörigkeit erwähnen. Es ist eine Menge von Fällen bekannt, die im Westen Aufsehen erregten, seit Stalin 1947 schlicht und einfach Heiraten von Sowjetbürgern mit Ausländern verbot. Offiziell wurden solche »Mischehen« 1963 wieder gestattet, aber faktisch hängt alles vom guten Willen der Behörden ab, die nach Gutdünken entweder die Heirat verhindern oder wenigstens alle nur denkbaren Hindernisse dem gemeinsamen Leben der Neuvermählten entgegenstellen können; es steht auch in ihrem Belieben, unter Mißachtung aller juristischen und gesetzlichen Normen mit einer Geste edler Großherzigkeit ihre Genehmigung zu geben. Ich führe nur ein Beispiel für den Druck und die Einschüchterungen an, die jemandem widerfahren können, wenn er es sich in den Kopf setzt, einen Partner ausländischer Staatsangehörigkeit zu wählen. Eine Funktionärin des Handelsministeriums wurde 1970 entlassen, weil sie in ihrer Wohnung mit einem Ausländer, einem Franzosen, zu Abend aß, der niemand anders als ihr Mann war. Man bestellte sie zur Polizei, wo es zu dieser Unterhaltung kam:

»Aus welchem Grund befindet sich M. T. bei Ihnen?«

»Wo sonst sollte er sich befinden?«

»Im Hotel, weil er ein Ausländer ist.«

»Er ist mein Mann.«

»Nein, er ist ein Ausländer.«

»Na schön, wie Sie meinen. Er ist ein Ausländer *und* mein Mann.«

»Er hat kein Recht, bei Ihnen zu sein.«

»Ich verstehe nicht: der Ehemann soll nicht das Recht haben, bei seiner Frau zu schlafen?«

»Ein Ausländer hat im Hotel zu schlafen.«

»Dann muß ich also zu meinem Mann ins Hotel umziehen?«

»Seien Sie vorsichtig, Genossin T., wir könnten Sie irgendwohin zu den Bären nach Sibirien umziehen lassen.«

Für die Genossin T. endete die Sache besser, als dieses Gespräch vermuten ließ, weil sie jetzt in Paris lebt – wie übrigens viele Sowjetbürger, die den gleichen Weg gegangen sind.

Solche Ehen können gegenwärtig leichter geschlossen werden als noch vor zehn oder fünfzehn Jahren, aber die Eheleute leben nicht weniger isoliert. Ohne für die sowjetische Normalehe repräsentativ zu sein, sieht man an ihnen doch, wie unsicher das Privatleben unter dem Regime ist. Die freie Wahl des Ehepartners ohne Zustimmung des Staats ist für den Sowjetbürger eine kleine Oase der Freiheit, ein Gnadenerweis, die aber bei Bedarf rückgängig gemacht werden kann.

Tradition und Verfall

Sind die Menschen der Sowjetunion glücklich in ihrem Heim? Es ist eine recht subjektive Frage und schwer zu beantworten. Statt den relativen Begriff des häuslichen Glücks zu diskutieren, möchte ich lieber die Faktoren betrachten, die die Fortsetzung der Institution der Ehe fördern, und jene, die sie bedrohen.

Die Hochzeit ist und bleibt ein Fest und gibt Gelegenheit zu einem großen Essen, bei dem die ganze Familie und die Freunde zusammenkommen; außerdem wird natürlich die Gelegenheit begrüßt, ausgiebig trinken zu können. Kennzeichnend für das Weiterleben einer Tradition ist bei bäuerlichen Hochzeiten die Mitgift: keine obligatorische Mitgift, Gegenstand des Aushandelns zwischen den beiden Familien bei oder nach der Verlobung, sondern ein von der Braut bzw. schon von dem jungen Mädchen angesammelter Brautschatz, zu dem alles mögliche gehört, angefangen vom Tischtuch und Bettlaken bis zum Fahrrad. Denn nach wie vor steuert vor allem das Mädchen auf dem Land geflissentlich den Ehestand an, auch wenn es finanziell unabhängig ist. Und so greift sie immer noch zu dem erprobten, von den Altvordern überlieferten Mittel, sich schwängern zu lassen und dadurch den Schuldigen zu veranlassen, mit ihr aufs Standesamt zu gehen. Stellt er sich taub, gibt es eine weniger traditionelle Methode; sie droht ihm, sich ans örtliche Parteibüro, an die administrative Stelle zu wenden, der er untersteht: dem Komsomol, der Gewerkschaft. Diesen Hütern der sowjetischen Moral gelingt es zuweilen, den Sünder auf den rechten Weg zurückzuführen.

Die Jagd nach dem Mann ist um so lebhafter, als die Männer in der

Sowjetunion immer noch Mangelware sind. Man kann es aber auch übertreiben: es handelt sich um den Ingenieur Boris Rejdissow, einen Naturburschen, der während des Militärdiensts unter häufigen, anhaltenden Erektionen gelitten hatte. Urlaube sind trotz der langen Dienstzeit selten in der Roten Armee (je nach Waffengattung alle zwei bis vier Jahre), und Millionen von Soldaten können ihre sexuellen Bedürfnisse nicht auf normale Weise befriedigen. Nun kam es Rejdissow in den Sinn, seinen Vorgesetzten um regelmäßigen Stadturlaub zu bitten. Dann knüpfte er eine Beziehung mit einer jungen unverheirateten Frau an. Sie nahm seine sexuelle Leidenschaft für einen Beweis der Liebe, beschloß bei sich, sich von ihm heiraten zu lassen, und machte Andeutungen. Er antwortete ehrlich mit einem Nein, für ihn sei die Liaison rein physisch. Als seine Dienstzeit zu Ende ging, lud sie Boris zu einem Abschiedsabend ein. Er nahm gern an und dachte an nichts Böses, wohl aber sie an Vergeltung. Es war ein Sonntag; als er zu ihr kam, waren die Eltern und ihr Bruder abwesend. Sie liebten sich; im richtigen Augenblick drang der Bruder ins Zimmer, einen Knüppel in der Hand, der auch gleich auf den Rücken des Liebhabers niederprasselte. Boris konnte sich nur durch eine wenig rühmliche Flucht durchs Fenster retten. Abgesehen vom Tragikomischen der Geschichte ist sie ein Beweis für eine zweifellos weitverbreitete negative Einstellung der Männer zur Ehe. Für die junge Frau war die sexuelle Freiheit, die sie ihm gestattet hatte, nichts anderes als die Vorstufe zur Heirat als Vollendung und Krönung: die Frau als Faktor der Stabilität.

In seinem Buch »Unfreiwillige Reise nach Sibirien« erzählt Andrej Amalrik von dem Vortrag eines Juristen in einem gottverlassenen sibirischen Dorf, der den Frauen klarmachen wollte, daß es seine Gefahren habe, wenn sie ihre Männer verklagten, weil sie von ihnen geschlagen wurden; die sowjetische Justiz, durchweg blind, manchmal flink, hatte nämlich einen solchen Rohling ins Lager geschickt. Die entsetzte Frau, die keine so strenge Strafe erwartet hatte, lief schleunigst zur Behörde und bat, man möge ihr ihren Mann zurückgeben. Sie ziehe es vor, weiterhin geschlagen zu werden, wenn sie nur seine Frau bleiben dürfe.

Das sowjetische Familienleben wird häufig durch Streit gestört. Eine Umfrage* ergab, daß es in dem untersuchten Gebiet in 74 von 100 Familien regelmäßig Konflikte gab. In 44 von 100 Familien war der Mann die Ursache des Krachs, in 22 die Frau. Der Kommentar des Soziologen dazu:

* »Soziologische Forschungen«, Nr. 4, 1970.

»Viele Frauen altern vorzeitig, haben kaum die Zeit, sich mit ihrem Aussehen zu beschäftigen, verlieren ihre Anziehungskraft und ihre Weiblichkeit und werden kratzbürstig und reizbar.«

Gröber ausgedrückt werden sie zum Hausdrachen, der Mann meidet das Haus und greift zur Flasche.

Eine erschütterte, angeschlagene Familie, die aber noch ihren Weg geht: so ersteht das Image der sowjetischen Familie. Auch hier möchte ich nicht den Propheten spielen; die Zeit wird zeigen, ob sie überleben kann. Was sie, wie ich meine, ernstlicher bedroht, ist die Abwertung, der Verfall des Begriffs Ehe als einer auf wechselseitiger Verantwortung gegründeten menschlichen Institution. Die von der Kirche geheiligte Ehe besteht nicht mehr. Die offizielle Moral und die groteske, vom Regime eingerichtete, der standesamtlichen Eheschließung künstlich aufgepfropfte Zeremonie haben in der sowjetrussischen Gesellschaft nicht wirklich Wurzel fassen können. Im Gegenteil tragen sie dazu bei, daß die Einrichtung selbst ins Lächerliche abgleitet. Der beste Beweis dieser Abwertung ist die jüngste mächtige Welle der Scheinehe.

Ein typischer Fall, der in den russischen Städten bereits zum soziologischen Phänomen geworden ist: ein junges Mädchen aus der Provinz möchte gern nach Moskau, Leningrad oder sonst in eine Großstadt ziehen, weil sie die Atmosphäre, das bewegtere Leben, vielleicht auch materielle Vorteile locken. Nun ist aber die betreffende Stadt »geschlossen«, d. h. daß man dort nur unter den größten Schwierigkeiten »registriert« werden kann; der Zuzug ist gesperrt. Was tut sie? Sie macht in der Stadt ihrer Träume einen Mann ausfindig, dem es finanziell schlecht geht, und zahlt ihm eine »Mitgift«, die bis zu 5000 Rubel gehen kann. Er wird ihr nomineller Verlobter, man heiratet, die junge Frau ist in der ersehnten Stadt registriert. Ihre Adresse ist die ihres Strohmanns, ohne daß sie dort zu wohnen braucht. Bald darauf erfolgt die Scheidung, das junge Mädchen sucht sich eine andere Unterkunft, die Sache ist gelaufen.

Eine Eheschließung zum Schein ist auch für Sowjetbürger von Nutzen, die auswandern möchten, aber keine Gründe haben, die sie dazu berechtigen würden, und außerdem keine jüdische Abstammung nachweisen können.* In diesem Fall organisiert man eine fiktive Heirat mit einer Jüdin, die aus

* Von Ausnahmen abgesehen, können nur Sowjetbürger jüdischer Abstammung theoretisch nach Israel auswandern.

Freundschaft oder gegen Geld bereit ist, die Rolle der Ehefrau zu spielen.

In manchen Kreisen bemüht man sich neuerdings trotz aller damit verbundenen Risiken um Heirat mit Ausländern. Dem Mann, der eine Ausländerin geheiratet hat (für die Frau ist es leichter), gelingt es im allgemeinen, ihr nach einiger Zeit und nach vielen Eingaben und langem Papierkrieg in ihr Land nachzukommen. Idee und Praxis der Scheinehe beginnen bereits, sich in den Sitten und Gebräuchen der Sowjetunion einzunisten. Interessentenkreise bilden sich, Heiratsvermittler übernehmen es, gegen bestimmte Gebühren eine passende Person ausfindig zu machen. Dieser Mißbrauch der Eheschließung zu nützlichen Zwecken will mir wie das Signal eines Niedergangs, der Institution und ihres eigentlichen Sinns erscheinen.

Die Scheidung

Wenn der Begriff Ehe verflacht, wird die Scheidung leicht. In der Sowjetunion von heute ist es der Fall.

Ich brauche dafür nur einige Gegebenheiten anführen, die, wie man sagen könnte, in die sowjetische Soziologie eingegangen sind, etwa die Resultate einer 1966/67 in Perm, einer Stadt im Ural, angestellten Umfrage. Die Frage lautete: »Halten Sie Ihr Familienleben für glücklich oder unglücklich?« Für »unglücklich« sprachen sich aus 38,9% der Arbeiter (46,8% der Arbeiterinnen), 47,6% der Angestellten (48,8% der weiblichen Angestellten) und 28,8% der Funktionäre (37,5% der Frauen). Beeindruckend hohe Zahlen, wenn man bedenkt, daß man im allgemeinen nicht gern zugibt, man fühle sich in seiner Familie unglücklich, und daß es vielen Menschen oft kaum bewußt wird. Diese subjektive Einschätzung zeigt deutlicher als alle Schilderungen, wie häufig die Institution der Ehe als unbefriedigend empfunden wird.

Trotzdem läßt man sich nicht scheiden, wie man das Hemd wechselt. In den ersten Monaten des Regimes benötigte man zur Scheidung lediglich ein paar Minuten; es bedurfte auch nur des Antrags eines Partners. Ab 1936 war bereits die Anwesenheit beider erforderlich. Und mit dem Gesetz von 1944 ist die »zwanglose« Scheidung abgeschafft. Die Entscheidung wird einzig mit gegenseitigem Einverständnis der Eheleute von einem Gericht nach öffentlicher Verhandlung und vorheriger Bekanntmachung in der Presse getroffen, von Ausnahmefällen abgesehen. Seit 1965 ist die Scheidung wieder etwas erleichtert, hängt aber nach wie vor von einem Gerichtsbeschluß ab, außer das Ehepaar ist kinderlos. Zudem ist das Verfahren teurer als die Heirat: 50 bis 200 Rubel gegen 1,5 Rubel. Das Urteil entscheidet über das Sorgerecht, gibt der Frau ihren Mädchennamen zurück und verteilt Hab und Gut.

Hinderlich sind auch Interventionen seitens der Behörden oder vorgesetzter Stellen. Mit der Einreichung eines Antrags auf Scheidung setzt man sich allen möglichen Fragen etwa über den Arbeitsplatz aus, was zu unangenehmem Waschen schmutziger Wäsche führen kann. Die Eheleute werden getrennt oder gemeinsam vorgeladen, man versucht, sie umzustimmen, man mobilisiert ihre Freunde und Bekannten, man wägt ab, wer recht, wer unrecht hat. Die Sache wird also nicht nur vor Gericht, sondern auch durch die »Gesellschaft« geregelt. Deswegen werden oft die wahren Gründe für die Scheidung verschwiegen, besonders wenn sie dem sozialen Image und Niveau des Geschiedenen schaden könnten. Wer nicht von Skrupeln geplagt wird, kann Gründe sogar erfinden, die ihm zur Ehre gereichen. Z. B. bringt politische Unzuverlässigkeit die »Gesellschaft« sofort auf die Seite des Klägers: ein unfehlbar wirkender Grund, der die Sache schneller beendet als etwa Impotenz des Mannes.

Eine bekannte Moskauer Fernsehansagerin, Anna Schilowa, betrog 1968 ihren Mann, der die Scheidung beantragte. Es wurde leidenschaftlich gestritten. Sie erinnerte sich, daß ihr Mann während des Kriegs mitsamt dem Theater, an dem er arbeitete, in den Osten des Landes evakuiert worden war. Nun warf sie ihm vor, er sei nicht einmal an der Front gewesen, er habe sein Vaterland nicht verteidigt. Schlechter Bürger, schlechter Patriot sind klassische und ausreichende Argumente, die es ihr ersparten, ein kompliziertes Gefühlsleben auszubreiten.

In jüngster Zeit hat man einen neuen Scheidungsgrund entdeckt. Um den Partner vor der »öffentlichen Meinung« definitiv zu ruinieren, informiert man das Gericht oder die zuständigen Organisationen, daß besagter Partner Vorbereitungen zur Auswanderung treffe. Es bedarf dafür keiner Beweise, es genügt schon, wenn er daran gedacht hat. Ob Mann oder Frau, man wird in diesem Fall nicht nur geschieden, man gilt als Vaterlandsverräter.

Die Einschaltung von Behörden oder Dienststellen ändert am Verfahren der Scheidung nichts, verleiht ihm höchstens eine ideologische Färbung. Zweifellos gibt es gegen eine so delikate Angelegenheit wie die Scheidung kein Wundermittel. Die dem Regime inhärenten moralischen und ideologischen Normen, die Nicht-Trennung politischer und juristischer Macht und die Behandlung des persönlichen Konflikts an öffentlicher Stelle sind Faktoren, die dazu beitragen, den Streit noch mehr zu vergiften, während es eigentlich nur darum gehen sollte, den Ehebruch und das Sorgerecht vor einem Scheidungsrichter zu verhandeln. Was sich noch schlimmer auswirken kann, ist die Einschaltung der sogenannten Gesellschaft (Partei, Komsomol, Gewerkschaft), wodurch sich der Verlauf des Verfahrens ändern kann, wie eine 37jährige Angestellte in Moskau erfahren mußte. Sie beschuldigte ihren Mann, einen angesehenen Wissenschaftler, mit einer jungen Schauspielerin ein Verhältnis zu haben, und beantragte die Scheidung. Die Sache wurde der Parteiorganisation übergeben, deren Mitglied er war. Ein Parteikomitee setzte ihn unter Druck, und da er befürchtete, mit allen damit verbundenen Konsequenzen ausgeschlossen zu werden, übte er Selbstkritik und versprach, sich zu »bessern«, womit er sich für schuldig erklärte.

Von eben dieser Situation handelt ein in der Sowjetunion bekanntes Chanson von Alexander Galisth, das den Titel »Rotes Dreieck« trägt: die Genossin Paramonowa, leitende Parteifrau, erfährt, daß ihr Mann sie betrogen hat, während sie im Ausland war. Sie führt ihn einem Komitee vor, wo man ihn gewissenhaft einer Gehirnwäsche unterzieht und ihn zu dem Eingeständnis zwingt, daß er sich vergangen habe. Man gewährt ihm schließlich die Verzeihung, das glückliche Paar trinkt auf die »beispielhafte sowjetische Familie«.

Die Frage, warum man sich in der Sowjetunion scheiden läßt, mag ungereimt erscheinen, und man könnte sagen: so viele Scheidungen, so viele Gründe. Die sowjetischen Soziologen haben sich gleichwohl mit der Frage beschäftigt, wahrscheinlich mit dem Ziel, dadurch einschränken zu können, was man allmählich als Landplage betrachten könnte. Wie gesagt, sind die angegebenen Gründe nicht unbedingt die wahren Motive; sie sollen vielmehr die Scheidung erleichtern. Die Allerweltsformel heißt »Unverträglichkeit der Charaktere«.

Einige Zahlen sind trotzdem interessant. So waren z. B. 40 auf 100 Scheidungen das Ergebnis von Ärger und Streit mit den Eltern der einen oder anderen Ehehälfte. Wie man weiß, hausen viele Paare bei ihren Eltern. Wohnungsnot oder aber auch Spaltungen innerhalb der Familie können Ursachen sein, denn das Zusammenleben verläuft selten harmonisch. Schwiegermutter und Schwiegersohn ergeben nicht immer einen guten Zusammenklang.

Damit sind wir bei den materiellen Lebensbedingungen des Paars und den

Wohnverhältnissen. Wie 1965 der sowjetische Soziologe Chartschew feststellte, hatten 31,7 von 100 Geschiedenen keine eigene Wohnung, sondern lebten bei den Eltern, 63,2 von 100 in Gemeinschaftswohnungen. Anders gesagt hatten 95 von 100 keine zufriedenstellenden Wohnverhältnisse. 1977 hatten 79 von 100 der später Geschiedenen am Tag der Hochzeit noch keine Wohnung. Kommentare dazu sind wohl überflüssig.

Auch wenn die Wohnungsnot nicht mehr ganz so groß ist wie früher, besteht sie doch weiter und kann nach erfolgter Scheidung zu einem unerwarteten Ausgang führen. Oft bleiben die geschiedenen Eheleute in ihrem Zimmer, das sie mit einem Wandschirm oder Vorhang abteilen. Eines schönen Tags schließen sie, von der Notwendigkeit getrieben, einen »Nichtangriffspakt« und nehmen ihr sexuelles Leben wieder auf. So durchlief in Leningrad der Maler Semenow alle Stadien des Bruchs und der Versöhnung. Seine Leidenschaft für die Modelle, die ihm saßen, trieb ihn periodisch in die Scheidung. Da es ihm nie gelang, für sich allein zu wohnen, heiratete er immer wieder die gleiche Frau. Weil die beiden es satt bekamen, dauernd Geld für die Scheidung und Heirat auszugeben, leben sie jetzt einträchtig zusammen. In diesem wahrscheinlich einmaligen Fall konnte die Wohnungsnot zur Festigung ehelicher Bande beitragen.

An anderen Scheidungsgründen führe ich sexuelles Nichtverstehen an, das in einem späteren Kapitel behandelt werden soll, ferner Absterben der Liebe, Ehebruch natürlich, Freiheitsstrafen (meist des Mannes), Alkoholismus und Mißhandlung. Schläge für die Frau sind immer noch an der Tagesordnung. Da sie weniger unterwürfig als früher ist, gelingt es ihr manchmal, aus diesem Grund die Scheidung durchzusetzen. In Leningrad hatten 1975 von 500 geschiedenen Frauen 375 Alkoholismus und Brutalität ihrer Männer als Gründe angegeben. Vergleicht man die Statistiken von 1964 und 1977, ist zu ersehen, daß Ehebruch als Scheidungsgrund zunimmt (von 15% auf 24,4%).

In der Sowjetunion wird also eifrig geschieden. Die statistischen Zahlen lauten:

1950	67 000 Scheidungen	1975	783 000
1960	270 000	1976	861 000
1973	679 000		

Für die Jahre 1977 und 1978 ergibt sich aus der Statistik, daß ein Drittel der Eheschließungen mit Scheidung endet. In Städten wie Moskau oder Kiew wird ein Verhältnis von 50 zu 100 erreicht. Die Scheidung erfolgt meistens sehr kurz nach der Heirat. Aus einer Untersuchung von 1965 geht hervor, daß 48,4 auf 100 geschiedene Paare sich »erst« nach mehr als einem Jahr des gemeinsamen Lebens scheiden ließen; bei 36 auf 100 hatte die Ehe weniger als sechs Monate gehalten. In Kiew betrug 1978 für die Fünfundzwanzig- bis Dreißigjährigen die Zahl der Scheidungen in den ersten Ehejahren 55 auf 100, bezogen auf die Gesamtzahl der Familien.

Abschließend ist zu sagen, daß die Institution der Ehe in der Sowjetunion gebrechlich geworden ist, zur Bedeutungslosigkeit abzusinken scheint, und daß sie ohne ernstere Schwierigkeiten gelöst werden kann. Meistens ist sie wie ein Schlag ins Wasser, ein verfehltes Tun, ein Fiasko. Man könnte sich denken, daß sie als Institution dahinschwindet und vielleicht freieren Formen des Zusammenlebens Platz macht, was aber der gegenwärtigen Entwicklung in der Sowjetunion nicht entspricht. Es werden noch genauso viele Ehen eingegangen, aber vielen Paaren bleibt als letzter Ausweg aus ihren Schwierigkeiten nur die Scheidung.

5
Die »befreite« Frau

Ich spreche das Thema der Befreiung der Frau nicht an, um eine westliche Mode mitzumachen, denn das Problem stellt sich in der Sowjetunion sehr real. Die Frage wurde vom Regime gestellt, das behauptet, die Frau befreit und die Gleichheit der Geschlechter verwirklicht zu haben. Wie wir sehen werden, wird sie von den hauptsächlich daran Interessierten, den Frauen selbst, gestellt.

Wenn die Gleichheit von Mann und Frau auf irgendeinem Gebiet realisiert wurde, dann auf dem der Beschäftigung. Gegenwärtig arbeiten 44% der weiblichen Bevölkerung, die für die Gesamtzahl der in der Sowjetunion arbeitenden Menschen 53,5% stellt, wobei sich diese hohe Zahl auch aus dem Männermangel erklärt. Diese echte »Revolution« (Anfang des Jahrhunderts arbeitete die Frau fast nur auf dem Bauernhof oder im Heim) erfolgte sprunghaft in zwei aufeinanderfolgenden Etappen: zuerst mit der Industrialisierung, für die die Frauen das Gros an Arbeit lieferten (82% der zwischen 1932 und 1937 neu eingestellten Arbeitskräfte), dann im Krieg aus Gründen, die auf der Hand liegen. Ich habe das Wort »Revolution« mit Absicht verwendet, denn anders als in den westlichen Ländern erfolgte der Einsatz der Frau zur Arbeit nicht allmählich, sondern ruckweise als Notlösung, um die durch die Aufeinanderfolge der historischen Schicksalsschläge entstandenen demographischen Lücken zu füllen. Wie jede Revolution hat auch diese krasse Umstellung bei der Frau ein Trauma hinterlassen, das noch besprochen werden soll.

Gegenwärtig gehört die Arbeit der Frau zum Alltag; einmal, weil die Mehrzahl der Frauen es sich nicht vorstellen kann, nicht zu arbeiten; dann auch, weil das Ehepaar, kaum dem schlimmsten Notstand entkommen, einen besseren Lebensstandard anstrebt und nicht von einem Verdienst leben kann.

Ist dann die Gleichheit der Geschlechter insoweit verwirklicht? Wenn es um die Gleichheit des Verdiensts geht, ist Gleichheit eine Illusion, denn die arbeitende Frau bekommt im allgemeinen weniger hoch eingestufte Aufgaben zugeteilt als die Männer. Die »Literaturnaja gaseta« vom 15. Februar 1967 berichtete, daß beim Bau des Staudamms von Saratow 119 Frauen, aber nur 17 Männer für die Erdarbeiten beschäftigt waren, jedoch nur 10 Kranführerinnen gegenüber 142 Männern. Man findet es in der Sowjetunion besonders im Bauwesen oft, daß die arbeitenden Frauen einen Polier über sich haben.

Die schlimmste Ungleichheit besteht in der Doppelbeschäftigung der Frau, die es überall gibt, wo die Frau zur Arbeit geht. In der Sowjetunion wiegt sie besonders schwer, weil die häuslichen Arbeiten unverhältnismäßig schwer und zeitraubend sind. Die im Haushalt zu leistende Arbeit schätzt man für die sowjetische Frau auf dreieinhalb bis fünf Stunden täglich. Die endlosen Schlangen vor den Lebensmittelgeschäften, der Mangel an Haushaltskomfort (kaum Waschmaschinen, warmes oder auch nur fließendes Wasser vielfach noch Luxus, Kindererziehung wie in der Steinzeit) – das alles schließt sich an einen Arbeitstag von (für die arbeitende Frau) sieben Stunden und an den beschwerlichen Weg zur und von der Arbeitsstätte und macht aus der Frau eine Sklavin.

Wesentlicher ist aber vielleicht: tiefer noch lebt die Ungleichheit der Frau im Denken der Menschen, besonders der Männer. Man braucht nicht auf Scholochow zu warten, der immerhin ein offizieller Schriftsteller eines Regimes ist, das sich als egalitär bezeichnet, und der 1965 erklärte, daß »nur der Mann fähig ist, wahre Literatur zu schaffen. Und überhaupt ist es nötig, die Frauen und im besonderen die Ehefrauen kurz zu halten.«

Für den sowjetischen Mann ist es selbstverständlich, daß sich die Frau um die Kinder, den Haushalt und das Einholen kümmert, auch wenn sie zur Arbeit geht. Ich höre noch die Klagen, die mir Patienten über ihre Frauen vorbrachten.

»Wenn ich heimkomme und mich mit meiner Frau amüsieren möchte, ist sie immer müde, weil sie das Essen gekocht, gewaschen und die Kinder ins Bett gebracht hat. Und von der Liebe will sie nichts wissen. Wozu sie noch fähig ist? Sich ein bißchen auszuruhen, bevor sie den Fernseher einschaltet und sich den Blödsinn anschaut, der sogar Kinder langweilt. Und dabei schläft sie natürlich ein. Das kann nicht so weitergehen. Ich zerschlage den Apparat und werfe ihn zum Fenster hinaus!«

»Sie sind nicht der einzige, der solche Probleme hat«, war meine Antwort. »Aber glauben Sie mir, am Fernsehen liegt es nicht. Es sind die Sorgen und der Stress, die Ihre Frau so erschöpfen, daß sie nicht mehr die psychische Kraft und auch nicht mehr die Zeit hat, sich mit der Liebe abzugeben. Ich rate Ihnen, ihre Sorgen zu teilen und –«

»Ich?« rief er. »Oh nein, das nicht. Es reicht schon, daß ich das Geld heimbringe, und trinken tu ich auch nicht. Soll ich mich in die Küche stellen und meine Zeit mit Schlangenstehen vertun? Daß ich nicht lache!«

Wer da lachen sollte, weiß ich nicht. Der Sexologe bestimmt nicht, wenn er vor Problemen steht, die über seine Domäne der Sexualität hinausgehen, auch nicht die Frau, die man zum Lastesel macht, und nicht der unbefriedigte Mann, der vielleicht schon an Scheidung denkt. Unglücklicherweise ist dies genau die Denkweise der meisten Männer in der Sowjetunion.

Und wie denken die Frauen? Von jeher war die russische Frau fügsam und gottergeben. Mehr und mehr beginnt besonders in den Großstädten ein gewisser Feminismus in der weiblichen Bevölkerung um sich zu greifen – recht schüchtern noch (natürlich existiert in der Sowjetunion keine eigentliche Frauenbewegung), ein Feminismus in Gedankenspielen, ein moralischer Feminismus, möchte ich sagen, aber immerhin etwas dieser Art. Ende der 1960er Jahre veranstaltete man eine Umfrage bei den Frauen in Moskau, Leningrad und Pensa, bei der 25% der befragten Frauen angaben, daß zur Verbesserung ihrer Situation die Hausarbeiten innerhalb der Familie neu verteilt und ausgewogen werden müßten. Das mag noch etwas lächerlich klingen (besonders für den sowjetischen Mann), aber diese Meinungsäußerung kündet doch von einem tiefreichenden Wandel des Denkens: nicht nur will die sowjetische Frau es nicht länger hinnehmen, daß sie als Dienstmagd herhalten soll, sie hat auch begriffen, daß Verbesserungen nicht vom Staat kommen können, sondern aus der Struktur der Familie selbst geschaffen werden müssen. Es scheint sich ein neues Selbstbewußtsein, ein Gefühl der Verantwortlichkeit auf der individuellen Ebene der Ehepartner abzuzeichnen.

1968 brachte die Zeitschrift »Novy Mir« eine Novelle von N. Baranskaja »Eine Woche wie die andere«, die das Leben einer jungen verheirateten Moskauerin Stunde für Stunde, Tag für Tag erzählt. Trotz eines glücklichen Familienlebens (der Mann trinkt nicht und ist sogar zur Mitarbeit bereit) sieht man sie ständig auf Trab, am Ende ihrer Kräfte und Nerven, Beute von tausenderlei täglichen Schwierigkeiten, die ihr einen infernalischen Rhythmus aufzwingen. Eine ziemlich larmoyante, sentimentale Geschichte, die aber eine Lawine von Zuschriften und Diskussionen (in erlaubten Grenzen natürlich) auslöste und sozusagen zum Referat über den sowjetischen »Feminismus« wurde. Darüber hinaus gewinnt man den Eindruck, daß es der sowjetischen Frau, wie man so sagt, nicht wohl in ihrer Haut ist. Die russische Bäuerin von einst arbeitete vom Morgen bis zum Abend, ohne den Rücken anzulehnen, aber ihre Arbeit gehörte in die damalige Lebensweise, in einen traditionellen stabilen Rahmen, der ihr einfach nicht die Möglichkeit ließ, sich etwas anderes vorzustellen. Dagegen ist die heutige sowjetische Frau ein Zwitterwesen. Auf der einen Seite wiederholt man ihr unaufhörlich, sie sei die freieste Frau der Welt, auf der anderen belasten sie ihre überkommenen Anschauungen und ein aufreibendes Alltagsleben. So zwischen Tradition und Gegenwart hin- und hergerissen, fühlt sie sich weder in der Familie noch am Arbeitsplatz richtig wohl.

Ganz wie für die Familie und den Ehestand hat die Frau kaum ein kulturelles, ideologisches, moralisches Vorbild, nach dem sie sich richten könnte. Ich spreche nicht von der idealen Frau – der kämpferischen Mutter und vorbildlichen Arbeiterin – woran schon längst niemand mehr glaubt, sondern von jener, die gern in den Bereichen der Presse, des Films und der Literatur präsent werden möchte.

In einfachen Kreisen ist das Ideal der weiblichen Schönheit das bäuerliche geblieben. Das ist die brave dicke »baba«, gut gebaut, rotbäckig, die es in harter körperlicher Arbeit mit dem Mann aufnehmen kann: »Brüste und einen Hintern, ein halbes Pud schwer« (etwa acht Kilogramm), wie sich's die Ukrainer grob ausgedrückt wünschen. Diese bäuerliche Schönheit verliert sich aber rapid. Bäuerinnen und Arbeiterinnen von dreißig, fünfunddreißig Jahren sehen schon verbraucht aus, so daß ich mich in der Sprechstunde manchmal in ihren Pässen von ihrem Alter überzeugen mußte. Verblüht, vorzeitig gealtert und überanstrengt in einem harten Leben, verbittert in tiefinnnerster Unzufriedenheit, verliert diese Frau ihre Weiblichkeit.

Die »Literaturnaja gaseta« schrieb 1977: »Frauen mit Cowboy-Allüren haben große Erfolge. Sie sind's, die die Familien gründen, und die Männer dürfen sie nicht verlassen, während die zarten jungen Mädchen, schutzlos wie sie sind, die Reihen der Unverheirateten vermehren.«

So versucht die Frau, sich dem Mann gegenüber zu bestätigen, ihm nach dem Modell, das sie vor sich sieht, ähnlich zu werden. Daraus wird dann die Alkoholikerin (eine zunehmend häufigere Erscheinung) und das Mannweib, das auch die Funktionen eines Polizisten mit größter Brutalität durchführt.

In den mittleren und den privilegierten Schichten der Städte bemüht sich die Frau, sich nach dem Geschmack, nach der Mode des Westens zu richten. Sie nimmt sogar neue Ideen auf wie etwa die Frauenbewegung. Aber in den Schatten gestellt und unausgeglichen wie sie ist, führen solche Ideen und Moden zu einer seltsam verkrampften, schwankenden Haltung – ein wenig so, als klammere sie sich an sich selbst und signalisiere eine Not, der abzuhelfen ihr in ihrem Land verboten wäre.

Zur Verdeutlichung des offenkundigen Wandels im Denken möchte ich eine kleine Geschichte berichten. Anläßlich eines medizinischen Kongresses in Moskau im Jahr 1970 lud mich ein Kollege ein, ihn mit noch einem anderen in seiner Datscha in der Umgebung von Moskau zu besuchen. Abends fuhr ich hinaus. Der Hausherr empfing mich und stellte mich einem Kollegen und drei ebenfalls eingeladenen Frauen vor, die alle älter als fünfunddreißig Jahre waren. Er verkündete, daß die Gleichheit der Geschlechter bald hergestellt sein werde, wenn der Schwede komme.

»Ein Schwede?« riefen die drei Damen und sprangen auf.

»Ja, es ist eine Überraschung. Ich habe einen schwedischen Kollegen der Parität wegen eingeladen und auch gegen die Langeweile.«

Während des Wartens auf den hohen Gast versandete die Unterhaltung trotz einiger auf den Fortschritt der Medizin ausgebrachter Toasts.

Schließlich kam der Schwede und entschuldigte sich, so gut er konnte, mit seinem bißchen Russisch. Die Damen waren vor diesem für sie exotischen Wesen außer sich vor Freude. Eine von ihnen, eine etwas füllige Assistentin, machte sich daran, den Gast etwas aufzutauen, indem sie ihm erklärte, wie man Wodka auf russisch tinkt. Dann setzte sie sich dicht neben ihn und versuchte, ihn zu reizen, aber der Schwede blieb bei all dem slawischen Charme ungerührt und räkelte sich phlegmatisch im Sessel.

Die Unterhaltung kam auch auf die Beziehungen von Mann und Frau. Nach einigen anatomischen Betrachtungen, wobei die Assistentin für die Überlegenheit der Frau dem Mann gegenüber eintrat (die Clitoris hat nur eine Funktion, nämlich das sexuelle Vergnügen, während der Penis auch einem anderen Zweck dient), fragte der Schwede, der wohl nicht alles verstanden hatten:

»Worüber wird gesprochen?«

»Über die Befreiung der Frau«, fiel eine andere Kollegin ein, die ganz in Schwarz gekleidet war. »Bei uns tun die Männer, was sie wollen, schlafen, mit wem es ihnen paßt, und kein Mensch hat etwas dagegen einzuwenden. Wenn ich einmal so etwas täte! Wenn mein Mann wüßte, daß ich mit drei

Männern in einer Datscha zusammen bin, wäre schon der schönste Krach fällig. Obwohl er impotent ist. Sie verstehen?« redete sie den Schweden an und rüttelte ihn am Arm, damit er nicht einschlafe. »Wissen Sie, es geschieht zum erstenmal, daß ich privat und einfach so mit einem Ausländer spreche. Wie ist das bei Ihnen in Schweden? Kann eine Frau mit einem Mann schlafen, den sie gerade haben möchte?«

»Ich – ich bin keine Frau«, radebrechte er, »ich glaube, ja. Wissen Sie, das interessiert mich nicht sehr.«

»So hören Sie doch! In Schweden haben sich die Frauen befreit. Die Männer interessiert das nicht, sie lassen sie in Ruhe, und die Frauen können tun, was ihnen paßt. Ist das nicht so?«

»Ja, ja«, stammelte der Schwede, der über so viel Ungestüm erschrak.

»Aber bei uns gibt es für die Frau überhaupt keine sexuelle Freiheit. Schöntun muß man vor seinem Mann, damit er's einmal im Jahr mit einem macht, und das ist unser ganzes Dasein. Wenn ich an der Macht wäre, würde ich die ganzen Kerle in Lager stecken, und sie bekämen Nummern statt ihrer Namen, und die Frauen könnten sich die Nummer aussuchen, den Typ, der ihnen gefällt, und ihn mitnehmen, solang sie ihn brauchen, egal ob tags oder nachts. Und dann würden sie ihn ins Lager zurückschicken. Das wäre die wahre sexuelle Freiheit, meinen Sie nicht auch?«

Aber der Schwede war verschwunden. Er war seine Mappe holen gegangen und entnahm ihr nun eine pornographische Zeitschrift:

»Hier – das ist ein Geschenk – von mir für Sie – um die sexuelle Freiheit zu machen – wäre glücklich, wenn Sie es nehmen«, sagte er in seinem zögernden Russisch.

Die Reaktion der Kollegin in Schwarz kann nicht gebührend beschrieben werden. Ihre Augen wurden groß und größer, die Brauen stiegen hoch, ihr Mund stand weit offen.

»Das gibt's doch nicht – das kann nicht sein – das ist ja nicht zu glauben«, flüsterte sie stoßweise atmend, während sie fieberhaft in der Zeitschrift herumblätterte.

»Heutzutage ist alles möglich, nur nicht bei uns«, sagte der Gastgeber mit philosophischer Gelassenheit.

Die Schwarze hörte ihn nicht mehr; sie hatte einen emotionellen Schock erlitten und befand sich offenbar in höchster sexueller Erregung. Als sie etwas in der Mitte der Zeitschrift betrachtete, wurde sie hochrot und fiel in einem an eine Ohnmacht grenzenden Zustand auf die Couch.

Der Schwede begriff nichts. Verwundert stand er auf und fragte kühl, diesmal in Englisch, ob das da eine Befreiung der Frau auf russisch sei.

Die Frage war berechtigt. In der Sowjetunion ist die sexuelle Repression der Frau derart hart, daß sie beim Anblick eines nackten männlichen Körpers in Ohnmacht fallen kann. Sexuelle Unbefriedigtheit, irgendwo aufgelesene feministische Ideen nach westlicher Art, tiefinnere Hemmungen vor dem Sex – daraus besteht der Cocktail der Pseudo-Befreiung der sowjetischen Frau.

Wir stehen hier vor einem Phänomen von großer Bedeutung für das Verständnis des Folgenden. Die Emanzipation kann absolut oder relativ sein. Die Frau kann dem Mann gleich sein und zugleich doch nicht emanzipiert und nicht befreit: ich möchte sagen, daß sich die Emanzipation auf sowjetisch so definieren ließe. Nicht die Frau wird auf das Niveau des freien Mannes erhoben, sondern der Mann wird auf das Niveau der nicht-emanzipierten Frau gesenkt. So schafft man die Illusion von der Emanzipation der Frau, wo es sich in Wirklichkeit um die Entfremdung und Schwächung des Mannes handelt.

6
Garten der Liebe, verlassener Garten

Ich komme nun zu meinem eigentlichen Thema, dem Liebesleben der sowjetischen Menschen. Das Terrain, auf dem ich mich bewege, ist vermint, denn wenn es bei einem Volk etwas schwer zu Erkennendes gibt, so ist es das Sexualleben. Jede sexuelle Verbindung ist ein besonderer Fall, dessen Verallgemeinerung immer unsicher bleibt. Außerdem ist, wie gesagt, jegliche Forschungsstudie à la Hite-Report in der Sowjetunion undenkbar.

Natürlich muß ich mir bewußt bleiben, daß ich als Arzt mit Kranken zu tun hatte, aber diese Fälle, ihre Probleme wiederholten sich ständig, ihr Benehmen, ihre Mentalität glichen sich derart, daß ich mich berechtigt glaube, sie für repräsentative Proben aus der Bevölkerung Sowjetrußlands zu halten. Sehr oft waren ihre Leiden nicht sexueller Art, und so entdeckte ich nur zufällig jene Aspekte ihrer Persönlichkeit.

Wie liebt man sich?

Die in ihrem sexuellen Verkehr am meisten angewendete Position ist jene, die die Russen ›Krebsgang‹ nennen: die Frau kniet und ist nach vorn gebeugt, der Akt geschieht ›a tergo‹, von rückwärts. Diese Koitusstellung ist in allen Gesellschaftsklassen die verbreitetste. Die Folklore, erotische Anekdoten und meine eigenen Beobachtungen sind die Bestätigung. Es heißt, daß diese Position bei den sogenannten primitiven Völkern die übliche ist. Außerdem ist sie die der höheren Säugetiere und der Affen. Ob dies ein Zeichen ist, daß die Russen der Natur, ihren vierbeinigen Vorfahren noch sehr nah stehen? Wer könnte das entscheiden?

Die sexuelle Technik ist im allgemeinen sehr kümmerlich, die Frau unerfahren und passiv. Dem Mann fehlt es an Einfühlungsgabe, er ist oft brutal und vorschnell. Er meint, es genüge, wenn der Penis in die Vagina eindringe, und schon müsse die Frau im Glück schwimmen. Ist das nicht der

Fall oder merkt man davon nichts, wird er zornig oder ist deprimiert. Da er nicht weiß, daß die Frau außer der Vagina auch andere erogene Zonen hat, kennt er kaum Liebesspiele. Nach der Ejakulation beeilt er sich, von seiner »Stute« abzusteigen, kehrt ihr den Rücken und schläft ein. So verläuft es im allgemeinen.

Die Mehrzahl der Männer weiß ganz einfach nichts von der Reizempfindlichkeit der Clitoris. Die Frau wagt es nicht, ihrem Mann davon zu sprechen, denn alles, was mit Sex zu tun hat, und noch mehr die Technik wird als schamlos angesehen, so daß auch ein Mann, der von den zärtlichsten Gefühlen beseelt ist, nicht oder nur ganz selten weiß, was der Frau Lust bereitet.

Unter diesen Umständen zeichnet sich der sexuelle Akt weder durch Raffinement noch durch Phantasie aus. Und ›das‹ spielt sich praktisch nie im hellen Licht des Tags ab. Gut dafür ist die größtmögliche Dunkelheit. Keines kennt den Körper des anderen und schämt sich des eigenen. Der Sicherheit halber »trifft man sich« unter der Bettdecke und macht die Augen zu. Diese übertriebene Schamhaftigkeit hat manchmal (seit kurzem erst) unerwartete Reaktionen zur Folge. Wer außergewöhnliche Phantasie beweisen will, weil er von westlicher Pornographie hat läuten hören, kommt auf die sonderbarsten Ideen. So hatte sich in Winniza eine junge Frau von ihrer Freundin beraten lassen, ihren Mann an den Hoden zu ziehen, worauf er bewußtlos bei mir in der Klinik abgeliefert wurde. Oder: in Moskau hatte ein Dentist versucht, mit seiner jungen Frau »per anum«, durch den After zu verkehren. Die Folge war ein schmerzhafter Schock bei der Frau, die ohnmächtig wurde; ihr Mann konnte mit künstlicher Beatmung helfen.

Das erotische Liebesspiel, die Phantasie bleiben vom »legitimen« sexuellen Akt ausgeschlossen und sind, falls gelegentlich angewendet, der außerehelichen Sexualität, der Beziehung mit Prostituierten, d. h. mit den Frauen vorbehalten, bei denen man sich alles erlauben darf. Eine Unterhaltung zwischen Eheleuten über erotische Freuden wird für unanständig gehalten, der kleinste Einfall außerhalb des Gewohnten als Ausschweifung betrachtet.

Eines Tages kam eine Frau zu mir, die sich entrüstet über ihren Mann, den Ingenieur Nenaidow beklagte. Die Familie, aus vier Personen bestehend, hatte lange Zeit in einem Zimmer im Kellergeschoß gelebt. Endlich teilte man ihnen 1970 eine kleine Wohnung mit zwei Zimmern, einer Küche und dem anschließenden primitiven Bad zu. Dieser Fortschritt war dem Ingenieur zu Kopf gestiegen.

»Wir sind schon zweiundzwanzig Jahre verheiratet«, sagte seine Frau. »Wir lieben uns. Aber auf einmal verfällt mein Mann in Unzucht. Er will, daß wir ›es‹ in der Badewanne tun. Stellen Sie sich das vor! Das ist doch wirklich die Höhe!«

Ich versuchte, ihr zu erklären, daß daran nichts Tragisches oder Erschrekkendes sei, daß es auf sexuellem Gebiet unzählige Möglichkeiten gebe und daß sie ihrem Mann seinen Wunsch durchaus erfüllen könne, ohne sich irgendwelche Vorwürfe machen zu müssen. Sie explodierte buchstäblich:

»Was?« schrie sie. »Wie können Sie so was sagen? Ich komme zu Ihnen, einem Arzt, um einen Rat zu erbitten, und Sie empfehlen mir, Schweinereien zu machen!«

Sie schlug die Tür hinter sich zu und kam nie wieder.

Für die sowjetische Frau ist die Sexualität unter Eheleuten nichts als eine phantasielose Leibesübung.

Charakteristisch sind die Umstände, unter welchen orale Sexualität praktiziert wird. Wenn der Ehemann dem Partner diese Art der sexuellen Beziehung vorschlägt, gerät er in den Verdacht, eine unsittliche Vergangenheit zu haben. Eine anständige Frau weiß nicht, was Fellatio ist, die ab und zu vor der Ehe ausgeübt wird, unter anderem um die Empfängnis zu verhüten. Eine meiner Kranken mußte beim Geschlechtsverkehr ab und zu erbrechen; es stellte sich heraus, daß sie vor der Heirat, wie es schien, widerwillig, Fellatio betrieben hatte, was zu einem heftigen Abscheu vor jeglichem Geschlechtsverkehr führte.

Bei einer so primitiven sexuellen Technik bleibt der Orgasmus fast ausschließlich ein männliches Privileg. Wie bekannt, wird beim sexuellen Akt die volle Lust nur bei Gleichzeitigkeit der Orgasmen erreicht, was seitens des Mannes, der schneller erregbar ist, viel Geduld und Aufmerksamkeit erfordert. Wirkliche Erotik ist die Fähigkeit, die Präliminarien des Liebesspiels zu verlängern, die Lust dauern zu lassen. Die Kunst der Erotik bedingt eine gewisse Kontrolle des sexuellen Akts zu beidseitigem Genuß. In der Sowjetunion wird »sich zurückhalten« als unmoralisch betrachtet, so daß oft der einzige Zweck des Akts in der Ejakulation und dem Orgasmus des Mannes besteht. Das aus dem Ausland importierte Wort Orgasmus wird nur von Medizinern verwendet. Für den ins gegenwärtige Russisch nicht übersetzbaren Ausdruck kann ich nur das Verbum »kontschat« finden, das wörtlich »beenden« bedeutet, eine schäbige Art sexueller Beziehungen.

Es wäre aber falsch zu behaupten, man habe in der Sowjetunion keine

Vorstellung vom weiblichen Orgasmus. Man denkt dabei an eine Art vulkanischer Eruption, einen Hochspannungsstrom, der den Körper der Frau elektrisiert. Manche frigide Frauen nehmen das buchstäblich und bemühen sich während des Akts um ein glückliches Gesicht, um ihre Kälte zu verbergen, während der wirkliche Orgasmus dem Gesicht einen Zug des Leidens gibt.

Diese Parodie auf den Genuß scheint mit ein wesentliches Element der Beziehungen zwischen Mann und Frau zu sein. Die Schamhaftigkeit, die wie Blei auf der Sexualität lastet, und die bis in den individuellsten Akt hineingetragene Nachahmung der für die Welt der Sowjetunion charakteristischen Verhaltensweisen machen aus dem sexuellen Akt eine Farce, eine Maskerade von schlechtem Geschmack.

Eine meiner Patientinnen hatte in fünfzehn Jahren Eheleben keinen Orgasmus gehabt, wovon ihr Mann nichts wußte, weil sie feurige Liebe mimte. Insgeheim masturbierte sie und hatte echte Orgasmen (ein Beweis, daß sie nicht frigide war). Eines Tages war sie derart mit Masturbieren beschäftigt, daß sie ihren Mann nicht hörte, der unerwartet früh von der Arbeit heimkam. Es setzte grobe Beschimpfungen, einen Hagel von Schlägen, und bald darauf wurde die Ehe geschieden. Als die Frau zu mir kam, war sie wirklich frigid geworden; der Schock, bei einem »schamlosen« Tun ertappt worden zu sein, das Trauma der Schläge und das Schuldgefühl hatten derartige Störungen des Gefühlslebens zur Folge, daß auch die Masturbation keine Wirkung mehr tat. Vorher vollkommen normal, war aus ihr eine unheilbare, sexuell unvermögende Frau geworden. Ein Musterbeispiel, möchte ich sagen, in welchem Zustand der sexuellen Mißachtung sich die sowjetische Frau befindet, bezeichnend auch für die Mischung aus Lüge, Unwissenheit und Brutalität, die die Beziehungen zwischen den Geschlechtern vergiftet.

Schließlich möchte ich noch einen außerhalb des Üblichen liegenden Fall anführen, der zeigt, welche Vorstellung sich sowjetische Eheleute vom Orgasmus machen, und wie unwissend sie sind.

Ein Student namens Lomonossow ließ mich von seinem Glück wissen, nachdem er geheiratet hatte.

»Sie ist keine Frau, sie ist ein Traum. Ich habe nie etwas derartiges erlebt.«

Was er an seiner Frau rühmte, war außer ihren hohen menschlichen Qualitäten auch ihr explosives Temperament. Wie ich später erfuhr, übertraf das Intimleben der beiden tatsächlich alle früheren Erfahrungen des jungen

Mannes. Manchmal wurde die Frau während des Koitus von Krämpfen geschüttelt und stieß heulende Schreie der Lust aus. Auf den Höhepunkt folgte ein Zustand der Bewußtlosigkeit und der Schwäche, wobei sie anscheinend von ihrer Ekstase nichts mehr wußte.

So lebte das junge Paar lange Zeit. Als der Mann zu mir kam, glaubte er, daß seine Frau vollkommene Orgasmen habe. Er fand es nur sonderbar, daß sie so viel schreie und geifere.

Ich ahnte gleich, daß hier etwas nicht normal war, und bat ihn, mehr von seiner Frau zu erzählen. Lomonossow machte sich Sorgen:

»Sie ist leicht reizbar geworden, wird sogar aggressiv, ist aber zugleich sehr träg. Noch immer ist sie eine gute Hausfrau, aber versessen auf teure Dinge. Sie fängt an, hart, eigensinnig und bissig zu werden.«

Bevor ich seine Frau untersuchte, sagte ich nichts zu ihm, denn die Schilderung der Zustände seiner Frau schien mir typisch für Epilepsie zu sein. Neuro-physiologische Tests bestätigten meine Befürchtungen. Die junge Frau war krank, und was er für Orgasmen gehalten hatte, waren epileptische Anfälle gewesen, die sie dann auch im Alltagsleben erlitt. Nach entsprechender Behandlung war sie von der Epilepsie geheilt; ihr eigentliches »Temperament« war in Wirklichkeit totale Frigidität.

Wenn die Frau kaum ein Recht auf den Orgasmus haben soll, ist das beim Mann natürlich nicht der Fall. Die männliche Sexualität ist die würdige Ergänzung zur weiblichen Passivität, nämlich eine Demonstration der Stärke und ein Selbstzweck. Der Mann sucht bei dieser Art von sexueller Beziehung nicht die Freude am Lieben, er will zeigen, daß er stark ist. Dies ist gewiß nicht nur dem russischen Mann eigentümlich, wohl aber ein Element des Gespielten, Verlogenen, der Lüge, das man in seiner ganzen sozialen Haltung wiederfindet – vielleicht auch über den äußeren Schein hinaus eine tiefere, verfänglichere Emotion: da der sowjetische Mann im öffentlichen Leben ein Nichts ist, drängt es ihn, anderswo nach einem Ausgleich zu suchen und mehr noch vor sich selbst als vor seiner Frau zu beweisen, daß er »wer« ist. Hinter dieser Angeberei versteckt er oft Unsicherheit und Minderwertigkeitskomplexe.

Ich habe mich davon bei Hunderten von Patienten überzeugen können, die wegen ihres ungenügend entwickelten Penis zu mir kamen. Diese Fälle waren so häufig, die Erklärungen der Ratsuchenden so eintönig, daß der Komplex des atrophischen Penis für mich zu etwas so Banalem wurde wie Grippe für den praktischen Arzt. Es handelte sich ständig um die Befürchtung des Männchens, seine Männlichkeit nicht unter Beweis stellen zu können.

In vielen Fällen dieser Art kann sich die Demonstration der Kraft in Aggressivität verwandeln. Auch wenn die Frau selbst Verlangen verspürt, muß sie hier Widerstand simulieren. Ich habe einen extremen Fall dieses Typs erlebt: ein Mitgefangener erzählte mir, er habe keine sexuelle Beziehung herstellen können, wenn seine Partnerin nicht die Komödie der Verweigerung aufführte. Wenn sie nicht von sich aus merkte, was sie zu tun hatte, behandelte er sie derart und trieb sie so in die Enge, daß sie gezwungen war, sich zu wehren. Die letzte derartige Szene hatte ihn auf die Anklagebank und dann ins Lager gebracht.

Das Sexualschema »Frau im Widerstand« ist in der Sowjetunion so weit verbreitet, daß es eine ebenso weitverbreitete Anekdote gibt.

Ein reicher Georgier (der Russe belastet gern ein anderes Volk) bringt eine Moskauer Prostituierte ins Hotel. Kaum im Zimmer, ist sie schon ausgezogen und ruft ihn zu sich ins Bett. Er macht sich ans Werk, aber es geht nicht. Er probiert alles, keine Erektion. Schließlich springt er aus dem Bett und schreit die Prostituierte an:

»Raus! Zieh dich an!«

Sie beeilt sich, zu Tod erschrocken, weil sie erwartet, daß er sie hinauswirft. Als sie angekleidet ist, sagt er:

»Und jetzt wehr' dich!«

Die Anekdote zieht ein Phänomen ins Lächerliche, das nichts Lächerliches hat. Wie in alten Zeiten wird die Frau geschlagen, und manchmal sind Schläge das unerläßliche Vorspiel des sexuellen Akts: nach Krach und der Komödie der Tätlichkeiten ins Bett. Es ist wie die uralte Redensart, daß der seine Frau nicht liebt, der sie nicht schlägt. Im modernen Sprachgebrauch gibt es für den Koitus ein bekanntes Wort, dessen erste Bedeutung ›schlagen‹ ist *(»trachnut«)*.

Es gibt keine eigentlichen Normen, über die instinktive Handlung hinaus wird der Akt trotz allem individualisiert. Zweierlei möchte ich sagen: die Frau wird zum passiven Objekt und hat keinen Genuß; es ergeben sich sadomasochistische Abwandlungen, die der eine wie der andere Partner braucht. 1953 beklagte sich ein Oberstleutnant a. D. in meiner Sprechstunde über die Abnahme seiner sexuellen Potenz. Ich notierte, was meine Untersuchung ergeben hatte, und bat ihn, sich frei zu machen. Dann sah ich, daß sein Rücken von Narben bedeckt war, wie wenn ihm jemand kleine Messerschnitte beigebracht hätte. Auf meine Frage antwortete er ausweichend, aber ich entdeckte später doch die Ursache der Wundmale. Nach dem Krieg war er nach Winniza zurückgekommen, hatte eine Frau kennengelernt und geheiratet. Als er entdeckte, daß sie nicht mehr Jungfrau war, schlug er sie. Da er sie nur mehr in betrunkenem Zustand nahm, schlug er sie regelmäßig; außerdem lasteten Kriegserlebnisse als Trauma auf ihm. Die Frau tat sich schwer, die Schläge zu ertragen, die vor jedem Akt unumgänglich waren. Unwillkürlich grub sie an Stelle aktiven Widerstands ihre Fingernägel in seinen Rücken. So entstand allmählich eine eigenartige Beziehung zwischen den beiden: der Mann kam zu keiner Erektion, wenn er nicht spürte, daß sich ihre Nägel in sein Fleisch krallten – umgekehrter Sado-Masochismus. Da er immer stärkere Reize suchte, kam es schließlich so weit, daß er die höllischen Schmerzen nicht mehr aushalten konnte, erträgliche aber nicht mehr genügten, ihn zu erregen. Die sexuelle Beziehung zerstörte sich in diesem Fall selbst und war am Ende.

Ich erwähne noch einen anderen absurden Fall. Eine Patientin, eine 26jährige Volkswirtschaftlerin aus Weißrußland, mit einem Offizier verheiratet, fand ein sonderbares Mittel, ihrem Mann ihre Ablehnung und Verweigerung zu zeigen: sie hinderte sich, beim Akt zum Orgasmus zu kommen. Ein kurioser Fall, in dem man mehreres zugleich entdecken kann: sexuelle Beziehungen als Beziehungen der Gewalt; der weibliche, dem Mann als Geschenk verweigerte Orgasmus; Passivität; Masochismus. Der Vorgang spielt sich ab, als drücke sich die Revolte, das Aufbegehren der Frau in der Verweigerung der Lust aus, wodurch sie sich demonstriert, daß der Orgasmus nicht ihre Sache sei und für den Mann einen Symbolwert habe, der über ihr Verständnis gehe – eine merkwürdige Rache, die aus Selbstbestrafung besteht.

Aus diesen kurzen Schilderungen geht der Eindruck eines Ungleichgewichts, der Unausgeglichenheit, der Disharmonie hervor – zwischen dem Mann, der sich sein Vergnügen nimmt, und der Frau, die es erduldet; des Zwiespalts der Frau in sich selbst, die sich verpflichtet glaubt, den Orgasmus zu mimen; der Einseitigkeit des Manns, für den der Liebesakt zum Trachten nach Macht wird; der Fragwürdigkeit des Akts selbst, der nicht mehr ein in aller Fülle erlebter natürlicher Vorgang ist, sondern ein starker, schmerzhafter Spasmus, in dem die Geschlechter vielleicht noch weniger voneinander wissen als in ihrem gemeinsamen Alltag.

Der Puritanismus im Alltag am Werk

An dieser Stelle meiner Ausführungen ist es erforderlich, daß ich aufzeige, wie man mit dem »Fluch des Sex« im Alltag leben kann. Ohne diese Vorbemerkung sind die Enstellungen, die Störungen nicht zu verstehen, die die Liebesbeziehungen verschlechtern und abwerten.

Wie ich zu Beginn des Buchs klargemacht habe, war die sexuelle Repression während der Stalin-Zeit furchtbar. Ich will hier nur ein Beispiel anführen: jenes des »penis captivus«, des gefangenen Penis oder des Paars, das als Opfer der heftigen Konvulsionen beim Koitus sich nicht mehr trennen kann. Diese im allgemeinen sehr seltenen Fälle werden vom Vaginismus* verursacht. In der Sowjetunion sind sie wegen der Angst und der Schuldgefühle verhältnismäßig häufig, die alles mit sich bringt, was mit Sex zu tun hat. Ich erinnere mich eines Zwischenfalls in Odessa 1937 im Pädagogischen Institut, wo ein junges Paar in diese Situation geriet. Man rief nach einem Arzt, deckte die beiden mit einer Decke zu und trug sie unter dem Gelächter der Herumstehenden zum Krankenwagen. Das spielte sich mit viel Lärm, ohne die geringste Rücksichtnahme und mit der offenkundigen Absicht ab, die allgemeine Aufmerksamkeit auf das Vorkommnis zu lenken, aus dem Sexualakt etwas Verwerfliches zu machen, obwohl es sich um Jungverheiratete und nicht um »illegitimen« Geschlechtsverkehr handelte.

In jüngerer Zeit ist die Repression weniger hart geworden, hauptsächlich infolge der allgemeinen Lockerung der Sitten. Trotzdem ist das ganze System von Verboten noch in Kraft. So gibt es Anschlagtafeln, die gewöhnlich im Zentrum der Stadt aufgestellt werden und Bilder von »unmoralischen« jungen Leuten mit Angaben über die Adressen der Schuldigen zeigen. Dieses unmenschliche Verfahren kann eigentlich nur einer Kategorie von Personen nützen, den Prostituierten und ihren Kunden. Junge Mädchen ertragen es gewöhnlich nicht, so in den Schmutz gezogen zu werden, geben die Arbeit auf und verlassen die Stadt, Entschlüsse, die auch zwangsweise auferlegt werden können.

Ein Einwohner von Uljanowsk (Simbirsk, Geburtsstadt Lenins) kam aus dem Haus, um einen Eimer Wasser zu holen, und erblickte ein Pärchen, das

* Scheidenkrampf durch unfreiwillige Zusammenziehung des Afterschließmuskels, der auch jener der Vagina ist. Ein einfacher Handgriff (Einführung eines Fingers ins After) bewirkt meist die sofortige Lösung des Muskelkrampfs. Die Ärzte wußten und wissen es meist nicht, was sich aus dem sowjetischen Milieu erklärt.

seiner Ansicht nach sich unzüchtig benahm. Er fing an, die beiden zu beschimpfen. Der junge Mann geriet außer sich, entriß ihm den Eimer und hieb ihn ihm über den Kopf. Als der tugendsame Bürger das ganze Viertel alarmieren wollte, machte sich das Pärchen davon. Dem jungen Mann glückte die Flucht, aber das Mädchen, eine Lehrerin, wurde von der Polizei festgenommen. Sie weigerte sich, den Namen ihres Liebhabers anzugeben, wozu man sie zwingen wollte. Tags darauf versammelte sich eine Gruppe von Gaffern vor der Anschlagtafel, auf der ein Foto des Mädchens befestigt war; daneben stand ein Vers, in dem angedeutet wurde, daß sie zu bestimmten Zeiten Männer empfange. Sie wurde gefeuert und mußte die Stadt verlassen.

Das sowjetische Gesetz erlaubt den Städten die Ausweisung aller Personen, die als »Parasiten« betrachtet werden, d. h. die keine regelmäßige Beschäftigung nachweisen können. Die Polizei erhält anonyme Briefe, in denen junge Frauen denunziert werden, die in ihrer Wohnung bzw. ihrem Zimmer Männer empfangen. Die großen sowjetischen Zeitungen halten es nicht für ihrer unwürdig, ihre Spalten dieser Art von Affären zu öffnen – der Jugend zur Belehrung. Die *Iswestija* brachte den Fall eines 20jährigen Mädchens, das wegen ›unmoralischen‹ Betragens aus Kiew ausgewiesen wurde. Die Denunziationen (es waren mehrere) stammten von ihren Nachbarn; bei so lieben Menschen kommt das in der Sowjetunion recht häufig vor: es ist eine bequeme Methode, eine alte Rechnung zu begleichen, seine Wut auszulassen und bei dieser Gelegenheit einen Raum in der gemeinsamen Wohnung freizubekommen. Bei einem ähnlichen Vorkommnis, das ans Burleske grenzt, wurde eine junge Frau denunziert, weil sie Besuch von einem Mann gehabt hatte. Der Ausweisungsbeschluß war ihr zugestellt worden, als sich herausstellte, daß der Besucher ihr Mann gewesen war.

Manchmal ist nicht einmal eine Denunziation erforderlich, ›verdächtiges‹ Benehmen genügt auch. Eine Studentin der Universität Moskau namens Inga Markelow hatte einen Freund, der erfuhr, daß sie krank sei. Er rief den Leiter des Heims an und fragte, ob sie nichts brauche – einen Arzt, Medikamente, Geld. Als Inga gesund war, wurde sie sofort zu dem Heimleiter bestellt.

»Welche Beziehungen haben Sie zu diesem Mann?«

»Freundschaftliche.«

»Das kennt man, diese Freunde. Aus purer Freundschaft hätte er nicht von Geld gesprochen.«

In der Fakultät gab es viel Geklatsche und hochmoralische Diskussionen.

Das Komsomolkomitee berief eine Versammlung ein, in der ein Beschluß gefaßt wurde, der Inga der »Amoralität« für schuldig erklärte. Kurz danach wurde sie relegiert.

Diese »moralische Ordnung« gibt Anlaß zu zwei Bemerkungen. Erstens, daß wieder einmal die Frau das Opfer ist, indem man sie zur immerwährenden Tugend verurteilt. In dieser Hinsicht ist sie nicht freier, als vor einem Jahrhundert die Frauen waren. Zweitens gibt es Zonen im sozialen Leben, wo das Regime und der überwiegende Teil der Bevölkerung sich finden. Denn Liebesleute werden nicht nur vom Regime verworfen, sondern auch von Amateurmoralisten gejagt.

Man findet sie überall, diese eifrigen Hüter der Sittsamkeit der Jugend. Küßt sich ein Pärchen in einem Hauseingang, kommt der Hauswart wütend angerannt. Im Park, auf Plätzen, überall gibt es Rentner und besonders Damen eines gewissen Alters, die zur Ordnung rufen. Sich in der Öffentlichkeit zu umarmen, zu küssen, ist unmoralisch, und schon gar vor Kindern, deren keusches und reines Auge vor derartigen schamlosen Anblicken bewahrt werden muß. In dem Land, wo man die Freude von der Straße verjagt hat, wo es kein Recht der Selbstbestimmung für den Einzelmenschen gibt, da ist's,als sagte die Gesellschaft mit der ganzen Brutalität, deren sie fähig ist: »Das gehört nicht dir, hier bist du nicht zu Haus, du bist bei uns, und unser ist das alles.«

Die Gesellschaft läßt Liebesleuten kein Fleckchen. Undenkbar ist es, ein Zimmer in einem Hotel zu nehmen. Von der Kontrolle des Pässe an der Rezeption ganz zu schweigen, wäre es den beiden unmöglich, zueinander zu finden, denn im Gang wacht eine Etagenaufsicht über die gute Ordnung der Dinge.

Unter der Herrschaft des Kollektivs ist die Liebe nicht kollektiviert worden, wie die Begeisterten der zwanziger Jahre gehofft hatten; die Liebe hat ganz einfach das Heimatrecht verloren, die Pseudo-Gemeinschaftlichkeit hat schließlich das Individuelle getötet. Wie neulich eine ukrainische Zeitschrift mahnend schrieb: »Der anständige Sowjetbürger hat nichts zu verbergen und keine Angst, daß man sich in sein persönliches Leben mischt.«

Ein unglaublicher Schwindel: jede Gemeinschaftlichkeit, jede Kollektivierung übt unvermeidlich einen moralischen Druck auf die Mitglieder aus, die aber wenigstens über eine Art Privatleben, über eine nicht kontrollierte Zone verfügen, wo sie sich dem Zublick anderer entziehen können. Das sowjetische Regime hat sich so viel redliche Mühe gegeben, diese Zone möglichst zu reduzieren (weil alle Welt glücklich und anständig ist, gibt es nichts zu verstecken), daß der Druck der Moral der Menge, die ihr zur zweiten Natur geworden ist, Liebesleute im letzten Winkel aufspürt.

Der sowjetische Humor, das immerwährende Gegengift durch alle Zeiten, ironisiert diesen moralischen Druck so: ein Milizionär überrascht ein Pärchen in einer Moskauer Nebenstraße, wo sie sich küssen. Er stürzt hin und fragt:

»Wer hat Ihnen diese Schweinerei beigebracht?«

»Maupassant.«

»Sergeant, suchen Sie sofort diesen Maupassant und bringen Sie ihn aufs Revier!«

Der Verlust des sexuellen Appetits

Dem sowjetischen Soziologen Kolbanowski wurde am Ende eines Vortrags, den er in Moskau hielt, die Frage gestellt:

»Wie oft in seinem Leben kann der Mensch lieben?«

»Jeder kann viele, viele Menschen lieben«, antwortete der Professor, »eine unbegrenzte Zahl.« Schweigen. »Wohlverstanden, ich spreche nicht von der körperlichen Liebe! Jedermann kann jeden lieben, den er will, mit Ausnahme der Feinde unseres Systems!«

Dieser Satz spricht eindeutig von dem Attentat auf die Liebe, das in der Sowjetunion immer noch Praxis ist. Nicht nur ist die Liebe den Linientreuen vorbehalten, das Wort hat auch einen anderen Sinn: die wahre Liebe ist jene, die alle guten Sowjetmenschen einschließt (Personen also, die geschlechtslos sind, mit Sex nichts zu tun haben), eben nicht nur einen oder mehrere Männer, eine oder mehrere Frauen. Es geht überhaupt nicht mehr um Liebe im eigentlichen Sinn.

Um verliebt zu sein, muß man nicht »Romeo und Julia« oder die »Sonette« von Petrarca gelesen haben. Aber stellen wir uns ein Land vor, in dem *das* Modell der großen Liebenden, die einem in der Schule als Vorbild hingestellt werden, das kämpferische Paar Lenin-Krupskaja wäre – nein, ist, denn so verhält es sich in der Sowjetunion. Es gibt etwas Schlimmeres als das Fehlen kultureller Leitbilder: falsche Muster, die von aller Welt als fabriziert, als künstlich erkannt und empfunden werden. Denn seit der Enterotisierung in der Stalin-Zeit hat sich die Liebe nicht aus den Ruinen der – möchte man ironisch sagen – offiziellen sowjetischen Kultur erhoben. Keine Liebeslieder außer den überlieferten. Keine gefühlvollen Liebesgeschichten, die zu Tränen rühren. In der Literatur müssen die Russen tief in die ruhmreiche Vergangenheit zurückgreifen, denn trotz der großen Zeitspanne kann man sich leichter mit den Charakteren Puschkins als mit den perfekten Helden der sowjetischen Literatur identifizieren. Daher rührt die enorme Bedeutung dieser klassischen Literatur für die individuelle Bildung der Menschen; im Westen gibt es wahrscheinlich keine Entsprechung.

Zweifellos deswegen sind die sowjetischen Liebesleute stumm geworden. Das Bett der Liebe eignet sich schlecht für Diskussionen über die letzten Parteikongresse. In Liebesbeziehungen, wenn sie sich nicht auf den Akt selbst beschränken, ist die Sprache ungemein wichtig. Wie ich beobachten konnte, ist die Sprache der Liebe verarmt und wird kaum gebraucht; es fehlen die Wörter, die Worte, und Kommunikation findet nicht statt.

Der innerhalb der Familie, unter den Eheleuten und sogar unter Liebenden schwierige wirkliche Kontakt leitet sich von einem spezifisch sowjetischen Phänomen her: von der übertriebenen Wichtigkeit, die man der Freundschaft zwischen Personen des gleichen Geschlechts beilegt.

In der Freundschaft findet der Russe von heute eine Zuflucht vor der Heuchelei und Verlogenheit des öffentlichen Lebens. Jede echte Freundschaft nimmt eine weit größere Bedeutung an als Probleme, die mit Sex zusammenhängen. Manchmal ersetzen Freunde Frau und Kind und die Eltern. Wenn jemand aus der Sowjetunion im Westen ankommt, ist er verwirrt, oft enttäuscht, denn in den Kontakten, die er findet, begegnet er Kühle, Förmlichkeit, Nüchternheit. Kaum jemals hat er Freunde, die ihn täglich besuchen kommen, die ihm die Familie ersetzen. Im Westen gibt es nämlich ein öffentliches Leben, das für Mann und Frau greifbar real ist, während in der Kerkerwelt der Sowjetunion die sozialen Kreise außerordentlich eng begrenzt sind, ob es sich nun um leitende Persönlichkeiten der Partei, um Dissidenten, Kriminelle oder normale Menschen handelt. Bindungen, die hier sich knüpfen, Bande der Freundschaft, der Kameradschaft sind kräftiger, vitaler, wie in allen Situationen, wo Menschen der Freiheit beraubt sind. Die Freundschaft entgeht totalitärer Kontrolle, sie ist wie in freier Wahl getroffen, eine bevorzugte (und die einzige) Beziehung, in der man seine Gefühle und geheimen Gedanken ausspricht, die man vielleicht vor dem Ehemann, der Ehefrau, der Freundin verbirgt. Freundschaft ist wie ein Ausgleich des Grabens, der sich zwischen den Geschlechtern aufgetan hat.

Das Wort ›Graben‹ hat seine Berechtigung, denn in der Sowjetunion sind nur wenige Brücken zwischen Mann und Frau geschlagen. Die Unfähigkeit, sich zusammenzufinden, wiegt in der physischen Sphäre, die Gegenstand dieses Buchs ist, noch schwerer. Es handelt sich um die Schwierigkeit der Kontaktaufnahme im Wortsinn, um eine Unbeholfenheit, eine Sperre, die jeder und jede kennt, wenn sie sich einen Partner suchen. Ich als Emigrant habe gestaunt, mit welcher Leichtigkeit, Spontaneität und sogar Eleganz junge Franzosen, um nur sie als Westeuropäer zu nennen, das Wort an ein Mädchen richten oder ihm den Hof machen. In der Sowjetunion wäre die Reaktion Entrüstung, und der junge Mann würde sofort beleidigender Absichten verdächtigt. Unbefriedigtheit und Frustration erzeugen Aggressivität. Es hat seine guten Gründe, wenn den Reisebegleitern von Intourist eingeschärft wird, den Ausländern gegenüber höflich zu sein und ein Lächeln zu zeigen, denn in der Sowjetunion ist Höflichkeit ein seltener Artikel geworden. Einer der beliebtesten sowjetischen Filme der sechziger Jahre war »Juliregen«. Ein Mann lernt ein junges Mädchen kennen, während sie das Ende eines Platzregens abwarten. Lange Gespräche am Telefon folgen, in deren Verlauf sich die beiden ineinander verlieben; ihre einzige Verbindung bleibt der Draht. Der Erfolg des Films erklärt sich aus dem ungewöhnlichen Thema: es wird ein Mann und eine Frau gezeigt, die, obwohl getrennt, fähig sind, aufrichtige Kontakte aufzunehmen und zu pflegen. Ihre Liebe zeigt Schattierungen in der Zartheit und Zärtlichkeit, Humor, Heiterkeit, Beschwingtheit. Üblich sind in der Sowjetunion Unbeholfenheit, Einfältigkeit und Grobheit.

Bezeichnend ist das Erlebnis einer Verkäuferin in einem Kiewer Warenhaus. Ein Mann kommt herein, er trägt sibirische Fäustlinge und schlägt mit einem Schwung einen großen Spiegel ein, so daß nur mehr der Rahmen übrig bleibt.

»Sie sind verrückt! Wollen Sie ins Gefängnis? Haben Sie überhaupt eine Ahnung, was der Spiegel kostet?«

»Ja, ich kenne den Preis«, antwortet der Mann, ohne sich aus der Ruhe bringen zu lassen, zieht ein dickes Bündel Scheine aus der Tasche und wirft es, ohne nachzuzählen, auf die Theke der Verkäuferin. »Und der da, was kostet der?« fragt er und zeigt auf einen großen Spiegel aus Luxusglas.

Der Verkäuferin läuft es kalt den Rücken hinunter.

»Wieso? Wollen Sie den auch zerschlagen? Er kostet tausend Rubel, und dafür müßten Sie ein Jahr lang arbeiten. Es ist eine Menge Geld.«

»Woher weißt du, was eine Menge Geld ist?«

»...«

»Hast du schon einmal tausend Rubel gesehen?«

»Nein, nie.«

»Na also, wie willst du's dann wissen? Sag mir, was einen größeren Haufen gibt, tausend oder zehntausend Rubel?«

»Zehntausend natürlich.«

»Wenn du den einen Haufen und den anderen Haufen nicht gesehen hast, wie kannst du's dann wissen?«

Die junge Frau mußte lachen.

»Um das zu wissen, brauche ich die erst gar nicht zu sehen.«

»Bei mir ist das anders. Wenn ich etwas wissen will, muß ich's auch sehen. Was meinen Sie, wollen Sie mir nicht heute abend nach der Arbeit die Geheimnisse Ihres Spiegelsaals zeigen?«

Um den Preis eines eingeschlagenen Spiegels war der Bann zwischen den Geschlechtern gebrochen. Abends erfuhr das junge Mädchen, was dem Gewaltakt vorausgegangen war. Der Verehrer hatte sich schon seit drei Tagen in ihrer Abteilung herumgetrieben, aber ohne Erfolg, denn sie hatte ihn nicht bemerkt. Da sein Urlaub zu Ende ging, mußte er in Kürze nach Surgut zurück, der Ölstadt Sibiriens, wo er arbeitete. Es gibt dort kein Stadtzentrum, nichts als gleichförmige Schlafviertel. Die einzigen Zerstreuungen für die 80000 Einwohner sind ein Café und einige Kinos; die Männer haben nichts als die Jagd und den Wodka. Krach und Streit sind etwas Alltägliches. Wenn die Männer einige Jahre in diesem Ort der Verdammnis zugebracht haben, fahren sie in eine Großstadt wie Kiew in Urlaub und haben enorme Geldbeträge bei sich (in Surgut ist der Verdienst vier- bis fünfmal höher als in Kiew), die sie in ein paar Wochen ausgeben. Keine banale, eine typische Geschichte. Nicht alle Arbeiter sind in Ölfeldern beschäftigt, auch zerbrechen sie nicht Spiegel, um sich interessant zu machen. Aber eine Zeit, in der ein junger Mann nicht weiß, wie er sich einer Frau nähern soll, und deswegen zu Grobheiten und Ungehörigkeiten greifen muß, ist selbst recht erbärmlich.

Die sexuelle Frustration in der Sowjetunion ist so repressiv, daß der Geschlechtsverkehr sehr oft nur nach dem Konsum von Alkohol möglich ist. Mehr als einmal mußte ich von Patientinnen den Satz hören: »Wer nicht nach Alkohol riecht, ist kein Mann.« Ich glaube, daß sogar das sittsame Paar der Plastik Muchins »Der Arbeiter und die Kolchosin«, so rein und martialisch es in seiner kämpferischen Pose dasteht, so stolz es sich zu Hammer und Sichel bekennt, sicherlich auftauen würde, wenn man ihm auch noch das dritte, dem sowjetischen »way of life« unentbehrliche Attribut gäbe, den Wodka. Es ist paradox, daß ausgerechnet Alkohol (der die Potenz mindert) als Aphrodisiakum angewendet wird. Trotzdem sprengen die Wirkungen des Alkohols die Riegel und Sperren, die für gewöhnlich die Libido des durchschnittlichen sowjetischen Manns zurückhalten. Man kann sich denken, welches Vergnügen es für eine Frau ist, die gezwungen wird, sich einem betrunkenen Mann zu unterwerfen, der sie nach Bedarf auch noch schlägt und nur von Alkohol umnebelt mit ihr schlafen kann. Wenn die Frau sich betrinkt, kann sie ihrerseits aggressiv werden. Oft enden freundschaftliche Zusammenkünfte, bei denen viel getrunken wird, mit reihum gehenden gewagten Spielereien, Berührungen, Reizungen, Handgreiflichkeiten. Der Abend endet nicht in einer Orgie, man begnügt sich mit Reizspielen, einem allgemeinen Gewährenlassen, das nicht über äußerliche Kontakte und verbale Freiheiten hinausgeht.

Schließlich stellt sich die in der Sexologie unvermeidliche Frage nach der Häufigkeit der sexuellen Kontakte. Zahlenangaben auf diesem Gebiet sind eine bedenkliche Sache. Ohne auf definitive Schlüsse abzuzielen, begnüge ich mich mit den Ergebnissen der Umfragen bei meinen Patienten:

von 20 bis 25 Jahre	jeden Tag
von 25 bis 30 Jahre	zweimal pro Woche
von 30 bis 35 Jahre	einmal pro Woche
von 35 bis 40 Jahre	einmal pro Monat

Anders gesagt: der sowjetische Mann und die sowjetische Frau verlieren verhältnismäßig schnell ihren sexuellen Appetit. Nach dem 40. Jahr wird der Mann häufig impotent und begnügt sich mit den eben erwähnten gemeinschaftlichen Spielereien. Eine traurige Situation, das logische Ergebnis der Enterotisierung der sowjetischen Gesellschaft: in Brutalität und Betrunkenheit herabgewürdigte Liebe, Liebe, die sich in Haß verkehrt, die abstirbt, die zum Verlust des Begehrens führt. Ohne versiegt zu sein, werden die Quellen des Lebens vom Unkraut des Gartens überwuchert, der einmal der Garten der Liebe war.

7
Nationale Übel: Frigidität und Impotenz

Eines Tags kam ein Ehepaar zu mir. Die Frau, sie war 35 Jahre alt, boxte ihren Mann in den Rücken und schob ihn, denn er bewegte sich nur widerwillig vorwärts, und sagte aufgebracht:

»Behandeln Sie mir diesen Idioten von einem Impotenten. Mehr als zehn Jahre leben wir zusammen. Er hat es fertiggebracht, mir drei Kinder zu machen, aber Vergnügen habe ich nie mit ihm gehabt.«

Es handelte sich nicht um einen Impotenten im eigentlichen Sinn; beim Akt litt er unter Störungen und vorzeitiger Ejakulation. Seine Frau hatte erst bei einer Liaison in einem Badeort den Orgasmus kennengelernt.

Solche Ehepaare gehörten zu meinem täglichen ärztlichen Pensum; ich könnte Hunderte aufzählen. Schwache, ungenügende, zu kurz dauernde oder gar keine Erektion beim Mann und Unkenntnis des Orgasmus bei der Frau sind das Los vieler Eheleute in der Sowjetunion. Diese für die Zwietracht in vielen Ehen verantwortlichen Umstände haben selten organische Ursachen. Bei der Frau entdeckte ich keine Frigidität, der Mann hatte Erektion und Ejakulation, aber aus ihrem Leben war Sex praktisch verschwunden. Von der Ehe, der die sexuelle Komponente fehlte, war eine leere Schale geblieben; beide hatten teil an den Ursachen und den Folgen des Übels. So endet der im vorigen Kapitel geschilderte Verlust des sexuellen Appetits manchmal mit Störungen der Potenz und Anorgasmie.

Potenzstörungen

Bei diesen verbreiteten Störungen (sie betreffen m. E. fast neun Zehntel der männlichen Bevölkerung der Sowjetunion) überschreitet die Betrachtung der Ursachen das Gebiet der Sexologie. Das Phänomen der Impotenz ist so tiefgehend, daß es zugleich eine soziale Plage, ein echtes Problem für den Mediziner und der Impotente ein Archetyp für den Psychologen ist.

Wie ich beobachten konnte, berührt dieses nationale Unglück alle Schichten der Bevölkerung und ist öffentlich von der sowjetischen Presse behandelt worden. So schrieb die »Literaturnaja gaseta« 1969, daß »Tausende von Kranken erwarten, daß man ihnen hilft«. Eine offizielle Erklärung erfolgte erst 1974, als ein offenes Wort wieder einmal nicht genehm war. Es wurde behauptet, daß 100 %, also alle sowjetischen Männer Orgasmus hätten. Diese Statistik ist so wenig glaubhaft wie die meisten sowjetischen dieser Art: eine Wahrheit zugeben hieße eingestehen, daß nicht alles in Ordnung sei. Außerdem unterließen die Statistiker Angaben über Art und Häufigkeit des Orgasmus. Aber gerade hier zeigen sich die meisten Störungen, die oben besprochen wurden.

Das von den Behörden gewahrte schamhafte Schweigen findet sich auch bei den Patienten und bei der offiziellen Medizin. Wer an sexueller Unzulänglichkeit leidet, schämt sich im allgemeinen, sich an den Arzt zu wenden. Dieses Verhalten ist zweifellos überall das gleiche, wirkt sich aber in der Sowjetunion voll aus. Einmal wegen des Männlichkeitskomplexes, dann wegen der allgemeinen Prüderie und schließlich auch wegen der unzulänglichen Hilfe, die die Medizin geben kann.

Früher und vielfach auch noch heute fragt man bei der Erstellung einer Krankheitsgeschichte den Patienten nach seinem sexuellen Leben. Der Arzt wirft, ohne die Augen zu erheben, die kurze Frage hin:

»Und Ihr Sexualleben?«

Im allgemeinen antwortet der Patient, ebenfalls ohne aufzuschauen:

»Normal.«

Und damit hat sich's. Vertraute sich einst trotzdem manchmal einer dem Vertreter des Hippokrates an, war es ihm vergönnt, einen Rat von der Schlichtheit eines Medizinmanns aus der Steinzeit zu bekommen.

»Sie haben weder eine Infektion noch Krebs. Sie werden daran nicht sterben. Warten Sie ein wenig ab, das gibt sich ganz von selbst.«

Dieser gesunde Optimismus bestand selten vor der Wirklichkeit, und wenn der Kranke seine Scham und den ärztlichen Rat vergaß und wiederkam, hatte sich das Übel gründlich verschlechtert. Die Potenzstörungen haben eine derart traumatisierende Wirkung auf das Gemütsleben des Manns, daß, wiederholen sich die Fehlschläge, seine Impotenz sozusagen erstarrt, sich fixiert und daß es außerordentlich schwierig wird, davon loszukommen. Das anfängliche Drama wird zur Tragödie.

Die Situation wäre ganz anders, wenn Kranke, Ärzte und Behörden übereinkämen, ohne falsche Scham und Vorurteile die Probleme zu studieren. Mein Moskauer Kollege, Professor Powianski, erhielt den Besuch eines Ehepaars, das während der dreizehn Jahre seines Ehelebens überhaupt kein Sexualleben gehabt hatte. Nur ihre wechselseitige Liebe hielt sie von der Scheidung zurück. Vier Stunden Psychotherapie (Hypnose-Sitzungen) genügten, das Paar fand sein Glück. Aber viele Fälle bleiben trotz Inanspruchnahme des Arztes ungeheilt, viele Kranke wagen nicht, sich jemandem zu eröffnen.

Die Therapie auf diesem Gebiet ist bestes »Handwerk«, jeder Arzt muß mit jedem Fall auf seine eigene Art fertigwerden. Ich möchte die Geschichte des Ingenieurs Boris Rejdissow erzählen: sein feuriges Temperament hatte ihm einen Schlag mit einem dicken Holzprügel auf den Rücken eingetragen. Dieses Erlebnis wurde ihm zum Trauma, so daß er kein normales Sexualleben mehr führen konnte. Seine Erektion fiel kurz vor der Einführung des Penis in die Vagina in sich zusammen. Er konsultierte Neurologen, Psychiater, Urologen, es war alles vergebens. Zwei Eheschließungen endeten mit einem Fiasko; es war ihm unmöglich, mit einer Frau zu schlafen. Als er zu mir kam, war er 35 Jahre alt. Er wollte zum drittenmal heiraten, vorher aber um jeden Preis geheilt sein. Mein Kollege, der Psychiater Mosruchin, hatte ihn zu mir geschickt, nachdem er vergebens Hypnose angewendet hatte. Ich befragte Boris eingehend nach seinem Leben, den Krankheitserscheinungen, seiner Verlobten und sagte zu ihm:

»Ich glaube, ich kann Ihnen helfen. Aber zuvor müßte ich mich mit Ihrer künftigen Frau unterhalten.«

»Wie? Nie im Leben. Wenn sie erfährt, daß ich Probleme habe –«

»Keine Angst, ich habe nicht die Absicht, sie ins Bild zu setzen.«

Ich schwindelte bewußt. Eine gemeinsame Behandlung eines Ehepaars ist in der Sowjetunion undenkbar und grenzt an ein Vergehen an der sowjetischen Moral. Es steht außer Zweifel, daß ohne dieses stupide Verbot Tausenden von Ehepaaren geholfen werden könnte. Deswegen habe ich mich darüber hinweggesetzt, wenn ich es für angebracht hielt.

Die Verlobte des Ingenieurs kam, verwirrt, errötend. Ich behielt sie den ganzen Nachmittag im Sprechzimmer, denn meine Aufgabe war nicht leicht. Ich war überzeugt, daß sie der einzige Mensch sei, der Boris zu einem normalen Sexualleben verhelfen und vor allem verhindern könne, daß seine Sexualschwäche ein pathologischer Komplex würde. Meine Methode war einfach und geradlinig, und ich mußte sie der jungen Frau plausibel machen.

»Sie müssen jede falsche Scham ablegen. Es handelt sich um Ihren künftigen Mann, das Glück der Familie hängt von Ihnen ab. Sie können sein Versagen, das Ihnen bekannt ist, mit etwas Mut vermeiden. Ist sein Penis in Erektion, dürfen Sie nicht abwarten, was kommt. Nehmen Sie ihn sofort in die Hand und führen Sie ihn in die Vagina ein.«

Meine ›Therapie‹ bewährte sich hervorragend. Am Tag nach der Hochzeit stürzte Boris herein, strahlte und erzählte, ohne die bereits im Sprechzimmer sitzende Patientin zu beachten, wie prima »alles« verlaufen sei – fünfmal.

In einem Klima des Vertrauens und der Offenheit, woran es in der Sowjetunion so sehr fehlt, kann der menschliche Faktor wirksamer sein als alle Therapien.

Das gute Funktionieren der sexuellen Beziehungen ist eine empfindliche Angelegenheit. Oft bedarf es eines Nichts, und schon hapert es im Mechanismus. 1967 auf 1968 hatte ich einen Landbriefträger M. R. zu behandeln. Bei ihm verlief alles normal, bis ihm eine pornographische Samisdatschrift in die Hand kam; er las, daß die Sexualpartner ihre Geschlechtsorgane wechselseitig mit dem Mund stimulieren können. Er hatte von Fellatio sprechen hören, sie aber nie mit seiner Frau gemacht, »um sie nicht zu erniedrigen«. Aber Cunnilingus war für ihn eine Offenbarung; er entschloß sich, es zu versuchen. Aber das Ergebnis war eine Katastrophe. Peter d. Gr. hatte seinerzeit den Damen seines Hofs befohlen, sich gründlich zu waschen, wenn man Besucher aus dem Ausland empfing. Der Briefträger mußte die Erfahrung machen, daß das Problem heute noch das gleiche ist. Der intime Körpergeruch seiner Frau war so niederschmetternd, daß er eine echte Impotenz erlitt. Das Bemerkenswerte an der Sache ist, daß die von ihm ausprobierte »Neuerung« nicht zum normalen Ablauf seines Sexuallebens gehörte, sondern der Entdeckung eines exotischen Rezepts gleichkam, das gänzlich über das Gewohnte hinausging und für die Unterbrechung der sexuellen Monotonie gedacht war. Sex wird in der Sowjetunion wie etwas Fremdes außerhalb des Menschen angesehen; dadurch kann das Sexualleben so leicht einen Knacks bekommen.

Auf dem Land ist mangelhafte Hygiene noch weitverbreitet. Eine Bäuerin, die in die Sprechstunde kam, wusch sich nur zweimal im Jahr. Die Hütte, in der sie mit ihrem Mann hauste, beherbergte in einem Verschlag auch die Schweine der kleinen Landwirtschaft. Wenn wie im Fall des Briefträgers Körpergeruch Ekel und Widerwillen erzeugt, so kann er in anderen Fällen als Stimulans dienen. Einer meiner Patienten zwang seine Frau, sich nicht zu waschen, denn nur ihr Schweißgeruch und der ihrer schmutzigen Wäsche animierten ihn.

Sexuelle Stimulantia können so verschiedenartig wie unerwartet sein: Geruch von Alkohol, Gas, Urin; Dunkelheit, Frauenweinen, Mißbildungen des weiblichen Körpers. Damit sind wir bei einem anderen Aspekt der Empfindlichkeit des Sexuallebens, die schon oben angesprochen wurde: ohne impotent zu sein, hat dieser und jener, haben sehr viele Männer das Bedürfnis nach einer Situation, die ihren sexuellen Appetit reizt und zu deren Sklaven sie werden können. Fehlt sie, kann die sexuelle Beziehung nicht hergestellt werden.

Ein Beispiel: ich hatte einen Patienten in Behandlung, der der Frau gegenüber gänzlich indifferent blieb, wenn er allein mit ihr war. Gesellte sich ein anderer Mann dazu, hatte er die Potenz wieder. Es war also die Anwesenheit eines anderen, die ihn anregte und ihn trieb, sozusagen mit ihm zu konkurrieren. Dieser Fall hat sicherlich etwas mit dem bereits erwähnten Männlichkeitskomplex zu tun; auch spielt zweifellos eine unbewußte homosexuelle Tendenz herein.

Oder ein anderer extremer Fall eines Milizsoldaten, der seine »Impotenz« geheilt haben wollte. In Wirklichkeit war er nur im Beisammensein mit seiner Frau impotent. Seine unwiderstehliche Leidenschaft richtete sich auf Frauen, die an irgendwelchen Gebrechen litten: Hinkende, Einbeinige, früher an Kinderlähmung Erkrankte, Armlose. Um seiner Passion zu frönen, hatte er sich von der Partei zum Sekretär eines Spezialunternehmens machen lassen, das nur verkrüppelte und mißgebildete Frauen beschäftigte. Als er heiratete, wollte er sich dem allgemein Üblichen anpassen und nicht mehr nach seinen Neigungen leben. So heiratete er eine gesunde, fröhliche Frau, was ihm seine »Impotenz« eintrug. Meine Analyse lautete auf Minderwertigkeitskomplex. Bei einer normalen Frau fühlte er sich minderwertig, während eine invalide ihm ein Gefühl der Überlegenheit gab.

Nicht zufällig war der Patient Milizsoldat. Nicht daß der Polizeidienst impotent macht, aber ich konnte beobachten, daß Männer, die an Störungen der Potenz litten, sich gern Berufen und Beschäftigungen zuwenden, die ihnen eine Art Entschädigung geben können: Geheimpolizei, Miliz, Justizorgane, Gerichtspersonal, Armee – bis zum wenig rühmlichen Geschäft des Polizeispitzels. Einer meiner Patienten, ein Polizist mit Potenzschwierigkeiten, erzählte mir von einem ukrainischen Nationalisten, den er kurz nach Kriegsende in der Westukraine getötet hatte:

»Ich stelle ihn an den Rand des Lochs, das er auf meinen Befehl selber hatte ausheben müssen. Ich mach mich fertig, ihn zu erschießen, da seh ich, daß ihm die Rute steht, enorm (er war natürlich nackt). Ich hätte auch gern so einen Apparat gehabt.«

Der impotente Henker, neidisch auf die Potenz seines Opfers: die Symbolik der Situation braucht nicht erläutert zu werden.

So sehr ein Polizist in seinem Berufsleben gefürchtet sein kann, so schwach erweist er sich vielleicht zu Haus. Eine Patientin, Frau eines Polizeibeamten, erzählte mir mit unverhohlener Genugtuung, daß sie ihren Mann wegen seiner sexuellen Unzulänglichkeiten ins Gesicht spucke; auch habe sie ihn schon geohrfeigt.

Polizeidienst zu tun, um seine Unzulänglichkeiten zu kompensieren, ist ein verbreitetes soziales und, möchte ich sagen, logisches Phänomen, denn dieser Beruf bietet ein Maximum an Macht bei einem Minimum an Anstrengung und Risiko. Ich berichte von einem Fall zur Illustrierung des Phänomens. Es handelte sich um Wladimir P., einen jungen Mann aus privilegierter Familie (seine Mutter war Sängerin, der Vater hatte einen gehobenen Posten im Kulturministerium). Die Eltern zogen nach Moskau und überließen ihm die Wohnung, die er dazu benützte, Orgie auf Orgie zu veranstalten. Es beliebte ihm, mehrere Mädchen an einem Tag zu nehmen; seine ganze Zeit war mit Koitieren und Gesprächen über das Thema 1 ausgefüllt. Dieser Zustand ständiger Erregung dauerte einige Jahre bis in seine Militärzeit und hörte schlagartig auf, als aus Erschöpfung Impotenz bei ihm eintrat. 1965 war er einberufen worden und ging freiwillig zur Feldpolizei, einer Spezialeinheit, die für Ordnung in der Truppe zu sorgen hat. Dank einer Sonderaktion, bei der es ihm gelang, mehrere Rebellenführer in der Gegend von Taschkent erschießen zu lassen, eröffnete sich ihm eine blendende Karriere, aber er blieb impotent. Während der Behandlung erfuhr ich seine ganze Geschichte und entnahm ihr, daß der Beginn seines Aufstiegs in der militärischen Hierarchie mit dem Ende seines Sexuallebens zusammengefallen war. Der angestrebte Ausgleich hat meistens verborgene, indirekte Verbindungen mit den sexuellen Mangelerscheinungen. In diesem Fall ist der Zusammenhang klar.

Der Ursprung von Potenzstörungen kann also recht verschieden sein. Anschließend beschränke ich mich auf einige für die Sowjetunion ausgesprochen typische Ursachen.

Auf die allgemeine Erscheinung der Entkräftigung brauche ich nicht mehr einzugehen. Der von der Gesellschaft übermäßig belastete Mensch, der keine Möglichkeit mehr findet, sich selbst zu bestätigen, und der Versager kann an Störungen der Potenz leiden, die gleichsam die physiologische Materialisation seines Scheiterns sind.

Das Thema der direkten Ursachen der Impotenz habe ich bereits gestreift, wenn in erster Linie der Behördenapparat schuld zu sein scheint, wie es häufig bei Menschen der Fall ist, die durch das Gulag gegangen sind; ich kenne viele. Ich denke da an das Gefängnis von Winniza, wo 1974 ein zum Tod Verurteilter auf die Vollstreckung wartete. In zehn in Lagern verbrachten Jahren war er impotent geworden. Seine neuerliche Verurteilung erfolgte, weil er den Liebhaber seiner Frau getötet, Körperteile gekocht und seine Frau gezwungen hatte, Stücke davon zu essen. Impotenz als Folge von Internierung in Konzentrationslagern war unter Stalin eine Massenerscheinung, ist aber auch heute noch vielfach anzutreffen.

Auch der Verhaftungskomplex, der bereits angesprochen wurde, hat schwere sexuelle Störungen zur Folge. Ich hatte ein Ehepaar zu behandeln; der Mann hatte fünfzehn Jahre Lager bei Karaganda hinter sich, als er nach Stalins Tod rehabilitiert wurde. Die beiden konnten kein normales Sexualleben aufnehmen. Auf die Erektion folgte unmittelbar vorzeitige Ejakulation ohne Einführung des Glieds in die Vagina. Die Eheleute waren mit den Nerven am Ende. Die Behandlung erwies sich als sehr schwierig, der Fortschritt als langsam. Eine Katastrophe setzte dann jeder Hoffnung auf Heilung ein Ende. Eines Abends während des Geschlechtsakts (so weit war die Besserung gediehen) schlug die Türklingel an. Der Mann wollte aufstehen, konnte aber nicht, weil sein Penis festsaß. Durch den Schreck war eine heftige spasmodische Kontraktion der Vaginamuskeln erfolgt. Es dauerte einige Stunden, bis die beiden getrennt waren. Offenbar hatte nicht die Polizei, sondern ein zufällig vorbeikommender Bekannter geläutet, die Aufregung war also umsonst gewesen. Die Folgen des Zwischenfalls waren gleichwohl nicht mehr ungeschehen zu machen. Der Nervenschock und der Vorgang der Trennung bedeuteten für den Mann ein derart schweres Trauma, daß er eine Wiederholung des Scheidenkrampfs befürchtete. Alle meine Bemühungen waren vergebens. Er starb nach einigen Jahren vorzeitig an einem Herzinfarkt.

Im weiteren Sinn ist im sowjetischen Alltag Stress mannigfacher Art Ursache von Potenzstörungen. Verletzbar in seinem geselligen Leben, schutzlos auf rechtlichem Gebiet, ist der Einzelmensch nervösen Schocks ausgesetzt und damit ebenso vielen Schlägen gegen sein seelisches Gleichgewicht. Eine Lehrkraft des Instituts für Brücken- und Straßenbaukunde in Petrosawodsk, einer nah an der finnischen Grenze gelegenen Stadt, erhielt eine Vorladung von der Polizei. Man kann sich denken, in welchen Ängsten der Lehrer die Nacht vor dem Tag des schweren Gangs zur Polizei zubrachte. Er wußte nichts über den Grund der Vorladung und ging also hin. Er erfuhr, man habe ihn gerufen, um ihm einen Ehrenauftrag als Polizeispitzel vorzuschlagen. Als Entgelt versprach ihm der Funktionär kräftige Unterstützung bei der Besorgung einer Wohnung, bei seiner Beförderung usw. Der Lehrer wollte um keinen Preis eine Zusammenarbeit mit der Polizei, stellte sich dumm, redete von Zeitmangel und setzte dem Funktionär auseinander, daß er an seiner Doktorarbeit sitze. Der meinte, das habe Zeit, aber die Kenntnisse der Fremdsprachen, die der Lehrer habe, würden seiner Karriere nützlich sein, und man denke für ihn bereits an Aufträge im Ausland. Die Unterhaltung zog sich hin, der Lehrer erfand immer neue Vorwände, das Angebot abzulehnen. Der Funktionär begriff, daß die sanfte Tour nicht genügte, den Lehrer umzustimmen. Er machte ein finsteres Gesicht und drückte auf einen Knopf. Eine Sekretärin trat ein und legte einen dicken Ordner auf den Schreibtisch.

»Könnten Sie mir etwas über die Genossin Podlesnaja sagen?« fing der Funktionär an.

»Podlesnaja? Kenne ich nicht. Der Name sagt mir nichts.«

»Ach, Sie kennen sie nicht? Ich will Ihr Gedächtnis auffrischen.« Er blätterte in dem Dossier. »Ich glaube, daß der Name auch Ihre Frau und Ihre Parteizelle interessieren wird.«

Und er erzählte die ganze Geschichte. Es handelte sich tatsächlich um eine vorübergehende Affäre, die der Lehrer praktisch vergessen hatte. Er wußte nicht einmal mehr den Namen der jungen Frau, mit der er vor drei Jahren in seinem Wagen Kontakt gehabt hatte. Durch mysteriöse Kanäle hatte die Polizei davon erfahren und das Faktum in die Personalpapiere des Lehrers eingetragen.

Die Folgen dieser versuchten Anwerbung als Polizeispitzel waren verheerend. Mein Patient versicherte mir, er habe der Erpressung nicht nachgegeben. Ich wollte es ihm nicht so recht glauben, aber das ist hier Nebensache. Jedenfalls verlor er nach dem Besuch der Polizei nach und nach die Potenz und konnte weder mit seiner Frau noch mit Freundinnen verkehren, die ihn allesamt sitzenließen. Meine Behandlung konnte nichts ausrichten.

Natürlich sind nicht alle Fälle von Impotenz polizeilichen Maßnahmen zuzuschreiben, aber die Geschichte ist aus zwei Gründen interessant: erstens, weil die Situation, deren Opfer der Lehrer wurde, einen Bestandteil des Lebens in der Sowjetunion ins Licht rückt. Wie in jedem totalitären Staat ist die Zahl der Spitzel enorm; sie tun die Arbeit manchmal gutwillig, meistens aber unter Zwang. Man muß über große seelische und moralische Reserven verfügen, um dem Terror der Geheimpolizei widerstehen zu können. Der Fall ist zweitens deswegen charakteristisch, weil er zeigt, wie ein im sozialen Leben gut integrierter Mann, dessen Liebesleben ausgeglichen zu sein scheint, brutal gebrochen werden kann, ohne daß er irgendwo Hilfe finden könnte. Jede Form von Spaltung des Ich, von Doppelleben führt zur Zerstörung der Persönlichkeit. Die Situation des Spitzels als Opfer dieser Aufspaltung ist ein Grenzfall.

Ich komme nun zu den indirekten Ursachen der Impotenz, die aus den Lebensverhältnissen entstehen und nicht direkt dem totalitären Regime angelastet werden können, Faktoren, die die häufigsten Fälle von Impotenz bedingen, vor allem in den einfachsten Kreisen der Bevölkerung. Drei scheinen mir die gängigsten zu sein: Alkoholismus, Wohnungsnot und Unterernährung.

Auf den Alkoholmißbrauch werde ich noch zurückkommen und erwähne hier nur ein Phänomen, an dem ich mich oft gestoßen habe. Männer, die an sexuellen Mängeln leiden und sich selbst behandeln wollen, ohne den Rat eines Arztes einzuholen (aus falscher Scham zumeist), greifen zum Universalheilmittel des Russen, dem Wodka. Tatsächlich bewirkt er manchmal, was man von ihm erwartet: in der Benebelung vergißt der Mann die Probleme, die ihn hemmen, befreit sich von seinen Verklemmungen und findet in einen Zustand der sexuellen Spannung zurück. Was er nicht weiß, ist, daß diese seine Eigenbehandlung schließlich einen neuen Zwang schafft, der ihn gefangen hält. Ohne Wodka kann er kein normales Sexualleben haben, aber er braucht mit der Zeit immer größere Quantitäten, wie es bei Rauschgiftsüchtigen der Fall ist. Dann kommt er ins kritische Stadium, in dem der Alkohol nicht mehr seine ›wohltuende‹ Wirkung tut, sondern die Potenz nur noch mehr schwächt. Der sexuell gänzlich Verstörte wird nun zum Alkoholiker. Ich habe unzählige solche Fälle behandelt; der, von dem ich erzählen möchte, hat einen leicht komischen Einschlag und nimmt im Gegensatz zu fast allen anderen sogar ein gutes Ende.

Ein Schreiner von 26 Jahren kam zu mir und klagte über Impotenz in seiner jungen Ehe. Es war aber nur ein vorübergehender Verlust der Potenz, denn ich entdeckte, daß er ein chronischer Trinker war. Er hatte vor der Heirat sich eifrig darauf »vorbereitet«, um seine Hemmungen zu überwinden, und gerade das Gegenteil erreicht. Da er vernünftig war, hörte er auf meinen Rat hin mit dem Trinken auf, erhielt seine Potenz zurück und konnte ein normales Sexualleben führen.

Die Raumnot schafft so schwierige Wohnverhältnisse, daß das sexuelle Leben behindert wird. Wenn ein Paar zusammen mit seinen Kindern, womöglich auch noch den Eltern in einem einzigen Zimmer haust, wenn außerdem die Nachbarn innerhalb der gemeinsamen Wohnung die gute russische Angewohnheit haben, dauernd »hereinzuschauen« und sich in die Familienangelegenheiten zu mischen, können die intimen Beziehungen der Eheleute zur Seltenheit werden oder ganz aufhören, was unter Umständen aus Mangel an sexuellem Appetit zur Impotenz führen kann. Darüber mehr in Teil IV des Buchs.

Schließlich ist auch schlechte Ernährung eine Ursache von Impotenz. Eigentliche Hungersnot gibt es nicht mehr; die letzte war kurz nach Kriegsende. Ich habe diese schreckliche Zeit erlebt, als die Menschen aus der Moldau, die besonders schwer betroffen war, zu Tausenden in die westliche Ukraine zogen; viele starben, bevor sie ein Krankenhaus erreichten. Heutzutage kann nur mehr qualitativen Mängeln in der Ernährung schädigender Einfluß auf die Potenz zugeschrieben werden. Mit Ausnahme der Großstädte Moskau, Leningrad oder Kiew nimmt die Bevölkerung weniger als die Hälfte der nach medizinischen Normen erforderlichen Proteine zu sich. In manchen Städten und Marktflecken wird monatelang kein Fleisch gegessen, man nährt sich hauptsächlich von Kartoffeln und Tee. Auf die Männer wirkt sich diese mangelhafte Ernährung katastrophal aus, denn eine normale Ausscheidung männlicher Hormone kann nicht erfolgen, wenn die Zuführung von Proteinen und Fetten ungenügend ist. Hier kann die Ursache einer Einbuße an Potenz oder ihres Verlusts liegen, ohne daß andere Ursachen als physiologische zugrunde lägen.

Schließlich noch ein Wort zu den Folgen der Impotenz. Es dürfte klar geworden sein, daß der impotente Mann schwer darunter leidet. Offene Aussprache und Konsultierung des Arzts bleiben Ausnahme. Da die übliche Denkweise der Potenz, der ›Ehre‹ des Mannes, eine wesentliche Stelle in der Wertskala gibt, wird die Situation eines Impotenten ausweglos.

Die direkte, offenkundigste und schwerste Konsequenz der Impotenz ist die Zwietracht der Eheleute. Manchmal führen sie ein gemeinsames Leben weiter, das zur Hölle werden kann, oder sie trennen sich, und das bedeutet Scheidung.

In der Nachkriegszeit ist die Zahl der Scheidungen wegen sexueller Unzufriedenheit und vor allem wegen Impotenz ständig angestiegen. Ich hatte manchmal an einem Tag mehrere Dutzend Patienten, deren Potenzstörungen ihre Ehe bereits ins Stadium der physischen Trennung oder Scheidung gebracht hatten: der Arzt kann sehr oft erst eingreifen, wenn es zu spät ist, wieder normale Verhältnisse herzustellen.

Die vielleicht schwerste Folge der Impotenz ist die Anorgasmie der Frau. Damit soll dieses Kapitel abgeschlossen werden.

Frigidität

Während der Stalin-Zeit war Frigidität eine sehr häufige Erscheinung. Man denke daran, daß die geringste Manifestation von Weiblichkeit sofort als dekadent und bürgerlich abgestempelt wurde. Gebrauchte eine Frau Lippenstift oder wagte sie es, bunte Kleider zu tragen, konnte sie sicher sein, daß ihr von den Passanten Verbalinjurien nachgerufen wurden und man sie in eine Versammlung der kommunistischen Jugend oder der Gewerkschaft vorlud, wo sie einen Verweis erhielt. Fügt man diesem ideologischen Faktor die traditionelle weibliche Fügsamkeit und ihre Geringschätzung durch den Mann hinzu, wird verständlich, wie es geschehen konnte, daß bei einer gleichgültigen Einstellung dem Sex gegenüber aus ihr ein Muster an Weiblichkeit und der Typ der »anständigen« Frau werden konnte. Es ist schwer, etwas über den Prozentsatz der Frigidität in der Stalin-Zeit auszusagen. Nach den mir verfügbaren Daten, d. h. nach der Zahl von Patientinnen, die ich zu behandeln hatte, möchte ich meinen, daß 60 bis 80 % der Frauen an vollständiger oder teilweiser Anorgasmie litten.

Und heutzutage? Gewiß, es kann immer noch vorkommen, daß eine Frau mit Minirock von Kritikern – meist wohlwollend – angegriffen wird, aber die Entstalinisierung und der Einfluß der Entwicklung westlicher Moden und Sitten haben die Situation der Frau verbessert. Der Prozentsatz frigider oder angeblich frigider Frauen hat besonders in den siebziger Jahren abgenommen. Gegenwärtig würde ich nach Informationen meiner Patientinnen ein Verhältnis von 45 zu 100 ansetzen.

In etwa der Hälfte der Fälle bleibt die Frau beim Koitus indifferent oder empfindet sogar Widerwillen, bisweilen so intensiv, daß der Sexualakt für sie zur seelischen und körperlichen Tortur wird. Manche Frauen sprechen von Reizbarkeit, seelischen Ängsten, wissen aber nicht, ob sexuelle Unbefriedigtheit oder andere Faktoren zugrunde liegen. Umgekehrt haben im etwa gleichen Verhältnis andere Frauen kein unangenehmes Gefühl der Peinlichkeit, und manche Frigide, die nie einen Orgasmus erlebt haben, empfinden etwas wie Beglückung, was sie als Orgasmus ansehen können.

Man muß bei Frauen, die als frigid bezeichnet oder dafür gehalten werden, zwischen jenen unterscheiden, die an erworbener* Frigidität leiden, d. h. die seit irgendeinem Zeitpunkt ihres Lebens keinen Orgasmus mehr gehabt haben, und den anderen mit einer absoluten Frigidität, die weder Begierde noch Lust empfunden und auch nie einen Orgasmus gekannt haben.

Die zuerst erwähnten Fälle sind am häufigsten; ich schätze, daß 30 von 100 Frauen unter diese Definition fallen. Viele von ihnen sind mit Alkoholikern verheiratet, trunksüchtigen und brutalen Männern, und verabscheuen den Sex, der wie ein Strafgericht über sie hereinbricht.

Auf die absolute Frigidität trifft der Arzt aus einem leicht verständlichen psychologischen Grund weniger häufig: die Frau, die nie einen Orgasmus hatte, ahnt entweder gar nicht, daß es ihn gibt, oder ist höchst skeptisch. Da sie die Lust nie erlebt hat, will sie sie nicht kennenlernen.

Eine Frau kam zu mir, weil sie vom Orgasmus hatte sprechen hören, was an sich schon in der Sowjetunion eine seltene »Freiheit des Worts« ist. Sie war 37 Jahre alt, hübsch, kräftig, Mutter zweier Kinder, aber frigid.

»Was ist das, Doktor?« fragte sie mich leichthin und ein wenig ironisch, »wovon meine Freundinnen ständig behaupten, es sei so schön. Ich weiß absolut nicht, was an ›dem‹ schön sein soll. Für mich ist ›es‹ eine eher peinliche Sache, wenn ich mit meinem Mann schlafen soll. Ich schaue an die Decke, bis er mit seiner Sache fertig ist. Ich hab schon ein Dutzend Liebhaber ausprobiert. Immer das gleiche. Ich hab eine Freundin, die sagt, ich müßte die Augen zumachen und seufzen, dann hätte ich ›das‹ auch, diesen – wie nennt man's doch – diesen Orgasmus. Ich hab's versucht. Ich hab die Augen zugemacht, ich hab geseufzt wie die letzte Idiotin, es hat mir nichts gegeben.«

Sie lachte herzlich. Sie war ihrer Anorgasmie gegenüber vollkommen

* In westlicher Terminologie müßte man sagen: sekundäre (erworbene) und primäre (absolute, angeborene) Frigidität.

gleichgültig und war, wie ich merkte, mehr aus Neugier als aus Besorgnis in die Sprechstunde gekommen. Ich fühlte mich außerstande, ihr zu helfen: nicht nur, weil ihre überlegene, ironische Einstellung eine Barriere errichtete, sondern weil ich vor diesem Fall einer absoluten Frigidität die Waffen streckte.

Es gibt in der Sowjetunion keine ernstzunehmende Methode, dagegen anzugehen. Das Problem wird in den wissenschaftlichen medizinischen Zeitschriften nie behandelt. Die paar empirischen Methoden, die ich mir erfinden, mit denen ich experimentieren mußte, um den zahlreichen Frauen zu helfen, die zu mir kamen, waren selten von Erfolg gekrönt. Dagegen waren bei der Behandlung von Teilformen der Frigidität, bei denen Patient und Arzt wissen, wovon sie sprechen, bessere Resultate zu verzeichnen.

Im Unterschied zur Impotenz des Mannes, die hauptsächlich eine Erscheinung des reifen Alters ist, stammt die Frigidität oft aus einem Trauma der Kindheit.

So lag der Fall einer Patientin, die bei der Miliz von Winniza arbeitete und mir eine Episode aus ihrer Kindheit erzählte, die mit an Sicherheit grenzender Wahrscheinlichkeit ihre Frigidität verursacht hatte. Als sie sieben Jahre alt war, heiratete ihre Mutter zum zweitenmal. Es war ein Ereignis für das Kind, denn der Stiefvater war Kommunist und änderte den Namen des Mädchens von Valia in Stalina um. Wie es damals war, fühlte sich Stalina glücklich, diesen Namen zu tragen, hatte aber Mühe, sich an den Stiefvater zu gewöhnen; begründen konnte sie ihr instinktives Gefühl nicht. Eines Tags, sie war allein bei ihm in der Wohnung, kam er im Morgenrock ins Zimmer, rot und zitternd.

»Ich fragte ihn, was er habe, aber er sagte nichts. Dann zog er ›das da‹ aus dem Morgenrock, preßte es in der Hand zusammen und legte es mir aufs Knie. Ich hatte ›das‹ nie im Leben gesehen. Ich war derart entsetzt, daß ich mich nicht rühren konnte. Dann spritzte mir ›das da‹ etwas aufs Knie, und seither wird mir schlecht, wenn ich ›es‹ sehe.«

Ein klassisches, meine ich, ein allgemeingültiges Beispiel eines Traumas. Es scheint mir ein für die Sowjetunion charakteristisches Merkmal zu sein, daß Frigidität manchmal mit anormalem pathologischem Verhalten oder sexuellen Beeinträchtigungen des Mannes zusammenhängt.

Welches sind in der Sowjetunion die Heilmittel für Frigidität? Frauen, die darunter leiden, wenden sich viel seltener an den Arzt als Männer wegen Impotenz. Bei Frauen, die an partieller und zyklischer Frigidität leiden, tritt der Verlust des sexuellen Appetits periodisch auf; sie suchen sich ihr »Heilmittel« bei außerehelichen Partnern, die ihre Sinne erregen. Viele Frauen flüchten sich in Träume; oft sind sie unschwer zu beeinflussen und leicht hysterisch veranlagt. Die Beherrschung der Emotionen kann zur Blockierung des Orgasmus und sogar der sexuellen Erregung führen. Eine meiner Patientinnen empfand einen unüberwindlichen Abscheu vor dem Geschlechtsverkehr. Als ich sie fragte, ob sie trotzdem sexuelle Freuden habe, sagte sie:

»Ja, ich rufe sie mir in Träumen herbei.«

Der erotische Traum wird so zum bevorzugten Ort, zur Zuflucht des Sexuallebens, ein Phantasiegebilde.

Wird Impotenz kaum behandelt, so bleibt Frigidität meistens überhaupt unbeachtet. Man begnügt sich mit Ratschlägen oder pseudowissenschaftlichen Redensarten.

Seit mehr als zehn Jahren wiederholt die offizielle sowjetische Medizin hartnäckig, daß das sexuelle Erwachen der Frau am häufigsten nach der Geburt des ersten Kindes erfolge. Das kann tatsächlich geschehen, aber nach meinen persönlichen Beobachtungen nur in drei von hundert Fällen. Die meisten nicht frigiden Frauen ›erwachen‹ durch Clitoralorgasmus seit ihren ersten Kontakten mit dem Mann und vor der ersten Schwangerschaft. Die Funktion des Orgasmus erfüllt sich mit etwa dreißig Jahren am besten und bleibt lange Zeit bestehen, oft bis ins hohe Alter. Der Zweck der ungereimten offiziellen Behauptung ist nicht die Heilung der Frigidität, sondern die Erhöhung der Geburtenziffer, die abnimmt. In der Sowjetunion erkennt man auch, daß beim Mann der sexuelle Abstieg genau zu der Zeit beginnt, wenn die Entfaltung der Frau eintritt: um die dreißig herum. Eine um so dramatischere Situation, als der Mann selten eine Frau heiratet, die älter ist als er. Und was schließt die offizielle Medizin daraus: die Männer sollten sich umstellen, denn sie überschätzen die sexuellen Bedürfnisse junger Mädchen und unterschätzen jene der Frauen reifen Alters. Ein kluges und von kommunistischer Moral triefendes Rezept.

1974 veröffentlichte der Leningrader Psychiater Swiadoschtsch ein Buch über »Die sexuellen Probleme der Frau«, das in beschränkter Auflage erschien, weil es nur für Ärzte bestimmt war. Es verursachte einen wahren Aufruhr und wurde zum vierzigfachen Preis auf dem Schwarzmarkt gehandelt. Und doch zaubert Swiadoschtsch die eigentlichen Probleme weg. So behauptet er, daß lediglich 18 von 100 sowjetischen Frauen frigid seien, und beeilt sich, diese Zahl mit denen für Frankreich (40 auf 100) und Großbritannien (41 auf 100) zu vergleichen: ein perfektes Beispiel für die sowjetische Statistik, die propagandistischen Zwecken zu dienen hat. Auch auf einem Gebiet, das, sollte man meinen, von aller Politik weit entfernt ist, bleibt für den Staat und alle, die ihm dienen, das Wichtigste die Bestätigung der Überlegenheit der Sowjetunion über die westlichen Länder. Zur Behandlung der Frigidität empfiehlt Swiadoschtsch Erholungsurlaube im Süden des Landes und, man höre und staune, Mineralwasserduschen. Der Leser wird überrascht sein von dem allen, aber es illustriert den karikaturistischen Aspekt der offiziellen sowjetischen Medizin, die einer strengen Kontrolle seitens der Staatsmacht unterliegt.

Die Bedeutung der Sexualprobleme der Frau wird bei der Betrachtung einer kuriosen Erfindung erkennbar, die 1972 vom Referat Erfindungen beim Ministerrat der Sowjetunion patentiert wurde. Diese Patentschrift, in der Sowjetunion einzigartig, trägt die Nummer 329 698 und als Titel: »Vorrichtung, die die sexuelle Erregung der Frau intensivieren soll«. Die Urkunde ist im Anhang wiedergegeben (S. 295 ff.). Allein die Tatsache, daß trotz des sowjetischen Puritanismus eine Erfindung dieser Art überhaupt beachtet und dann baldigst patentiert wurde, ist der Beweis, daß die Frigidität trotz der Swiadoschtsch'schen Statistik nicht unbeachtet geblieben ist.

Die Außenseite des Apparats hat herausragende Teilchen, die an den erogenen Zonen der Frau haften. Vorher muß der Mann den Apparat über den Penis stülpen, worauf die Partnerin die Initiative ergreift. Nach der Einführung des Apparats schaltet sie die Vibration ein. Ich denke mir, daß die Frau zum mindesten im Anfang bestürzt ist und der Mann für den Verlust seines Penis fürchtet. Trotzdem: die Gebrauchsanweisung verlangt, daß die Frau den Apparat eingeschaltet läßt, »bis ein erotisches Gefühl aufkommt, wonach der Sexualakt wie gewohnt fortgesetzt wird«.

Wenn man diesen außergewöhnlichen Text gelesen hat, stellt sich sofort die logische Frage, wozu der in den Apparat gezwängte Penis gut sein soll, wenn die Prozedur nachher auf natürliche Weise verläuft. Aber mit solchen Überlegungen bewiese man seine antisowjetische Einstellung.

Vom unverschämtesten Bluff bis zum skurrilen Patent – man trifft immer wieder auf die gleiche Interesselosigkeit, die gleiche Resignation vor der Schwere des Problems. Impotenz und Frigidität sind zwei extreme und doch zusammengehörige Aspekte der großen sexuellen Misere in der Sowjetunion.

8
Wildwuchs: eine Bresche in der offiziellen Moral

Der sowjetische Demograph Perewedenzew schrieb 1975 einen Artikel in der Zeitschrift »Unser Zeitgenosse«, in dem er die Alarmglocke läutete. Wie er meinte, sei die sowjetische Familie auf Grund einer zunehmend lässigen Einstellung der Ehe gegenüber ernstlich bedroht. Die Hauptgefahr sei das Absinken der Geburtenziffer, die den wirtschaftlichen Fortschritt in Frage stelle. »Vor nicht so langer Zeit wurde das voreheliche Sexualleben von der Gesellschaft verurteilt und war eigentlich ein seltenes Phänomen. Und was ist heute?«

Statt einer Antwort führt er einige Statistiken an: in der Sowjetunion sind jährlich 400 000 Geburten unehelich, d. h. ein Kind von zehn ist unehelich. In Perm, einer Stadt im Ural, wird eines von drei Kindern unehelich geboren. Ein Eingeständnis also. Die Sowjetunion sei von der sexuellen Freiheit erobert, die offizielle Moral stehe vor dem Zusammenbruch. Ich teile seine Meinung durchaus. Auch hat der Autor recht, wenn er das sexuelle Leben der jungen Leute und die außereheliche Sexualität (im besonderen auch die Scheidung) auf einen gemeinsamen Nenner bringt: es ist in der Tat ein und dasselbe massive und ziemlich neue Phänomen, das die traditionellen moralischen Muster aushöhlt und einer noch unbekannten Zukunft vorhergeht.

Soviel ich weiß, ist die Erscheinung weltweit oder doch zum mindesten den industrialisierten Ländern gemeinsam. Die Zahl der unehelichen Geburten ist zwar in der Sowjetunion höher als in den meisten europäischen Ländern, aber diese Tatsache ist den unzureichenden Verhütungsmitteln in der Sowjetunion zuzuschreiben. Eine offizielle größere Toleranz in puncto Sex, eine gewisse Auflockerung der Ehe, sind nicht nur der Sowjetunion eigentümlich. Zwei für dieses Land typische Gegebenheiten machen das Phänomen zugleich schmerzvoller und unmenschlicher: das Vorhandensein eines allgegenwärtigen Staats und eine ungemein starre offizielle Moral.

In einer Gesellschaft, in der wie im Westen der Staat eine begrenzte Rolle spielt und sich nicht herausnimmt, der Gesamtheit der Bevölkerung eine

Lebensweise und Denkart aufzuerlegen, vollzieht sich ein Wandel des Ethos je nach Bedarf allmählich: hier wandelt sich die Gesellschaft, und es ist nicht der Staat, der ihre Umbildung organisierte oder am Bestehenden gewaltsam festhielte, weil es für ihn Modell und Ideal wäre. Da der westliche Staat bescheidener ist und sozusagen den Hausvater spielt, ist er bemüht, zu verhindern, daß die Fortentwicklung der Gesellschaft auf zu anarchische und hemmungslose Art und Weise vor sich geht, und ergreift Maßregeln und erläßt Gesetze, die die Entwicklung institutionalisieren. Auch in den westlichen Ländern kann es einengende Doktrinen oder Denksysteme geben – um nur den Puritanismus zu nennen –, aber auch dabei besteht kein alleiniges, verknöchertes, unwiderrufbares Muster, das der Bevölkerung fremd und ihr zwangsweise aufoktroyiert würde. Diese Darstellung mag westlichen Lesern (zu) idyllisch erscheinen, aber vom Osten aus gesehen ist es wirklich eine Idylle.

Versuchen wir, die Situation in der Sowjetunion zu verstehen. Das stalinistische System, das über der Gesamtheit der Bevölkerung eine sterile, erstickende Atmosphäre ausbreitete, hat Risse bekommen. Traditioneller Gehorsam und allgemeine Resignation lassen nach, der Eiserne Vorhang ist nicht mehr so dicht wie einst und läßt Informationen über das westliche Lebensniveau, über Moral und Mode einsickern. Man beginnt, Neues aus dem Westen auch für sich zu beanspruchen und nachzuahmen, oft naiv und ungeschickt, aber eifrig und aufrichtig. In den jüngsten Kreisen der Bevölkerung macht sich auch ein Verlangen nach größerer Toleranz im Sexuellen bemerkbar.

Der Stalin gemäße Modell-Sowjetmensch – Mann und Frau geschlechtslos und ohne Privatleben, gänzlich der Sache des Kommunismus verschrieben – dieses Muster ist nicht mehr als eine hohle Form, die zur Ironie auffordert. Aber wenn auch niemand mit dem Modell einverstanden und es selber unglaubhaft geworden ist, steht es doch weiterhin mitten im sowjetischen Alltag und rieselt aus allen Kanälen der offiziellen Propaganda: Radio, Presse, Fernsehen, Literatur, Film. Ein Beispiel aus tausenden: ein kürzlich erschienenes, für Mütter gedachtes Buch (aus der Reihe »Bibliothek der Familienlektüre«) empfiehlt als Vorbild »den ruhigen, von innerer Kraft leuchtenden Blick von Maria Alexandrowna Uljanowa, die der Menschheit das Glück brachte, als sie Lenin gebar«.*

* T. Riabikina, »Eine geheiligte Aufgabe auf Erden«, Moskau 1971.

Dies ist die Ideologie, die zur Zeit in der Sowjetunion in Form von mehr oder weniger komischen Anekdoten ironisiert wird, in denen die hehrsten Helden ins Lächerliche gezogen werden oder wo das Sexualleben eines Lenin oder eines Tschapajew, eines »Großen« im Bürgerkrieg, im hellen Licht des Tags ausgebreitet wird, was zweifellos an die Todsünde des Sakrilegs grenzt.

Da haben wir auf der einen Seite einen Staat, der sein Gesicht verhüllt und sich weigert (oder unfähig ist), sich der Evolution moralischer Anschauungen anzupassen: auf diesem Gebiet wie in allen anderen hat das Wort »Liberalisierung« Reaktionen zur Folge, als handle es sich um eine Todesdrohung. Auf der anderen Seite steht man vor einer tieferen Kluft als jemals zwischen dem wirklichen Leben der Menschen, ihrem heftigen Wunsch nach Änderung und einer Moral, an die sie nicht mehr glauben. Man stelle sich vor, wie Phrasen wie die folgenden auf einen heranwachsenden oder jungen Mann wirken können, der mehrere sexuelle Erlebnisse hinter sich hat und sich zu seinem Widerwillen gegen die Ehe und die Erwachsenen überhaupt bekennt: »Die beste Schule zur Erlernung von Zartgefühl und Rücksichtnahme ... ist deine Haltung gegenüber der Mutter, dem jungen Mädchen, der Frau ...«

»Die Haltung des Mannes der Frau gegenüber ist das beste Charakteristikum der Ehre, der Aufrichtigkeit, der Anständigkeit, der ritterlichen Gefühle ...«*

Das ist nun nicht etwa ein schlechter Katechismus der kommunistischen Moral für die Grundschule – es sind Gedanken des bekannten und liberalen Schriftstellers Suchomlinski, veröffentlicht in »Nowy Mir«, der besten sowjetischen Literaturzeitschrift.

Man wird jetzt die Kapitelüberschrift besser verstehen. Die Weiterentwicklung auf moralischem Gebiet, die in der Sowjetunion noch außerhalb bleibt, ist den westlichen Ländern gegenüber stark im Rückstand, trotzdem aber nicht weniger drängend, anarchisch, irreversibel. Es hat den Anschein, als entstehe hinter der offiziellen Verschämtheit, die immer noch die äußere Hülle des Lebens in der Sowjetunion ist, ein Zynismus, eine Freiheit im Sexuellen, ein Ausbruch heimlicher Sexualität, die um so wilder sind, als sie keine Möglichkeit haben, sich in der Öffentlichkeit darzustellen.

* W. Suchomlinski, »Gespräche über Ethik«.

Voreheliche Sexualität

Das Ansteigen der vorehelichen Sexualität ist eine Tatsache, die von niemandem geleugnet wird. Wie eine soziologische Zeitschrift kürzlich schrieb, »beginnt ein großer Teil der jungen Leute das sexuelle Leben vor der Heirat«.* Es gibt sogar genaue Angaben über diesen großen Teil. In Leningrad ergab eine Umfrage, daß 53 % der achtzehnjährigen Männer und 64 % der einundzwanzigjährigen Mädchen bereits sexuelle Beziehungen gehabt hatten. 1973 erklärten in Odessa 25 von 100 Studenten zwischen vierzehn und siebzehn Jahren, ihr erstes sexuelles Erlebnis gehabt zu haben. Im Jahr 1965 gab es 1774000 unverheiratete oder allein lebende Mütter mit 2041000 Kindern. 1972 hatten 42 von 100 verheirateten Frauen Geschlechtsverkehr vor der Ehe, 38 davon mit mehreren Männern. Und: fast die Hälfte der Mütter von unehelichen Kindern – auch ihre Zahl steigt – hatte das zwanzigste Lebensjahr noch nicht erreicht.

Um dies alles richtig werten zu können, müßte man die Zahlen mit denen der Stalin-Zeit vergleichen können; sie sind aber nicht vorhanden, was man der Tatsache des stalinistischen Puritanismus zuschreiben muß. Der wichtigste Wandel aber auf diesem Gebiet ist vielleicht die Weiterentwicklung von Ideen, die offen bekräftigt werden in einem Land, wo das öffentliche Wort streng kontrolliert wird. Voreheliche Sexualität wird mehr und mehr als normal betrachtet. Eine nicht veröffentlichte Umfrage besagte, daß es in Moskau schwierig war, ein junges Mädchen zu finden, das noch keine sexuellen Beziehungen gehabt hatte. Zwei Drittel der befragten Frauen billigten diese Beziehung, ein Drittel hatte keine Meinung. Eine größere Befragung unter Studenten ergab, daß 53 von 100 Studenten und 38 von 100 Studentinnen für voreheliche Sexualität waren, 16 und 27 von 100 sprachen sich dagegen aus, der Rest war unentschieden.

Dies entspricht meinen Erfahrungen. Früher einmal mußte ein zwanzigjähriges Mädchen Jungfrau sein und war es fast immer. In der Nachkriegszeit hatten die jungen Mädchen zunehmend früher ihre sexuellen Erlebnisse. Gegenwärtig verlieren junge Mädchen, besonders Schülerinnen von Berufsschulen, ihre Jungfräulichkeit mit vierzehn, dreizehn und auch zwölf Jahren. Eltern brachten mir ihre neun- oder zehnjährigen Mädchen, die bereits »erfahren« waren. Das sexuelle Leben war verfrüht, aber nicht pathologisch

* »Soziologische Forschungen«, Nr. 4, S. 67.

wie etwa ein Fall, den mein Kollege Chodjinow aus Charkow berichtete: ein mit sechs Jahren schwangeres Mädchen.

Die allgemeine Vorverlegung des Sexuallebens hat teilweise biologische Ursachen. Die heutige Jugend erreicht früher als sonst die sexuelle Reife auf physischer wie auf psychischer Ebene. Das Wesentliche ist aber ein tiefgreifender, heute auf dem alltäglichsten Niveau zu beobachtender Wandel der Mentalität. So gab es z.B. noch in den sechziger Jahren ungeschriebene Regeln, wenn Jugendliche verschiedenen Geschlechts ausgingen. Am Tag der ersten Bekanntschaft war man sich sympathisch, ging man ins Kino; beim zweiten oder auch dritten Treffen gab es vielleicht einen freundschaftlichen Kuß, dann ließ sich das Mädchen in den Arm nehmen, und später erst entwickelte sich die Sache weiter, während heutzutage oft ein gemeinsam verbrachter Abend den jungen Leuten genügt, die sexuelle Schranke fröhlich und unbeschwert zu überschreiten. Bei dieser Schwenkung kommt natürlich die Vorstellung zu Schaden, daß die Unberührtheit des jungen Mädchens ein wertvolles Kapital sei, wie die altväterliche Tradition und dann die offizielle Moral behaupten. Als Inbegriff der Sittsamkeit (man sprach von »Reinheit«) war sie eine der sakrosankten Grundlagen der traditionellen Ehe. In einigen Gegenden hält sich die Bevölkerung noch an diesen Begriff aus einer anderen Zeit: so etwa die Kaukasier, die sehr an ihren alten Sitten und Gebräuchen hängen und bei denen es heute noch vorkommen kann, daß die Brüder oder der Vater eines entehrten jungen Mädchens zum Dolch greifen, um Namen und Ehre der Familie zu rächen. Die dortige Tradition will es auch, daß der junge Ehemann seine Frau verstößt, wenn sie keine Jungfrau mehr war. Von ihrem Mann verschmäht kann sie nicht in ihre Familie zurück, weil ihr Vater sich weigert, sie aufzunehmen. Im großen und ganzen aber und besonders im »slawischen« Teil des Lands ist diese Einstellung im Schwinden, wie das folgende Beispiel zeigt.

Der Oto-Laryngologe Dr. Rachlin in Winniza hatte als Spezialist ein miserables Einkommen und suchte sich einen heimlichen Erwerbszweig, den eines Wiederherstellers der verlorenen Jungfräulichkeit. Lange Zeit hatte er Kundinnen genug. Nun traf ich ihn 1973 auf der Straße; seine düstere Miene fiel mir auf. Er erklärte mir seine miese Stimmung. Seine finanzielle Lage war wieder schlecht geworden, Patientinnen hatte er keine mehr. Die jungen Mädchen seien von Grund auf verdorben und nicht mehr das, was sie früher waren. Und die jungen Männer? Genauso tief gesunken, denn die Jungfräulichkeit ihrer künftigen Frauen interessiere sie nicht mehr.

Vielfach ist die Jungfräulichkeit immer noch unerläßlich, jedoch haben sich die Sitten gelockert, und so kann es zu sonderbaren sexuellen Situationen kommen. Ich hatte eine Patientin, deren Eltern ihr eingetrichtert hatten, daß sie einen Mann nur bekäme, wenn sie Jungfrau bleibe. Als bei mir im Sprechzimmer die Rede auf sexuelle Dinge kam, wurde sie rot und geriet immer mehr ins Stottern.

»Wie alt sind Sie?«

»Achtundzwanzig Jahre.«

»Welchen Beruf haben Sie?«

»Ich habe mein Studium am Polytechnischen Institut in Elektrochemie abgeschlossen.«

»Sie sind verheiratet?«

»Nein.«

»Haben Sie ein Sexualleben?«

»N-nein.«

»Nehmen Sie Zuflucht zu sich selbst?«

»N-n-nein.«

»Verspüren Sie manchmal Gelüste?«

»J-j-ja.«

»Und was tun Sie, sie zu befriedigen?«

»–«

Schweigen. Nach langem Hin und Her brachte ich aus der 28jährigen Frau heraus, daß sie bei intaktem Hymen seit langem Oralerotik getrieben habe, die einzige Art, die ihr Vergnügen brachte.

Ein anderer Fall: die Tochter eines Professors der Physik, fünfzehn Jahre, Jungfrau, hatte schon mehrere Partner gehabt, es war aber immer Analerotik gewesen, bis eines Tags ein ungeschickter oder zu unternehmungslustiger sie deflorierte. Der wütende Vater verklagte ihn wegen Vergewaltigung einer Minderjährigen und brachte ihn ins Gefängnis.

Es war von wilder Sexualität die Rede, und ich wäre fast versucht, eine Formulierung aufzunehmen, die Bucharin 1922 über die Lebensart der jungen Kommunisten äußerte: »Anarchie in den Regeln des Benehmens«. Diese Anarchie kam mir hundertfach unter die Augen, in Schulen etwa: im Internat einer Schule in Sutiski bei Winniza rissen Vierzehn- und Fünfzehnjährige der Aufsicht führenden Erzieherin die Kleider herunter. In der Stadt Sumgajt war eine der 67 Vergewaltigungen des Jahres 1971 die einer jungen Lehrerin, die von drei Schülern der Anstalt der Jungarbeiter in ein Klassenzimmer gezerrt und vergewaltigt wurde. Die Klasse sah schweigend zu, ohne daß einer der 25 Schüler für die Lehrerin eingetreten wäre. In den Schulen von Winniza wurden zwölfjährige Mädchen schwanger. Der Rektor einer ukrainischen Schule namens Solowjew erzählte mir, daß man in einer Russischstunde einen Knaben und ein Mädchen von 14 Jahren entdeckte, die unter dem Pult gegenseitig masturbierten. Der Schüler wurde von der Schule verwiesen, seine Eltern brachten ihn mit vieler Mühe in einer anderen unter. Er wurde abermals hinausgeworfen, diesmal wegen Geschlechtsverkehr mit Klassenkameradinnen.

Die sexuelle Frühreife junger Mädchen hängt manchmal mit dem Trinken zusammen. Viele haben in betrunkenem Zustand ihr erstes sexuelles Erlebnis. Im Lauf der letzten zwanzig Jahre ist der Verbrauch von alkoholischen Getränken wie der von Drogen an Schulen und Universitäten beträchtlich gestiegen. Wenn früher junge Mädchen zusammen mit Gleichaltrigen des anderen Geschlechts etwas tranken, so haben sie es jetzt von den Männern gelernt, in ihrer eigenen Gesellschaft zu trinken mit dem Wunsch, will mir scheinen, sich abzustumpfen. Es ist wie eine Angleichung der Geschlechter auf primitivem Niveau.

Die voreheliche Sexualität bringt dem Arzt Patientinnen, die abtreiben wollen. Ein schwangeres Mädchen von vierzehn Jahren hatte mir erklärt, sie habe »es« getan, bloß um zu sehen, wie »das« eigentlich sei. Da fing ich an, über den einschneidenden Wandel der Mentalität nachzudenken, der mir bei der täglichen Überanstrengung in meinem Beruf anscheinend noch nicht voll bewußt geworden war. Was vor nicht langer Zeit als unzulässig, verboten, undenkbar betrachtet wurde, war zum banalen Fall geworden. Es ist nicht Sache des Arztes, über Schwangerschaften von Mädchen zu urteilen, die kaum der Pubertät entwachsen sind, aber er darf wohl Überlegungen über die Art und Weise anstellen, wie die heranwachsenden Mädchen die Sache ansehen.

Die junge Schwangere empfand nicht die Spur eines Schuldgefühls, ihr »Fehltritt« war nicht mit einer unbezwingbaren Leidenschaft zu erklären und wurde auch gar nicht als »Fall« oder »Fehltritt« empfunden: die Sache war aus purer Neugier geschehen, als habe sie sich für den Geschmack einer ihr noch unbekannten Speise interessiert.

Erstaunlich ist aber auch, daß die Erwachsenen das Phänomen kaum zu beachten und, mit ihm konfrontiert, wehrlos davor zu stehen scheinen. Immerhin ist das Thema Fräulein-Mutter in der sowjetischen Presse aufgegriffen worden; Spalten wurden der Frage gewidmet.* In einem Artikel schrieb eine Frau Laptewa: »Mein Thema [schwangere junge Mädchen] ist so delikat, daß ich mich geniere. Es ist eine Sache, über die man wenig spricht, über die aber viel geflüstert wird. Manchmal hört man von diesen ›stillen Wassern‹ einen Schrei, aber in der Regel ist es zu spät, als daß man noch helfen könnte.«

Sie zählt dann Fälle von Abtreibungen junger halbwüchsiger Mädchen auf, die sich fürchteten, zum Arzt zu gehen; vielfach übernahm eine Engelmacherin die Funktion des Chirurgen. Einem Mädchen wurde jeden Morgen übel, die Mutter ging mit ihr zu mehreren Ärzten, bis endlich einer merkte, daß das junge Ding schwanger war.

In einem anderen Artikel werden Zuschriften von dreizehn- bis fünfzehnjährigen Mädchen zitiert. Hier ein Auszug: »Wir Mädchen wohnen alle in der gleichen Straße. Daß wir keine Mädchen mehr sind, wissen aber unsere Mütter nicht.«

Die Erklärung all dessen ist, wie bereits erwähnt, die Unkenntnis der natürlichen Tatsachen, verbunden mit allgemeiner Interesselosigkeit, oder die verlogene Verhüllung drohenden Unheils vor den Augen der Jugendlichen. Der gesunde Menschenverstand verlangt, für den Anfang eine minimale sexuelle Aufklärung einzuleiten und Sprechstunden für Eltern und Jugendliche einzurichten, um Schwangerschaften und Abtreibungen wenigstens einzuschränken. Die Hüter der öffentlichen Moral gehen andere Wege, die Presse z. B., wenn sie »besonders frappierende« Auszüge aus Zuschriften von Mädchen und Leserinnen bringt (wobei man wissen muß, daß in der sowjetischen Presse nie etwas dem Zufall überlassen wird). Ein junges Mädchen schreibt: »Ich bin sechzehn Jahre alt. Ich wartete wie wahrscheinlich alle meines Alters auf den Märchenprinz. Ich lernte einen jungen Mann kennen. Ich liebte ihn nicht, er gefiel mir nicht, aber das Irreparable ist geschehen.« Dann fragt sie, ob man den Bösewicht der Justiz vorführen könne. »Ich will einer solchen Kanaille nicht verzeihen... Es war echte Schurkerei, ein Vertrauensmißbrauch, ein Verbrechen, ein Mord, wenn Sie wollen.« Und eine andere Stimme: »Ich habe einen schrecklichen Fehler gemacht. Er, der gestern noch so zärtlich, liebevoll und aufmerksam war – heute ist er nicht wiederzuerkennen von dem Augenblick an, als ich ihm sagte, daß ich ein Kind erwarte.«

* »Konsomolskaja prawda«, 16. Februar 1975; »Literaturnaja gaseta«, 15. Juni 1977.

Im Klartext heißt das, daß nur die männlichen Partner die Schuld trügen, daß sie sich nicht beherrschen könnten und von Ritterlichkeit nichts wüßten. Und die Mädchen müßten klüger sein und dürften ihren Galanen nicht trauen. Man würde sich nicht wundern, eine so primitive Ansicht von einer russischen Bäuerin zu hören; in den Spalten einer Zeitschrift, die sich rühmt, auf die Jugend erzieherisch zu wirken, erfordert sie keinen Kommentar.

Unter diesen Umständen ist es nicht verwunderlich, daß die Einstellung der Jugendlichen zur Sexualität zynisch wird wie die bereits erwähnte »praktische« der Studenten von Odessa, für die die Liebe ein physisches Bedürfnis ist, das man ohne Gefühlsduselei befriedigen muß: die »Glas-Wasser-Theorie«, diesmal gegen das Regime gerichtet, nicht wie in den zwanziger Jahren in seinem Kielwasser. Hier erscheint ein Element des Trotzes, des Aufbegehrens gegen die moralischen Schablonen, die der Jugend schon im Kindergarten eingeprägt werden.

Das Aufbegehren äußert sich oft heftig, sogar beunruhigend und ist so elementar, daß die oberen Instanzen schlecht beraten wären, wollten sie sich angesichts eines so ernsten Phänomens vor ihrer Verantwortung drücken. Um so mehr, als die Jugend in der Sowjetunion ihre rebellischen Gefühle nur in der Familie äußern und im Sex zum Ausdruck bringen kann. Es kommt aber auch vor, daß diese neuen Aspirationen eine überlegtere, reifere Form annehmen können, wie die folgenden Beispiele zeigen.

Im Winter 1973/74 brachten mir Freunde ihre vierzehnjährige Tochter, deren Benehmen sie beunruhigte, weil sie bereits einen Freund hatte. Es war eine private Konsultation unter dem Deckmantel eines freundschaftlichen Essens. Die Eltern hatten mich gebeten, zu ihr von der Gefahr zu sprechen, in die sie sich begebe, wenn sie sich mit ihrem Freund ständig isoliere. Die Schülerin verpaßte mir eine regelrechte Lektion, und ich begriff, daß die Zeiten sich gründlich geändert hatten und nunmehr die Kinder es übernehmen, die Eltern zu erziehen.

»Wenn zwei Verliebte allein sein wollen«, hatte sie mich aufgebracht unterbrochen, »so hat das nichts mit schlechtem Benehmen zu tun. Für schlechtes Benehmen halte *ich* es, wenn die Eltern, oder was man Gesellschaft nennt, nichts Klügeres zu tun wissen, als uns durchs Schlüsselloch auszuspionieren, und zudem noch glauben, es sei ihr gutes Recht.«

Dieses Statement der Vierzehnjährigen war so kategorisch und so deutlich formuliert, daß ich Respekt vor ihr bekam. Vor so viel Überzeugungskraft bei einem halbwüchsigen Mädchen erscheinen viele Ratschläge und Forderungen der Erwachsenen zum mindesten naiv. So hat die offizielle Presse den Jugendlichen vorgeworfen, sie küßten sich auf der Straße, sie wollten das Leben »kennenlernen«, möglichst früh ihr »Leben genießen«, und sie der Unmoral beschuldigt. Es ist doch so: benehmen sie sich ungezwungen, ist das unsittlich; wollen sie für sich sein, sollen sie in Gefahr sein. Gefahr für das Mädchen, schwanger zu werden, Gefahr für beide, sich eine Geschlechtskrankheit zu holen.

Es ist Tatsache, daß die Geschlechtskrankheiten im Zunehmen sind, was mit einer größeren Freiheit des Umgangs zusammenhängt. Höheren Orts ist man sehr beunruhigt und bringt die Sache nicht nur aus Propagandagründen zur Sprache, um sich damit als fürsorgliche Obrigkeit hinzustellen. 1971 hat das Gesundheitsministerium zahlreiche Kliniken eingerichtet, um den Krankheiten entgegenzutreten; viele Prostituierte hatten sich zwangsweise behandeln lassen müssen. Es war aber möglich, daß eine Jugendzeitschrift wie »Moskauer Komsomol« 1973 einen naiven Artikel bringen konnte, in dem die Jugendlichen aufgefordert wurden, keine seelischen Schäden, Impotenz und Geschlechtskrankheiten durch ein verfrühtes Sexualleben zu riskieren. Auch wurde besonderer Nachdruck darauf gelegt, daß das junge Mädchen dafür sorgen solle, ihre Ehre zu bewahren. Derartige Darlegungen sind eine Mischung aus Spiegelfechterei, glatter Lüge (»Impotenz«) und Brutalität (Drohung mit Geschlechtskrankheiten), schablonenhafter Moral und Gewissenlosigkeit. Es versteht sich von selbst, daß die Wirkung solcher Ermahnungen nur gleich Null sein kann.

Ich möchte noch einige Beispiele für neue Absichten und Bestrebungen der Jugend bringen. So taten sich die Mädchen einer Leningrader Schule zu einer Kundgebung gegen das Tragen der vorgeschriebenen kastanienbraunen Uniform zusammen, die sie in der Verwirklichung ihrer Weiblichkeit behindere – eine Kleinigkeit vielleicht, die sogar kindisch erscheinen mag, die aber im Land der Uniformierung von großer Bedeutung ist, denn lange Zeit war die Bekleidung häßlich, nach Einheitsmodellen gefertigt und kannte nur düstere Farben. Gegenwärtig möchten sich die Mädchen und die jungen Frauen mit etwas Schick und in freundlichen Farben kleiden, was seitens der sogenannten öffentlichen Meinung kein Zetergeschrei mehr herausfordert. Es ist im Westen vielleicht nicht allgemein bekannt, daß Ende der sechziger Jahre die Mode des aus dem Westen importierten Minirocks ihren Einzug in die Sowjetunion gehalten und eine wahre Revolution hervorgerufen hat. Der »Schock« darüber war vielleicht nicht einmal dem

Bruch puritanischer Tabus oder den zahlreicheren Vergewaltigungen zuzuschreiben, denn die neue Mode setzte einen grundlegenden Wandel der Anschauungen in Gang. Bisher waren der menschliche Körper, die Nacktheit im sozialen Leben nie in Erscheinung getreten, die Kleider der Frauen hatten nicht den Zweck, Gefallen zu erregen. Diese Mode war nicht bloß Gegenstand fröhlicher Scherze einiger genüßlicher »Voyeure« – es war wie ein Sperrbalken, der sich nicht ohne Kreischen heben ließ.

Zu dieser Zeit gab es auch echte Studentenrevolten, die darauf abzielten, das System von Reglementierungen über die Besuche in Studentenheimen und des »Campus« der Universitäten zu ändern. Die Studenten dürfen sich nach neun Uhr abends nicht mehr in den Zimmern ihrer Studiengenossinnen aufhalten, eine Vorschrift, die zu häufigen Kontrollen führte. Denen auszuweichen gingen unerschrockene Studenten so weit, sich während der Anwesenheit der Aufsichtsperson am Fenster hinunterzulassen und sich am Sims anzuklammern; in Moskau spielte sich diese Akrobatik hoch oben im 20. Stockwerk ab. Studentinnen, die für schuldig befunden wurden, hatten damit zu rechnen, ihre Namen auf dem Schwarzen Brett angeschlagen zu sehen.

Unruhen folgten 1964/65 an den Universitäten Nowosibirsk, Leningrad und Moskau, wo die Studenten protestierten: »Nieder mit der Heuchelei! Ein Studentenheim ist keine öffentliche Badeanstalt, wo Männer und Frauen getrennt sind.« In Nowosibirsk gab es einen eintägigen Hungerstreik. Das Resultat: die »Komsomolskaja prawda« hörte endlich auf, Twistliebhaber der bourgeoisen Demoralisierung zu beschuldigen, und bequemte sich sogar, von Vorzügen dieses Tanzes zu sprechen. Jugendlicher Glaube und Enthusiasmus können Berge versetzen.

Schließlich kann man im Leserbriefkasten mancher Zeitschriften eine überlegtere Haltung zu Sex und Liebe feststellen. In der schon zitierten Rubrik »Fräulein-Mutter« beklagen sich Jugendliche über eine Erziehung, bei der Eros, Liebe, Sex nicht existieren. »Ich weiß nicht, warum wir in unserer Schule nie von Liebe sprechen. Man darf noch über die Liebe von Tatjana Larin [und Eugen Onegin in Puschkins Versroman] und Anna Karenina [Tolstoij] diskutieren; kommt man aber auf persönliches Erleben zu sprechen, ist die Antwort immer die gleiche: ›Du bist noch nicht einmal mit der Schule fertig und willst über die Liebe nachdenken?‹ Und von den Eltern hört man nichts anderes.«

Eine andere Zuschrift ruft die Literatur für die neuen Ideen zu Hilfe: »Und Romeo und Julia? Wie alt waren die?«

Ich erwähne noch eine Debatte, die 1969 in den Spalten der »Komsomolskaja prawda« stattfand, die einen Feldzug zur Zügelung der lockeren Sitten gestartet hatte und einen Artikel des Schriftstellers Lew Kassil brachte, der Bücher für Kinder und Jugendliche schrieb. Hier ein Auszug: »Man kann Miniröcke tragen, aber es ist nicht nötig, sich auch auf ebenso gestutzte Minigefühle einzuschränken, die sehr schnell primitive Gelüste wecken.« Und Kassil erläutert: »Das Mädchen erreicht die körperliche Reife vor den Jungen... Die aber sind früher als die Mädchen bestimmten kräftigen Regungen ausgesetzt... Trotzdem dürfte dies alles nicht als Rechtfertigung für die zynische, ich möchte sogar sagen, tierische Haltung gewisser Jungen den Mädchen und Frauen gegenüber dienen.«

Kassil verwendet keine »schmutzigen« Wörter wie »Sex« und zieht ihnen ausweichende Wendungen wie »bestimmte kräftige Regungen« usw. vor. Der relativ humane Ton des Artikels dürfte ihm 1500 Zuschriften aus der ganzen Sowjetunion eingetragen haben. Manche der dann zitierten Briefe stellten sich gegen Kassil. So schrieb ein junges Mädchen namens Schachnasarowa aus Tbilissi: »Ich sehe nicht recht ein, warum man seit einiger Zeit Ehre und Jungfräulichkeit im engen physischen Sinn des Worts identifiziert. Und was mir vollkommen unverständlich ist: wie könnte man Termine für die erste Umarmung festlegen! Wer hat diese Frage untersucht, wer konnte zu einer so entscheidenden Festlegung kommen? Glauben Sie nicht, daß diese Art von Klischee gut für Automaten ist, deren Gefühle und Perioden, sollten sie welche haben, programmiert werden können?«

Eine Tatjana erstellte eine Art recht naiven Manifests einer Liebe ohne Einschränkung: »Wenn man liebt... muß man lieben. Man muß den Kopf verlieren... Auch wenn es ein vorübergehendes Glück ist, das einen teuer zu stehen kommt, so ist es doch ein Glück, das weder von der Zulassung zur Moskauer Universität noch durch einen interessanten Job ersetzt werden kann.«

Diese Briefe, so einfältig und treuherzig sie sein mögen, scheinen mir doch den Circulus vitiosus zu durchbrechen, der die heutige Jugend noch umschließt. Die verknöcherte Moral und Ideologie, womit man sie füttert, der zuckersüße und pseudosentimentale Tonfall, der die Literatur, den Film und sogar die Sprache der offiziellen Verlautbarungen durchtränkt – alle diese Lügenberge haben die jungen Generationen schließlich dahin gebracht, daß ihnen jedes Gefühl verleidet ist. Wird ein Teil der heutigen Jugend das offizielle Moralin samt untergelegtem Zynismus hinter sich lassen und sich so von der Vergangenheit lösen? Eine Aussage wäre verfrüht, aber es gibt in diesem Bereich eine Hoffnung; dort muß man sie suchen.

Außereheliche Sexualität

Der Ehebruch ist so alt wie die Welt und also keineswegs eine Eigenheit der Sowjetunion. Ich werde mich zu diesem Thema kurzfassen und nur die Aspekte berühren, die die uns interessierende Materie betreffen: die Abwertung der Ehe und das Aufscheinen einer neuen Denkungsart auf sexuellem Gebiet.

Wie bei der vorehelichen Sexualität ist es bei fehlenden statistischen Daten nicht möglich, das Phänomen quantitativ abzuschätzen. Fest steht aber doch, daß es 1977 in der Sowjetunion 1,5 Millionen verheiratete Frauen mehr als verheiratete Männer gab. Dieses Ungleichgewicht verdient zweifellos eine Erklärung. Die sowjetischen Soziologen versichern, daß es an den nicht verheirateten Müttern liegt, die sich bei der Volkszählung als verheiratete Frauen ausgeben. In diesem Sinn schrieb eine 46jährige Frau aus Swerdlowsk an die »Literaturnaja gaseta«: »Schließlich bin ich keine einzelstehende Frau. Ich fühle mich nicht einsam, denn ich habe einen Sohn.«

Die Mutter hat das Gefühl, sie und ihr Sohn bildeten eine Familie, auch wenn es in ihr keinen Vater gibt. Mutterschaft geht dieser Frau vor Ehestand. Ich glaube aber, daß die Hauptursache der statistischen Spanne anderswo zu suchen ist. Die Frauen bezeichnen sich in gutem Glauben als verheiratet, auch wenn sie es in Wirklichkeit nicht sind; im besonderen gibt es in der Sowjetunion Männer, die man »Zugvögel« nennt und die mehrere Familien haben und faktisch in Polygamie leben.

So läge das Ungleichgewicht zwischen den Geschlechtern irgendwie in der Tradition: die ehebrecherische Frau ist kriminell, während der Mann sich Eskapaden leisten kann, die keine Konsequenzen haben – Teil einer Vergangenheit, die weiterlebt. In Rußland und in der Ukraine trifft man auf dem Land immer noch verlassene Bäuerinnen, die resigniert haben: bewußte und einverstandene Opfer der Untreue der Männer.

Traditionell sind auch Eifersuchtsdramen, wie es sie auf der ganzen Welt gibt, interessanter dagegen Erscheinungen, die einen Wandel des Begriffs der Ehebrecherin ankündigen könnten. Einen neuen Aspekt bietet, will mir scheinen, ein Vorkommnis in der Nähe von Pskow: eine Frau kam zu ihrem

Mann und erzählte ihm in aller Aufrichtigkeit, daß sie ein Verhältnis mit einem anderen habe, aber nicht wisse, was sie tun solle, weil sie ihn, ihren Ehemann, gleichfalls liebe. Der verlor keine Zeit, darüber nachzudenken, zerschlug eine Flasche und steckte seiner Frau eine Scherbe in den Hals, was ihm Lager eintrug. Seine Reaktion war, wenn ich so sagen darf, traditionell, während die Auffassung seiner Frau, für die der Ehebruch kein schändliches, zu verbergendes Vergehen war, einer neuen Denkungsart entsprach.

In solchen Kontrasten, solcher Zerrissenheit lebt gegenwärtig die Sowjetunion. In der Republik Turkmenien in Zentralasien konnte es nach dem Krieg noch geschehen, daß eine treulose Frau bis zur Höhe der Nase in Sand eingegraben wurde, damit sie nicht schreien konnte. 1944 habe ich eine solche Szene selbst erlebt. Im Gegensatz dazu gehört es in den intellektuellen Kreisen der Großstädte manchmal schon zum guten Ton, »zivilisierten« Ehebruch zu begehen: beide Teile sind frei und brauchen sich voreinander nicht zu verstecken. Noch vor kurzem bedurfte es bei der Frau einer heftigen Leidenschaft, daß sie ihrem Mann untreu wurde. Heutzutage kann die Frau der erwähnten Kreise, aber auch schon der unteren Schichten, ihren Mann aus purer Neugier oder auch aus einem vorübergehenden sexuellen Verlangen betrügen. Hier findet sich der Zynismus, die Idee von der rein körperlichen Funktion der Liebe wieder, die unter der Jugend vielfach verbreitet ist.

Der Sinneswandel also scheint mir das Wesentliche zu sein. Es gibt für mich keinen Zweifel, daß außereheliche Sexualität viel häufiger betrieben wird als in der Vergangenheit. Auch wenn dies nicht der Fall wäre, der Kontrast zwischen der schuldhaften, heimlich begangenen Tat und jener, die von manchen Frauen und Männern fast schon als unerläßliche Ergänzung zum Eheleben betrachtet wird, bliebe nicht weniger deutlich. Wie einer Umfrage zu entnehmen war, fanden 50 von 100 verheirateten Frauen, die ihr Eheleben als glücklich bezeichneten, daß außereheliche sexuelle Beziehungen eine normale Sache seien. Es ist dies eine regelrechte Revolution im Denken der Menschen; die Folgen beginnen sich erst abzuzeichnen.

In diesem Zusammenhang wirkt eine von einem Bauern 1923 an das Gesundheitsministerium gerichtete Eingabe rührend und altmodisch. Ich bringe sie der Kuriosität halber, und um zu zeigen, wie sehr die Gedankenwelt des russischen Volks in einem Wandel begriffen ist. »Ich habe 1918 geheiratet und hatte dann zum erstenmal Geschlechtsverkehr; ich war sechs Monate bei meiner Frau, dann hat man mich zur Roten Armee einberufen, wo ich ein Jahr Dienst tat. Dann bekam ich zwei Wochen Urlaub und hatte wieder Verkehr mit meiner Frau. Ich ging wieder zur Armee zurück, diente ein Jahr und kam 1920 nach Haus, wieder für zwei Wochen, und hatte wieder Verkehr mit meiner Frau, aber seit April 1920 keinen mehr, weil ich nicht in Urlaub fahren konnte und meine Frau mich nicht besucht hat, und jetzt leide ich sehr unter meinem Sexualleben, weil ich keine Gelegenheit habe. Was die Prostitution angeht, so gebe ich Ihnen mein Wort: ich bin dagegen, weil ich die verabscheue, und dann habe ich auch Angst, eine Geschlechtskrankheit zu bekommen. Das macht jetzt zwei Jahre und vier Monate, daß ich keinen Verkehr hatte, aber ich warte lieber noch zwei Jahre, als etwas mit der Prostitution zu tun zu haben, außer es geht nicht mehr anders. Ich hoffe, daß man uns nach dem Kurs in Urlaub fahren läßt und daß ich mit meiner Frau die verlorene Zeit einholen kann, und von jetzt bis dorthin warte ich auf den Urlaub. Ich warte darauf, wieder Verkehr mit meiner Frau zu haben.«

Ich habe zwei einander entgegengesetzte Einstellungen zur außerehelichen Sexualität beschrieben: die rigorose, der Tradition verhaftete, und die laxe, die gegenwärtig in der Sowjetunion an Boden gewinnt. Diese Vereinfachung könnte aber natürlich nur zwei extreme Typen gegeneinander absetzen. In der Wirklichkeit sind gegensätzliche Einstellungen oft viel weniger deutlich zu definieren; solche Gegensätzlichkeiten erleichtern nicht gerade das Zusammenleben der Eheleute. Mag diesen und jenen die herkömmliche Moral unerträglich erscheinen – jedenfalls hatte sie das Verdienst, ein positives Ideal der Familie vorzustellen. Vielleicht ist die Laxheit nur eine Mode. Wenn sie mit ihrem Zynismus und der Abwertung der Liebe gefährliche Aspekte bietet, so trägt sie doch sicherlich dazu bei, die Gedankengänge besonders der Frauen freizubekommen. Aber nichts ist widerlicher, entwürdigender als die Atmosphäre der Streitereien, Klatschereien, Eifersüchteleien, die in vielen sowjetischen Einrichtungen grassieren. Auch die solidesten Ehen können diesem Gift nicht standhalten, denn wenn die Sitten freier werden, bezieht sich die offizielle moralische Norm immer noch auf die stalinistischen Dogmen. Die des Ehebruchs schuldige Person gilt als moralisch labil und ist daher umzuerziehen; so wird sie z. B. unwürdig, ins Ausland zu reisen usw. Wenn man in der Sowjetunion jemandem schaden will, ist das bequemste Mittel die Verbreitung von Verleumdungen. Weil politische üble Nachrede auf die meisten Leute nicht zutrifft, bleiben noch schlimme Geschichten auf sexuellem Gebiet: etwa wer mit wem geschlafen hat. Ein anonymer Brief an Partei oder Komsomol über den moralischen Verfall des zu treffenden Feinds genügt manchmal, seine Karriere zu zerstören.

Als Beispiel diene das Nationale Forschungsinstitut für Meeresgeologie in Riga, das mit regelmäßigen Prospektierungsfahrten ins Ausland nach Ölvorkommen beauftragt wird: nach Bulgarien, Kuba, Indien usw. Wenn vor jeder Reise die Expeditionsteilnehmer ausgesucht wurden, war das Institut Schauplatz eines erbitterten Kampfs um die verfügbaren Stellen. Das Parteikomitee brauchte Tage zum Lesen der Post mit anonymen Briefen aller Art, aus denen man Einzelheiten über die intimen Beziehungen, über die Ausschweifungen und die Perversionen der Mitarbeiter des Instituts erfahren konnte. Dieser Abteilungsleiter war nicht mehr der nette Mensch, wie ihn jeder kannte, sondern ein gefährlicher und pervertierter Homosexueller. Jene kleine Schreibkraft Galia, ein so schüchternes Wesen, war mit mehr als der Hälfte der Männer des Instituts ins Bett gegangen und hatte es, Gipfel der Schamlosigkeit, auch am Strand getrieben. Ein gesetzter Ehemann wurde zum Erotomanen.

Diese Streiflichter lassen das in der Sowjetunion herrschende Klima erkennen. Verleumdung und Geschwätz hat es immer gegeben und wird es immer geben; wenn es aber derart überhandnimmt, wird eine soziale, extrem bösartige Krankheit daraus. Es zeigen sich da gleichzeitig eine Abwertung der alten moralischen Normen, eine offenkundige sexuelle Frustration und die Unmöglichkeit der Durchsetzung einer ethischen Liberalisierung. Die Moral ist nicht mehr die Bekräftigung eines Lebensideals mit – wenn auch hemmenden – Regeln, die sich daran anschließen, sondern ein Mittel der Zerstörung und perverser Befriedigung invertierter Gelüste. Wenn das Sexualleben in der Sowjetunion gesunden soll, muß sie sich von diesem Gift befreien.

Bei der außerehelichen Sexualität ist die Trennungslinie zwischen alter und neuer Denkungsart so undeutlich, daß man sie manchmal nicht unterscheiden kann. Eine Erklärung ließe sich vielleicht im russischen Nationalcharakter finden, der – und das ist schon zum Gemeinplatz geworden – von Grund aus anarchisch, unordentlich, Regeln und Konventionen gegenüber respektlos ist. Es ist schwer vorstellbar, daß ein Franzose, ein Engländer oder ein Schwede nachts um drei Uhr zu einem Freund nur zu dem Zweck käme, sich mit ihm auszusprechen oder auch nur zu plaudern. In Rußland ist das durchaus möglich. Diese Art Bohème, die besonders in Kreisen der »Intelligentsia« verbreitet ist, erklärt sich zum großen Teil aus einem Bedürfnis nach menschlicher Wärme, wie Menschen bei großer Kälte näher zusammenrükken. Ein ungeordnetes Sexualleben kann mit Trunksucht, gänzlicher Verachtung allen Komforts, Vernachlässigung der Kleidung und des Äußeren einhergehen: eine ebenfalls für die russische Mentalität bezeichnende Weltverachtung. Irgendwie – im Durchschnitt gesehen – ordnet sich der sowjetische Mann nach der Heirat nicht ein, und sein Sexualleben kann genau so wenig regelmäßig und ›häuslich‹ verlaufen wie zu seiner Junggesellenzeit.

Hier sehe ich einen Verbindungsstrich zwischen vor- und außerehelicher Sexualität.

Bei den Frauen hat Sex außerhalb der Ehe oft einen besonderen Akzent. Man kann sagen, daß es dabei in sehr vielen Fällen um eine Art Rache an der grauen Eintönigkeit und Härte des Lebens, an der sexuellen Unbefriedigtheit, um Selbstbestätigung geht. Das ist dann weder Leidenschaft noch auch ein einfaches Verlangen nach sexueller Freude, was die Frau dazu bringt; es ist die Suche nach einem Ventil, einer Ableitung, um dem Alltag zu entkommen, der sie fertigmacht. Der Liebhaber ist dann der Vertraute, bei dem man sich über seinen Mann, diesen dreckigen Typ, den verhaßten, besoffenen, impotenten, groben Kerl beklagen kann, den man am liebsten verließe, wären da nicht die Kinder. Seelisch erleichtert, vielleicht aber sexuell nicht befriedigt, nimmt die Frau ihr Joch wieder auf sich.

Schließlich möchte ich noch die Haltung der Oberen zu der wachsenden vor- und außerehelichen Sexualität, zu den unehelichen Geburten und dem Zynismus betrachten, der im neuen Denken erscheint. Ich meine, daß sie ambivalent ist. Einerseits versichert man dauernd, daß die sowjetische Ehe und das sowjetische Eheleben die glücklichsten der Welt seien und daß es daher überhaupt keinen Ehebruch gebe. Diesen offiziellen Standpunkt vertritt z. B. der sowjetische Soziologe Kolbanowski 1951 (also noch unter Stalin) in seinem Buch »Liebe, Ehe, Familie«: »In der Sowjetunion sind die Kraft und die Schönheit der Liebe durch die ideologische Bindung bedingt, die zwischen Mann und Frau existiert... In den Familien der westlichen Millionäre waren jahrzehntelang nur die sogenannten Geldheiraten erlaubt, deren einziger Zweck es war, zwei Geldsäcke zu einem zu machen, und die, wohlverstanden, unausweichlich zu außerehelichen Liaisonen führten. Während in der Sowjetunion, nachdem das Privateigentum und das Kapital abgeschafft sind, die Liebe sich von materiellen Interessen befreit hat und der Ehebruch außer Kurs ist.«

Wenn ich dem Leser diese groteske Beurteilung der Lage vorsetze, so nicht, um noch einmal die Obrigkeit für die sexuelle Misere in der Sowjetunion verantwortlich zu machen, sondern um zu zeigen, wie Denkmechanismen (wenn man so sagen darf) die Ideologen dahin bringen, ein Problem in aller Ruhe en bloc als nichtexistent abzutun. Für sie gibt es die menschliche Natur nicht. Wenn jemand einen Partner außerhalb der Ehe sucht, geschieht es aus Gründen, die ihn nicht interessieren, und schuld ist die Gesellschaft, in der er lebt. Und wenn das in der Sowjetunion eingerichtete System das gerechteste auf Erden ist und dekretiert, daß die Familie von nun an notwendigerweise glücklich sei, kann es nicht anders sein. Die traditionelle Moral verneinte die Möglichkeit des Ehebruchs nicht und verurteilte ihn im Namen eines Ideals, in dem auch persönliche Verantwortung ihren Platz hatte. Nun gibt es kein Ideal mehr, nur noch die Feststellung einer angeblich objektiven Wahrheit, die für den einzelnen unerträglicher ist als die härteste Moral, denn sie hindert ihn, sich sein eigenes Geschick zurechtzulegen. Es ist vielleicht schlimmer, sich unter Mißachtung der Wirklichkeit anhören zu müssen, es gebe und könne in der Sowjetunion keinen Ehebruch geben, als einer Sünde beschuldigt zu werden. Auf jeder Ebene der Existenz des sowjetischen Menschen findet sich diese Zwiespältigkeit, der schwierige, eigentlich nicht mögliche Kompromiß zwischen seinem wirklichen Wesen und dem ideologischen Image, das man ihm auferlegt hat, auch wenn er nicht mehr daran glaubt.

Ich versichere nachdrücklich, daß auch diese Zwiespältigkeit das Werk der Obrigkeit ist. Auch wenn man lautstark die Überlegenheit der sowjetischen Familie verkündet, sind die Vorschläge zu den eben doch existierenden Problemen ganz einfach zynisch. Dafür dürfte es zwei Gründe geben. Einerseits ist das Regime gehalten, sich den Realitäten nicht gänzlich zu verschließen und ganz wie beim Twist, beim Jazz und bei den Beatles seinen Reaktionen einen Dämpfer aufzusetzen, wenn unten die Wogen zu hoch gehen. Anderseits darf man, d. h. das Regime, die uneingestehbare Tatsache nicht außer acht lassen, daß die »wilde« Sexualität ein Faktor ist, der dazu beitragen kann, die Geburtenziffer auf einem weniger katastrophalen Satz als dem zu halten, dem sie sich mehr und mehr nähert. Ich habe verschiedentlich gezeigt, daß dies der Obrigkeit durchaus bewußt ist. Ich begnüge mich, das Gesetz von 1944 anzuführen, das die Männer von der Verpflichtung befreite, für uneheliche Kinder Alimente zu zahlen, was eine stillschweigende und offenkundige Aufforderung zum vor- oder außerehelichen Verhältnis war. Als Gegenleistung erhielten die ledigen Mütter das Recht auf Zuschüsse des Staats, die nicht gesetzlich festgelegt wurden und unverbindlich blieben (wie so vieles in der Sowjetunion). Ein Herr Schukowizki schrieb

1977 einen Artikel in der »Literaturnaja gaseta«, in dem er offen zu einer Mehrung der außerehelichen Geburten aufrief. »Wenn ein großer Teil der unverheirateten Frauen keine Kinder zur Welt bringt, werden der Gesellschaft viele Kinder fehlen. Nun sind aber die Kinder die Zukunft unseres Lands.«

Die Roheit und der Zynismus dieser Anregung, die nichts kostet (sollte man etwa alleinstehende Frauen damit ermutigen, Kinder zu bekommen, daß man die staatliche Beihilfe verzehnfachte?), sind symptomatisch für die Scheinheiligkeit der Oberen, die darin besteht, sich auch absonderlichen Situationen anzupassen, indem man ein festgesetztes Ziel verfolgt (in diesem Fall die Anhebung der Geburtenziffer), ohne sich im geringsten um die sozialen Erfordernisse zu kümmern, die damit verbunden sind, und ein Problem auf einseitige, engstirnige und rücksichtslose Art lösen zu wollen.

9
Auszug der Gärtner aus dem Garten der Liebe

Es ist nicht der Zweck dieses Buchs, für die sexuelle Misere in der Sowjetunion Verantwortliche zu finden. Im übrigen dürfte die Frage müßig sein, denn das Problem geht weit über die Machtbefugnisse irgendeiner Regierung hinaus. Auf diesem Gebiet können die Regierenden nur in beschränktem Maß eine Rolle spielen: etwa die eines klugen Gesetzgebers, eines vorausschauenden Pädagogen, eines Mediziners. In diesem Kapitel sollen zwei Themen behandelt werden, die direkt mit der Politik des Regimes zu tun haben: die Empfängnisverhütung und die Abtreibung. Bei beiden ist das Regime ein nahezu totaler Versager. Es handelt sich um einen seinem Wesen eigenen Zug, um eine außerordentliche Kraft der Unbeweglichkeit, der Starre, die es an einer Evolution hindert, auch wenn es Reformfreudige gibt, die in diesem Sinn etwas tun würden. Seit den sechziger Jahren sind die Versuche, die sexuelle Aufklärung der Kinder, eine geschlechtskundliche Information der Bevölkerung in Gang zu bringen, aufgetaucht und wie verglühende Meteore verschwunden, erstickt in Trägheit, in Beamtenroutine, gescheitert am Widerstand des allmächtigen Apparats.

Diese Anläufe waren hauptsächlich das Werk von Funktionären, nicht der Bevölkerung. Deswegen stellte sich heraus, daß diese tastenden Versuche sorgfältigst kontrolliert und durch die administrative Zensur verfälscht wurden; den Medizinern und Pädagogen, die die Sache hätten gut zu Ende führen können, ließ man keine Bewegungsfreiheit.

Sexualerziehung

Die erstaunliche Unwissenheit der Menschen in der Sowjetunion über Dinge des Sex schließt junge Leute und Erwachsene gleichermaßen ein. Sie erklärt sich nicht allein aus dem Fehlen einer vom Staat organisierten Sexualaufklärung, einer Begleiterscheinung des über den Sex verhängten Generalverbots.

Das Schweigen, die Scham, das Unbehagen um sexuelle Fragen machen aus der Sexualität einen Bereich, der vernachlässigt, verkannt, zur Bedeutungslosigkeit verurteilt wird.

Unendlich viele Beispiele für die allgemeine Unwissenheit ließen sich anführen.

Die Studentin Olja Polosowa fand im Schrank ihrer Mutter lösliche empfängnisverhütende Kapseln und entschloß sich, sie zu verwenden. Sie wurde dreimal schwanger, versicherte mir aber später, sie habe das Mittel genommen. Nach der dritten Fehlgeburt bekam sie eine schwere Entzündung des Gebärmutterhalses, die zu einem Tumor hätte führen können. Erst in diesem Stadium brachte man sie zu mir zur Behandlung, und nun fand ich die Lösung des Rätsels. Statt die Kapseln in die Vagina einzuführen, hatte das Mädchen sie geschluckt. Das Bezeichnende an dieser Geschichte ist nicht so sehr der Irrtum der Patientin, der ja durchaus möglich war, wohl aber die Tatsache, daß es dreier Fehlgeburten und schwerer Komplikationen bedurfte, bis er entdeckt wurde: ein Zeichen für die erschreckende Informationslücke bei jungen Leuten und das Fehlen einer Verständigung mit den Eltern.

Ein anderes Beispiel: ein ungarischer Student am Leningrader Institut für Präzisionsmechanik wollte gern mit einer achtzehnjährigen russischen Kommilitonin ausgehen, die aber eine panische Angst vor dem ersten Kuß hatte; sie glaubte, Schwangerschaft sei die Folge. Man fragt sich, wie eine Studentin von solcher Ignoranz über die elementarsten Tatsachen des sexuellen Lebens sein konnte. Was sie mir erzählte, verwunderte mich kaum. Weder die Schule noch die Eltern machen sich die Mühe, die Kinder über diese delikaten Dinge aufzuklären. Das geht so weit, daß ich nicht ein einziges Elternpaar kenne, das dem Kind den wirklichen Vorgang seiner Geburt erklärt hätte, auch nicht auf abstrakte Weise. Wie üblich heißt die Antwort, der Storch bringt die Kinder u. ä.

Der Graben zwischen den Generationen zusammen mit einem oft verfrühten Sexualleben hat zur Folge, daß die Entdeckung der Sexualität auf rohe Art geschieht und manchmal katastrophale Konsequenzen hat. Die medizinische Zeitschrift »Gesundheit« berichtet von einem fünfzehnjährigen Mädchen, in dessen Mathematikheft die Eltern eine Menge Eintragungen wie »Tanja + Boris = Liebe« fanden. Die Eltern wagten es nicht, mit ihrer Tochter darüber zu sprechen, und es dauerte nicht lang, so mußte bei Tanja eine Abtreibung vorgenommen werden.

Das Fehlen sexueller Information bei Jugendlichen wird aus einer kürzlich in einem repräsentativen Kreis veranstalteten Umfrage deutlich: 75 von 100 holten sich ihre Kenntnisse bei Kameraden, 3 von 100 von ihren Eltern und ebenso viele von einer Lehrkraft. Die Rolle der Presse, von Vorträgen und der Medien im allgemeinen ist gleich Null.

Unwissenheit herrscht auch unter Erwachsenen einschließlich jahrzehntelang Verheirateter. Es grenzt ans Groteske; ich bringe einige besonders erstaunliche Fälle, die ich selbst erlebt habe.

Ein Bauer »reizte« den Nabel seiner Frau, weil er überzeugt war, es mit der Clitoris zu tun zu haben. Ein Klubvorstand, verheiratet, war sexuell so unterentwickelt wie ein Bübchen von fünf Jahren. Als ich anfing, von seinem Zustand zu sprechen, unterbrach er mich und sagte, er sei schließlich verheiratet. »Ich habe ein Kind, müssen Sie wissen.« Er schien von seiner Vaterschaft so überzeugt zu sein, daß ich mich hütete, ihn davon abzubringen und ihn nach den Beziehungen seiner Frau zu anderen Männern zu fragen. Dies ist kein Einzelfall, ich kenne Hunderte von sexuell ungenügend entwikkelten Männern.

Eine Patientin, die von der Physiologie der Liebe überhaupt nichts wußte, heiratete einen Kastraten, der sie mit der Hand befriedigte. Erst nach Jahren lernte sie bei irgendeinem Mann den Gebrauch des männlichen Geschlechtsteils kennen, hatte sich jedoch an die andere Methode schon so gewöhnt, daß sie dabei blieb. Oder: ein 22jähriger kam zu mir und fragte, wo man bei der Frau hinein müsse.

Genug der Tragikomik und zur eigentlichen Sexualerziehung. Es versteht sich wohl von selbst, daß sie während der Stalin-Zeit absolut unmöglich und undenkbar war. In unseren Tagen sind die alten ideologischen Regeln leider immer noch in Kraft. Spricht man etwa von der in den westlichen Ländern eingeführten Sexualerziehung, wird es als ein »Versuch der Bourgeoisie taxiert, zugunsten des Sex die Aufmerksamkeit der Jugend von den Problemen des Klassenkampfs, der Politik und der Ideologie abzulenken«. Die allgemeine Anschauung in der Sowjetunion, sei es bei der Obrigkeit, sei es in der Bevölkerung, geht dahin, daß die Moral der jungen Leute um so besser sei, je weniger sie über den Sex Bescheid wüßten. Jedesmal, wenn die Notwendigkeit zu bestehen scheint, veröffentlicht man in der Presse aus hoher Warte »aufgeklärte« Meinungsäußerungen wie etwa diese einer Lehrerin: »Freimut – recht und schön, aber nicht, wenn es um sexuelle Probleme geht. Schamhaftigkeit ist nicht nur ein natürliches Gefühl, sie ist auch die beste Art sexueller Erziehung.«

Oder jene eines Herrn Lynew aus der Grubenstadt Tiumen, der 1966 in der »Komsomolskaja prawda« schrieb: »Leute, die Konferenzen sexuellen Stoffen widmen, bewirken damit eine massive Ablenkung der Bergleute. Sexuelle Probleme sind kein Thema für Versammlungen. Es wäre besser, sie in der Zurückgezogenheit zu bedenken und ein gescheites Buch zu lesen.«

Der Rat, zu einem Buch zu greifen, ist ganz einfach grotesk, und der Gedanke, in den Regalen sowjetischer Buchhandlungen stünden Bücher über Sexualerziehung, grenzt an Science-fiction. Immerhin erschien in Moskau 1968 ein Hygiene-Buch eines DDR-Autors*, das, obwohl es nur Primärinformationen bot, augenblicklich vergriffen war und wohl nur von Bibliothekaren gelesen wird. Ein anderes, für die Reihe »Nauka« (»Wissenschaft«) bestimmtes Werk** war mehrere Jahre blockiert, bis sich der Verlag entschloß, es zu veröffentlichen; er mußte aber diese Entscheidung widerrufen und gab als Vorwand an, die Akademie der Wissenschaften der Sowjetunion sei nicht mit sexologischen Forschungsinstituten versehen.

Was nun die Konferenzen und Vorträge angeht, über die sich der tugendsame Korrespondent der Zeitschrift der kommunistischen Jugend beklagte, so hat es seit den sechziger Jahren Anläufe gegeben. 1966 hielt Dr. Gutkowitsch in Kislowodsk einen Vortrag über die Harmonie zwischen den Eheleuten. Er gab sich Mühe, offen und dezent über die körperlichen Beziehungen der Geschlechter zu sprechen. Als er fertig war, fiel man mit einer Menge Fragen über ihn her, die immer pikanter wurden. Antworten auf Fragen erregten nervöses Lachen und vielsagendes Augenzwinkern. Nach einiger Zeit brachte die »Komsomolskaja prawda«, ständig wachsam und auf die Verteidigung der Reinheit der Jugendlichen bedacht, einen Brief des Lehrers Chorolski, der den Vortrag gehört hatte: »Als ich den Vortragssaal verließ, scherzte ein junger Mann lautstark mit seiner Begleiterin über die praktische Anwendung der eben gehörten Theorien, die er sich zu eigen mache. Ich bin überzeugt, daß er vor dem Vortrag nicht die Kühnheit gehabt hätte, dem jungen Mädchen mit solchen Verrücktheiten zu kommen.

Es wäre voreilig, mich der Heuchelei zu zeihen. Ich bin nicht gegen eine sexuelle Erziehung der Jugend. Aber es gibt intime Themen, die man im Kollektiv nicht diskutieren kann. Ich bin dafür, daß die Jugendlichen sich die

* Rudolf Neubert, »Das neue Ehebuch. Die Ehe als Aufgabe der Gegenwart und Zukunft«. Rudolstadt 1965.

**Dr. Stankow, »Sexprobleme«.

nötigen Kenntnisse unabhängig voneinander, jeder für sich verschaffen. Man könnte Vorträge veranstalten, bei denen Männer und Frauen, vor allem aber die Jugendlichen beider Geschlechter getrennt wären. Es dürfte sich auch empfehlen, junge und ältere Menschen auseinanderzuhalten ... Am besten wäre es wohl, Broschüren herauszugeben, die jeder für sich allein lesen könnte ... Es ist unzulässig, Kenntnisse über die Sexualität zu verbreiten, wenn sich Liebespaare unter den Zuhörern befinden. Unzulässig deswegen, weil diese Art der Propagierung von Wissen die Zügellosigkeit züchtet und alle Scham tötet.«

Versuche hat es also im Lauf der letzten fünfzehn Jahre gegeben, aber sie unterliegen gegenteiligen Tendenzen. Wie man weiß, geschieht in der sowjetischen Öffentlichkeit nichts zufällig. Findet ein Vortrag statt, so hat er grünes Licht bekommen, und zwar manchmal von höchster Ebene. Veröffentlicht dann eine Zeitung die Zuschrift eines braven Arbeiters, der sich entrüstet, ist daraus zu schließen, daß die »öffentliche Meinung« gegen Sexualerziehung eingestellt ist. Ich will mich bemühen, die widersprüchlichen Haltungen zu erklären.

Wenn man höheren Orts geneigt ist, so etwas wie Sexualerziehung zu tolerieren, so deswegen, weil man sich wegen ungehörigen Benehmens der Bevölkerung und besonders der Studenten beunruhigt. Die Zunahme der unehelichen Geburten, Abtreibungen, Sexualverbrechen machen es erforderlich, das Volk wieder in den Griff zu bekommen. Auf diesem Gebiet sind aber die Möglichkeiten des Einschreitens begrenzt. Man kann auf das alte Erziehungssystem mit seinen Verboten und seiner erstickenden Moral zurückgreifen; die aber hat sich als immer weniger wirksam erwiesen, und die intelligenteren Funktionäre (die manchmal gerade so wenig daran glauben wie sonst jemand) haben es schließlich auch begriffen. Ein eindeutiges System der Unterdrückung ist auf diesem Gebiet schwerer als sonstwo durchzusetzen. Außerdem ist es ein Grundzug des Regimes, immerzu das Volk erziehen zu wollen. Das alles erklärt die Verschleppung der Sexualerziehung und, geschieht nur etwas in dieser Richtung, ihre vollständige Unterordnung unter staatliche Gesichtspunkte.

In der zweiten Hälfte der sechziger Jahre gab es aber doch eine etwas liberalere Haltung der Sexualerziehung oder -aufklärung gegenüber. Der Ausdruck »Sex«, lange Zeit von der Zensur verboten, erscheint immer häufiger in der Presse. Diese Entwicklung ist auch aus Überschriften von Zeitungsartikeln zu ersehen: 1966 ein »Schweinereien« überschriebener

Beitrag, 1967 »Grammatik der Liebe«, 1968 »Pädagogie und Intimbereich«, 1969 »Sprechen wir offen über intime Dinge«. Die Jugend ist immer noch vom Vorhang der Schamhaftigkeit geschützt, während den Erwachsenen eine gewisse Information gewährt wird. Die medizinischen Zeitschriften, auch außerhalb der Fachkreise fleißig gelesen, bringen Artikel, die mehr oder weniger andeutend die Technik des Geschlechtsverkehrs berühren. Um dem Jungverheirateten Enttäuschungen zu ersparen, bringt man ihm bei, daß die Frau langsamer erregbar ist als der Mann. Man rät ihm zur Zartheit und Vorsicht bei einem jungfräulichen Mädchen. Man empfiehlt dem Ehemann, rücksichtsvoll, nicht brutal zu sein und im Zustand der Trunkenheit nichts erzwingen zu wollen. Geht es um praktischen Rat, sind die Artikelschreiber im allgemeinen weniger beredt. Bei sexueller Unbefriedigtheit soll sich der Leser an einen Urologen oder Gynäkologen wenden. Sexologische Kliniken für Verheiratete gibt es z. Zt. in Riga, Leningrad und Moskau; es sind dies noch beschränkte Experimente, deren bloße Existenz aber schon als eine Art Umsturz betrachtet werden kann.

So hört man mehr und mehr von der Wichtigkeit der Organisation einer Sexualerziehung für Jugendliche und Erwachsene, besonders anläßlich von Sexualverbrechen. In der Stadt Kuibytschew z. B. vergewaltigte eine Bande von fünfzehn Halbwüchsigen systematisch Schülerinnen; in Moskau erklärt man sich solche Dinge aus dem Fehlen jeglicher sexueller Aufklärung. Das gleiche gilt für die Scheidungen: Anfang der sechziger Jahre erschien in Moskau ein Buch mit dem Titel »Der junge Mann und das junge Mädchen«, in dem nebenbei bemerkt das Wort »Sex« nicht ein einzigesmal erscheint, obwohl behauptet wird, es sei eine allgemeinverständliche Darstellung der intimen Beziehungen. Bei der Erwähnung der rapid gestiegenen Zahl der Ehescheidungen (0,6 auf 1000 im Jahr 1955, 1,3 1961) wird interessanterweise auf die bestehenden Lücken in der Sexualerziehung der Jugend hingewiesen. Ab 1970 mehren sich die Appelle zugunsten der Aufklärung, hauptsächlich wohl wegen der Zunahme der Geschlechtskrankheiten und der unerwünschten Schwangerschaften. Man organisierte in Moskau Roundtable-Gespräche; es gab Vorschläge, an den Universitäten Arbeitskreise zu bilden und Handbücher unter Ärzten und Lehrkräften zu verteilen. Trotzdem bleibt derartiges meistens im Stadium der Diskussion stecken. Ganz wie bei der Wirtschaftsreform gehört es auch hier zum guten Ton, die Notwendigkeit und die Dringlichkeit einer sexuellen Aufklärung zu diskutieren, ohne daß eine konkrete Maßnahme getroffen würde.

In den Nummern der Zeitschrift »Gesundheit« erschien 1975 eine Reihe von Artikeln, die sich mit der Sexualerziehung beschäftigten. Konkrete Einzelheiten wurden auch hier in unbestimmtem Dunkel gelassen und die Gefahr der Geschlechtskrankheiten wie immer ins Absurde übertrieben, aber man findet doch ab und zu einen Satz wie diesen: »Manche Frauen haben besondere erogene Zonen an verschiedenen Stellen.«

Diese Feststellung mag im Westen banal klingen, aber ohne Übertreibung kann ich versichern, daß sie für sowjetische Verhältnisse von unerhörter Kühnheit ist, einmal wegen der verwendeten Ausdrücke, dann auch wegen der Unmoral des nicht geradezu ausgesprochenen Rats: der Sexualakt soll nicht wie eine eilige nationale Pflicht »durchgeführt«, sondern durch erotisches Spiel vorbereitet werden. Solche klugen Ratschläge gibt es eine Menge, aber man muß sie zu deuten wissen, wenn sie ans Lächerliche grenzen: »Die Idee, daß die sexuellen Funktionen des Manns von seinen physischen Qualitäten abhängen, ist ein Mythus.«

Nur ein »vorgewarnter« Leser wird begreifen, daß es sich um die Dimension des Glieds handelt. Oder eine Feststellung von Dr. Belkin: »Die Kälte der jungverheirateten Frau ist für den Mann zwar eine unerwartete und unangenehme Entdeckung, gleichwohl aber durchaus natürlich.«

Bei der Mehrzahl der Fälle wird die Aussage so verformt und mit Tabus und moralischen Imperativen aller Art vollgestopft, daß jede Glaubwürdigkeit verlorengeht. Die sexuellen Techniken, die Mechanismen des Orgasmus, die Probleme der Empfängnisverhütung werden kaum einmal berührt. Dagegen kann man wertvolle Empfehlungen wie diese beherzigen: »Wenn ein junger Mann ein junges Mädchen sieht, dessen Unterrock unter dem Kleid hervorspitzt, darf er es nicht persönlich darauf aufmerksam machen, was nicht korrekt wäre, sondern muß ein anderes junges Mädchen darum bitten.«

Sexuelle Information *in nuce* also, aber auch grob wie hier: als sich die Obrigkeit 1964 wegen der sexuellen Explosion bei den Halbwüchsigen beunruhigte, erhob die »Iswestija« Anklage gegen die Eltern, daß sie den Kindern die wesentlichen Funktionen der Lebensvorgänge beim Menschen verschweigen, was dann zu Schwangerschaften bei kleinen Mädchen führe. Ein Staatsanwalt Baskow in Moskau verlangte, die Strafen für sexuelle Beziehungen zu Minderjährigen zu verschärfen. Er berichtete von der fünfzehnjährigen Schülerin Vera, die auf der Schlittschuhbahn den »Traum ihres Lebens« gefunden hatte. Die Lehrkräfte waren im Bild, mischten sich aber nicht ein. Dann wurde Veras Mutter Großmama. Man läßt also einerseits die Kinder in vollständiger Unwissenheit über alles Geschlechtliche, fällt aber über die Eltern her, wenn das Unheil geschehen ist.

Ein Bericht über einen anderen Fall: »Eine Schülerin der siebten Klasse schrieb einen Brief an einen Schulkameraden, in dem sie ihm ihre Liebe erklärte. Der Brief fiel in die Hände des verantwortlichen Lehrers, der ihn dem Schuldirektor gab... Man ließ die Mutter der Schülerin kommen und teilte der Mutter im Beisein aller Lehrkräfte und Schüler mit, daß zwischen ihrer Tochter und einem Klassenkameraden unerlaubte Beziehungen bestünden. Die Mutter ohrfeigte ihre Tochter. Manche Schüler lachten, andere weinten. Das Mädchen riß sich los und lief weg. Die Schule lag an einer Eisenbahnlinie. Das Mädchen warf sich vor einen Zug.«

Eine andere Eigentümlichkeit der sexuellen Aufklärung à la Sowjetunion ist es, daß auf jede neue Initiative fast immer eine Reaktion in Form von entrüsteten Leserbriefen folgt: man nimmt mit der einen Hand zurück, was man mit der anderen gegeben hat. Eine anscheinend abwegige Politik, die aber die Sowjets gut kennen und die sich aus den oben erwähnten Widersprüchen erklärt.

Als die Journalistin Ada Baskina 1968 in der »Literaturnaja gaseta« einen Artikel des Titels »Weder Engel noch Tier« schrieb, war es wie ein Lichtstrahl im Düster des Puritanismus, der in der Domäne der sexuellen Aufklärung herrscht. Da wurden die Dinge bei ihrem Namen genannt, da wurde unter anderen Häresien ausgesprochen, daß die Frau nicht nur eine gute Hausfrau, sondern auch eine »verführerische Geliebte« sein solle. Frau Baskina berichtete von einem jungen Mann, den seine Frau unter dem Vorwand verlassen hatte, daß bei ihm das Tier stärker sei als der Mensch und daß alles so reizlos und grobschlächtig vor sich gehe. Er wußte darauf nur zu sagen, er liebe doch seine Frau. Die Journalistin erwähnte eine andere Episode: ein jüngeres Ehepaar kommt ins Fotoatelier und will ein hübsches Bild machen lassen. »Bitte achten Sie gar nicht auf mich«, sagt der Fotograf, »tun Sie, als wäre ich nicht vorhanden. Küssen Sie sich, genieren Sie sich nicht.«

Die junge Frau entrüstet sich: »Wagen Sie es! Schließlich sind wir kein Liebespaar! Wir uns küssen? Sie wissen vielleicht nicht, daß wir zwei Kinder haben!«

Die Verbote der Stalin-Zeit vor Augen (ohne sie ausdrücklich zu erwähnen) bemerkt Frau Baskina: »Die letzten Arbeiten in Sexologie sind bei uns schon seit dreißig Jahren vergessen. Der Mensch ist kein Engel, er ist auch kein Tier. Er darf nicht wie ein Tier lieben, aber auch nicht platonisch, sondern wie ein Mensch. Die Sowjetunion braucht moderne Sexologen ... Bei 50 von 100 Scheidungen liegen die Gründe an der gänzlichen Unwissenheit in sexuellen Dingen ... Es besteht die Notwendigkeit, den Menschen die Möglichkeit zu geben, sich mit den elementaren Kenntnissen des Ehelebens und der Sexualität vertraut zu machen ... Es ist unerläßlich, Unterrichtsgruppen zu bilden und Kurse über Sexo-Pathologie in den medizinischen Instituten einzurichten ... Vielleicht muß man sogar ein Institut für Sexologie gründen.«

Ich zitiere reichlich aus diesem Artikel, weil sein Ton in der Sowjetunion etwas Ungewohntes war, ein Ton, dessen Kühnheit ans Ungehörige grenzte. Ada Baskina wurde von Professor Kolbanowski unterstützt, der schrieb, daß Hunderttausende von Erwachsenen und jungen Leuten der sexuellen Aufklärung und Hilfe bedürften und daß es notwendig sei, »in allen größeren Distriktstädten sexologische Beratungsstellen einzurichten«.

Kaum war der Artikel in der Zeitschrift erschienen, als sie sich beeilte, mittels Leserzuschriften schweres Geschütz gegen eben diesen Artikel aufzufahren, so daß man glauben mochte, dies sei der eigentliche Zweck des Manövers gewesen. Es erschien ein verhältnismäßig sanfter Artikel des bereits erwähnten DDR-Neubert aus Dresden: »Der Kommunismus muß nicht Askese mit sich bringen, sondern Lebensfreude und jenen Elan, der die Fülle des Liebeslebens entstehen läßt. Unsere hauptsächliche Hilfe wird nicht die Sexologie oder das Studium der sexuellen Pathologie sein ... Wir brauchen prophylaktische Maßnahmen. Wir wollen Millionen gesunder Familien, die von der ganzen Pathologie keine Ahnung haben.«

Dann brachte die Zeitschrift den Brief einer jungen Frau Sergejewa aus Tiumen mit der Überschrift: »Mehr Schamgefühl. Wir sind eine Gruppe von Lehrkräften in Tiumen und haben den Artikel ›Weder Engel noch Tier‹ gelesen, dessentwegen wir eine große Niedergeschlagenheit empfinden. Die Verfasserin scheint nicht bemerkt zu haben, daß ein Teil unserer Jugend bereits viel zu früh damit angefangen hat, sich mit der sexuellen Aufklärung vertraut zu machen. Die Schuld liegt in einem gewissen Grad bei jener Gattung von ›Erziehern‹, die immer noch den Wunsch haben, diese Dinge seien auf ein ›wissenschaftliches Niveau‹ zu heben. Wir sind entschiedene Verfechter der Sittsamkeit in Büchern, Zeitungen und Filmen. Wir sind ebenso entschieden dagegen, daß sexuelle Dinge so angegangen werden, wie es in diesem Artikel geschieht; wir lehnen diese Art von ›Erziehung‹ ab. Wir bedauern es, daß Ihre Zeitschrift einen derartigen Beitrag zugelassen hat. Mehr Feingefühl, weniger plumpe Einmischungen in die Intimsphäre der menschlichen Existenz!«

Eine andere Leserin namens Poilowa aus Nikolajewsk am Amur äußerte sich so: »Wenn wir sexologische Bücher in großen Auflagen herausbringen, werden die ersten Leser zweifellos die Halbwüchsigen sein, bei denen derlei Lektüre ungesunde Gefühlsregungen zur Folge haben wird.«

Ein vernünftiges und gemäßigtes Wort wird augenblicklich in einem Meer von Heuchelei, Beschuldigungen und purem Haß ertränkt.

Ich selbst war Zeuge solcher abgewürgter Versuche. 1971/72 wurde ich von Schulärzten eingeladen, in den oberen Klassen einer Schule in Winniza Aufklärungskurse zu geben. Es muß festgestellt werden, daß dies eine sensationelle Neuerung war, weil nur Lettland sich rühmen kann, in einigen Experimentierschulen Kurse von zwölf Stunden pro Jahr organisiert zu haben. Ich fing also an, Vorträge zu halten. Der Direktor der Schule hatte natürlich angeordnet, daß die Geschlechter getrennt wurden. Als das einmal geweckte Interesse größer wurde als für andere Fächer, erfolgte prompt die administrative Maßnahme: sofortiges Verbot.

Übrigens kann die Einführung einer sexuellen Aufklärung in den Schulen nicht als Allheilmittel betrachtet werden, wie manche ihrer Anhänger glauben. Sie könnte aber wenigstens die bedrückende Atmosphäre der Lüge lockern und ein Signal geben, sexuelle Probleme offener, einfacher und mutiger anzugehen. Aber noch besteht keine Aussicht, aus dem Teufelskreis herauszukommen.

Ich möchte also sagen, daß es im Vergleich zum Nichts der Stalin-Zeit einen Schimmer von sexueller Aufklärung gibt, die sich aber auf »Ratschläge« für junge Leute und Erwachsene beschränkt, die ebenso viele Versuche der Machthaber sind, ihre Ziele zu verfolgen und ihre Moral und ihre Ideologie wieder einzuführen. Es geht nicht darum, die Bevölkerung zu informieren oder ihr zu helfen, sondern sie wieder in die Hand zu bekommen.

Die Schlüsselthemen dieser Literaturgattung sind abgeschmackte Betrachtungen und lächerliche Empfehlungen von der bereits zitierten Art. Der Löwenanteil dieser sogenannten Aufklärung besteht in den ständigen Hinweisen auf die Gefahren der Geschlechtskrankheiten. Manche Autoren raten den Eltern, von Sex nur in Andeutungen, Anspielungen zu sprechen –

eine wundervolle Idee, bestens geeignet, ein Klima des Vertrauens zwischen Eltern und Heranwachsenden zu schaffen. Ich habe bereits Beispiele dieser wahren nationalen Phobie gegeben, die nichts ist als eine verstärkte krankhafte Furcht vor Mikroben. Wie die Komiker Ilf und Petrow in den zwanziger Jahren in einem ihrer Couplets ironisch formulierten, bestanden die Delikatesse und der Takt dieser Art von »Ratschlägen« in der nüchternen Feststellung: »Der Kuß überträgt Infektionen.« Seither gab es keinen Fortschritt. Man male sich aus, welchen Eindruck es auf eine Dreizehn- oder Vierzehnjährige, die eine erste Regung der Liebe verspürt, machen muß, wenn die Eltern oder Erzieher nichts anderes wissen, als ihr mit Geschlechtskrankheiten zu drohen. Nicht zu glauben, aber Hauptthema von Publikationen, die dem Sex gewidmet sind, ist diese alberne Bakterienfurcht. 1965 erschien ein Buch mit dem Titel »Das kleine Mädchen, das junge Mädchen, die Frau«, in dem der Prozeß des sexuellen Reifens und des Klimakteriums beschrieben wurde. Es ist kaum bekannt, daß die Veröffentlichungen mit einem vermehrten Auftreten der Syphilis, Gonorrhöe und vor allem der Trichomonadenkrankheit zusammenhing. In einem Kapitel über die Gefahren der Geschlechtskrankheiten steht zu lesen, die Eltern müßten Wert auf Hygiene legen und eigene Handtücher verwenden, um die Krankheit nicht auf die Kinder zu übertragen. Das Wesentliche solcher Informationen besteht in der Hervorhebung der schrecklichen Gefahren, die das Sexualleben mit sich bringen kann. Wenn nun schon die Geschlechtskrankheiten eine Gefahr sind, obschon maßlos übertrieben und mit unerhörter Roheit beschrieben (muß man schließlich der ganzen Bevölkerung den Geschlechtsverkehr außer unter Kontrolle des medizinischen Korps verbieten?), gibt es noch andere Gefahren, die wirklich nichts anderes sind als verlogene Scharlatanerie: was soll man von einer Äußerung des Leningrader Arzts Swiadoschtsch halten, daß »voreheliche Sexualität schwere psychische Störungen verursachen kann«? Diese unbegründete Behauptung kann doch wohl nur dazu dienen, die jungen Leute bei der Stange, d. h. der offiziellen Moral zu halten.

Etwas Ähnliches steht in der Artikelfolge der »Gesundheit«: »Die voreheliche Sexualität läßt in der Ehe keine Harmonie aufkommen, sondern erschwert sie ungemein ... Das junge Mädchen, das seine Jungfräulichkeit vor der Ehe verliert, büßt gleichzeitig seinen Charme ein; seine Anmut schwindet, und vor allem verliert es allen Glauben an edle und tiefe Gefühle wie auch an sich selbst.« Wenn solche Salbaderei »auf moralisch« serviert wird, ist sie trotz allem weniger schädlich und unehrlich, als wenn sie wie hier sich ein »wissenschaftliches« Mäntelchen umhängt und sich vom Ansehen der ärztlichen Zeitschrift absegnen läßt. Das sexuelle Leben ist von derartigen Gefahren umgeben, wenn man solchen Artikeln glauben will, daß man sich fragen muß, wie die Menschheit bis in unsere Gegenwart überleben konnte. »Es ist sehr gefährlich, alle Schleier vor den intimen Beziehungen zwischen Eheleuten wegzuziehen, sie öffentlich zu diskutieren. Eine solche Entblößung führt unausweichlich zu einer Abwertung der Gefühle.« Zum Schluß noch einige Beispiele der offiziellen Einstellung zum Geschlechtsakt. Vor einigen Jahren konnte man in der »Gesundheit« lesen, daß erstens die voreheliche Sexualität die Gefahr nervöser Störungen, der Impotenz und der Frigidität in sich berge, und daß zweitens ihrer Ansicht nach die ideale Dauer des Geschlechtsakts zwei Minuten betrage. Das ist nicht etwa ein schrulliger Einfall eines witzig sein wollenden Mediziners, das ist ein Dogma, das man den Ärzten seit Jahrzehnten einbleut. Wenn der Mann die Ejakulation zurückhält, um seiner Partnerin Lust zu verschaffen, ist das »schrecklich schädlich und zieht die schwersten Konsequenzen nach sich: Impotenz, Neurosen, Psychosen ..«.

Der Akt muß so kurz wie möglich sein und soll zweifellos nur der Mehrung des nationalen Bevölkerungsstands dienen. Er darf sich auch nicht zu oft wiederholen. Dr. Swiadoschtsch empfiehlt als Äußerstes einmal in 24 Stunden, vorzugsweise nachts oder früh am Morgen, dann aber nur, wenn genügend Zeit ist, sich vor dem Weg zur Arbeit auszuruhen. Am besten ist es vielleicht, auf Sexualleben überhaupt zu verzichten und nur zur Zeugung von Nachwuchs aktiv zu werden. Kürzlich befürwortete ein Beitrag in der »Gesundheit« die sexuelle Abstinenz als nützlich für die Gesundheit, während »sexuelle Liaisons« nur schädlich sein können.

Verantwortungsbewußtsein, Gefahr, Schädlichkeit, Geschlechtskrankheit sind die Schlagworte, die der Jugend eingehämmert werden, ohne viel Erfolg, wie man gesehen hat. Die kümmerlichen Ansätze zu einer Sexualerziehung, die im Lauf der letzten fünfzehn Jahre zustande kamen, wurden meist schon im Anfang durch offizielle Verfügung abgebogen.

Die Zukunft wird zeigen, ob sich die Situation einmal lockert; zur Zeit taugt die »Liberalisierung« kaum mehr als jene auf kulturellem und wirtschaftlichem Gebiet: zwischen verkrampften Kiefern findet ein freies Wort keinen Weg.

Schwangerschaftsverhütung und Abtreibung

In der Sowjetunion gibt es praktisch keine organisierte, auf medizinischer Ebene überwachte Schwangerschaftsverhütung bzw. Geburtenkontrolle. Damit steht die Union neben den unterentwickelten Ländern und dem Rußland des Zarenregimes. Man möchte meinen, daß, wenn Schwangerschaftsverhütung kaum, wenigstens nicht auf moderne Art ausgeübt wird, der Grund dafür einfach der ist, daß das Bedürfnis sich nicht äußert, nicht fühlbar wird: warum sie einer Bevölkerung zugestehen, die nichts davon wissen will? Man denke an die Geburtenziffer in der Sowjetunion, die zeigt, daß das Land in die Ära der Einschränkung der Geburten eingetreten ist. Man will nicht zu viele Kinder haben, ihre Zahl begrenzt sich meistens auf eines oder zwei; man hat den Zeugungsakt angeblich unter Kontrolle. Dies bringt die Sowjetunion in eine durchaus einmalige Position. Es gibt Länder, in denen Schwangerschaftsverhütung weder vom Volk gewünscht noch vom Staat gefördert wird – andere, in denen der Staat versucht, sie einzuführen oder wenigstens zu begünstigen – wieder andere, deren Gesetzgebung und ärztliche Wissenschaft der Entwicklung gefolgt sind und wo sie ständig praktiziert wird. In der Sowjetunion steht sie zwar seit Jahrzehnten auf der Tagesordnung, ohne daß sich die Dinge merkbar entwickelt hätten: ein Paradox mehr in dieser Sowjetunion, die ein Land des rapiden Fortschritts und der Beweglichkeit sein will, in Wirklichkeit aber die Unbeweglichkeit selbst ist.

Die Schwangerschaftsverhütung begann sich in Rußland gegen Ende des 19. Jahrhunderts zu verbreiten, aber nur in sehr beschränkten Kreisen. In den zwanziger Jahren wurde sie zusammen mit den Theorien von der freien Liebe bekannter, aber zweifellos in der großen Masse der Bevölkerung, d. h. bei den Bauern recht wenig praktiziert. Mit der Stalinschen Züchtigkeit verschwand sie spurlos, um erst in unseren Tagen in äußerst diskreter Form wiederaufzutauchen. Keine medizinische oder soziale Körperschaft fördert sie öffentlich. Es gibt Verhütungsmittel, wenn auch nur primitive und wenig sichere, aber auch sie sind wenig bekannt, und viele Apotheker verkaufen sie überhaupt nicht. Dagegen kann man regelmäßig pseudowissenschaftliche Betrachtungen über die im Westen verwendeten Verhütungsmittel lesen, die als äußerst schädlich für die Gesundheit hingestellt werden. Es wird versichert, sie seien experimentell nicht getestet worden und könnten zur Geburt anormaler Kinder, zu schweren Krankheiten, zum Tod führen, vor allem die

Pille. Der durchschnittliche Sowjetmensch ist geneigt, solches ungereimtes Zeug zu glauben, denn für alle ausgeschmückten Katastrophen, die man ihm vorsetzt, ist er immer noch sehr empfänglich und merkt nicht, daß es sich wieder einmal um Lügen auf ideologischer und politischer Grundlage handelt.

Immerhin gibt es Verhütungsmittel, vor allem das Präservativ. Für mangelndes Interesse und auch technische Unzulänglichkeit spricht, daß diese Präservative ausnehmend »kräftig«, also dick sind; in Anspielung auf Gummi-Überschuhe, die bei Regen übergezogen werden, nennt man sie »Galoschen«. Ihre Maße sind oft ungewöhnlich: zu lang oder zu kurz. Hergestellt werden sie von einer Fabrik in Bakowka, nicht weit von Moskau. Die Männer sind wenig geneigt, sie zu verwenden, auch wenn sie für Verhütung sind, denn die »Galoschen« sind der Haut unangenehm und riechen schlecht nach Gummi und Talkum. Was schlimmer ist: trotz ihrer Dicke sind sie nicht widerstandsfähig und reißen leicht. Manche Männer haben sich daran gewöhnt, zwei oder drei übereinander überzuziehen, was, wie man sich denken kann, dem Koitus zusätzliche Reize verleiht. Garantie ist trotzdem keine gegeben. Die Frau eines meiner Patienten, eine Diabetikerin, durfte wegen ihres Zuckers nicht schwanger werden, und so nahm ihr Mann jedesmal vier Präservative. Da die Eheleute nicht gerade reich waren, wollten sie sie wiederverwenden; das bloße Waschen und Trocknen genügte, sie unbrauchbar zu machen, so schlecht war die Qualität des Gummis.

Manchen gelingt es, sich im Westen hergestellte Präservative auf dem Schwarzmarkt zu verschaffen, die es dort dank der westlichen Touristen oder über Landsleute gibt, die aus dem Westen zurückkommen. Der Preis liegt fünf- bis zehnmal höher als der der einheimischen Erzeugnisse. Wer sie verwendet hat, empfindet Abscheu vor den anderen. Eine meiner Patientinnen wurde frigid, als ihr Mann wieder zur »Galosche« griff. Eine andere konnte es nicht fassen, daß die im Westen hergestellten Präservative luftdicht verschlossen in einer Speziallösung schwimmen. Die »Galoschen« werden nämlich in Papier schlechter Qualität oder in durchlöchertes Zellophan eingewickelt; außerdem haben sie eine widerliche weißliche Farbe.

Man wird nun verstehen, wie es in der Sowjetunion um die Schwangerschaftsverhütung steht. Informationen und Kontakte mit dem Ausland bewirken, daß man die in den westlichen Ländern praktizierte Verhütung kennt oder zu kennen anfängt und Gefallen daran findet. Man möchte in den Genuß dieses Produkts des Fortschritts kommen und ist mit dem Angebot des sowjetischen Erzeugnisses unzufrieden – eine Situation, die im Grund bei allen Dingen des täglichen Gebrauchs (besonders der Kleidung) die gleiche ist und, dauert sie übermäßig lang, unerträglich wird.

Andere im Handel erhältliche Verhütungsmittel sind weniger verbreitet. Es handelt sich um das Pessar oder Diaphragma, das ebensowenig sicher ist wie die »Galosche« und kaum verwendet wird; die Spirale und die Sterilette sind praktisch noch unbekannt. Im übrigen widersteht es Männern wie Frauen aus falscher Scham, in die Apotheke zu gehen. Ein Patient von mir schickte seinen Sohn mit einem Brief zum Apotheker, in dem er bat, dem Knaben sicher verpackte Präservative mitzugeben.

Nach dem Verlassen der Apotheke begeben wir uns zu den »weisen« Frauen und deren Mitteln; sie aufzuzählen wäre langweilig und widerlich. Nur eines: man rät der Frau zum aus dem Altertum überlieferten Gebrauch von Zitronensaft nach dem Koitus oder zu Methoden, die seinen Ablauf verändern.

Unter den jungen Generationen sind anale und orale Sexualität weit verbreitet. Der Koitus interruptus bietet mäßige Sicherheit und schließt Schäden nicht aus; nach meinen Beobachtungen wird er von mehr als 60 von 100 Männern praktiziert. Bleibt auf medizinischem Gebiet noch die Vasectomie, die fast nur für die führende Minorität in Betracht kommt.

So ist es verständlich, daß in der Sowjetunion die Abtreibung das hauptsächliche und einzige wirksame Mittel bleibt. In Moskau, Leningrad und anderen Großstädten unterziehen sich 80 von 100 schwangeren Frauen einer freiwilligen Schwangerschaftsunterbrechung. 1963 waren die Zahlen nur für verheiratete Frauen die gleichen, ein Zeichen, daß es sich recht wohl um Probleme der Verhütung und nicht nur um mangelnde Erfahrung Jugendlicher handelt.

Diese schlimme Situation ist in der Sowjetunion wohlbekannt und wird sogar öffentlich zugegeben. Eine Artikelsammlung von 1976 über das Thema der Geburtenziffern erklärte, daß »die Abtreibung ein primitives, aber sicheres und verfügbares Verfahren« ist. Merkbare Verbesserungen werden aber nicht veranlaßt. Statt eine wirksame Schwangerschaftsverhütung voranzutreiben, wird immer wieder ein neuerliches Verbot der Abtreibung erwogen.

Erinnern wir an die Geschichte der Abtreibung in der Sowjetunion. Mit Gesetz von 1920 unter der Bedingung erlaubt, daß sie unter ärztlicher Kontrolle stattfinde, wurde sie 1936 gesetzlich verboten; für gesetzwidrige

Abtreibung wurde eine Gefängnisstrafe von zwei Jahren festgesetzt. Obwohl es hierüber keine Statistiken gibt, besteht kein Zweifel, daß Abtreibungen im geheimen weiterhin stattfanden, oft unter Gefährdung der Gesundheit der Frauen, nach der Entstalinisierung auch mit Einwilligung der Behörden. 1955, zwei Jahre nach Stalins Tod, wurde die Abtreibung wieder gesetzlich erlaubt. Seitdem kostet sie fünf Rubel für Städterinnen, zwei für Bäuerinnen. In den Jahren 1965, 1971 und 1978 war wegen Absinkens der Geburtenziffer daran gedacht worden, die Abtreibung zu erschweren, aber gegenwärtig wäre eine Umkehr schwierig.

Ich komme nun zu einem absolut paradoxen Zustand. Praktisch freigegeben, ist die Abtreibung eine banale Angelegenheit des Alltags geworden, bleibt aber trotzdem unter der Überwachung der »Gesellschaft«, denn ein imposanter Papierkrieg ist erforderlich, der für die Frau noch eine peinliche und erniedrigende Prozedur einschließt. So nehmen viele Frauen ihre Zuflucht zur gesetzwidrigen Abtreibung, die außerhalb der Kliniken und Krankenhäuser vorgenommen wird, obwohl sie unter Strafe steht: nach dem Strafgesetz ein Maximum von acht Jahren Haft. Eine private Abtreibung kostet in Moskau 50 Rubel und mehr, also das Zehnfache einer legalen.

Ob privat oder im Krankenhaus vorgenommen, geschieht die Abtreibung mit gewöhnlichen mechanischen Mitteln und ohne Narkose. Trotz möglicher Komplikationen ziehen die meisten Frauen die private Abtreibung vor. Bei manchen zählt der Eingriff nach Dutzenden, weil er ein »bequemes« Mittel ist, kein Kind zu bekommen. Manchmal brauchen die Frauen für einen Abgang gar nicht mehr zur Hilfe von außen zu greifen. Nach einer gewissen Zahl von Abtreibungen genügt es (ein weitverbreitetes Rezept), ein Glas Wodka zu trinken, ein sehr heißes Bad zu nehmen und dann so lange auf der Stelle zu hüpfen, bis die Fehlgeburt erfolgt. Ich hatte eine Frau zu behandeln, die 22 Abtreibungen hinter sich hatte. In diesem und ähnlichen Fällen erschlaffen die Muskeln der Gebärmutter derart, daß Fehlgeburten beim einfachen Gehen erfolgen können.

Wie man sieht, gehen Schwangerschaftsverhütung und Abtreibung ineinander über. Zu Beginn des Regimes gewaltsam dekretiert, verstärkt durch eine Serie katastrophaler Ereignisse, hat die Idee der Geburtenkontrolle in der Sowjetunion schließlich Gestalt gewonnen. Statt jedoch auf die Weiterentwicklung der Schwangerschaftsverhütung abzuzielen, ist man auf halbem Weg stehengeblieben. Es sieht aus, als sei von ihr nichts übrig als ihr negativer Aspekt (Unterbrechung der Schwangerschaft), wo sie doch ein

Weg zur Meisterung des Lebens und zur Sicherung des individuellen Glücks hätte werden können. Die strapaziösen, oft wiederholten Abtreibungen konnten bei den Eheleuten und besonders bei der Frau kein harmonisches Liebesleben und seelisches Gleichgewicht aufkommen lassen. Ganz wie bei der »Befreiung« der Frau, bei der Konzeption der Liebe und des Sexuallebens findet man bei der Schwangerschaftsverhütung die ungesunde und auf die Dauer unhaltbare Situation, daß moderne Ideen, neue Zielsetzungen an Gewohnheiten, an der Fahrlässigkeit und Gleichgültigkeit des Staats scheitern und daß als einziges Resultat die Zahl der Abtreibungen sich vervielfacht. Man darf jedoch dem Sowjetstaat nicht die Verantwortung für alle beunruhigenden Erscheinungen aufbürden, die ich beschrieben habe. Man sollte vielleicht besser von Nichtverantwortlichkeit sprechen. Was man auch sagen mag, das Regime hat das Land umgestaltet; es hat die Union industrialisiert, will es modernisieren und in die entwickelten Länder einreihen. Damit hat es einen Prozeß ausgelöst, der in der Bevölkerung neue Bestrebungen entstehen ließ, ihre Lebensart und ihr traditionelles Denken veränderte. Wenn es sich aber darum handelt, konkret auf ganz bestimmte Probleme wie die Zunahme der Abtreibungen, die Sexualerziehung der Jungen und der Erwachsenen zu reagieren, verschanzt es sich hinter seiner muffigen Moral und seiner überalterten Ideologie und läßt den Dingen ihren Lauf. Ein noch schwerer wiegender Widerspruch: da der Staat jede private Initiative abgeschafft hat, kann der Fortschritt nur von ihm ausgehen, zum mindesten in naher Zukunft; ein Fortschritt, den er weder zu wünschen noch zu übernehmen in der Lage zu sein scheint. Ich bin nicht so naiv, daß ich glaubte, Sexualaufklärung in der Schule und eine einwandfrei organisierte und im Volk verbreitete Schwangerschaftsverhütung würden genügen, alle Probleme des Sexuallebens der Sowjets in Ordnung zu bringen. Aber ein mutiger Anlauf wäre ein erster Schritt zur Gesundung einer verdorbenen Atmosphäre, die auf die Länge der Zeit explosiv werden könnte.

TEIL III
VERBOTENE PRAKTIKEN

Das sowjetische Strafgesetzbuch enthält sieben Artikel zu Sexualdelikten mit den Strafen, die sie nach sich ziehen (jeweils Höchststrafe).

»1. Verbreitung von Geschlechtskrankheiten: drei Jahre Haft.
2. Unerlaubte Abtreibung: acht Jahre.
3. Vergewaltigung: Todesstrafe.
4. Der Frau durch Zwang aufgedrungene Liebesbezeigung – ohne den Geschlechtsakt: drei Jahre.
5. Entführung Minderjähriger: sechs Jahre.
6. Perversitäten: drei Jahre.
7. Päderastie: acht Jahre.«

Diese Aufzählung gibt einen Überblick, was in der Sowjetunion auf sexuellem Gebiet verboten ist. Die Liste ist natürlich nicht vollständig. Es versteht sich von selbst, daß Punkt 6 (Perversitäten) sehr dehnbar ist und alles mögliche enthalten kann. Pornographie wird rigoros unterdrückt, und hier geht die Definition des Pornographischen so weit, auch den Akt in der Malerei einzuschließen!

Bemerkenswert ist vor allem, daß in der sowjetischen Gesellschaft alle mit Sex zusammenhängenden Dinge sehr schnell zum »Anormalen«, »Pathologischen«, »Perversen« werden. Sich auf der Straße zu küssen, ist eine Schweinerei; sich beim Geschlechtsverkehr erotische Spielereien einfallen lassen, macht einen zum Anhänger des Marquis de Sade; den Sexualakt verlängern heißt mit dem Feuer spielen, schwerste neurotische Störungen riskieren und außerdem der Unmoral frönen. Und nimmt man als sowjetische Norm die moralischen Satzungen der Stalin-Zeit, ist jedes Sexualleben mit Ausnahme des zur Zeugung von Kindern bestimmten aus seiner Definition heraus pervers.

Es ist dies eine gewisse Hilfe bei der Problemstellung »normal« und »anormal«, wie sie sich in der Sowjetunion darbietet. Objektive Unterscheidungen zwischen beiden Begriffen treffen zu wollen hieße, sich auf vermintes

Terrain zu begeben, denn sie enthalten zugleich eine soziale Einschätzung der von dieser und jener Gesellschaftsschicht gebilligten oder nicht gebilligten Verhaltensweisen und eine wissenschaftliche Beurteilung auf medizinischer Ebene. Wie allgemein bekannt ist, wird in den westlichen Ländern die Homosexualität immer weniger als »anormal« angesehen, während sie in der Sowjetunion schlicht und einfach ein Zeichen purer Pathologie ist. Nicht einmal der Inzest wird universell noch als Verbrechen betrachtet. Auch ist es unmöglich, moralische Kriterien aufzustellen, die auf sexuellem Gebiet für alle Völker gelten könnten. Der ärztliche Standpunkt ist im wesentlichen empirisch: der Arzt hat in seiner Praxis mit »Kranken« zu tun, d. h. mit Menschen, die sich für »krank«, »anormal« halten und zu ihm um Hilfe kommen. Da sich ein so komplexes Thema nicht in ein paar Zeilen abtun läßt, will ich zeigen, wie es sich in der Sowjetunion darstellt.

Augenscheinlich existieren in der Sowjetunion zwischen »normal« und »anormal« keine Trennlinien. Dies mag paradox erscheinen, weil man weiß, daß Gesetz und Gesellschaft allen Arten sexueller Delikte gegenüber eine äußerst strenge Haltung einnehmen. Tatsächlich ist je nach dem Gesichtspunkt, von dem aus man sich ein Urteil bildet, alles anormal oder nichts normal. Ist es etwa normal, daß ein Mann und eine Frau sich nur drei- oder viermal im Jahr lieben, und das in betrunkenem Zustand? Und umgekehrt: ist es anormal, wenn ein Mann reifen Alters masturbiert, weil seine Lebensumstände oder die Frigidität seiner Frau »normale« hetero-sexuelle Beziehungen verhindern? Ich möchte hier wieder auf die »kerkerhafte« Sexualität zurückkommen, den eigentlichen Mittelpunkt dieses Buchs. Bei einem Gefangenen haben die Begriffe »normal« und »anormal« noch weniger Sinn als bei einem freien Menschen. Im Gefängnis ist die Libido auf eine Art unterdrückt und gehemmt, daß man sie mit einer gespannten Feder vergleichen kann. Hier sind sexuelle »Abweichungen« eine natürliche Reaktion auf den sexuellen Hunger, der in der Welt des Gefängnisses herrscht. Sie äußern sich nach Maßgabe der erlittenen Frustration auf so heftige Weise, daß sie wirklich wie pathologische Unarten erscheinen. Wenn in der Sowjetunion die Vergewaltigungen, die Masturbation Erwachsener und der Exhibitionismus weit verbreitet sind, so ist das mindestens teilweise den schwierigen Beziehungen zwischen Mann und Frau und dem wenig befriedigenden Sexualleben zuzuschreiben.

Meine Absicht in diesem dritten Teil des Buchs besteht also nicht darin, ein vollständiges Inventarium aller mehr oder weniger absonderlichen »Abweichungen« aufzustellen, die in der Sowjetunion vorkommen – eine Aufzählung, die schnell langweilig würde, sondern mich auf die Praktiken zu beschränken, die streng bestraft werden (etwa die Homosexualität), die für die Sowjetunion nach ihrer statistischen Bedeutsamkeit am typischsten sind (Exhibitionismus und Masturbation), und schließlich jene, die sich unter besonderen Bedingungen abspielen (etwa die Prostitution).

10
Masturbation bei Kindern und Erwachsenen

In der Sowjetunion hat die Masturbation in den Augen fast der ganzen Bevölkerung etwas Pathologisches. Offiziell gibt es keine Masturbation bei Kindern, denn das Kind ist ein neutrales, unschuldiges Wesen. Diese vorfreudianische Anschauungsweise, ein Dogma seit den zwanziger Jahren, hat sich seitdem nicht weiterentwickelt. Seit dem Ende jenes Jahrzehnts ist die Psychoanalyse verboten; die Veröffentlichung und das Studium der Freudschen Werke wurden gewaltsam unterbrochen, ebenso jede Forschung über die sexuelle Entwicklung des Kinds und des Halbwüchsigen.

So schreiben z. B. Michailow und Zaregorodzew in einem kürzlich erschienen Buch, »Jenseits des Bewußten«: »Die Freudschen Ideen sind aufgetaucht wie ein Reflex der Vorstellungen der Bourgeoisie in ihrer vollen moralischen Dekadenz und bleiben in unseren Tagen der Vorwand, sexuelle Zügellosigkeit, Ausschweifung, Pornographie und die moralische Zersetzung zu rechtfertigen, die in den Ländern des Kapitals praktiziert werden... Mehr als andere Theorien nähren die Freudschen die Atmosphäre sittlicher Auflösung, die in den imperialistischen Ländern immer noch zunimmt. Und keine kleine Rolle spielt die Freudsche Therapie beim Verderb der Sitten der Kinder und der Heranwachsenden. Der Akzent, der auf sexuelle Probleme gelegt wird, führt zur moralischen Perversion und trägt zur vorzeitigen Entwicklung des sexuellen Interesses bei Kindern und Heranwachsenden bei.«

Es gäbe eine Menge über die Zurückweisung der Psychoanalyse durch das sowjetische Regime zu sagen. Ich will nur das Wesentliche hervorheben. Freud ist mit der herrschenden Ideologie unvereinbar, denn seine Schriften setzen voraus, daß es etwas Unbewußtes im Menschen gibt, unabhängig von Erziehung und gesellschaftlicher Ordnung. Anders gesagt, sexuelle Regungen sind für die Techniken der kommunistischen Erziehung nicht greifbar. Das Kind ist bei Freud nicht mehr eine Art Treibhausprodukt, das Generation für Generation in die beste der Welten hineingeboren wird, rein an Seele und Körper: die Theorie der Psychoanalyse ist für eine Ideologie untragbar, die immer danach gestrebt hat, einen neuen Typ von Mensch hervorzubringen, und die, so materialistisch sie sich gibt, von jeher ein unversöhnlicher Feind der Natur gewesen ist. Die schlimmste Ideologie oder Ethik ist nicht jene, die die Natur bekämpft, sondern jene, die ihre Existenz verneint. Wenn das normale Kind, wie es in der idealen sozialistischen Gesellschaft sein muß, auch kein sexuelles Leben hat, so wird ein anderes, das unglücklicherweise mit einem Sexualleben behaftet ist, für krank taxiert. In der Sowjetunion ist Masturbation ein Zeichen virulenter moralischer Auflösung und zugleich das Weiterleben eines Überbleibsels der bürgerlichen Gesellschaft. Dieses Vorurteil ist nicht lediglich das Werk von Psychologen oder Ärzten, was noch das kleinere Übel wäre, sondern wird von der breiten Masse der Bevölkerung geteilt, was verständlicherweise absurde und tragische Konflikte verursacht.

Einer meiner Patienten hatte die Scheidung beantragt, weil seine Frau masturbiert hatte – in ihrer Jugend. Pathologisch, will mir scheinen, war nicht, was er dafür hielt, sondern vielmehr seine Reaktion darauf. Als ich ihn fragte, ob er es nie getan habe, war die Antwort:

»Ja. Aber ich darf das. Ich bin ein Mann.«

Wenn Eltern merken, daß ihre Kinder masturbieren, bestrafen sie sie in der Regel, was schwere Konsequenzen haben kann, wie heutzutage in den westlichen Ländern jedermann weiß. Es ist eine Seltenheit, daß Eltern, die sich wegen des »schlimmen« Tuns ihres Kindes beunruhigen, sich an den Arzt wenden, was ohnedies fast immer nutzlos ist. Die meisten Eltern beschränken sich darauf, das Kind zu schlagen.

Ich hatte mit einem beeindruckenden Fall zu tun: die Mutter eines Buben drohte ihm: »Wenn du das noch mal tust, nehme ich ein Rasiermesser und schneide dir dein Zipfelchen ab.« Das Kind hörte nicht auf und hatte Nacht für Nacht den Alptraum von einem Flugzeug, dessen einer Flügel ein Rasiermesser war. Es bekam Angstzustände und mußte drei Jahre nach der unverantwortlichen Drohung der Mutter zur Behandlung in eine psychiatrische Klinik gebracht werden.

Die sowjetische medizinische Propaganda nehme es mir nicht übel, aber es gibt in der Sowjetunion die Masturbation, und nicht nur bei Sexsüchtigen, sondern bei vollkommen normalen Kindern, die man für Tiere ansieht, die sich der Sünde hingeben. Offizielle Zahlen behaupten, 8 von 100 Mädchen und 20 von 100 Knaben masturbierten. Meine ganze Erfahrung widerspricht diesen albernen Zahlen, die, als bedeute es das Ende des sowjetischen

Regimes, verschweigen wollen, daß der Großteil der Kinder masturbiert. Es ist natürlich mehr als schwierig, auf diesem Gebiet mit Zahlen aufwarten zu wollen, aber jedenfalls kann ich sagen, daß fast alle meine männlichen Patienten es irgendwann einmal taten. Weitaus schwerer war es, Frauen zu dem Eingeständnis zu bewegen, sie hätten masturbiert. Wie die merkwürdige Antwort eines Patienten gezeigt hat, ist Masturbation bei der Frau, vom Mann aus gesehen, absolut schändlich. Ich bin aber in der Lage, Resultate meiner Beobachtungen zu geben, denn diese Frage hat mich immer besonders interessiert. Aus ihnen geht hervor, daß bei den Mädchen die Masturbation zunimmt.

Während des II. Weltkriegs war Masturbation bei Frauen sehr selten. Ich weiß nur von einer Patientin, die zugab, mit dreizehn Jahren masturbiert zu haben. Nach dem Krieg stieg die Zahl an. Von 1953 bis 1964 hatten von insgesamt 430 befragten Patientinnen 81 masturbiert, d. h. 18,5 %, denen man zweifellos noch einige Fälle von Frauen anfügen muß, die die Wahrheit nicht zugaben.

Zwischen 1964 und 1973 änderte sich die Situation radikal. Professor Misruchin und ich stellten bei jeweils 500 Patientinnen Nachforschungen an und erzielten diese Ergebnisse: in meiner Gruppe masturbierten 43 von 100 oder hatten zwischen neun und neunzehn Jahren masturbiert. Mein Kollege hatte ein Verhältnis von 55 auf 100, was einen gemeinsamen Durchschnittsprozentsatz von 49 ergibt.

Ich weiß nicht, ob diese Aufwärtsentwicklung einem Erschlaffen der Disziplin zuzuschreiben ist, die auf das Klima der allgemeinen Spannung folgte, in die das Land unter Stalin geraten war, oder ob es andere Ursachen gibt; jedenfalls ist die Zunahme auffallend. Nicht nur, daß Kinder und Halbwüchsige immer mehr dazu neigen, sie erleben auch immer früher den Orgasmus. Genaue Zahlen kann ich nicht geben, wohl aber feststellen, daß ich z. B. 1961 von zwei und 1970/71 von zwölf Mädchen zwischen vier und neun Jahren wußte, daß sie den Orgasmus bereits kannten.

Die Frühreife im Sexualleben scheint in direktem Verhältnis zur erlittenen Repression zu stehen. Zu diesem Paradox führe ich den absonderlichen Fall der dreijährigen Lena S. an, der mir für die Reaktion der Eltern und jene von Kindern typisch erscheint, die antisexuell erzogen werden. Lenas Eltern erzählten:

»Wir fanden Lena in einem Bedürfnishäuschen im Park, nicht weit von unserem Haus. In einem Abteil versteckt, von wo aus sie alle Eintretenden erspähen konnte, beobachtete sie die Männer. Wenn sie dachte, einer würde urinieren, bereitete sie sich aufs Masturbieren vor; sie kannte genau die Stelle (die Clitoris), die ihr Vergnügen machte, wenn sie sie streichelte. Atemlos vor Ungeduld und Spannung, war sie tief enttäuscht, wenn ein Mann vorbeiging und nicht eintrat oder nur ein Knabe hereinkam. ›Die haben ein ganz kleines Ding, aber ich möchte das von einem Mann sehen.‹«

Ich hatte schon mit vielen Fällen vorzeitiger Masturbation bei kleinen Mädchen zu tun gehabt, aber als mir die Eltern Lena brachten und mir die Szene schilderten, bei der sie das Kind zufällig überrascht hatten, war ich sprachlos. Als ich Lena zum erstenmal sah, war sie drei Jahre und sechs Monate alt. Angefangen hatte die Sache mit drei Jahren. Die Eltern hatten gemerkt, daß das Kind manchmal, wenn es ausgestreckt im Bett, am Strand oder im Gras des Hinterhofs des Hauses lag, die Schenkel zusammenpreßte, erstarrte und bleich wurde. Beunruhigt beobachteten sie Lena aufmerksamer und entdeckten ihre Besuche der öffentlichen Toiletten. Ab und zu brachte sie Stunden darin zu, wartete auf Männer und reizte sich bis zum Orgasmus, wenn sie zusehen konnte, wie einer urinierte. Knaben ließen sie gänzlich gleichgültig. Wenn sie ihrer Mutter entwischte, konnte die Selbstbefriedigung bis zur Erschöpfung gehen.

Zuerst vermutete ich, daß es sich um einen Fall vorzeitiger Reife handelte, wie sie mir schon öfter in meiner Praxis untergekommen war. Als ich Lena untersuchte, fand sich nichts, was auf Früh- oder Überentwicklung hindeutete. Masturbation bei Kindern ist natürlich und normal, aber die bei Lena trotzdem vorhandene Frühreife, die Intensität ihres Sexuallebens, ihre Orgasmen und vor allem die Gewohnheit, urinierenden Männern zuzuschauen, machten ihren Fall zu etwas Ungewöhnlichem, Unerklärlichem. Ich bat also die Eltern zu einem eingehenden Gespräch.

»Ihre Tochter ist körperlich vollkommen gesund. Die Ursache ihrer Störungen sind psychischer Art. Wenn wir ihr helfen wollen, müssen wir sie finden.«

Die Eltern waren bestürzt. Lena war ihr erstes und nach drei Fehlgeburten gewolltes Kind. Für sie war Lena ernstlich krank, sie sahen ihre Hoffnungen dahinschwinden. Die Mutter fragte mich unter Tränen:

»Wie kann sie gesund sein, wenn sie so etwas Fürchterliches tut?«

»Ich kann nur wiederholen, daß sie physisch gesund ist.«

»Wie kommt es dann zu den Störungen, wie Sie sagen, wenn ihr körperlich nichts fehlt?«

Diese Unterhaltung ist typisch für die Schwierigkeiten, denen der Arzt in der Sowjetunion gegenübersteht. Einerseits erregte die Masturbation bei Lenas Eltern einen derartigen Abscheu, daß das Kind krank sein mußte, rechtfertigte aber nicht ihre übermäßige Verzweiflung. Anderseits wurde der psychische Bereich gänzlich ignoriert; die »Krankheit«, das sonderbare Tun Lenas konnte für die Eltern nur physische Ursachen haben. Diese Art eines naiven, primitiven Materialismus, der der herrschenden Ideologie und der Denkweise der Bevölkerung gleichermaßen eigen ist, verhindert sehr oft, daß die Patienten dem Arzt bei seinen Untersuchungen irgendwie eine Hilfe sind. In Lenas Fall konnten und wollten die Eltern mich nicht verstehen und mir wirklich helfen, den Störungen auf den Grund zu kommen. Auf alle meine Fragen bekam ich nur Lenas Krankheiten aufgezählt – Angina, Grippe und deren Folgen, eine alte Lungensache.

Nach langem Hin und Her gelang es mir endlich herauszufinden was geschehen war. Eines Tags war das kleine Kind unerwartet ins Zimmer gekommen und hatte den Vater im Adamskostüm und damit seine Geschlechtsteile gesehen und ihn gefragt, was das sei, diese Wurst da. Diese Frage aus natürlicher Neugier hatte Lena grausame Prügel eingetragen. Man hatte sie eingesperrt und ihr angekündigt, sie werde wieder geschlagen, falls sie die Eltern ausspioniere und dann schamlose Fragen stelle. Nach diesem Auftritt suchte sich Lena auf ihre Weise, die sie in der Bedürfnisanstalt der Männer fand, eine Antwort.

Das kleine Mädchen zu »heilen« war nicht das Schwierigste, mühsam jedoch, die Eltern zu überzeugen, daß sie sich gegebenenfalls unbekleidet nicht mehr vor Lena verstecken sollten, und daß nur eine Atmosphäre des Vertrauens die neurotische Spannung innerhalb der Familie entdramatisieren könne. Man wisse nicht, machte ich ihnen klar, wo man die »Krankheit« zu suchen habe – im Benehmen Lenas oder in der Reaktion der Eltern.

Es ist in unseren Tagen weithin zum Gemeinplatz geworden, wie gefährlich die Unterdrückung der Masturbation und überhaupt jede gewaltsame Reaktion auf Dinge des Sex sein können, Ideen, die in der Sowjetunion als Irrglaube betrachtet werden. Auch die Folgen dieser Repressionen können katastrophal sein.

Ich hatte einen fünfundzwanzigjährigen Zeichner wegen psycho-pathologischer Impotenz zu behandeln. Er litt an zunehmendem Verfolgungswahn und war überzeugt, daß ihm Polizisten auf der Straße folgten. Trotz der ausgedehnten Befugnisse und der wohlbekannten Praktiken der Polizei hatte der junge Mann keinen Grund, sich verfolgt zu fühlen; es handelte sich lediglich um eine neurotische Phobie. Nun war er in der Kindheit von seinem Vater furchtbar verprügelt worden, wenn ihn dieser beim Masturbieren überraschte. Als es zum letztenmal geschah, war er fünfzehn Jahre alt und blutete nach den Schlägen aus der Nase. Von diesem Tag an hörte die Masturbation auf, er verlor aber auch jegliche sexuelle Regung, wurde impotent und verfiel dem Verfolgungswahn.

Ich habe von einer allgemeinen Tendenz der vorzeitigen Sexualreife gesprochen. Sie existiert bei jungen Mädchen, die spontane Orgasmen haben, d. h. ohne jeden physischen Anreiz. Dieses Phänomen tritt immer häufiger auf. Ich hatte eine Patientin, die im Nu beim Orgasmus war, wenn sie ihre Clitoris berührte. Diese Erscheinung läßt sich wahrscheinlich aus einer ungewöhnlich erstickenden Familienatmosphäre erklären, in der das Kind von der Umwelt so abgeschirmt ist und so methodisch in Unkenntnis aller sexuellen Dinge gehalten wird, daß es jedem Einfluß, jedem Reiz von außen gegenüber überempfindlich wird. Ich hatte eine 20jährige Luftstewardeß zu behandeln, die gezwungen war, ihren Beruf aufzugeben. Das Vibrieren des Flugzeugs hielt sie in einem ständigen Zustand der Erregung und verursachte ihr wiederholte Orgasmen. In ihrer Kindheit hatte sie sich von Kameraden ferngehalten, weil ein flüchtiger Kuß fast augenblicklich einen Orgasmus auslösen konnte. Sie masturbierte fast täglich seit dem zwölften Lebensjahr bis zu ihrem Eintritt in die Aeroflot als Stewardeß.

Ein anderer Fall war die fünfjährige Tochter eines meiner Kollegen. Ihre spontanen Orgasmen, gefolgt von wilder Masturbation, begannen bei einer der traditionellen Maifeiern. Ihr Vater hatte sie sich auf die Schultern gesetzt und ging zusammen mit seiner Frau ins Stadtzentrum. Die Kleine wedelte mit ihrem roten Fähnchen, das ihr plötzlich aus der Hand fiel; dabei stieß sie einen Schrei aus, so daß ihr Vater fragte:

»Was ist dir, Vera?«

»Mir ist heiß.«

Er vergaß den Zwischenfall. Seit diesem Tag hatte sie spontane Orgasmen vor allem, wenn sie sich unter vielen Menschen befand. Dann entdeckte sie die Quelle des Vergnügens und masturbierte mehrere Male täglich. Ich konnte den Eltern nur den Rat geben, Vera von Ansammlungen von Menschen fernzuhalten.

Frühreife des Sexuallebens kann wie in diesen Fällen mit Naivität und Nichtbewußtwerden einhergehen, oft aber weiß das Kind, was es tut, und schafft sich so sein kindliches Sexualleben neben dem der Erwachsenen, von dem es keine Ahnung hat. Eine Patientin von mir fiel aus allen Wolken, als sie zufällig ein Telefongespräch ihrer neunjährigen Tochter mit einer Freundin mitanhörte:

»Ich komme zu nichts, weißt du, ich streichle und streichle, aber nichts passiert. Es ist ganz angenehm, sicher, und ich hab mich lang zwischen den Schenkeln gerieben, aber was du mir erzählt hast, war bei mir nicht. Wir müssen es einmal alle zwei miteinander probieren, wenn die Eltern im Kino sind.« Eine noch ganz unschuldige »Schamlosigkeit« also.

Tiefer und aggressiver ist jene der etwa dreizehnjährigen Schüler der Schule 25 von Winniza, die sich in Gruppen von zehn bis zwanzig zum Masturbieren zusammentaten. 1956 sammelten sie das Sperma in einem Glas und schütteten es in die Tintengläser der Nachbarklasse. Diese kollektive Masturbation ist so verbreitet, daß die Knaben sich selbst den Spitznamen »Klub für Handfertigkeit« geben (nach den Gruppen in den Häusern der Pioniere für handwerkliche Tätigkeiten).

Bei den Halbwüchsigen gibt es noch ein Spiel, das sie »Ich dir, du mir« nennen und das so vor sich geht: zwei oder drei zwölf- oder dreizehnjährige Mädchen, die in der Leninstraße in Winniza oder in der Maxim-Gorki-Straße in Moskau promenieren, nähern sich einer Gruppe etwa gleichaltriger Knaben und sagen: »Ich dir, du mir.« Keine weitere Erklärung ist nötig. Man findet eine Ecke, wo man ungestört ist, und masturbiert gegenseitig. Dann trennt man sich, meistens ohne etwas zu sagen; manchmal wird ein Treffpunkt ausgemacht. Ich wiederhole, daß es sich hier um ein Phänomen der jüngsten Zeit handelt, das gegen Ende der sechziger Jahre auftauchte und vielleicht eine Parallele zum Wandel im Denken der gegenwärtigen Jugend bildet. Das Frappierendste daran ist, daß es für die Halbwüchsigen wesentlich zu sein scheint, die Partner oder Partnerinnen nicht zu kennen: daß es zufällige Treffen ohne ein Morgen sind, vermehrt wohl den Genuß des Beisammenseins. Es ist ein wenig, als wollten die jungen Leute zusätzlich der Welt der Erwachsenen ein Zeichen des Trotzes setzen und in bewußter Anmaßung deutlich zu verstehen geben, daß man sich bewußt Freiheiten herausnehme.

Ein extremer Fall dieser »Schamlosigkeit« war ein Mädchen aus Winniza, das man »die Rothaarige« nannte. Sie lebte bei ihrer Großmutter, war eine Musterschülerin und spielte immer nur mit Kameraden. Als ihre Eltern noch lebten, hatte sie einmal nach Leningrad fahren dürfen. Dort lernte sie »Ich dir, du mir« mit allen Finessen des Spiels und hatte dann eine Schar von Knaben um sich. Mit elf Jahren kannte sie auch eine Menge Halbwüchsiger, mit denen sie das Spiel trieb. Mit dreizehn fing sie an, zwischen Leningrad, Moskau, Kiew und Winniza hin und her zu fahren, ohne daß jemand wußte, woher sie das Geld für die Reise nahm. Wer sie kannte, wußte, daß sie »es« mit Halbwüchsigen und auch Männern tat, weil es ihr Spaß machte, und daß man sie nicht zu bezahlen brauchte. Die Männer achteten auch kaum auf ihre frühreifen Fragen über das Privatleben, die Politik usw. Erst später, als ihre großen »Freunde« Schwierigkeiten mit der Polizei bekamen, entdeckte man, daß »die Rothaarige« seit mehreren Jahren mit der KGB zusammengearbeitet hatte: ein Grenzfall, der an jene von Prostituierten erinnert, die der Polizei Spitzeldienste leisten.

Wie ich beobachten konnte, ist die Masturbation von Kindern in allen Bevölkerungsschichten verbreitet; es wäre vergeblich, wollte man nach sozialen Kreisen suchen, die mehr als andere davon berührt werden. Es kämen höchstens junge Sportler in Betracht, unter denen es auffallend viele Fälle gibt. Ich hatte zwei Jahre Gelegenheit, eine junge Sportlerin von sechzehn oder siebzehn Jahren zu beobachten, die am Kletterseil die Masturbation entdeckt hatte.

»Eines Tages ließ ich mich nach unten gleiten und empfand etwas Sonderbares, eine Art sehr angenehmen Vibrierens. Ich probierte das öfter und hatte am Seil immer wieder dieses Gefühl, bis ich begriff, daß es ›das‹ war. Ich hoffe, es ist nichts Gefährliches? Ich will Wettkämpferin werden, aber ich befürchte – vielleicht bin ich krank?«

Ich beruhigte sie und sagte ihr, daß es nichts Anormales sei, sie reife zur Frau heran.

Wie die Erwachsenen müssen auch die Halbwüchsigen nach vielen Orten suchen, wo sie für sich sind. In Leningrad sind besonders die Toreinfahrten der alten Häuser beliebt, in Odessa die Toiletten am Strand, in Moskau oft auch die Lifte.

Es bleibt noch etwas über die bei der Masturbation angewendeten Praktiken zu sagen. Bei den jungen Mädchen und Frauen ist die intravaginale selten, meistens besteht sie in der Stimulierung der Clitoris mit den Fingern, u. U. begleitet von erotischer Lektüre, die allerdings in der Sowjetunion kaum über die Romane von Zola hinausreicht, außer es stünde ein erotisches Samisdat zur Verfügung. Knaben greifen vielleicht zu einem gynäkologischen Buch. Die Masturbation kann auch von Voyeurismus begleitet sein.

Kleine Mädchen fürchten sich oft, die Vagina zu berühren; sie haben vor etwas Angst, das sie sich nicht recht vorstellen können. Manche glauben auch, sie würden dadurch schwanger. Es kommt auch vor, daß sie nach mehreren Jahren der Masturbation zur Vagina-Stimulation übergehen; das Hymen kann dabei zerrissen werden, bevor noch sexueller Kontakt mit einem Partner stattgefunden hat.

Dies war bei der 15jährigen Tochter eines Richters in Winniza der Fall, die beim Masturbieren ihr Hymen zerriß und eine leichte Blutung hatte. Sie verbrachte den Abend mit Freunden und vertraute sich einer Freundin an. Zu Haus sah die Mutter zufällig Blutspuren am Oberschenkel und entdeckte dann, daß ihre Tochter keine Jungfrau mehr war. Die Mutter, ebenfalls Richterin, wollte die Ehre ihrer Tochter retten und fragte, mit wem sie zusammengewesen sei. Das verschreckte Mädchen nannte einige Namen, darunter auch ohne alle Absicht den eines jungen Mannes. Er wurde wegen Vergewaltigung einer Minderjährigen zu acht Jahren Lager verurteilt – trotz der Bemühungen seiner Eltern, die Heirat vorschlugen, trotz Revisionsverfahren wegen offenkundigen Mangels an Beweisen in dieser künstlich fabrizierten Affäre. Seelisch und körperlich gebrochen kam er aus dem Lager zurück. Ich mußte ihn drei Jahre wegen Impotenz behandeln.

Es gibt bei jungen Mädchen und Frauen auch Formen der Analmasturbation; ob die Wahl dieser erogenen Zone ein angeborener oder erworbener Hang ist, läßt sich schwer sagen. Ich hatte eine Lilia K. zu behandeln, die in Bobruisk wohnte. Mit 18 Jahren wollte sie Filmschauspielerin werden und ließ sich zu diesem Zweck mit einem Filmemacher aus Moskau in ein Verhältnis ein. Da er Analerotik vorzog, gewöhnte sie sich so daran, daß sie alles Interesse an Partnern verlor, die auf ihre Wünsche nicht eingingen. Sie blieb bei der analen Masturbation und wurde später Lesbierin.

Wird Masturbation lange Zeit ausgeübt und ist die Ausübende ernstlich inhibiert, kann es zu ungewöhnlichen Varianten kommen. In eine Leningrader Klinik brachte man ein junges Mädchen in die Ambulanz. Ihre Vagina war durch Glassplitter schwer verletzt, die sich noch darin und bis in den Gebärmutterhals hinein vorfanden. Auf Fragen der Ärzte ging sie nicht ein und wollte nur wissen, ob sie sterben müsse. Wie sich herausstellte, handelte es sich um eine Glühbirne tschechischer Fabrikation von zylindrischer Form, in der sie eine Art von künstlichem Phallus gesehen hatte. Beim Masturbieren hatte sie nicht bemerkt, daß die Birne einen Sprung hatte; daher die Verletzungen durch die Glassplitter. Zum Glück hatte sie die Birne nicht eingeschaltet, wie sie gewöhnlich tat, weil die vom Glas ausstrahlende Wärme ihr Lustgefühl steigerte.

Da wäre noch die Schülerin Sweta R. aus Winniza, die in populärwissenschaftlichen Zeitschriften eingehende Darstellungen der Experimente des englischen Wissenschaftlers James Olds gelesen hatte. Er hatte Ratten Elektroden ins Gehirn gepflanzt, dabei die Zentren der Lustempfindungen der Ratte entdeckt und sich ein System ausgedacht, bei dem das Tier durch Berührung eines Hebels einen schwachen Strom ins Gehirn schickte; dieser Impuls erregte Lustgefühle. Die zwölfjährige Sweta, technisch hochbegabt, bastelte sich mit einem Widerstand eine Leitung zusammen, die sie, als ihre Eltern ein paar Tage verreist waren, auf ihre Clitoris führte. In langen Sitzungen genoß sie die Freuden der Elektrizität. Als die Eltern zurückkamen, erzählte ihnen Sweta stolz von ihrem wissenschaftlichen Experiment; sie hatte nicht die geringste Idee von der sexuellen Natur ihrer Bastelei, sie hielt sich lediglich für eine gelehrige Schülerin von James Olds. Die Eltern stellten erschrocken fest, daß Sweta sieben Kilo abgenommen hatte, und beeilten sich, sie mir vorzuführen. Die Therapie war einfach, nachdem sie ihre elektrische Installation demontiert hatte; schwieriger fand ich es, ihr zu ihrem vorigen Gewicht zu verhelfen. Später erfuhr ich zu meiner Freude, daß sie ein großes technisches Talent entwickelt hatte und in die Schule für Physik und Mathematik in Nowosibirsk aufgenommen worden war, wo Hochbegabte aus der ganzen Sowjetunion ausgebildet werden.

Wenn dieser Fall nur von unschädlichem Erfindungsgeist zeugt, so gibt es auch andere, denen eine kranke Phantasie zugrunde liegt, die bis zum Sadismus gehen kann. So bei Alik T., einem 14jährigen, dessen Familie vollkommen normal war. Seine Masturbationen folgten einem regelmäßig eingehaltenen Ritual. Zuerst fing er eine herrenlose Katze, brachte sie, während er sie liebkoste, in die Scheune und kreuzigte sie mit Nägeln und Stricken an die Bretterwand. Dann stieß er ihr ein Messer ins Herz, fing mit dem Tod des Tiers zu masturbieren an und genoß den Anblick der toten Katze, aus der das Blut strömte. Er riß nach beendeter Masturbation das Tier von der Wand und warf es hinter die Scheune, wusch das Messer ab und verwendete es wie sonst, etwa als Lesezeichen, denn er las gerade die »Drei Musketiere«. Man fand hinter der Scheune einen wahren Katzenfriedhof und zählte fast dreißig Tiere. Innen war am Boden eine große Lache eingetrockneten Bluts, auf einer Bank lag der Dumas-Roman mit dem Messer als Buchzeichen. Sadismus dieser Art grenzt an pure Pathologie.

Meistens ist die Masturbation bei Kindern und Halbwüchsigen das Zeichen des Erwachens sexueller Regungen, und wenn sie auch in der sowjetischen Gesellschaft schauderndes Entsetzen provoziert, so bleibt sie trotzdem eine natürliche Sache. Nimmt sie seltsame Formen an, die manchmal beunruhigend sind, so eben wegen des vor ihr errichteten Verbots. Ein Phänomen kann, auch wenn es abwegig ist, eine normale Reaktion auf eine anormale Situation sein.

Ein Lehrer am Institut für Stahl und Legierungen in Winniza, den ich behandelte, erzählte mir, daß die in den hintersten Reihen sitzenden Schüler sich während der Kurse über die Geschichte der Kommunistischen Partei die Zeit mit Masturbieren vertrieben. Nun muß man wissen, daß dieses Pflichtfach, das nur aus Propaganda und Geschichtsklitterung besteht, von allen Teilnehmern verflucht wird, die die Stunden absitzen müssen ohne die Möglichkeit, sich dem zu entziehen: eine Qual, die mehrere Male wöchentlich fünf oder sechs Jahre lang auferlegt wird, ohne daß Vortragende und Zuhörer ein Sterbenswort glauben. Freilich ist die Alternative dazu reichlich merkwürdig.

Viele Leser werden erstaunt sein, wenn ich sage, es komme selten vor, daß ein Erwachsener die Masturbation gänzlich aufgibt. Auch hier kann ich mich nur auf meine ärztliche Erfahrung und auf Diskussionen mit Kollegen berufen. Das Phänomen ist sicherlich ziemlich schwerwiegend. Wenn die Masturbation für den Heranwachsenden die Entdeckung seiner Sexualität, seines Körpers darstellt, so ist sie beim Erwachsenen ein Zeichen eines gestörten, unbefriedigenden Sexuallebens, das sich in der Sowjetunion mit den tiefgreifenden anormalen Lebensverhältnissen erklären läßt.

Eine Frau kam in die Sprechstunde, weil das Verhalten ihres Mannes sie beunruhigte.

»Er ist soweit in Ordnung, nur weint er jedesmal ›danach‹. Er wollte nicht mit mir kommen, weil er sich geniert. Er weiß aber selber nicht, warum er weint.«

»Wie lange sind Sie verheiratet?«

»Seit vier Jahren. Nach seinem Militärdienst haben wir geheiratet.«

»Trinkt er?«

»Nein, nein, was denken Sie! Da hab ich Glück gehabt, anders als eine Freundin von mir, deren Mann trinkt, sie schlägt und nicht arbeiten will, und dazu haben sie Kinder, die ganz degeneriert sind. Und –«

Wie bei Gesprächen dieser Art üblich, redete die Frau über alles mögliche, nur nicht über das Problem, das sie zu mir geführt hatte. Ich konnte nichts mehr aus ihr herausbringen. Schließlich brachte ich ihren Mann so weit, zu mir in die Praxis zu kommen, obwohl er sich schämte. Ich erfuhr nun die in der Sowjetunion so häufige Geschichte von einer auf Schläge und sexuelle Verbote gegründeten Erziehung: als Kind war er jedesmal grausam geprügelt worden, wenn er »das« getan hatte. Davon waren ihm ein starkes Schuldgefühl und ein Minderwertigkeitskomplex geblieben. Sex war für ihn Symbol des Schlechten, eine Gefahr, und seine Tränen bedeuteten, daß er sich schuldig fühlte, der »Versuchung« nachgegeben zu haben. Seine Frau wußte auch nicht, daß er vier Jahre nach der Heirat noch masturbierte, reuig und in Tränen. Aus der Masturbation war statt eines Vorstadiums des Sexuallebens der einzige Weg geworden, der ihm Befriedigung verschaffte, und zugleich eine verbotene Frucht, die nur heimlich zu genießen war.

Ich konnte bei meinen Patienten häufig das Phänomen übermäßiger Depressionen nach dem Koitus feststellen. Manche litten darunter, ohne es sich erklären zu können, und stellten keine Verbindung zu den Repressionen in ihrer Jugend her. Andere glaubten, in der Masturbation eine Zuflucht zu finden, womit sie an ihre Vergangenheit anknüpften, zugleich aber in einen Teufelskreis gerieten, denn nur die Masturbation gewährte ihnen echte Freude. Oft endete diese Art von »Therapie« mit der Scheidung.

Bei den erwachsenen Patienten, die ich beobachten konnte, wählten 15 bis 20 von 100 Männern und 60 bis 70 von 100 Frauen die zeitweilige oder regelmäßige Masturbation. Bei 15 von 100 Frauen war es die einzige Möglichkeit, zu einem Orgasmus zu kommen. Die Praktik wird manchmal bis ins hohe Alter fortgesetzt. Ich hatte eine von Altersblödsinn befallene Patientin von 80 Jahren, die beim Anblick eines männlichen Wesens zu masturbieren anfing, ob es sich um ihren Sohn oder ihre Enkel handelte; sie weinte und lachte zu gleicher Zeit, rief die Anwesenden mit Namen und mischte auch den ihres verstorbenen Mannes darunter.

Die Masturbation hängt oft mit dem Sexualleben der Eheleute zusammen. Die Frigidität der Frau z. B. kann den Mann veranlassen, außerehelichen Kontakt aufzunehmen oder zu masturbieren. Ich hatte mit einem Patienten zu tun, der in seine schöne, aber frigide Frau sehr verliebt, aber zu ängstlich war, sich eine Freundin zu suchen. Er mußte vor dem Schlafengehen masturbieren, weil sonst die körperliche Nähe seiner Frau ihn nicht zum Schlafen kommen ließ.

»Wenn ich sie liebe, fühle ich mich schlimmer als ein Tier. Sie versucht es nicht einmal, irgendwie zu reagieren. Sie liegt da wie ein Stück Holz und wartet einfach ab, bis es vorbei ist. Und manchmal sagt sie, ich soll schneller Schluß machen, weil sie ›das‹ nicht interessiert. Da ist doch Masturbieren einem solchen Sexualleben vorzuziehen.«

»Was vorzuziehen wäre: ein Versuch, Ihre Frau zur normalen Sexualität aufzuwecken.«

»Ja, aber wie?«

Die Antwort auf diese Frage ergab sich von selbst, als die Frau nach der Geburt des ersten Kindes sexuell aktiv wurde.

Ein Problem ist die mit der Impotenz der Männer zusammenhängende Masturbation der Frauen. Wie die vorn angegebenen Zahlen und meine Beobachtungen in der Praxis zeigen, liegt der Prozentsatz der masturbierenden Frauen höher als der der Männer. Dazu einige Beispiele:

Eine mit einem impotenten Alkoholiker verheiratete Frau arbeitete auf einem Bauplatz. Sie hatte von sexueller Lust keine Ahnung, war seit fünfzehn Jahren verheiratet und hatte drei Kinder, die alle wegen des Alkoholismus ihres Mannes Anomalien aufwiesen. Ich entdeckte, daß sie seit mehr als zehn Jahren unfreiwillig und unbewußt masturbierte, während sie einen Preßlufthammer bediente. Sie konnte bis zu zehn Orgasmen am Tag haben, wenn sie den Unterleib gegen das Gerät stemmte. Als man ihr eine andere Arbeit zuteilte, das Abladen von Ziegelsteinen, verfiel sie in Depressionen, ohne sich klarzumachen, daß diese von der fehlenden Erregung durch die Vibrationen herrührten. Schließlich verschrieb sie sich der Flasche, um ihren Kummer zu ertränken.

Oder: »Lise ist tot! Mein armes kleines Hündchen ist tot«, jammerte die Frau des Direktors einer Backwarenfabrik in der Provinz und zeigte mir unter Tränen das Foto des Tierchens. Ihr Mann war impotent und brutal, betrunken oder nicht. Sie hatten keine Kinder und abgesehen von ein paar vergeblichen Versuchen kein Sexualleben. Der Schmerz dieser Frau mag manchem komisch erscheinen, aber mir war nicht zum Lachen, als sie von dem Verlust des Hündchens erzählte, als handle es sich um ihr einziges Kind; ich erfuhr auch von ihrer Perversion – wenn man es Perversion nennen will – mit dem einzigen Lebewesen, das sie in ihrem Leben geliebt hatte. Sie hatte keine anderen Freuden kennengelernt und machte mir diese Bekenntnisse spontan und mit der Aufrichtigkeit ihrer Verzweiflung. Man muß in einer Provinz der Sowjetunion gelebt haben, um solche tragischen Verirrungen verstehen zu können. Während langer Jahre war die kleine Hündin nicht nur ihre ganze Liebe gewesen, sie hatte auch am Masturbieren teilgenommen; sie leckte die Sexualorgane und die Brüste ihrer Herrin.

Wenn Frauen von Mitgliedern der privilegierten Klasse mit ihren womöglich impotenten Männern unzufrieden sind, ziehen sie die Masturbation einer Scheidung aus mancherlei Gründen vor: außereheliche Beziehungen wären riskant, die Scheidung brächte nur Nachteile, denn man hat keine Lust, die mit der Position des Mannes verbundenen Privilegien zu verlieren. Masturbation ist z. B. bei Diplomatenfrauen häufig, die die Möglichkeit haben, sich allerhand ›Technisches‹ aus dem Ausland zu besorgen, was aus dem Sex eine Art von Sport macht: Rekorde in der Zahl der Orgasmen, Austausch von Erfahrungen über die Vorteile von Vibrationsstäben oder künstlichen Phalli usw., die die Frauen in westlichen Sex-Shops kaufen können.

Eine dieser Frauen kam mit einem neuen Volga nach Leningrad zurück, den sie für 1400 Rubel statt des Normalpreises von 9150 Rubel dank der den Diplomaten zustehenden Vergünstigungen hatte kaufen können; auch brachte sie eine Kollektion von 30 Gummipenes mit. Sie lieh das Auto einem meiner Patienten, um es nicht sofort abzustoßen, was vielleicht aufgefallen wäre, und verkaufte es später an einen reichen georgischen Geschäftsmann für 30 000 Rubel. Einige Zeit danach fragte sie meinen Patienten, ob er Leute kenne, die an künstlichen Penes interessiert seien. Ohne zu zögern antwortete er mit ja.

»Das wären fünfhundert Rubel pro Stück.«

Der Patient glaubte zu träumen, als er den einfachen Überschlag machte: 30 Stück zu 500 Rubel macht 15 000 Rubel. Dabei beträgt in der Sowjetunion der durchschnittliche Monatsverdienst 140 Rubel. Der Reiz des Westens zusammen mit Sex ist so groß, daß gutsituierte Leute bereit sind, die unsinnigsten Summen für ein Stück Gummi zu bezahlen.

Man kann die Masturbation auch in Praktiken wie dem Exhibitionismus, Voyeurismus, Petting in der Öffentlichkeit wiedererkennen, und sie färbt auch auf heterosexuelle Beziehungen ab. Ein Grenzfall ist die Partnerwahl einer vierzigjährigen Frau aus Winniza, die sich einen Neunzehnjährigen aussuchte, weil er am Parhonschen Syndrom* litt. Hier wird das Sexualleben entmenschlicht und zu einer Variante einsamer Befriedigung.

* Es handelt sich um eine Überfunktion der Hypophyse (Hirnanhangdrüse), die zur vorzeitigen und übernormalen Entwicklung der männlichen Sexualorgane führt. Der rumänische Gelehrte Parhon erforschte das Phänomen.

11
Exhibitionismus und Voyeurismus

Wie die Impotenz gibt es auch den Exhibitionismus nicht nur in der Sowjetunion, aber er hat dort die Dimension eines nationalen Übels angenommen. Unter den Tausenden von Frauen, die ich zu behandeln hatte, war selten eine, die nie von einem Exhibitionisten belästigt worden wäre. Diese sexuelle Abweichung findet sich hauptsächlich bei Männern, aber es gibt auch weibliche Exhibitionisten. Angesichts der in der Sowjetunion herrschenden allgemeinen Prüderie und der Tatsache, daß Männer selten Zeugen eines exhibitionistischen Akts werden, wird das Phänomen allerdings vielfach ignoriert.

Wie unbekannt trotz seiner Häufigkeit der Exhibitionismus ist, zeigt das Beispiel eines Ehepaars, das zu mir kam. Der Mann verlangte, ich solle seine Frau untersuchen, denn sie leide, wie er meine, an sexuellen Halluzinationen. Er könne nicht glauben, daß sie so oft Objekt der Aufmerksamkeit eines Exhibitionisten sei – im Park, in der Untergrund, auf der Straße.

»Wie kommt es, daß ich nie einen sehe?« war seine erstaunte Frage.

Es war für ihn wie eine Offenbarung, als ich ihm erklärte:

»Schließlich sind Sie ein Mann, und ein Exhibitionist braucht eine Frau.«

Eine ehemalige Musikstudentin des Konservatoriums von Leningrad erzählte mir aus ihrer Studienzeit eine Episode, die die Verbreitung des Phänomens des Exhibitionismus aufzeigt. Zusammen mit ihrer Freundin hatte sie sich ein Spiel ausgedacht, das sie »Täuberiche« nannten. Sie hatten ein gemeinsames Zimmer in einem neuen Wohnviertel der Stadt und waren eine Wette eingegangen: wenn sie sich abends in ihrem Zimmer trafen, berichtete jede, wie viele männliche Sexualorgane sie den Tag über gesehen hatte. Wer die kleinere Zahl nannte, hatte verloren und mußte der anderen ein Abendessen bezahlen. Den Rekord erreichte die Freundin, der sich an einem einzigen Tag acht »Täuberiche« gezeigt hatten.

Es ist so weit gekommen, daß Witze über die Exhibitionisten umlaufen. Man erzählt, daß eine Studentin in einem Autobus das Opfer eines Exhibitionisten geworden sei; sie fragte ihren Professor, warum solche Männer nicht nach dem Strafgesetz zur Verantwortung gezogen würden.

»Weil Sie, wollte man anfangen, die Exhibitionisten zu verfolgen, gezwungen wären, auf einem Kamel zu reiten.«

»Wieso das?«

»Weil Moskau sich leeren und zur Wüste würde.«

Stimmt nicht ganz, denn sie werden verfolgt, manchmal wegen Alkoholismus. Der Übeltäter wird zur Wache gebracht und u. U. einer »Entgiftung« in Form einer kalten Dusche unterzogen. Nach sowjetischen Normen ist er ein »Hooligan«, ein Herumtreiber. Trotzdem wird Exhibitionismus nicht immer als ein strafbares Tun mit ernsten Konsequenzen empfunden; der Täter kann es scherzhaft gemeint haben.

Vor einigen Jahren war ich mit meiner Familie im Wagen vom Urlaub im Kaukasus nach Hause unterwegs. Plötzlich fuhr das Auto vor uns im Zickzack. Ich verlangsamte das Tempo und hupte, aber der Autofahrer reagierte nicht, und ich bemerkte, daß seine Aufmerksamkeit und die seiner Mitfahrer irgendetwas galt, das ich noch nicht sehen konnte. Dann erblickte ich einen Milizsoldaten, der an der Straßenkreuzung den Verkehr regelte. Absurd: er hatte den Penis aus der Hose gezogen und hielt ihn in der Hand. Nach links, nach rechts, halt: er gab die Zeichen mit seinem pfefferroten Penis. Kein Mensch regte sich auf, die Leute lachten wie unsinnig. Autos, in denen keine Frauen saßen, mußten an der Kreuzung nicht halten. Einige hielten, die Leute stiegen aus, machten Witze, feuerten ihn an oder warfen ihm obszöne Schimpfworte zu. Der Milizionär stellte sich taub. Er schien getrunken zu haben, es konnte aber auch sein, daß er es nur markierte, denn auf gut russisch ist der Betrunkene ein Wesen, das man nicht zur Verantwortung zieht, um das man sich kümmern muß, sei, was immer. Es gibt deshalb häufig angebliche Alkoholiker als Exhibitionisten zu sehen, wie sie auf der Straße urinieren.

Jeder Exhibitionist erfindet seine eigene Variante. Die klügsten geben ihre Vorstellung, ohne die Wohnung zu verlassen. Es genügt ihnen, daß das Haus gegenüber Fenster hat. Es gibt da Soli von Exhibitionismus und Masturbation zu sehen, daß ein westlicher Produzent von Pornofilmen neidisch werden könnte. Dieser Typ ist in den Städten häufig und für viele Kranke das einzige Mittel, einen sexuellen Genuß zu erleben. An diesem Schauspiel von Exhibitionismus und Voyeurismus hinüber und herüber beteiligen sich Männer, Frauen, alte Frauen und sogar Kinder. Es bilden sich stumme

Beziehungen, Bande, die von Dauer sein und die Form echter Liaisons annehmen können.

Ein Patient beklagte sich über einen Mitbewohner seines Zimmers, der dauernd seine, des Patienten Frau durch ein Loch im Vorhang beobachte:

»Er muß besser als ich alle Einzelheiten und Besonderheiten der Unterwäsche und Nachthemden meiner Frau kennen.«

Auf Wunsch der Eltern hatte ich eine zwölfjährige Schülerin zu behandeln, die sie in einem Zustand, der an Panik grenzte, zu mir brachten. Sie schloß sich stundenlang in ihr Zimmer ein, angeblich um zu lernen, aber ihre Noten waren zur Verwunderung der Eltern ständig weit unter Durchschnitt. Schließlich hatte die Mutter die Idee, durchs Schlüsselloch zu schauen. Die Tochter saß an die Wand gelehnt auf dem Boden, hatte eine Hand unter dem Rock und masturbierte, während sie hinter dem Vorhang durch die Fenstertür sah. Der Mutter verschlug es die Sprache, als sie sah, daß in einem Fenster des gegenüberliegenden Hauses ein Exhibitionist stand, nackt, der vermutlich nicht wußte, wem er ein Schauspiel bot.

Diese Geschichte allein war es nicht, die mich erstaunte, denn Ähnliches geschieht vielfach: Voyeurismus Halbwüchsiger ist, wenn er nicht zur Gewohnheit wird, als Neugier verständlich und nicht als anormal zu betrachten, anders Voyeurismus und Exhibitionismus der Erwachsenen. Was mich bei den Eltern der Schülerin überraschte, war ihre Zurückhaltung. Fast alle Eltern hätten ihre Tochter geprügelt, sie mit allem möglichen schikaniert und nicht wiedergutzumachenden Schaden angerichtet. Sie dagegen machten keinen Krach; es gelang ihnen sogar, vor ihr zu verbergen, daß sie wußten, worin ihr angeblicher Lerneifer bestand: eine ganz ungewöhnliche Reaktion, eine ausnehmende Klugheit, sich sofort an einen Arzt zu wenden. Das Mädchen nahm keinen Schaden.

Die Häufigkeit des Exhibitionismus in der Sowjetunion gibt Anlaß, nach dem Ursprung des Phänomens zu fragen. Direkte Ursachen bei einem vor allem psychologischen Problem zu finden, ist schwierig. Klar ist jedenfalls, daß der Exhibitionismus eine Art von Selbstbestätigung darstellt, das Verlangen, Männlichkeit und Sexualität vor sich selbst zu beweisen. Der Exhibitionist ist zu inhibiert, gehemmt, als daß er eine Frau hofieren könnte; er ist meist ein verletzliches, seiner selbst wenig sicheres Wesen. In einem Land, in dem die Sexualität den schwersten Störungen ausgesetzt ist, kann es nicht wundernehmen, daß die Männer Beute einer Abweichung werden, die irgendwie nach einem unbewußten Appell für sexuelle Freiheit aussieht. Es gibt bei einem psychologischen, individuellen Phänomen ein Stadium, in dem die statistische Bedeutung zu einem soziologischen Problem wird. Mit aller gebotenen Vorsicht möchte ich den Gedanken äußern, daß der Exhibitionismus, wenn er ein nationales Übel ist, sich vielleicht daraus erklären läßt, daß sich das Land selbst auf eine gewisse Art exhibitionistisch gibt. Die ständige Gloriole der Selbstverherrlichung, die tausendfach wiederholten Versicherungen, daß »wir die Besten sind« im Sport, in der Musik, in der industriellen Produktion, sind zu einem psychologischen Nationalcharakteristikum geworden, für das es in der Umgangssprache sogar ein Wort gibt: es ist die »pokasucha«, die Manie, sich von der besten Seite darzustellen – der Bluff, hinter dem sich das Gefühl der Unzulänglichkeit, ein Minderwertigkeitskomplex versteckt.

Der Exhibitionismus tritt vor allem in den Städten in Erscheinung wie auch sonst überall auf der Welt. Aus unbekannten Gründen ist das Phänomen in den nördlichen Gegenden der Sowjetunion häufiger. Ich habe es oft in der gleichen Familie festgestellt und war einige Zeit so naiv anzunehmen, es könnte erblich sein. In Wirklichkeit ist es zumeist bestimmten, besonders ungesunden familiären Zuständen zuzuschreiben. Der Exhibitionist, der seine Sexualorgane zur Schau stellt, ist in der Familie die Zurückhaltung selbst und zeigt seinen Kindern weder sie noch sonst den nackten Körper. Bei allen Fragen, die das Sexualleben angehen, ist er stark gehemmt und leicht reizbar.

Nach meinen Beobachtungen können Exhibitionisten sowohl hyper- wie hyposexuell veranlagt sein, welch letztere an teilweiser Impotenz leiden können und oft Alkoholiker sind.

Der Altersexhibitionismus ist eine äußerst peinliche Sache. Es handelt sich meistens um Frauen, die ihr ganzes Leben allein waren; manche hatten uneheliche Kinder, frustriert sind alle und fühlen das Nahen des unausbleiblichen Endes. Es ist wie ein Schrei der Verzweiflung: »Seht her, ich bin alt, ich bin unförmig, aber ich bin eine Frau, eine Frau, eine Frau!« Es dürfte in der geriatrischen Psychiatrie keine zureichende Erklärung für dieses sexuelle Aufflackern geben.

Der Exhibitionismus bei Halbwüchsigen ist meist vorübergehender Art. Viel häufiger werden Kinder und Jugendliche Opfer der Zurschaustellungen von Exhibitionisten.

In einer Schule von Winniza ereignete sich ein Fall von Exhibitionismus, der mit ekelhaftem Sadismus gekoppelt war. Ein Zeichenlehrer zwang die

Schüler, die Hände auf die Bank zu legen, und klopfte und schlug mit dem Zeigestab auf die Finger, in Anfällen von Wildheit auch in den Nacken. Dann stieg er aufs Podium, setzte sich hinter den Katheder und begann den Unterricht über die Geheimnisse der Kunst. Unter dem Katheder sahen die Kinder seine gespreizten Beine und den offenen Hosenschlitz. Das Entsetzen der Kinder war so groß, daß lange Zeit keines wagte, die Sache zu melden.

Der Voyeurismus ist so verbreitet wie der Exhibitionismus und hat die gleichen Möglichkeiten, angefangen von einfacher Neugier bis zur pathologischen Manie. Ich hatte eine lesbische Patientin, die abends in der Stadt umherlief und versuchte, hinter erleuchteten Fenstern nackte Frauen zu beobachten. Im Sommer hielt sie sich am Strand in Umkleideräumen auf und erfreute sich am Anblick von Mädchen und Frauen, die sich aus- oder anzogen. Schüchtern versuchte sie, eine Partnerin zu finden und Berührungen zu wagen.

Wenn solche Kranke zum Sexologen finden, geschieht es oft, daß sie aus falscher Scham diese und jene Einzelheiten verschweigen, die sie quälen. Es ist dann Sache des Arzts, in die Geheimbereiche seines Patienten einzudringen und die besonderen Motive zu erkunden, nach denen er handelt.

Eine Zeichnung einer Patientin von 23 Jahren verhalf mir zur Diagnostizierung eines ziemlich komplizierten Falls von Voyeurismus trotz allen Schwierigkeiten, die mir die junge Frau machte, um die wirklichen Ursachen ihrer Abweichung zu verbergen. Sie war eine Amateurmalerin und hatte mich privat wegen einer an sich banalen Sache aufgesucht. Sie war bereits ein Jahr verheiratet, hatte aber keine Freude am Geschlechtsverkehr. Außerdem klagte sie über Anfälle von Tachykardie. Hätte sie nicht ihren Zeichenblock bei sich gehabt und wäre ich nicht auf die Idee gekommen, einen Blick hineinzutun, wäre es mir vermutlich nicht möglich gewesen, die richtige Diagnose zu finden. Im Anhang sind die zwei Zeichnungen (s. S. 298) wiedergegeben, ein Selbstbildnis vor und eines nach der Heilung. Ich bedrängte sie mit Fragen. Schließlich – sie wußte nicht, daß mich ihre eigene Zeichnung dazu veranlaßte – erzählte sie mir Einzelheiten über ihre voyeuristische Abweichung. Ihre Frigidität war nicht total und bestand nur in ihren sexuellen Beziehungen zu ihrem Mann. Sie hatte nie masturbiert, wußte aber, was sexuelle Erregung und Orgasmus sind. Prinzipiell kann die Beschleunigung der Herztätigkeit, die Tachykardie, vielerlei physiologische und psychologische Ursachen haben; bei ihr war sie rein sexuell: die junge

Frau beobachtete Exhibitionisten beim Masturbieren. Mit dem Zeichenblock saß sie lange Zeit allein im Park der Stadt, bis sie Zeugin der Szene wurde, auf die sie wartete. Nach heftiger sexueller Erregung erreichte die Voyeuse den Orgasmus, noch bevor der Exhibitionist mit seiner Manipulation fertig war. Für sie war dies die einzige Möglichkeit, sexuelle Lust zu erleben. Wie ich sie verstand, hatte sich dieser Komplex bereits in ihrer Kindheit entwickelt. Was sie zu mir geführt hatte, waren die Herzanfälle gewesen, die ihr nicht nur in ihren Erregungszuständen, sondern auch ohne ersichtliche Ursache zu schaffen machten. Ich ließ sie in dem Glauben, daß die Behandlung ihren Herzbeschwerden gelte, während eine Psychotherapie den größten Anteil daran hatte. Ich hatte Erfolg, so daß die junge Frau zugleich von ihrem Voyeurismus und von ihrer vermeintlichen Frigidität geheilt war.

Ihr Fall öffnete mir die Augen über eine Tatsache, die ich bis dahin nicht recht begriffen hatte. Was man oft als totale Impotenz oder Frigidität nimmt, ist es in Wirklichkeit nicht. Die Funktion des Orgasmus realisiert sich trotzdem, aber auf sorgfältig verhüllte, auf ganz individuelle, oft anormale Art und Weise und manchmal mit einer Intensität, die über das Durchschnittserlebnis hinausgeht.

Das bringt mich auf einen Fall temporärer, durch eine Situation bedingter Impotenz. Der Patient war eine Art von Exhibitionist, der während des Koitus die Anwesenheit einer dritten Person brauchte. Wie er sagte, war es ihm ziemlich gleichgültig, ob ein Mann oder eine Frau den Zuschauer machte. Jedenfalls war dann seine »Impotenz« augenblicklich behoben. Seine Freunde glaubten, es mache ihm lediglich Spaß, wenn er jemanden »zu sich« bat. In Wirklichkeit war es für ihn eine *conditio sine qua non,* seine Männlichkeit wiederzufinden.

Man hört oft von Aggressionen von Exhibitionisten in Kinos, in Zügen. Eine meiner Patientinnen schlief in einem Abteil des Nachtzugs von Winniza nach Moskau. Beim Morgengrauen, nicht weit von Moskau, erwachte sie an streifenden Berührungen ihres Beins. Sie öffnete die Augen. In einen Mantel gehüllt stand ein nackter Mann vor ihr, der mit seinem voll erigierten Penis so etwas wie eine Morgengymnastik vorführte. Erschrocken schloß sie die Augen.

»Ich bitte Sie, machen Sie nicht die Augen zu«, bat der Mann kläglich.

»Hören Sie sofort auf! Schämen Sie sich nicht?«

Sie sprang auf und wollte zur Abteiltür.

»Bitte, gehen Sie nicht«, flehte der Exhibitionist.

Sie verließ trotz seiner Bitten das Abteil und blieb bis Moskau im Gang stehen.

Exhibitionisten sind darauf gefaßt, daß die Frau sich abwendet und flieht, und wählen deshalb geschlossene Räume, um sie leichter zurückhalten zu können. Auch ist ihnen starker Regen angenehm, weil sich die Straßen von unerwünschten Zeugen leeren.

In Leningrad ist einer ihrer bevorzugten Plätze bei der Kathedrale von Kasan neben der Bedürfnisanstalt; es gibt unter ihnen auch Alkoholiker und Drogensüchtige.

Manche meiner Patientinnen entrüsteten sich über das Betragen dieser »Kranken«, die meisten zeigten lediglich verständnislose Verwunderung. Und immer kam die Frage, warum sie es täten, und was dabei Angenehmes sei. So auch die junge, hübsche Studentin Galina Kosotrowa, die einen leichten Schock erlitt, als sie sich in einem sogenannten Privattaxi heimfahren ließ (das billiger ist). Der Fahrer war mit einem Pelzmantel bekleidet und trug eine Zobelmütze, wirkte also recht wenig proletarisch. Nach kurzer Zeit schlug er den Mantel zurück. Er war nackt. Als Galina seinen in Erektion befindlichen Penis sah, geriet sie in Panik, weil sie dachte, der Mann wolle sie vergewaltigen, und kreischte, er solle anhalten. Der Exhibitionist war aber friedlich und höflich, lachte sie aus und brachte sie an den gewünschten Ort. Er versicherte ihr, er sei bereit, ein so sympathisches junges Mädchen bis ans Ende der Welt zu fahren, wenn es gewünscht werde.

Galinas Reaktion, die jener der meisten Frauen entspricht, ist sicherlich nur natürlich, zeugt aber auch von der allgemeinen Unkenntnis über das Phänomen des Exhibitionismus wie über alles Sexuelle überhaupt. Es ist wiederum paradox, daß in einem Land, in dem die sexuellen Abweichungen Legion sind, es die Regel ist, sie einfach zu ignorieren.

Sicherlich gibt es auch Frauen, die Lust haben, einem Exhibitionisten zuzuschauen, aber sie werden es nur tun, wenn sie absolut sicher sind, nicht beobachtet zu werden, und am wenigsten von dem Exhibitionisten selbst. Gibt sich jedoch eine Frau dem Exhibitionismus hin, sind die Männer weniger zurückhaltend.

Ich möchte noch eine andere Kategorie von Auch-Exhibitionisten und Auch-Voyeuren erwähnen, die, häufig verklemmt, vielleicht auch teilweise impotent, in ihren Funktionen als Richter, Polizisten, Vertreter der Macht einen Exhibitionismus des gesprochenen Worts betreiben: die beste Illustration dazu sind die Verhöre von Zeugen in meinem Prozeß.* Eine Beschuldigung wird darin immer wieder vorgebracht, die m. E. ans Obszöne grenzt: ich hätte Jugendliche gezwungen, sich in Gegenwart ihrer Mütter zu entkleiden. So wird in der Anklageschrift eine Aussage der Zeugin Anna Kalina, Kolchosarbeiterin, zitiert: »Am 9. April 1973 begab sich Kalina Wassili mit seiner Mutter in Dr. Sterns Praxis. Er untersuchte den Halbwüchsigen in ihrer Anwesenheit und zeigte ihr die Geschlechtsteile ihres Sohnes ...«** Die Zeugin wurde im Gerichtssaal vom Vorsitzenden, Richter W. Orlowski, befragt:

Vorsitzender: Ich nehme an, daß es Ihnen peinlich war, als Ihr Sohn sich vor Ihnen ausziehen mußte?

Zeugin: I wo. Das war doch beim Arzt, das muß doch sein!

Vorsitzender: (ärgerlich): Der Arzt hat Ihnen das Glied Ihres Sohnes gezeigt, oder?

Zeugin: Ja, schon. Er hat gesagt, er müsse seine Hose mal runterlassen. Na, und?***

Hier noch die Vernehmung der Entlastungszeugin Esfir Lewit, Kinderärztin und Endokrinologin bei der Hormonambulanz in Winniza, durch meinen Verteidiger D. Axelbant vor Gericht:

Verteidiger: ... untersuchen Sie sie [die Jugendlichen] allein oder in Anwesenheit ihrer Eltern?

Zeugin: Ich übernehme nie Kinder, ohne daß ihre Eltern dabei sind.

Verteidiger: Ist es bei Ihnen schon einmal vorgekommen, daß Sie Kinder sich entkleiden ließen, obwohl ihre Eltern im selben Raum anwesend waren?

Zeugin: Natürlich, wie wollen Sie es anders machen?

Verteidiger: Und wenn der oder die Jugendliche 16 Jahre oder noch älter ist?

Zeugin: Wenn es die Kinder selbst nicht stört, untersuche ich sie selbstverständlich in Anwesenheit ihrer Eltern; wenn ich aber merke, daß sie das verlegen macht, bitte ich die Eltern, kurz hinauszugehen.*

* »Ein ganz ›gewöhnlicher‹ Prozeß. Dr. Michail Stern vor seinen sowjetischen Richtern« hrsg. von August Stern, Berlin, Frankfurt a. M., Wien 1977.

** Ibid., S. 173.

*** Ibid., S. 174.

Dazu erübrigt sich wohl ein Kommentar. Für einen Schauprozeß braucht man sicherlich Gründe und Scheingründe, um eine Anklage zustande zu bringen, aber nur eine kranke Phantasie ist imstande, Untersuchungen von Jugendlichen, in Anwesenheit der Mutter, in unmoralisches Tun umzufälschen.

Man findet Spuren dieses Wort-Voyeurismus und Wort-Exhibitionismus in der russischen Sprache selbst. Zur Erklärung: jede Sprache hat einen ansehnlichen Vorrat an mehr oder weniger schmutzigen sexuellen Flüchen und obszönen Redensarten. Manche enthalten Anspielungen an Homosexualität, andere noch beleidigendere, deuten einen sexuellen Akt mit der Mutter des Beschimpften an. Solche Obszönitäten sind enorm verbreitet und gehören in die Sprache des Proletariers ebenso wie in die des Professors. Man kann Leute treffen, bei denen die Zahl der anrüchigen Wörter eines Satzes größer ist als die der »normalen«. Wie man weiß, hat sogar Chruschtschow sich nicht enthalten können, einige »starke« Wörter in seine Reden einfließen zu lassen, die man nachher im Hinblick auf die Veröffentlichung aus den Texten entfernen mußte.

Ich streife hier nur ein Thema, das wohl eines eingehenden Studiums wert wäre; ob es in anderen Sprachen Vergleichbares gibt, weiß ich nicht, aber ich frage mich, ob eine so ausgedehnte Verwendung anstößiger sexueller Flüche nicht eine Art von unbewußtem Exhibitionismus darstellt.

Der Exhibitionismus in den Gefängnissen und den Lagern ist, wenn ich so sagen darf, aus der Not geboren. Ich möchte eine Szene schildern, deren Zeuge ich im Durchgangsgefängnis von Charkow wurde. Zuerst hörte ich Stimmen, die schrien:

»Zeig es uns! Dreh dich um! Bück dich! Ich schlenkere den meinen, und du zeig mir den Hintern!«

Die Fenster, aus denen das Geschrei kam, gingen auf den kleinen Innenhof des Gefängnisses. Sie sind mit Gitterstäben und metallenen Sichtschutzblechen versehen, die den Blick auf die gegenüberliegenden Fenster verhindern. Dagegen kann man sehen, was unten im Hof vor sich geht. Die Rufe richteten sich an eine Gefangene, die ihren regelmäßigen Spaziergang machte. Sie hatte sich den Rock übergestülpt, den Schlüpfer heruntergezogen und sich vornübergebeugt, bemüht, ihr Hinterteil so gut wie möglich der Stelle zuzukehren, woher die Schreie kamen. Die Männer hinter den Stäben

* Ibid., S. 227.

verschlangen den Anblick des weiblichen Körpers und masturbierten. Was die Frau empfand, weiß ich nicht: sexuelle Erregung oder das Vergnügen, die Gefängnisdirektion und die Verbote zu verhöhnen, ein Gefühl der Solidarität, der Sympathie mit ihren Mitgefangenen, die ihre Frauen entbehrten – vielleicht von allem etwas. Jedenfalls beeindruckte mich dieses Schauspiel wegen seiner zugleich abwegigen und tragischen Besonderheit: hier eine Exhibitionistin, dort Voyeure, durch Gitterstäbe getrennt, ohne die sie zweifellos normale sexuelle Beziehungen in der Freiheit hätten – ein Symbol.

In der Folge erfuhr ich, daß dieses »Zeig mir« im Gefängnisleben dauernd praktiziert wird. Ich komme im Kapitel über Sexualität im Lager darauf zu sprechen, die in ihrer Brutalität ohne alle Zurückhaltung schrecklich ist.

Frauen erleichtern das Schicksal ihrer Unglücksgenossen, wenn sie ihnen mit der größten Selbstverständlichkeit ihren Körper zeigen. Das Aufsichtspersonal ist in diesem Punkt nicht allzu streng und nimmt als Publikum sogar an dem Anblick teil.

Im Gulag gibt es auch Exhibitionismus zwischen Männern. Ich bespreche später die Homosexualität im Lager und bringe hier nur einen bezeichnenden Fall.

In den ersten Septembertagen des Jahres 1974 wies man mich im Gefängnis von Winniza unerwartet in eine Gemeinschaftszelle ein, während ich bisher eine Einzelzelle gehabt hatte. Es war unerträglich heiß; während des halbstündigen Spaziergangs legten die Gefangenen fast alle Kleider ab. In dem großen Raum waren 35 Häftlinge in dreistöckigen Pritschen untergebracht, die Luft war zum Schneiden, das Wasser schon zwei Tage knapp wegen eines Leitungsdefekts. Einem Gefangenen wurde schlecht. Halb ohnmächtig wankte er zur Tür, trommelte an die Eisenklappe und schrie, so laut er konnte, nach Wasser. Ein Unteroffizier öffnete und fragte:

»Wasser willst du? Willst du vielleicht auch zufällig meinen Schwanz?«

Er zog ihn aus der Hose und paradierte laut lachend damit.

Im Lager lief der Unteroffizier Iwanjak mit Vorliebe mit offenem Hosenschlitz umher, und es schien ihm ungeheure Freude zu machen, vor den Männern zu urinieren.

Der Exhibitionismus hat bei Frauen, die ihm ausgesetzt waren, oft ernste Konsequenzen. Die m. E. zwei wichtigsten möchte ich hier erwähnen: den Vaginismus, der sich beim Koitus in schmerzhaften Krämpfen am Scheideeingang und an den Scheidewänden äußert, und die Genitalangst, die pathologische Angst vor dem männlichen Geschlechtsteil.

Diese Zustände können viele Ursachen haben, von denen hier nur der Schock der Frau erwähnt werden soll, die sich mit einem Exhibitionisten konfrontiert sah. Da das russische junge Mädchen über Sexuelles oft keinen Bescheid weiß, kann der Anblick eines Exhibitionisten die schlimmsten Folgen haben.

Ich hatte viele Frauen zu behandeln, die an Vaginismus litten. Ziemlich oft konnten sie selbst die Verbindung von ihrem Übel zu einer Aggression herstellen, deren Objekt sie in der Jugend gewesen waren. Beim kompliziertesten Fall von Vaginismus ziehen sich die Muskeln der Vagina so zusammen, daß der Sexualakt unmöglich wird.

Eine verheiratete Patientin versuchte ihn vergeblich mit ihrem Mann, der nicht begriff, brutal reagierte und sie idiotisch und verrückt nannte. Er war ihr erster Partner. Sie erzählte mir, daß sie mit fünfzehn Jahren in einem Park von einem Exhibitionisten verfolgt worden war, der seinen erigierten Penis in derHand hielt. Sie führte ihr Trauma auf dieses Erlebnis zurück. Es gelang ihr nie, die sexuelle Verbindung mit ihrem Mann herzustellen; auf meinen Rat hin ließ sie sich scheiden.

Eine meiner Kolleginnen in der Klinik von Winniza, eine Krankenpflegerin, hatte einen Vaginismus psychosomatischer Art, den ich nur mit Hypnose beheben konnte. Sie wagte nicht einmal, an ein Sexualleben zu denken, und war unfähig dazu. Es genügte schon, daß sich ein Mann für sie interessierte und daß – zu ihren schlimmsten Zeiten – Männer in ihrer Nähe waren, und schon hatte sie starke Schmerzen in der Vagina zu erdulden, die verschwanden, wenn sich kein Mann um sie kümmerte.

Aus Aggressionen von Exhibitionisten können bei Frauen Frigidität und Genitalangst entstehen. Ich hatte eine verheiratete Studentin zu behandeln, die an einer neurotischen Angst vor dem männlichen Geschlechtsteil litt. Sie war total frigid und bekam während des Koitus in den Händen konvulsivische Zuckungen. Die Quelle des Übels waren die Badeanlagen des Studentenhauses. Es gab zwei Hallen: eine für die Studenten, eine andere für die Kommilitoninnen; ältere Studentinnen wußten, daß man beim Betreten ihrer Abteilung vorsichtig sein mußte, denn von nebenan konnte sich ein Exhibitionist aufgestellt haben. Meine Patientin wußte davon nichts und stand dann einem nackten jungen Mann gegenüber. Sie rannte schreiend hinaus. Seit dem Erlebnis hatte sie eine unüberwindliche Phobie vor dem Penis und konnte sie auch nach der Heirat nicht loswerden; daraus resultierte Frigidität.

12
Sex in der Öffentlichkeit

Wenn das Sexualleben wie in der Sowjetunion verdrängt wird, flüchtet es sich ins nicht Kontrollierbare, Verborgene. Es gibt aber auch eine andere Möglichkeit: das Untertauchen in der Masse. In der Menge ist der Einzelmensch zugleich isoliert und anonym. Daher rühren sexuelle Abweichungen wie der eben besprochene Exhibitionismus oder der Kontakt an öffentlichen Orten. Dies ist ein allen modernen Großstädten gemeinsames Phänomen, hat aber in der Sowjetunion wegen des durchweg geheimgehaltenen Sexuallebens zweifellos größere Bedeutung. Überdies scheint es sich von dem zu unterscheiden, was mir z. B. von den Franzosen bekannt ist: in der Sowjetunion handelt es sich nicht nur um einige Sexbesessene, die ein Gedränge ungestraft zu Berührungen ausnützen, sondern um ein wirkliches geheimes und anonymes sexuelles Geschehen, wie folgendes Beispiel zeigt.

Es ist die Geschichte eines jungen Mannes von zwanzig Jahren, den ich 1969 in Behandlung hatte. Er erzählte mir, daß er, noch nicht vierzehn Jahre alt, in einem überfüllten Omnibus fuhr. Plötzlich spürte er, daß eine etwa 30jährige, ihm unbekannte Frau seinen Hosenschlitz öffnete, ihre Hand hineinsteckte und sein Glied packte, das sofort erigierte. Es war, sagte er, als werde er elektrisiert, und etwas in ihm »fing Feuer«. Dann hatte er den ersten Erguß seines Lebens. Als er zu sich kam, bahnte sich die Frau bereits einen Weg zum Ausgang. Es geschah in Kasan, die Frau sah er nie wieder. Auch zog er mit der Familie bald nach Odessa um. Mit zwanzig Jahren suchte er sie immer noch in Autobussen, Straßenbahnen, in den Schlangen vor den Läden. Diese unter einem Zwang stehende und, wie er wußte, aussichtslose Suche fiel in die Stoßzeiten.

Ich will nicht behaupten, daß diese Geschichte etwas Alltägliches sei; man kann in der Sowjetunion die U-Bahn oder den Bus nehmen, ohne etwas derartiges zu bemerken. Trotzdem handelt es sich nicht um eine abartige Ausnahmeerscheinung; es ist vielmehr eine merkwürdige Abweichung nicht nur einiger verwirrter Menschen, die kein normales Sexualleben haben, sondern eines viel größeren Personenkreises, und bleibt nach außen unsichtbar. In ihrem Benehmen in der Öffentlichkeit machen die Russen kaum den Eindruck, daß sie unternehmungslustig oder aufdringlich seien; sie wirken vielmehr ›asexuell‹, d. h. absolut neutral, denn auch der Blick der Männer ist reserviert, so daß ein Ausländer, der irgendwo spazierengeht, die Empfindung hat, er wandle in einer Atmosphäre vollkommener Sittsamkeit. Hinter eben dieser allgemeinen Haltung spielen sich nun im selben Auto oder Wagen der U-Bahn diese diskreten Spielereien ab, von denen der Fremde nichts bemerkt, denn er als Ausländer wird immer noch von jedem als solcher erkannt; »Kontakte« dieser Art mit ihm sind ausgeschlossen.

Am geeignetsten sind natürlich die öffentlichen Verkehrsmittel. Nur eine sowjetische Familie von siebzig hat ein Auto, und so füllen sich zu den Spitzenzeiten die Auto- und Trolleybusse, die Straßen- und die Untergrundbahn in allen, auch unbedeutenderen Städten beim enormen Andrang der arbeitenden Menschen. 1966 schrieben 614 Leningrader Arbeiter einen Brief an den Präsidenten des Ministerrats, Alexis Kossygin, und beklagten sich über die Nahverkehrsmittel. Der Brief zirkulierte dann als Samisdat: »Die Hauptverkehrszeiten sind bei uns Stunden der Schande und der Empörung, der Bissigkeit und Grobheit. In diesen Blechschachteln, die man als allgemeines Verkehrsmittel zu bezeichnen wagt, die mit menschlichen Körpern vollgestopft sind, wird jegliche Menschenwürde, insbesondere die der Frauen, mit Füßen getreten ...«

Ein Kundiger kann in Autobussen und Straßenbahnen unerwartete Szenen beobachten: zwei Studenten verschiedenen Geschlechts streicheln sich gegenseitig die Geschlechtsorgane, eine junge Frau schiebt den Rock hoch, um es der Hand eines Manns leichter zu machen, oder, seltener, ein Homosexueller sucht einen Partner. Sogar Sexualakte geschehen in Omnibussen. Eine Frau steht auf einer Art Plattform, ein Mann dicht hinter ihr muß es äußerst geschickt anstellen, daß die anderen Fahrgäste nicht aufmerksam werden. Die Frau dreht sich nicht um, alles verläuft wie in schweigendem Übereinkommen zwischen Partnern, die sich »erkennen«, aber nicht kennen. Jedes will die Anonymität, man will sich nicht kennenlernen, vielleicht sieht man sich nicht einmal ins Gesicht. Einer meiner Patienten machte allerdings eine andere Erfahrung. Er versuchte einen intimen Griff bei einem jungen Mädchen, das eben noch seinen Penis angefaßt hatte. Als Antwort beschimpfte sie ihn gröblich und verklagte ihn wegen Unsittlichkeit.

So können die Verkehrsmittel eine Anziehungskraft haben, als seien sie

Stätten des Vergnügens. 1967 kam die 36jährige Kunstmalerin Tatjana A. zu mir und flehte mich an, sie vor dem Überschnappen zu retten. Sie hatte das Gefühl, sie verliere den Verstand, weil in der Straßenbahn eine unwiderstehliche sexuelle Begierde sie überfiel, die so stark war, daß sie sich am liebsten auf irgendeinen Mann gestürzt hätte. Ohne alle Stimulation kam sie zu Orgasmen. Anderseits hatte sie im Bett keinerlei Erregung. Ihre Besuche in meinem Sprechzimmer hatten praktisch keinen Erfolg; sie mußte so viel wie möglich auf öffentliche Verkehrsmittel verzichten. Obwohl sie sich aufs Fahrrad umstellte, wurde ihr Zustand nicht besser. Ich mußte sie einem Psychiater überweisen.

Ein Kollege aus Odessa erzählte mir einen Fall von Exhibitionismus im Omnibus. Eine 15jährige Schülerin trug unter ihrem Minirock keine Unterwäsche, setzte sich auf einen der erhöhten Sitze und spreizte die Oberschenkel. Eines Tags war sie mit ihrem Spiel beschäftigt und merkte nicht, daß einer ihrer »Zuschauer« ein Freund ihrer Eltern war, denen er dann von der Sache erzählte. Als gute Sowjetbürger wußten sie nichts Besseres zu tun, als die Geschichte der Schule zu berichten, womit sie kundtaten, daß die Erziehung ihrer Tochter die Schule und den Staat angehe. Die Pädagogen gaben die Informationen der Polizei, die Polizei dem Gericht weiter, und nach einigen Jahren wurde das junge Mädchen der Stadt verwiesen und als Parasit exiliert.

In Odessa fuhr ein junges Mädchen mit Absicht in überfüllten Omnibussen, ohne Unterwäsche zu tragen. Ihre Spazierfahrten endeten mit einer Geschlechtskrankheit.

Ein Soldat saß mit seiner Frau in Winniza in der Straßenbahn. Bei einem heftigen Stoß des Wagens sah er, daß seine Frau den Penis eines Mannes in der Hand hatte, der sie an sich preßte. Er ohrfeigte beide und stieß sie zum Erstaunen der anderen Fahrgäste zum Wagen hinaus.

Im Westen zweifellos bekannter sind Aggressionen gegen junge Mädchen und Frauen. Eine kleine Schülerin in Leningrad mußte sich heftig erbrechen, als in der Straßenbahn ein Mann, hinter seinem Mantel versteckt, den Penis aus der Hose zog und ihn vor ihrer Nase hin und her schwenkte.

Natascha Semaschko wurde in einem Moskauer Omnibus gleichzeitig von vier Männern angegriffen. Der eine versuchte, ihr seinen Penis in die Hand zu drücken, ein anderer griff ihr unter den Rock, der dritte preßte sich von vorn, der vierte von rückwärts an sie. Das erschrockene Mädchen kreischte, aber die Männer bezeichneten es als dumm und lügnerisch; es behaupte

Dinge, die nicht stimmten. Wenn sie sich vor Männern fürchte, solle sie nicht im überfüllten Bus fahren. Niemand half dem Mädchen.

In den Zügen treiben neben den Exhibitionisten die ›Findigen‹ ihr Unwesen. Sie benützen die Füße zur gegenseitigen Masturbation. Ein Mann und eine Frau sitzen einander gegenüber und bedecken sich mit ihren Mänteln. Nachts oder bei halber Beleuchtung schieben sie sich den Fuß des anderen zwischen die Schenkel.

Sexualakte in Zügen geschehen in den Toiletten, vor allem auf langen Strecken wie Moskau–Wladiwostok, Moskau–Nowosibirsk; die Fahrt kann eine Woche dauern. Das weibliche Zugpersonal, das die Schlafabteile besorgt, die Fahrkarten kontrolliert, Tee anbietet usw., hat oft Tätlichkeiten männlicher Fahrgäste zu befürchten.

Eine meiner Patientinnen, die diesen Beruf ausübt, erzählte mir, daß sie wie ihre Kolleginnen sich eine sowjetische Variante des mittelalterlichen Keuschheitsgürtels angefertigt habe. Er bestand aus zwei dreieckigen Kupferplatten, die »im Schritt« fest zusammengenäht waren und vorn und rückwärts Schutz boten.

Für Spielereien günstig und für den sowjetischen Alltag charakteristisch ist die Schlange anstehender Menschen. Wie man weiß, bringen sie sehr viel Zeit in der Schlange zu, um Brot, Kleidung, Wodka usw. zu kaufen. Die Reihen der in Resignation und Müßiggang Wartenden sind zu einem der wesentlichen Aufenthaltsorte geworden und können zur Anknüpfung geheimer sexueller Kontakte dienen. Diese besondere Situation, ob nun aus Langeweile beim oft endlosen Anstehen oder aus sexueller Gewohnheit veranlaßt, bleibt ebenfalls in der Anonymität: wer in der Schlange Zärtlichkeiten austauscht, hat kaum Lust, nähere Bekanntschaft zu schließen, zu plaudern, zu verführen. In Moskau spielt sich das auf dem Roten Platz bei und in dem Warenhaus Gum ab. Es werden sogar regelmäßig Streifen zur Überwachung eingesetzt. Wer *in flagranti* erwischt wird, hat keine Verhaftung zu befürchten; man bringt ihn in die Lebensmittelabteilung, wo er die Möglichkeit hat, sich mit einer Flasche Wodka loszukaufen.

Sonstige Orte sind wenig günstig, eher gefährlich. Ein Sportlehrer namens Kiril Mifodjewitsch an einer Schule in Winniza benützte die Turnstunden, die Schülerinnen auf alle mögliche Weise zu betasten, und fand bei allen Übungen einen Vorwand, ihnen zwischen die Schenkel zu greifen. Als er merkte, daß über ihn gesprochen wurde, schnitt er sich die Kehle durch.

13
Erotik und Pornographie

Nirgends ist der Bann über den Sex spürbarer als in der sowjetischen Kunst und Literatur. Wie man weiß, wird in der Sowjetunion schöpferische Arbeit gänzlich vom Staat kontrolliert, der nicht nur die politische und ideologische Ausrichtung vorschreibt, sondern auch sehr genaue Vorschriften für Themenwahl, Stil, Form und ästhetische Richtlinien gibt. Die offizielle Kunst und Literatur richten sich angeblich nach dem Prinzip des »sozialistischen Realismus«, aber m. E. ist es schwierig, in der Geschichte der Kunst Werke zu finden, die so wenig »realistisch« sind wie die sowjetischen, so sehr beherrscht die Verfälschung der Wirklichkeit die bildnerische Gestaltung. Die Enterotisierung der Kunst und der Literatur ist ein besonderer Aspekt dieses riesigen Täuschungsmanövers: diese Art »realistischer« Kunst pflegt schamhaft das Gesicht vor allem zu verhüllen, was mit Sexualität und der Darstellung des nackten menschlichen Körpers zu tun hat. Man hat den Eindruck, daß das ganze Land zugrunde gehen würde, wenn – eine unmögliche Hypothese – das »Crazy Horse« eine Tournee in der Sowjetunion organisieren könnte: eine Reaktion, die ich bei einem Moskauer Psychologen feststellen konnte, der allen Ernsts an einer »sexuellen Bombe«, einer neuen Waffe arbeitete, die höheren Orts vorzulegen er beabsichtigte. Seine Idee war, über einem möglichen Feind Pakete mit pornographischen Fotos abzuwerfen und so seine Moral zu zersetzen. Der gute Mann projizierte den Geisteszustand seiner Landsleute in andere Länder: es ist wenig wahrscheinlich, daß sich westliche Truppen durch pornographische Bilder oder Zeitschriften übermäßig beeindrucken ließen, die im Westen an jedem beliebigen Kiosk zu haben sind.

Erotische Literatur und Pornographie sind nicht lediglich Opfer von Verboten, die sich auf Überlegungen moralischer oder religiöser Art gründen. Sie werden als Subversion aufgefaßt, die die etablierte Ordnung bedroht, und ihre Untersagung hat politischen Charakter. Es ist kein Zufall, daß der Schriftsteller Sinjawski bei seinem Prozeß den Vorwurf zu hören bekam, pornographische und damit antisowjetische Literatur geschrieben und im Ausland veröffentlicht zu haben (seine Werke haben natürlich nichts Pornographisches; es handelt sich nur um einige Stellen, wo von körperlicher Liebe die Rede ist). Auf die gleiche Weise assoziiert die Sowjetunion in ihrer antiwestlichen Propaganda dauernd die »bourgeoise Ideologie« mit »Pornographie«, die bezeichnend für die »Dekadenz des Westens« und in der Sowjetunion untragbar sei.

So ist die permanente Zensur des Erotischen einer der wesentlichen Züge des sowjetischen Regimes seit dem Ende der zwanziger Jahre. Ich betone, daß sich die Zensur nicht etwa auf eine Filmkommission beschränkt, die einem Film grünes Licht zur Vorführung gibt oder nicht gibt. Die Zensur beginnt bereits im Augenblick der Konzeption des Werks, das eine kollektive Angelegenheit von Autor, Redaktionskomitee, ideologisch Verantwortlichen aller Art und Aufpassern der Kommunistischen Partei darstellt, ohne die Zensoren selbst dazuzuzählen. Dieses Netz ist so engmaschig, daß ein Wunder geschieht, wenn es einem Kuß, einer ungewöhnlichen Liebkosung gelingt, durchzuschlüpfen. In einer 1932 erschienenen Skizze mit dem Titel »Satanarole« haben die Humoristen Ilf und Petrow diesen Geisteszustand charakterisiert. Es geht um die vertrauliche Unterhaltung zwischen einem Redakteur und einem Zeichner, der den Auftrag hat, ein Reklameplakat für eine Kantine vorzubereiten:

Redakteur:	Was ist das, sagen Sie's mir.
Zeichner:	Eine Bedienung.
Redakteur:	Aber nein, das da! Sehen Sie? (Er deutet mit dem Finger darauf).
Zeichner:	Eine Bluse.
Redakteur:	(vergewissert sich, daß die Tür verschlossen ist): Spielen Sie nicht den Unschuldsengel. Sagen Sie mir lieber, was unter der Bluse ist.
Zeichner:	Eine Brust.
Redakteur:	Sehen Sie! Ein Glück, daß ich sie noch bemerkt habe. Es wird nötig sein, daß ich sie liquidiere.
Zeichner:	Verstehe ich nicht. Warum?
Redakteur:	(geniert): Sie ist zu auf-, zu vordringlich. Ich möchte sogar sagen, enorm, mein Lieber.
Zeichner:	Durchaus nicht. Es ist eine so schöne Brust, wie es nur eine geben kann. Klassisch ...

Redakteur: Na, und? Man darf die Selbstkontrolle nicht verlieren, wie es Ihnen hier passiert ist. Eine Brust wie die wird lebendig. Vergessen Sie nicht, daß Ihr Plakat von Frauen und Kindern betrachtet wird. Und sogar von erwachsenen Männern...

Zeichner (überdrüssig): Nun sagen Sie mir bitte, welche Dimensionen Ihrer Ansicht nach die Brust einer Bedienung haben darf.

Redakteur: Eine möglichst reduzierte... (träumerisch): Wenn man an der Stelle überhaupt keine bräuchte!

Zeichner: Einen Mann also?

Redakteur: Nein, es wäre nicht zweckvoll, einen hundertprozentigen Mann zu zeichnen. Die Frauen sollen sich auf dem Plakat wiederfinden, wir müssen sie auch da ansprechen und zur Steigerung der Produktion anregen.

Zeichner (strahlt über seinen Einfall): Ein altes Weib!

Redakteur: Ein junges wäre doch besser. Aber ohne – ohne diese Zutaten, Sie verstehen?... Na, haut das hin?

Zeichner (abgehend): Es wird hauen. Was sonst, wenn man nichts anderes machen darf...

Dieser kleine Sketch spricht für den gesunden Menschenverstand, den es noch fünfzehn Jahre nach der Revolution in der immer stickigeren Atmosphäre gab, die sich seither nicht verdünnt hat, und enthüllt das Wesen der sowjetischen Zensur zu einer Zeit, als sie erst am Anfang stand. Was für den Redakteur wirklich zählt, ist nicht die Tarnung der weiblichen Brust, sondern ihre Reduzierung auf nichts. Die schickliche, aber nicht prüde Zurückhaltung in den westlichen Ländern vor der allgemeinen Liberalisierung der letzten Jahrzehnte hinderte nicht, daß es Erotik in Kunst und Literatur gab; lediglich die Darstellung war weniger offen als heutzutage. Vollständige Nacktheit auf einem Bild oder in einer literarischen Beschreibung ist für das Vorhandensein von Erotik nicht Vorbedingung. Aber in der Sowjetunion wird die Existenz der Erotik, die körperliche Liebe und die Nacktheit für nichtig erklärt. Bei dieser Kastrierung des Menschenwesens geht es abermals nicht um ein Versteckspiel mit der Natur, sondern ganz einfach um ihre Negierung.

Die Zensur ist also Kollektivarbeit, fest verankert, Gewohnheit und unentbehrliches Element schöpferischer Betätigung. Stalin und nach ihm Chruschtschow haben sich eingeschaltet und literarische und künstlerische Direktiven gegeben, wobei sie sich durchaus im Recht fühlten. Unter Chruschtschow wurde ein Bildhauer in Winniza gezwungen, die Shorts an der Statue eines Fußballers, die für den Stadtpark bestimmt war, um einige Zentimeter zu verlängern. Eine ähnliche Operation sittlicher Vervollkommnung wurde an der Plastik einer jungen Sportlerin praktiziert; diesmal ging es darum, ihren BH etwas dichter zu gestalten. In der Skulptur wie in der Malerei ist die Darstellung der Nacktheit auch heute noch äußerst selten. Die erste Ausnahme seit dreißig Jahren war m. W. eine unbekleidete Frauenstatue des litauischen Bildhauers Kedanis, die 1966 in Moskau ausgestellt und sogar in der Zeitschrift »Die Sowjetkultur« abgebildet wurde. Es blieb bei der Ausnahme und war kein Anzeichen, daß die Zwangsjacke der Zensur sich merklich lockern würde.

Ausstellungen ausländischer Malerei und Plastik sind natürlich Gegenstand ganz besonderer Wachsamkeit. 1977 stellten amerikanische Künstler Bilder im Moskauer Puschkinmuseum aus; die Aufsichtsbehörden sprachen sich gegen ein Gemälde von Philip Pearlstein aus, das zwei nackte Frauen im Bett darstellte. Die Zensur entschied, daß es sich nur um Lesbierinnen handeln könne. Es brauchte eine Menge Diplomatie seitens des amerikanischen Organisators, die Sowjets vom Gegenteil zu überzeugen.

Nacktheit und Erotik sind auch aus dem Theater und dem Kino verbannt. 1971 brachte eine Moskauer Bühne ein Stück mit dem Titel »Valentin und Valentine« heraus, in dem die beiden einen kurzen Augenblick im Halbdunkel teilweise entkleidet und starr wie Statuen dastanden. Kossygin, der die Premiere besucht hatte, ließ die »Nudistenszene« streichen.

Kreise von Intellektuellen, die für westliche Einflüsse empfänglich sind, erstreben lebhaft eine Liberalisierung der Zensur, aber die in diesem Sinn unternommenen Versuche werden sofort verworfen. 1973 inszenierte ein Leningrader Theater für ein ausgewähltes Publikum zum erstenmal in der Theatergeschichte der Sowjetunion ein Stück, in dem ein Homosexueller auftrat. Die Handlung spielte zwar im Westen, es blieb aber eine unerhörte Kühnheit. Sehr schnell wurde es verboten.

Die gleiche Situation besteht beim Film. Lange Jahre wurde sogar ein freundschaftlicher Kuß geflissentlich vermieden. Dann sah man Liebespaare, die sich an den Händen hielten, schließlich wurde der Kuß als Schlußpunkt zugelassen. Von wenigen Ausnahmen abgesehen, wurden keine weiteren Experimente gewagt. Kürzlich diskutierten westliche Journalisten mit einem der Direktoren der Mosfilm, Kiril Schiriajew, über das Fehlen von Erotik im sowjetischen Film. Seine Antwort war:

»Vom Standpunkt des Zuschauers her kann ich nicht verstehen, wieso es nötig sein sollte, im Film einen Sexualakt zu zeigen.«

Es ist dies die typische zugeknöpfte Antwort eines Beamten, der den Auftrag hat, mit Ausländern Kontakt aufzunehmen: genau wie die Menschen der Sowjetunion keine Pressefreiheit oder andere politische Parteien außer der einen »nötig« haben, bestimmen Leute, die im Namen des stummen Volks, der schweigenden Mehrheit sprechen, daß es auch keine Erotik »nötig« habe. Ein junger Mitarbeiter von Mosfilm versuchte zu scherzen, um den Journalisten begreiflich zu machen, wie klug doch die Begründung seines Chefs sei:

»Auch Sie haben das sicherlich nicht nötig, weil Sie über das achtzehnte Lebensjahr hinaus sind.«

Seit einigen Jahren sind Nachwuchs-Filmemacher daran, eine Bresche in die Mauer der Zensur zu schlagen. Hin und her gerissen zwischen den ideologischen Erfordernissen und dem Verlangen, persönliche und das Publikum interessierende Filme zu machen, sind sie dauernd gezwungen kurzzutreten. Anfang der siebziger Jahre kritisierte die Partei Mosfilm heftig, weil Filme hergestellt wurden, die man als ideologisch zweifelhaft bezeichnen müsse.

Im Westen war der Film »Andrej Rublew« von Tarkowski zu sehen, der erotische Szenen zeigt, wie sie im sowjetischen Film noch nie zu sehen waren. Man muß aber wissen, daß der Film in der Sowjetunion sehr lange verboten war und daß nur durch einen Zufall eine Kopie in Cannes gezeigt werden konnte, wo der Film als Meisterwerk begrüßt wurde. In »Spiegel«, ebenfalls einem Tarkowski-Film, wird die Heldin unter der Dusche gezeigt; dieses Szenchen dauerte nur einen Moment und war für einen sowjetischen Kinogänger etwas Bemerkenswertes, während westliche Zuschauer dem zweifellos kaum Beachtung schenkten.

Kommerzielle Gesichtspunkte sind den sowjetischen Produzenten nicht gänzlich fremd, denn das Publikum sieht sich kaum eigene Filme an, es sei denn, sie hätten den Reiz der verbotenen Frucht. Man bevorzugt ausländische, auch solche von mittelmäßiger Qualität. Und so richten sich manche sowjetische Filme nach westlichen Rezepten und entsäuern bzw. versüßen sie auf eine Weise, daß sie der Zensur akzeptabel erscheinen. Was ausländische Filme angeht, werden auch sie von der Zensur nicht verschont, und zwar ohne alle Rücksicht.

Als der französische Film »Un homme et une femme« auf den sowjetischen Leinwänden erschien, rief er unter den Frauen einen wahren Aufruhr hervor, waren doch die nackte Schulter und die nackte Kehrseite des Hauptdarstellers zu sehen. Wegen dieser »erotischen« Szene sah sich eine meiner Patientinnen den Film mehrere Male an.

Westliche, auch rein kommerzielle und konventionelle Filme wirken wie Frischluftstöße. Sie vermitteln – ungewollt – eine große Freiheit der Ausdrucksmittel im Vergleich zu den sowjetischen, immer steifleinenen, zusammengeborgten, ans offizielle Halseisen gefesselten Produktionen. Die paar Küßchen oder ehelichen Seitensprünge, die seltenen und schwächlichen Anspielungen auf die stalinistische Vergangenheit, die in die Literatur und den Film sickern konnten, die Ersatzerotik und das Surrogat eines Geists der Freiheit – alles das ist, als blinzle man dem Zuschauer zu und wolle ihm sagen:

»So seht doch, wie freiheitlich wir schon sind!«

Nach dem Vorbild Stalins, der zufolge der Erinnerungen seiner Tochter ihr verbot, kurze Unterröcke zu tragen, als sie noch ein kleines Mädchen war, reagiert die Mehrheit der Sowjets vor der Nacktheit puritanisch und krankhaft.

Ein Kollege, Chefarzt einer Klinik im Kaukasus, hatte eine wertvolle Antiquität, eine Uhr, deren Ziffernblatt von einem engelgleichen nackten Knaben getragen wurde. Weil Engel kein Geschlecht haben, kastrierte der Herr die Bronzefigur, indem er die Geschlechtsteile absägte und die Wunde grob zurechtschliff. Dies, damit seine Familie nicht »verdorben« werde. Als ich ihn kennenlernte, war seine Tochter zwanzig Jahre alt, und jedesmal, wenn die Rede auf die unglückselige Uhr kam, ordnete sie ihren Vater als Barbaren ein, was ganz meiner Einschätzung entsprach. Er begriff immer noch nicht.

»Sie sehen«, meinte er, »geholfen hat es schließlich doch nichts, denn meine Tochter *ist* verdorben.«

Das in der Sowjetunion über die körperliche Liebe, d. h. den Sex, verhängte Verbot degradiert ihn damit zur Pornographie, genau wie in der Umgangssprache die Bezeichnungen für die Geschlechtsorgane und ihre sexuellen Funktionen zu Unflat werden. Schriften, Bilder usw. pornographischen Charakters zu besitzen oder sie weiterzugeben, wird vom Gesetz schwer bestraft. Nun ist aber die Bezeichnung »Pornographie« sehr dehnbar. Im Lauf meines Prozesses entdeckte man unter meinen Papieren das Foto eines kranken fünfjährigen Knaben, der durch eine Hormonstörung an Hypertrophie des Penis litt. Der Ermittlungsrichter bemächtigte sich des Bilds, das ich auf medizinischen Tagungen gezeigt hatte, und machte daraus ein neues Anklagemittel: ungesetzlicher Besitz pornographischer Unterlagen. Nur die Intervention meines Sohns Victor, der sich offen über ihn lustig machte, verhinderte diesen Provinz-Sherlock-Holmes, die Anklage aufrechtzuerhalten.

Zur Charakterisierung der Haltung von Sowjetmenschen der Pornographie gegenüber möchte ich Teil einer Unterhaltung zitieren, die ich 1968 mit einem Leutnant der Roten Armee hatte. Einige Wochen nach der Unterdrückung des »Prager Frühlings« saß ich zufällig in einem Abteil bei einer Gruppe von Offizieren, die eben aus der Tschechoslowakei zurückkamen. Der Leutnant versuchte, mir zu erklären, wie notwendig das Einschreiten der »Unseren« gewesen sei:

»Die wollten Freiheit, stellen Sie sich vor! Bei denen sieht man nichts als Hippies und Pornographie.«

»Was haben Sie da?« fragte ich ihn und deutete auf seine Rocktasche, die mit Ansichtskarten vollgestopft war.

»Eben die Pornographie, von der ich gesprochen habe. Die dort sind durch und durch demoralisiert.«

Er zog den Pack Karten heraus, auf denen nichts weiter als nackte Frauen zu sehen waren.

»Und das nehmen Sie mit nach Haus?«

»Ja. Nach Rostow. Und verteile die Nackedeis unter meinen Kameraden.«

Seine Augen und seine Miene hatten etwas ziemlich Unorthodoxes: Widersprüche in sich selbst, wie sie allen Ländern puritanischer Einstellung gemein sind. Daher erschiene mir eine indifferente Haltung des »laissez-faire« seitens der Obrigkeit als die beste Lösung, die sowjetische Mentalität gesund zu machen: solange die Pornographie öffentlich verdammt, privat aber als verbotene Frucht genossen wird, wäre es am besten, den Abszeß auszutrocknen, indem man die sogenannte Pornographie frei zirkulieren läßt. Diese Idee ist aber genausowenig realisierbar, wie wenn man vom gegenwärtigen Regime eine freie, nicht zensierte Presse fordern wollte.

Wenn man fragt, was es mit dieser heimlichen Pornographie auf sich habe und in welchen Kreisen sie zirkuliere, so muß ich betonen, daß es sich um ein begrenztes Phänomen handelt, das der großen Masse der Bevölkerung unbekannt bleibt. Die Pornoliebhaber sind hauptsächlich in privilegierten, machtnahen Kreisen zu finden, was übrigens leicht zu verstehen ist: diese Bevorzugten haben die materiellen und »technischen« Mittel, sich Filme, Bücher, Pornographisches überhaupt zu beschaffen. Sie sind auch intellektuell am freiesten, von aufgeklärter Bildung und daher in der Lage, ohne Skrupel ein auf Doppelgleisigkeit angelegtes Leben zu führen.

Westliche Filme z. B. werden einem bevorzugten Personenkreis privat vorgeführt. Man spielt sie in den Regierungsdatschas, in Häusern wie dem »Haus des Films« in Moskau, zu dessen Betreten ein Sonderausweis verlangt wird. Hier handelt es sich natürlich nicht um pornographische Filme, sondern um Streifen mit erotischen Szenen, die für die sowjetische Zensur, d. h. zum Besten der Bevölkerung, unakzeptabel sind.

Der italienische Film »Zabriskie Point« z. B. gefiel wegen seines Themas, der Jugendrevolten in Amerika, den Zensoren sehr, enthält aber u. a. eine hocherotische Schlußszene, die ihn für den Massenkonsum unbrauchbar machte. Ein ausgewähltes Publikum durfte sich daran erfreuen. Leute von Bedeutung können unter dem Vorwand ideologischer Kontrolle alle Filme sehen, die sie sehen möchten.

Die gleichen Kreise haben auch Zugang zu erotischer oder pornographischer Literatur, etwa die führenden Persönlichkeiten von Winniza und Kiew und die Akademiemitglieder von Leningrad und Moskau usw., die erwiesenermaßen Werke dieser Art in ihren Bibliotheken haben. Die angeblich pornographischen Bücher und Schriften stammen aus dem Ausland; es sind meistens Revuen und Zeitschriften, die jemand mitbringt und die sich als Fotokopien wie die Kaninchen vermehren. Diese eifrig betriebene Praktik bringt beträchtliche Einkünfte. Der Preis einer Revue oder eine Fotokopie davon bewegt sich zwischen 50 und 100 Rubeln und hängt nicht vom Inhalt ab, sondern von der Finanzkraft des Käufers. Wenn ein westlicher Reisender eine Nummer des »Playboy« im Koffer mitbringt und der Zoll sie entdeckt, kann man sicher sein, daß sie der Welt nicht verlorengeht. Als Wächter der sittlichen Ordnung wird der Beamte sie konfiszieren und sie dem Meistbietenden weiterverkaufen. Das Vorhandensein solcher pornographischer Schriften dient außerdem offiziell als Vorwand, die Schlußakte von Helsinki über die freie Verbreitung von Ideen und Informationen nicht anzuwenden. »Es gehört im Westen allmählich zum guten Ton«, schrieb die »Literaturnaja gaseta« im November 1975, »vom freien Austausch von Informationen zu sprechen, dem sich die Sowjetunion angeblich widersetze. Die Literatur jedoch, die diese Anhänger eines ›kulturellen Austauschs‹ verbreiten wollen, ist nichts anderes als Pornographie.« Wieder einmal vermischen sich Sex und Politik. Diese Einstellung kann man mit der Reaktion von Sowjetmenschen vergleichen, die angesichts einer Pariser Straßendemonstration bzw. -schlacht in der Wochenschau erstaunt fragen, wie lange sich Frankreich noch halten könne.

Neben den Diplomaten und den Angestellten der sowjetischen Auslandsvertretungen zeichnen sich die Matrosen als Vorkämpfer freien Umlaufs pornographischer Publikationen aus. Für sie wie praktisch für alle, die in ein westliches Land einreisen, ist das erste, sich in einen Sex-Shop zu stürzen. Übrigens stehen ›Anfänger‹ ziemlich ratlos vor den Regalen dieser Läden. Sie wundern sich über die wenigen Kunden in einem Geschäft, das für sie alle Reize des Paradieses und der Hölle zugleich anbietet. Auch erstaunt es sie, daß die Gesichter der Personen, die für pornographische Bilder posieren, so ausdruckslos, nicht zu sagen, grämlich sind, traurig und ohne alle Sinnlichkeit und Leidenschaft. Sie stellen sich vor, daß die Fotografien einer gelebten Wirklichkeit entsprechen, während sie doch gestellte Routine sind. Man zeigt ihnen Positionen, an die sie normalerweise nicht einmal zu denken wagen.

Wenn in der westlichen Pornographie der Gesichtsausdruck der Personen indifferent ist, sind sie in der sowjetischen Pornographie »ohne Gesicht«, damit die Polizei die Darsteller nicht identifizieren kann. Es sind Amateurfotografen, die in ihren Privaträumen »Orgien« oder Gruppenbilder für pornographische Fotos organisieren (was wiederum heißt, daß sie halbwegs privilegierten Kreisen angehören).

Ein Kadett der Militärakademie, Sohn des führenden Mitglieds der Partei in Moskau, Tichomirow, versammelte bei sich eine Gruppe leichtlebiger Frauen, mit denen er sich's wohl sein ließ und von denen die meisten in »indezenten« Stellungen aufgenommen wurden. Das Nest wurde ausgehoben, der Sohn gefeuert. Die hohe Stellung seines Vaters ersparte ihm die gerichtliche Verfolgung.

Diese eher handwerkliche Produktion ist wegen des damit verbundenen Risikos spärlich, unfachlich durch ungenügendes technisches Rüstzeug und von der Ästhetik her – falls dieser Begriff anwendbar ist – primitiv. Oft gleichen die unter dem Mantel hervor verkauften Fotos eher Darstellungen aus gynäkologischen Fachbüchern als Wunschbildern, denen man nachträumen könnte. Von ähnlicher Qualität gibt es einige pornographische 8-mm-Filme, die irgendwo auf dem Land gedreht wurden und deren Verbreitung am Fehlen von Vorführapparaten scheitert.

Erotische Literatur dagegen erfreut sich weiter Verbreitung. Einmal, weil Reproduktion und Verteilung weniger Mittel erfordern, dann auch, weil die sowjetische Gesellschaft und im besonderen ihre »Intelligentsia« dem Buch eng verbunden sind, das die Basis des Widerstands und des Kampfs um die Freiheit des Denkens bildet. Es ist das nunmehr weltbekannte Phänomen des Samisdat, des heimlichen Drucks oder der Vervielfältigung und des Umlaufs verbotener Bücher in großem Umfang. Neben dem politischen Samisdat gibt es auch das ihm ähnliche Sexisdat.

Sammlungen von Geschichten und Satiren mit Titeln wie »Hundert Positionen«, »Fragen und Antworten über Sex« usw. sowie Witze wie dieser sind im Umlauf:

»Was soll ein Mann tun, wenn er seine Frau mit einem anderen überrascht und die beiden pudelnackt sind?«

»Ein guter Ehemann muß seine Frau schnellstens zudecken, damit sie sich nicht erkältet.«

Auf dem Schwarzmarkt kann man sich auch literarische Werke, Essays und Abhandlungen verschaffen, die von der Zensur verboten sind; so die Werke Freuds, Mikrofilme des Kinsey-Reports oder altindische Liebesliteratur. Manche westliche Bücher über sexuelle Techniken können die Höhe des Monatsgehalts eines mittleren Angestellten erreichen. Unter Werken der russischen Literatur wären u.a. der bereits erwähnte »Lukas«, eine erotische Geschichte von Alexis Tolstoi, »Die Rache«, unveröffentlichte Werke von Poleschajew, von Puschkin, die Gedichte von Sergej Essenin zu nennen, die wegen ihrer Sprache und ihres obszönen Bilderreichtums in der Sowjetunion nicht veröffentlicht wurden.

Die breite Masse, die weder zu Sexisdats noch zu westlichen Importen Zugang hat, begnügt sich mit pornographischen Anekdoten oder Wandzeichnungen, die übrigens strafbar sind. Ein Arbeiter in Charkow hatte an die Mauer des Frauenheims eines technischen Instituts einen riesigen Phallus gezeichnet und darunter geschrieben: »Liebe Jungfrauen, mein Glied steht euch Tag und Nacht zur Verfügung.« Er kam vor den Richter und wurde verurteilt.

Bei der pornographischen Dürre in der Sowjetunion greifen viele zum Ersatz des Voyeurismus besonders innerhalb von Gruppen. So trafen sich in

Leningrad Vertreter der Jeunesse dorée, tranken Alkohol, um in Schwung zu kommen, und verteilten sich rund um einen großen Tisch, auf den sie brennende Kerzen stellten. Ein Pärchen legte sich nackt darauf und koitierte vor den Augen der anderen.

Eine Patientin, Galina Stezenko, erzählte mir, daß die Männer der Rentenstelle von Winniza Frauen, die ihre Anträge einreichten, zwangen, sich nackt vor ihnen zu erniedrigen (darunter sie selbst), und sich laut lachend über den Anblick amüsierten. Die Frauen wagten keinen Widerspruch, weil er den Verlust ihrer Rente hätte nach sich ziehen können.

Ein Aspekt der sowjetischen Pornographie scheint mir wesentlich zu sein: die Unterdrückung der Sexualität geschieht anderswo im allgemeinen im Namen der Religion, der Moral, aber nie der Politik, wie es in der Sowjetunion und in den kommunistischen Ländern der Fall ist. Dieser unbewußte Zusammenhang findet sich in der heimlichen Pornographie wieder. Oft nimmt der Protest gegen das System erotische Formen an. Jedermann weiß, daß Wahlen in der Sowjetunion die reine Farce sind; nicht nur wird dem Wähler keine Wahl gelassen, schon seine Stimmenthaltung, wenn er zu dieser Form greift, seine Meinung kundzutun, kann ihm ernstliche Schwierigkeiten bringen. Nun weiß man nicht, daß in den Wahlurnen manchmal sonderbare Stimmzettel zu finden sind: aus einem Handbuch der Gynäkologie gerissene Blätter, pornographische Zeichnungen und Fotos.

Ein Lehrer vom Land, dessen Namen ich aus gutem Grund nicht nenne, warf bei jeder Wahl ein Blatt mit der Zeichnung eines Hinterteils in die Urne. Er erklärte es mit dem offenen Wort, unsere Wahlen seien eine Schweinerei, seien Pornographie. Ihm war die Verbindung klar.

Ein Arbeiter aus Charkow, den ich im Lager kennenlernte, hatte auf einen Bogen Papier mit roter Kreide einen Phallus gezeichnet und darunter geschrieben: »Das hat uns die Sowjetmacht gegeben.« Dann heftete er das Papier an den Eingang zum Wahllokal. Ich muß hinzufügen, daß er betrunken war. Er bekam vier Jahre, aber nicht wegen antisowjetischer Propaganda, sondern wegen Herumtreiberei. Seine Zeichnung und ein kleines, sehr populäres »Gedicht« passen vielleicht ganz gut zueinander:

»Die Sichel und der Hammer sind Emblem.
Und der, ein jeder weiß's, geht auf und ab.
Man erntet oder schmiedet.
Jedoch es bleibt dir in der Mitte
Doch immer nur ein Glied.«

Unter den unzähligen Geschichten, in denen seit einigen Jahren die Persönlichkeit Lenins entzaubert wird, ist auch eine, die sein Sexualleben ins Lächerliche zieht; er liegt mit seiner Krupskaja in einer unmöglichen Position im Bett...

Diese Art Ironie gibt es zwar überall, aber in der Sowjetunion ist sie ausgesprochener, direkter politisch als anderswo. Der tschechische Journalist Peter Sadecky, der 1961 in Kiew lebte, nahm mit einer Gruppe Kontakt auf, die sich PPP nannte: Progressive Politische Pornographie. Sie hielt Versammlungen ab und druckte in Handarbeit Poster mit Zeichnungen erotischen Charakters und Texten. Sie war sich durchaus bewußt, daß sie sich zum System in Opposition stellte. Wie sie sagte: »Wenn du diese Zeilen liest, wirst du ein innerer Saboteur des Regimes.« Ihre Heldin Octobriana, eine Art Sexstar, verband Erotik mit revolutionärem Geist (s. Anhang).

Ich hatte vor allem im Lager, diesem Vergrößerungsspiegel der sowjetischen Gesellschaft, Gelegenheit, Pornographie zu sehen, die zum heftigen Protest gegen das gegenwärtige Regime wurde. Ich nenne nur einen Fall, denn die Sexualität im Lager wird in einem späteren Kapitel behandelt. Es ist der eines Häftlings, der sich auf die Fußsohle die Inschrift »Sklave der UdSSR« tätowiert hatte, vermehrt um eine Zeichnung, die zerstörte männliche Sexualorgane darstellte: eine aus der Verzweiflung geborene packende Idee, die in eine andere, unerwartete Dimension hineinragt, die man nicht mehr als Porno bezeichnen kann.

14
Die Prostitution

In Rußland gibt es seit langem die Prostitution. Schon 1718 wurden in St. Petersburg geheime geschlossene Häuser eingerichtet. Seit 1843 wurde die Prostitution von der Regierung autorisiert und reglementiert, und man nannte das Bordell »maison de tolérance«. Die Prostituierte wurde literaturfähig und ist bei Dostojewski wie bei Tolstoi zu finden. Sehr bald erscheint sie in sentimentalem Licht: der Mann hat ein schlechtes Gewissen und beklagt das Schicksal der Unglücklichen. Kuprin* findet pathetische Töne: »Welchen tragischen, mitleiderregenden, unsinnigen Weg ist die Geschichte der russischen Prostitution gegangen! Alles mischt sich hier ineinander: russische Religiosität, russische Sorglosigkeit, Seelengröße, Verzweiflung und moralische Degeneration, Primitivismus und russische Naivität, Toleranz und russische Unflätigkeit.«

Diese rührselige und gefühlvolle Ader ist seit der Revolution ausgetrocknet. Das Regime hatte sich vorgenommen, die Prostitution gänzlich auszumerzen; es hat auch alle Spuren getilgt, was aber nicht hindert, daß die Prostitution in Wirklichkeit weiterbesteht.

Das sowjetische Strafgesetzbuch hat einen mehr oder weniger freiwilligen Anteil an dieser Maskerade: für das Vergehen der Kuppelei sind schwere Strafen vorgesehen (fünf Jahre Zuchthaus, danach Verbannung), aber das Delikt der Prostitution erscheint hier nicht: dies ist eine Methode, die Existenz der Prostitution zu negieren; es kann sie von dem Zeitpunkt an nicht mehr geben, weil die Zuhälter ihre Opfer nicht mehr ausnützen dürfen. Die offizielle Version hebt hervor, daß die Prostitution eines der Übel der bourgeoisen, alten Gesellschaft sei, und daß sich die Frauen bei den bestehenden Verhältnissen ihr nicht hingeben könnten. Dies bedeutet aber wiederum nicht, daß die Prostituierten vor Verfolgung sicher seien. Allein in der Republik Aserbeidschan wurden 1971 1221 Frauen, die ihren Körper

* Alexander Iwanowitsch Kuprin, geb. 1870 in Narowschat, gest. 1938 in Moskau.

verkauft hatten, vor Gericht gestellt und sieben Bordelle aufgehoben. Die Urteile gründeten sich aber nicht auf der Tatsache der Prostitution, vielmehr auf dem Vorwand der Landstreicherei oder des Parasitentums (lt. Gesetz besteht in der Sowjetunion die Verpflichtung zur Arbeit).

Eine solche Rechtsprechung mag seltsam erscheinen, aber die Sowjets sind an eine Justiz gewöhnt, die zum guten Teil als staatliche Propaganda fungiert. Der Doppelaspekt der Rechtspflege hinsichtlich der Prostitution verrät keineswegs ein Schuldgefühl, das die Gesellschaft angesichts eines Übels empfände, dessen sie sich nicht zu entledigen weiß: die Gerichte scheuen sich nicht, die Prostituierten zur »Umerziehung« in Lager zu schicken; aber diese rigorose Repression tritt nicht ins Tageslicht.

In der Mitte der sechziger Jahre erschien eine Gruppe von Studenten des Instituts für Straßen- und Brückenbau vor dem Moskauer Tribunal, das eine Instanz höher rangiert als der Volksgerichtshof, der normalerweise für derartige Fälle zuständig ist. Die Ehre wurde den prominenten Familien der Angeklagten zuteil; ihre Eltern waren ein General des KGB, ein Richter, eine weibliche Parteigröße, ein bekannter Schriftsteller und ein ebensolcher Komponist. Das Vergehen: die Eltern eines der jungen Männer waren in ihr Landhaus bei Moskau gefahren, die Jeunesse dorée beschloß, die zeitweilige »Räumung« der Wohnung zu feiern. Zur Party luden sie sechs Prostituierte zu einer Kollektivorgie ein, die ohne besondere Vorkommnisse verlief, bis die Nachbarn, besorgt um Moral und öffentliche Ruhe, die Polizei riefen. Ergebnis: die Fräulein wurden als »Parasiten« verurteilt. Eine schickte man zum »101. Kilometer«, eine Anstalt für Prostituierte von elf bis achtzehn Jahre; eine andere erhielt Stadtverbot für fünf Jahre. Die jungen Herrn kamen mit dem Schreck davon und wurden nur aus dem Institut ausgeschlossen. Sie konnten sich ohne weiteres in anderen höheren Unterrichtsstätten aufnehmen lassen: charakteristisch für die relative Straflosigkeit, die die Mitglieder der privilegierten Klasse genießen. Sie können sich sogar den Luxus von Privatbordellen leisten, ohne daß sie besondere Risiken eingingen, die im Vergleich zu jenen der Prostituierten minimal sind.

Die Prostitution in der Sowjetunion unterscheidet sich von allem, was man in westlichen Ländern beobachten kann. Die Prostituierte ist fast immer ihr eigener Zuhälter, woraus sich die Besonderheiten der sowjetischen Prostitution erklären.

Es gibt also keinen legalen Weg, die Prostitution zu bekämpfen. Die Prostituierten sind »Dissidenten« einer besonderen Schattierung, und man wendet gegen sie ungefähr die gleichen Methoden an wie gegen die eigentlichen Dissidenten. Man kann sie z. B. einer Stadt verweisen, weil sie nicht für eine regelmäßige Arbeit registriert sind. Als einzige Gegenmaßnahme können sie zum Schutz vor dem Gesetz eine Beschäftigung annehmen: Autobusfahrerin, Haushaltshilfe, Pflegerin, Verkäuferin, Friseuse, Sekretärin, Bedienung.

Für ihren Strich haben sie ihre bevorzugten Viertel, in Odessa z. B. die Hafengegend, in Moskau jene um die ständige Industrie- und Landwirtschaftsausstellung (die von vielen Provinzlern besucht wird), die Bahnhöfe und ganz allgemein die Stadtzentren. Schwierig wird ihre Kundenwerbung in Städten, in denen Miliz und Polizisten in Zivil Streife gehen und gedungene oder freiwillige Spitzel über sie berichten. Sie wollen die Aufmerksamkeit von Kunden, nicht aber der Aufpasser erregen. Manchmal verstehen Sowjets nicht, daß Westler die Prostituierten von anderen Frauen unterscheiden können. Die westliche Prostituierte kleidet sich auffällig und verwendet Make-up. Bei der sowjetischen ist es das Gegenteil; sie raucht nicht in der Öffentlichkeit, ihre Kleidung ist unauffällig, oft sogar unansehnlich. Ihren Preis schreibt sie mit Kreide auf die Schuhsohle, 5, 10, 15 Rubel. Sie ist weniger geizig mit der Zeit als ihre westliche Schwester und widmet sich oft die ganze Nacht ihrem zeitweiligen Liebhaber. Viele Prostituierte sind Alkoholikerinnen, wie es schon unter dem alten Regime der Fall war.

Die meisten haben ein ausnehmend niedriges Bildungsniveau, ihre Begriffe von elementarster Hygiene sind unglaublich primitiv. Bei ihrer Gleichgültigkeit der Gesundheit gegenüber sind viele geschlechtskrank und Keimträger. Weil es die Pille nicht gibt, treiben sie mit Hilfe von Freunden oder auch allein ab.

Ihr Bereich sind natürlich die großen Städte. Es kommt vor, daß sie von Zuhältern ausgenützt werden, etwa von Alkoholikern, die zur Unterwelt gehören, aber auch von ihren Männern, die sie zwingen, ihren Körper um eine Tagesration Wodka zu verkaufen. Aber dies sind Einzelfälle. Häufig arbeiten sie mit Taxifahrern zusammen; davon später. In Leningrad trieben eine Zeitlang die Schuhputzer dieses Geschäft. Wenn die Zahl der Zuhälter abgenommen hat, so teilweise wegen der Schwere der Strafe, die sie riskieren (eine Ausnahme bilden jene, die junge Mädchen an wichtige Männer der Gesellschaft und des Staats liefern). In der Sowjetunion kennt noch jedermann die Affäre Ladnow. Man hatte bei ihm ein Album mit 521 Fotos von Frauen gefunden, die nach Adresse, Alter und körperlichen Einzelheiten registriert waren. Von Amts wegen wurde erklärt, die Prostituierten seien arme Opfer und unfähig, zwischen »gehobenen Gefühlen und tierischer Begierde« zu unterscheiden – kurz, sie hätten aus mangelnder ideologischer Schulung gefehlt. Ladnow wurde zu zehn Jahren Lager verurteilt.

Die Gründe, die eine sowjetische Frau zur Prostitution treibt, sind so alt wie die Welt. Außer der in der Sowjetunion besonders drückenden Langweile sind sicherlich materielle Anreize maßgebend, auch wenn die Propaganda versichert, daß es die die Prostitution begünstigenden Umstände nicht mehr gebe. Mit einigen Kunden kann sich die Prostituierte den Unterhalt sichern. Es ist aber nicht leicht, bei der allgemeinen Misere Liebhaber zu finden, und außerdem widersteht es vielen Russen, sich einer Prostituierten zu bedienen. Dies alles grenzt die Betätigung im ältesten Gewerbe der Welt ein.

Manche Prostituierte in Moskau nehmen nur harte Währungen, in Odessa verkaufen sie sich für ein Päckchen Kaugummi, der in der Sowjetunion nicht hergestellt und nicht importiert wird. Die Emigrantenzeitschrift »Kontinent« berichtete von einer Studentin, die dem Mann nach dem Koitus eine Rechnung über 12 Rubel und 57 Kopeken präsentierte. Er staunte über so viel Präzision, worauf sie ihm eine Liste ihres Wochenbedarfs an Lebensmitteln, Fahrkosten, Papier usw. zeigte.

In Hotels von Moskau, Leningrad, Odessa können »zuverlässige« Gäste gegen Trinkgeld eine vertrauliche Adresse oder Telefonnummer bekommen. Eine Zeitlang hatten Prostituierte in Moskau ihren Platz vor dem Karl-Marx-Denkmal, und der Volksmund nannte sie prompt Marxistinnen. In Odessa gibt es mindestens fünf Häuser in der Passage Pasteur-, Karl-Marx-Straße. Hier sind die Preise bescheiden: 3,5 oder 7 Rubel je nach Freigebigkeit des Kunden. Die meisten Prostituierten praktizieren die Fellatio, was manche Männer wegen der Ansteckungsgefahr bevorzugen. Manch eine bedient gleichzeitig mehrere für jeweils drei Rubel zuzüglich Verzehr. Auch wird die Sache manchmal mit Kartenspiel verbunden: Prostituierte von 13, 14 Jahren arbeiten unter dem Tisch, während vier Männer Karten spielen; der Verlierer bezahlt für alle.

Es gibt beim Geheimcharakter der Prostitution und in Anpassung an den sowjetischen »way of life« besondere Erscheinungsformen, von denen ich einige erwähne.

Da ist z. B. die »staatliche« Prostitution, die ich so bezeichne, weil der Mann die Prostituierte nicht aus seiner Tasche, sondern mittelbar aus der des Staats bezahlt. Ein Fabrikdirektor z. B. stellt eine neue Sekretärin ein, deren einzige Arbeit darin besteht, mit ihm zu schlafen, wobei der Staat ihr Gehalt bezahlt. Der Direktor kann sie entlassen, wenn er genug von ihr hat, und eine andere engagieren. Diese Prostitution ist in der Sowjetunion so bekannt, daß Anekdoten umlaufen:

Eine Sekretärin betritt morgens das Büro des Direktors, sieht, daß die Couch aus dem Zimmer entfernt ist, und fragt: »Was ist? Bin ich entlassen?«

Oder: die Chorsängerinnen der Philharmonie von Winniza scherzten mit dem künstlerischen Leiter: »Sagen Sie, wohin ist die in Ihrem Büro zum Vorsingen bestimmte Liege verschwunden?«

Ein neugebildetes Wort gibt es bereits dafür: »sekretutka«, eine Kombination aus Sekretärin und dem russischen Wort für Prostituierte.

In der Provinz ist es üblich, daß sich die Prostituierten eine ständige Kundschaft gewinnen, die manchmal bis zu zwanzig Männer umfassen kann. Sie empfangen diese regelmäßig, manche lassen sich wie ein Gehaltsempfänger am Monatsende bezahlen. Eine dieser Prostituierten, eine meiner Patientinnen, wollte kein Geld, ihre Kunden mußten sie zum Essen ausführen.

Wenn eine Prostituierte ein Zimmer in einer Gemeinschaftswohnung hat, erregen ihre Besucher den Unwillen der Nachbarn; ihre Kunden müssen sich möglichst ruhig verhalten.

Auf die Prostitution in den Lagern komme ich später zu sprechen. Dort verkaufen sich freie, nicht inhaftierte Frauen zu gehobenen Preisen (bis zu 25 Rubel). Nur Gefangene, die illegal Geld von außen erhalten oder im Lager etwas verdienen, können sich den Luxus leisten.

Prostitution an mancherlei Orten

Die Prostitution im Taxi erklärt sich aus den Bedingungen, unter denen der Taxifahrer seinen Beruf ausübt. In der Sowjetunion ist jede Arbeit, jede Tätigkeit »eingeplant«, und auch der Taxifahrer entgeht dieser Planung nicht. Er ist gezwungen, sein Tages-Soll zu erfüllen: die Zahl der Kilometer, die Einnahmen. An gewöhnlichen Tagen fällt es ihm nicht leicht, den Plan zu errreichen, besonders nach der Verdoppelung der Preise im Jahr 1977. Oft warten lange Reihen von Taxis auf die seltenen Kunden. Mit einer Prostituierten im Fond kann er hoffen, zwischen zehn und dreißig Rubel über das Soll hinaus zu kassieren, wenn er sein Taxi mit Mädchen und Liebhaber an einem diskreten Ort parkt.

Der Taxifahrer kann Tag und Nacht Auskunft geben, wo man eine Flasche Wodka bekommen, wo man ein Mädchen finden kann. Die Flasche hat er meistens selbst und verkauft sie mit Gewinn; Adressen und Telefonnummern von Prostituierten sind vielen Taxifahrern bekannt. Ein Callgirl läuft manches Risiko: der Taxifahrer muß seines Fahrgasts absolut sicher sein, bevor er ihm Auskünfte gibt.

Manchmal arbeitet die Prostituierte auf den Rücksitzen des Wagens, der inzwischen gemütlich durch schlecht beleuchtete Straßen fährt. Der Liebhaber hat dann die Kilometer, einem eventuellen Zuhälter fünf oder sechs Rubel und der Prostituierten selbst ungefähr ebenso viel zu bezahlen – ein verhältnismäßig teueres Vergnügen. Erfahrene Zuhälter kennen ruhige Straßen, nicht beleuchtete Einfahrten oder sonstige Plätze zum Parken. In Moskau bringt der Fahrer das Pärchen z.B. in den städtischen Park von Ismailowo oder von Sokolniki. Sind die Parks verschneit, zieht der Fahrer entferntere Orte vor, wohin die Fahrt etwa eine Stunde dauert.

Die Moskauer, Kiewer und Leningrader wissen Bescheid, daß manche Taxifahrer für die allgegenwärtige Polizei arbeiten und ihr berichten, was sie von den »verdächtigen« Personen im Fond gehört haben; manchmal bringen sie sie zur Identifizierung direkt aufs Kommissariat.

Am wenigsten gefährlich ist die Prostitution im Zug. Die Prostituierte löst eine Fahrtkarte Moskau-Tbilissi oder Moskau-Baku und sammelt Kunden unter den Zusteigenden. Am Zielbahnhof kann sie eine Summe verdient haben, die ihr Ferien im Kaukasus ermöglicht. In dieser Gegend sammeln sich Prostituierte aus der ganzen Sowjetunion, teils weil es sich im Kaukasus anerkanntermaßen besser leben läßt, (man nennt ihn – und er ist mit gebotener Einschränkung das sowjetische Kalifornien), teils und vor allem, weil die Kaukasier besonderen Wert auf blonde Frauen legen, ob nun die Haare echt oder gefärbt sind. Die dort üblichen Preise übertreffen alle sonstigen Normen, so daß viele Prostituierte auf Kundensuche dorthin fahren, wo sie dann auch nicht lange zu warten brauchen.

Ich erinnere mich an eine Szene, die ich in Suchumi am Schwarzen Meer erlebt habe. Eine Blonde begegnete drei Georgiern, die sich ohne weiteres ihrer bemächtigten und sie in ihr Auto zogen. Der Form halber leistete die junge Frau angesichts der Passanten ein bißchen Widerstand, die aber anscheinend an solche Vorgänge auf der Straße gewöhnt waren.

In Hotels und Ferienhäusern im Kaukasus gibt es häufig Prostituierte aus Tallin, Moskau, Leningrad und, warum weiß ich nicht, auch aus Odessa.

Kurze Zeit lief als Samisdat ein satirisches Gedicht des bekannten sowjetischen Dichters Jewtuschenko um; an einen Satz erinnere ich mich:

»Die kleinen blonden Kokotten kommen die schwarzbraunen Gockel besuchen.«

Der Zustrom junger Mädchen, die ein leichtes Leben und Geld haben möchten, ist für den Kaukasus eine Quelle heimlichen Profits geworden.

In Baku wurde die Tochter eines bekannten Wissenschaftlers vergewaltigt; die daraufhin erfolgten Ermittlungen führten zur Entdeckung eines Bordells, zu deren eifrigen Besuchern eine Reihe angesehener Persönlichkeiten der Partei und drei Minister gehörten.

Eine meiner Patientinnen erzählte mir, daß sie häufig nach Moskau fliege, ohne eine Kopeke ausgeben zu müssen (nebenbei bemerkt: in der Sowjetunion sind Flugreisen nicht teuer). Leistung und Bezahlung erfolgten im Flugzeug.

Interessant und bezeichnend ist es, daß Sex für Gutsituierte so ziemlich tabu ist, während Leute am Rand der Gesellschaft offen darüber sprechen.

Die Prostituierten der Bahnhöfe gehören zur niedrigsten Kategorie; sie geben sich hauptsächlich mit Durchreisenden ab. Ihre Kunden sind einfache Leute: Arbeiter aus der Provinz, Kolchosbauern, Lastwagenfahrer. Ob jung oder älter, sind es durchweg ungebildete, manchmal auch dem Alkohol verschriebene Frauen, Diebinnen oder Kriminelle. Meist unsauber, bieten sie ein abstoßendes und zugleich mitleiderregendes Bild. Wer sich ihren Anfragen gegenüber ablehnend verhält, kann sich auf eine Flut der ausgewähltesten Beschimpfungen gefaßt machen. Zahlreiche Alkoholikerinnen prostituieren sich für Wodka. Um nicht entdeckt zu werden, schreiben erfahrene Prostituierte ihren Preis in die Handfläche oder auf die Schuhsohle: drei, zwei oder auch nur einen Rubel verlangen sie. Manche lassen sich nur ein Glas Wodka, eine Tafel Schokolade geben oder sind wie in Odessa mit einer Limonade zufrieden. Wenn eine Frau kein Entgelt mehr für ihre Dienste verlangt, ist sie keine Prostituierte (»prostitutki«) mehr, sondern ein liederliches Frauenzimmer (»bliadi«).

Auf der Moskwa verkehren in vierstündigem Abstand kleine Personendampfer von Chimski nach Kliasma. Die Kabinen sind im Vergleich zu Hotelzimmern billig, und vor allem kann man belegen, ohne Paß und Heiratsurkunde vorlegen zu müssen. Es gibt auch ein billiges Restaurant, das zwei Fischgerichte anzubieten hat. Die Schiffahrt wird gegen Ende des Herbsts eingestellt, weil der Fluß zufriert.

In den Untergrundbahnhöfen finden sich Prostituierte um Mitternacht kurz vor Schluß ein. Ihre Kunden sind Soldaten, seltener Studenten, der Preis ist gewöhnlich ein halber Liter Wodka. Angestellte, die von Städten wie Swerdlowsk, Nowosibirsk, Tomsk, Archangelsk nach Moskau geschickt werden, bedienen sich vielfach dieser Frauen, denn eine Prostituierte kostet weniger als ein Zimmer in einem guten Hotel.

Prostituierte in Hotels gibt es praktisch nicht, weil eine Prostituierte für ihre Zwecke kaum ein Hotelzimmer nehmen kann; auch wird ein Sowjetbürger in seiner Stadt kein Zimmer bekommen, und außerdem muß jedes Paar seinen Heiratsschein vorlegen. Dagegen kann ein Durchreisender ein Zimmer haben, und so gelingt es manchmal den Prostituierten, durch verschlossene Türen zu gelangen. Kunden sind Offiziere, Arbeiter aus dem Norden auf Urlaub in der Hauptstadt, Angestellte von Unternehmen in der Provinz, reiche Georgier, die sich auf illegalen Handel mit Obst, Gemüse und Blumen spezialisiert haben. Frauen, die Männer im Hotel besuchen, sind von vornherein verdächtig, besonders wenn es sich um Georgier handelt. Sie können ab elf Uhr abends hinausgewiesen werden. Die Prostituierten müssen sehr vorsichtig sein, die Aufmerksamkeit der Etagenfrauen nicht auf sich zu ziehen. Werden sie erwischt, haben sie vielleicht die Möglichkeit, die Frau mit einem oder zwei Rubeln zu schmieren. Hier und da tut sich sogar eine neue, den Stockwerkhüterinnen vorbehaltene Art von Kuppelei auf.

Es gibt in der Sowjetunion keine Clubs oder Nachtlokale, so daß das »Nachtleben« der Großstädte um Mitternacht zu Ende ist. Abgesehen vom Theater geht man ins Café oder Restaurant, wo man ißt und vielfach den ganzen Abend verbringt. Bei manchen Lokalen suchen Prostituierte nach Kundschaft, in Moskau etwa beim National, Metropol, Rossia oder den Cafés der Kalinin-Avenue, in Leningrad bei jenen am Newski-Prospekt. Noch in jüngster Zeit konnte es eine alleinstehende Frau nicht wagen, abends in ein Restaurant zu gehen; man weigerte sich, sie zu bedienen.

Cafés und Restaurants werden von der Polizei überwacht, und so wechseln die Prostituierten regelmäßig ihren Standort. Da die Lokale nicht als ständige Basis dienen können, müssen sie sich ihre Kunden in der Metro oder den Passagen unter dem Swerdlow- oder dem Majakowskiplatz suchen.

Prostituierte mit Ausländern

Fremde sind die Traumkunden der Prostituierten, weil sie mit amerikanischen Zigaretten, Qualitätskleidung, harten Devisen zahlen können – alles Dinge, die in der Sowjetunion nicht nur Luxus, sondern für den Großteil der Bevölkerung eine Art unzugänglichen Glücks sind. Ausländer sind aber auch gefährliche Kunden, denn ihretwegen interessiert sich die Polizei näher für die Prostituierten.

Die immer wieder zu hörende Ansicht, wonach jedes junge Mädchen, das mit einem Ausländer ins Bett geht, für den KGB arbeite, entbehrt nicht jeder Grundlage, ist aber stark übertrieben. Die Intouristhotels sind streng überwacht; wenn aber ein junges Mädchen regelmäßig die Nächte im Zimmer eines Ausländers zubringt, ohne daß jemand interveniert, kann man ziemlich sicher sein, daß es eine Agentin des KGB ist. Häufige falsche telefonische Anrufe, wenn sich eine junge Frau wegen ihres Irrtums entschuldigt und versucht, in schlechtem Englisch eine Unterhaltung zustande zu bringen, werden ebenfalls zu Lasten des KGB gehen. Ruft die Frau noch einmal an, wird der Fremde wohl die Gelegenheit wahrnehmen, ihre charmante Bekanntschaft zu machen. Der Besuch der jungen Frau kann auf Magnetband aufgenommen oder auch gefilmt werden, wenn die Polizei gerade Lust hat, James Bond zu spielen. Dies dürften die einzigen »legalen« Prostituierten in der Sowjetunion sein, die kein Risiko eingehen und dem KGB die Auskünfte weitergeben, die sie erfahren haben.

In Odessa ist der Seemannsklub für ausländische Seeleute, gelegen in der Bebelstraße (Bebel ist in der Sowjetunion für seine Theorien über die Befreiung der Frau berühmt), der Ort, wo man »echte« Prostituierte und solche der Polizei trifft. Die Dolmetscher(innen) und Fremdenführer(innen) üben auch manchmal die Funktion der Bespitzelung aus. Diese Prostituierten fühlen sich vollständig sicher, und ihre Kenntnisse des Westens gehen weit über alles hinaus, was die große Masse der sowjetischen Frauen wissen kann.

Leider kann diese Teilansicht der Prostitution in der Sowjetunion durch keinerlei Zahlen belegt werden, da alles damit Zusammenhängende streng geheim gehalten wird. Immerhin widerlegen die Fakten den offiziellen Standpunkt, daß es in der Sowjetunion keine Prostitution gebe. Sie existiert gleichwohl, und ich werde diese Form von »Dissens« gewiß nicht als eine wohltätige Erscheinung betrachten. Aber das Überleben der Prostitution in einem Land, wo man sie angeblich unterdrückt hat, wo sie mit härteren Maßnahmen auch der Polizei als sonstwo verfolgt wird, ist Grund genug, darüber nachzudenken. Samt ihrem Elend gewinnt die Prostitution ein heimliches und geschmähtes Gebiet zurück, auf dem der Mensch, so gut er kann, den Versuch macht, alte »Rechte« wiederzuerlangen. Dieser Aspekt verbindet sich mit anderen, die zeigen, daß das Bild der sowjetischen Gesellschaft – einer totalitären Gesellschaft, die in gewissem Sinn »reüssiert« hat – nicht mit dem eines Volks übereinstimmt, das im Gleichschritt der Herde vor der Hirtenschleuder eines allmächtigen und allwissenden Polizeistaats einhermarschiert, sondern vielmehr mit jenem Bild eines Lands, in dem ein offizielles staatliches System – das wie eine zu stark angezogene Schraube sich selbst blockiert – und im Untergrund ein anderes von beträchtlichem Umfang übereinander existieren. Dieses andere System ermöglicht es der Bevölkerung, mit allerlei Mittelchen sich um die offiziellen Anordnungen und Verbote herumzudrücken, ganz wie es in den sorgfältig überwachten Hotels dieser und jener Prostituierten gelingt, sich trotzdem einzuschleichen, manchmal mit der Komplizenschaft der Wächter.

15
Sexualverbrechen

Kriminalität und im besonderen Sexualverbrechen sind über die ganze Welt verbreitet. Wenn die Sowjetunion keinesfalls eine Ausnahme sein kann, so zeigt sich die diesem Land eigentümliche Haltung in dem Bemühen, Verbrechen zu Vergehen zu bagatellisieren und sie nicht bemerken zu wollen.

Auf diesem Gebiet existieren praktisch kaum Statistiken; fragmentarisch und wenig glaubhaft sind die bekanntgegebenen: denn ihr Zweck und Ziel ist es, darzutun, daß in der Sowjetunion die Kriminalität im allgemeinen im Schwinden sei, was ganz einfach eine unseriöse Behauptung ist. Auch kann sich jede Aussage über Zu- oder Abnahme der Kriminalität nur auf die trügerischen Eindrücke des Tags stützen. Ich werde also mit der gebotenen Vorsicht nur einige Sexualverbrechen erwähnen, die nach Tatsachen aus jüngsten Veröffentlichungen* zusammengestellt oder bei Häftlingen in Lagern erfragt wurden.

Vergewaltigung

Unter den Sexualverbrechen ist die Vergewaltigung sicherlich das häufigste. Nach einer sowjetischen Quelle entfiele von 1000 Verurteilungen des Jahres 1966 ein Prozentsatz von 1,7 auf Sexualverbrechen. Wenn man wie Schalidse annimmt, es gäbe in der Sowjetunion eine Million Urteile pro Jahr, würde das 20 000 Vergewaltigungen bedeuten. Die wirkliche Zahl kann eigentlich nur höher liegen, denn oft bleibt Vergewaltigung unbestraft, sei es, daß der oder die Schuldigen nicht bekannt werden, sei es, daß das Opfer aus Angst vor Repressalien und hauptsächlich aus Furcht vor Nachrede keine Klage erhebt. Es scheint also, daß Vergewaltigung trotz der angedrohten schweren

* Insbesondere das Buch des sowjetischen Dissidenten Walerij Schalidse, »Le crime en Union soviétique«, Paris 1977.

Strafen ein ziemlich verbreitetes Verbrechen ist: drei bis sieben Jahre Zuchthaus, bei erschwerenden Umständen (Rückfall, kollektive Vergewaltigung, schwere Folgen für das Opfer) bis zur Todesstrafe.

Sexuelle Gewalttaten sind sozusagen die logische Konsequenz der sexuellen Frustration und der in der Sowjetunion zwischen den Geschlechtern bestehenden, oft seltsamen Beziehungen. Der Kult der Gewalt, die Roheit des Mannes im Liebesleben, die Unwissenheit in Erotik und in der Lust zu zweit sind schließlich die irgendwie »natürlichen« Vorbedingungen zu Akten brutalen Zwangs.

Ich hatte eine Patientin, die sich wegen der Kinder nicht scheiden lassen, sexuell mit ihrem Mann aber nichts mehr zu tun haben wollte. Er vergewaltigte sie regelmäßig ohne Furcht vor gerichtlicher Verfolgung, denn kein Gericht hätte die Klage der Frau ernst genommen.

Es gibt in der Sowjetunion alle Arten von Vergewaltigung: die eines jungen Mädchens nach einem geselligen Abend, an dem man getrunken und getanzt hat; Vergewaltigung mit Mord aus Panik oder mit Totschlag. Ich kannte einen Strafgefangenen, der mit noch nicht ganz 22 Jahren in Petrosawodsk ein junges Mädchen vergewaltigt und getötet hatte und rückfällig geworden war.

Häufig sind Kollektivvergewaltigungen. Im Gefängnis von Winniza saßen drei Täter ein, Igor Kusnezow, Viktor Elki und Alexander Sawiasun, die alle drei die 20jährige Gurejewa vergewaltigt hatten. Vergewaltigungen seitens sexbesessener Täter sind verhältnismäßig selten; meist handelt es sich um Gewalttaten, die von sonst normalen Menschen begangen werden

Es gibt besonders widerliche Fälle, etwa jenen eines jungen schizophrenen Mädchens aus Litin, die man jedes Jahr in die Klinik von Winniza schickte, weil sie vergewaltigt worden und schwanger war.

Vergewaltigungen alter Frauen sind selten; sie zeugen von unglaublicher Perversion, aber bei den Fällen, die mir untergekommen sind, handelt es sich nicht um aus einer Irrenanstalt entlaufene Sadisten, sondern um geistig gesunde Menschen.

Einen Fall hat mir im Lager von Charkow der Übeltäter selbst erzählt. Es geschah in einem ukrainischen Dorf. Eine alte Frau kam auf dem Heimweg bei Einbruch der Dunkelheit zu den ersten Häusern des Dorfs, als sich eine Gruppe betrunkener Jugendlicher näherte. Die Burschen stürzten sich auf sie, knebelten sie und zerrten sie in einen Birkenwald. Sie leistete Widerstand, bis ein Schlag mitten ins Gesicht sie ohnmächtig werden ließ. Ihr langer Bäuerinnenrock wurde hochgestülpt und über dem Kopf zusammengebunden. Die neun Kerle rissen alles andere herunter, warfen sie auf einen Heuhaufen und fielen über sie her. Die Frau war vollkommen erschöpft, als ihre Folterknechte sie jeder zweimal auf beiden Seiten mißbraucht hatten. Dann ließen sie ihr im Blut schwimmendes Opfer liegen. Einer der neun, der mir die Untat erzählte, kam nüchtern geworden heim. Ein furchtbarer Anblick erwartete ihn: seine Mutter lag blutüberströmt im Bett.

»Was ist dir?« schrie er entsetzt.

»Man hat mich vergewaltigt. Ich liege im Sterben.«

»Wo? Und wer?«

»Mein eigener Sohn. Du warst der letzte, ich habe dich erkannt.«

Er wurde ohnmächtig.

»Als ich zu mir kam«, fuhr er zu erzählen fort, »war meine Mutter tot. Sie hatte sich neben mir im Zimmer erhängt. Früher oder später bringe ich mich um. Ich kann nicht mehr. Ein Vieh wie ich hat keinen Platz mehr auf der Welt.«

Es waren keine leeren Worte, er hatte schon zwei vergebliche Selbstmordversuche begangen.

Solche schrecklichen Verbrechen liegen in der Tradition der russischen Kriminalität, werden grundlos, brutal, wie im Wahnsinn, aber durchaus nicht immer von Untermenschen oder Psychopathen, sondern auf nicht vorherzusehende Weise vom nächstbesten Muschik begangen.

Sehr oft geschieht die Vergewaltigung im Zustand der Trunkenheit: nach einer Statistik in 50 von 100 Fällen und nicht vorsätzlich. Das Verhältnis scheint plausibel zu sein, in der Sowjetunion ist der Alkohol etwas Magisches, und bei einem alkoholisierten Russen ist nichts unmöglich. Überdies zeigen betrunkene Frauen ein provozierendes Verhalten, ohne daß sie damit zum sexuellen Akt einlüden, meistens ganz im Gegenteil: ihr aufreizendes Benehmen gehört sozusagen zum Gesellschaftsspiel, zum Fest unter Freunden und ist durchaus nicht als Aufforderung gedacht, weiter und weiter zu gehen. Schalidse zitiert eine andere sowjetische Statistik, wonach 55 von 100 vergewaltigten Frauen betrunken waren und 30 von 100 mit den Männern soffen, die sich dann an ihnen vergriffen.

Es geschieht auch, daß jemand, der über ein bißchen Macht verfügt, etwa ein Milizsoldat, z. B. ein gewisser Medianik in Nikolajew, seine Position zu Vergewaltigungen mißbraucht: er nahm unschuldige junge Mädchen auf den Posten mit und zwang sie zu sexuellen Beziehungen, indem er sie mit

Anzeigen bedrohte, die ihnen Schande bringen würden. Mehrere Dutzend Mädchen fielen ihm in die Hände, bis seine Schandtaten entdeckt wurden.

Außergewöhnlich sind Vergewaltigungen von Männern durch Frauen. In Winniza vergewaltigte eine Gruppe von vermutlich sexuell frustrierten Frauen in ihrem Arbeiterinnenheim einen jungen Mann und banden ihm den Penis hoch, damit er in Erektion bleibe. Der Mann starb daran.

Auf den Kurilen geschah und geschähe laufend Vergewaltigung durch Frauen. Die Kapitäne der Fischfangdampfer können ihren Matrosen nicht erlauben, an Land zu gehen, denn die Tausende von Frauen, die in den Fischfabriken arbeiten, sehen jahrelang keinen Mann; die Matrosen würden ihr Leben aufs Spiel setzen.

Vergewaltigung, Brutalität und Sadismus scheinen zur sowjetischen Sexualität zu gehören. Man müßte objektive Gründe dafür finden, die der Existenz des russischen Volks und seiner Geschichte inhärent sind.

Ich erwähne zwei, die mir in den Sinn kommen: den Sadismus, der in der Welt der Gefängnisse und Lager herrscht; den Sadismus, der unter Stalin (seine sadistischen Spiele waren bekannt) Eingang fand und wovon noch Spuren in der Behandlung der Gefangenen zu finden sind.

Der Kommandant eines Lagers im Kaukasus, Hauptmann Samedok, war auf seinen Erfindergeist in Sachen Folter stolz, der er den Namen »Klubsessel« gegeben hatte. Häftlinge, die sich etwas hatten zuschulden kommen lassen, wurden zwischen zwei Metallstühlen mit Riemen festgebunden und dann die Stühle langsam auseinandergeschoben. Der Major Sejnalow fand es äußerst lustig, nach den Geschlechtsteilen der Gefangenen mit Tomaten zu werfen und sie platzen zu sehen. Dieses Tun ist ein tiefreichendes Zeichen einer Art von Besudelungstrieb, ein offener Sadismus, dem der Befallene kaum widerstehen kann, während er unter anderen Umständen es nicht wagen würde, solchen Gelüsten nachzugeben.

Man muß auch die Konsequenzen des Kriegs mit Nazi-Deutschland erwähnen. Als die Sowjetarmee zum Gegenangriff antrat, gab es – Soldaten reagieren eben so – in der Trunkenheit des Siegs der deutschen Bevölkerung gegenüber Erpressung und Vergewaltigung. Ein Soldat, der seiner Liebsten vor dem Krieg Liebesgedichte vorgelesen hatte, war nun imstande, sich jede Frau zu nehmen, die ihm in die Hände geriet. Es gab auch ganz ungewöhnliche Vorkommnisse, wenn etwa Russinnen in deutschen Arbeitslagern von ihren Befreiern vergewaltigt wurden.

Wie mir mein Patient Tschustow aus Charkow erzählte, fanden sowjetische Soldaten in einer eben beschossenen und besetzten ostdeutschen Kleinstadt kein einziges weibliches Wesen vor; sie warfen sich über die noch warmen Opfer der letzten Bombardierung.

Sadismus und Masochismus

Von der Vergewaltigung komme ich zum Sadismus, der in der Sowjetunion häufig ist, während Fälle von Masochismus selten sind. Ich habe praktisch keine Männer oder Frauen kennengelernt, die Masochisten gewesen wären; Kollegen erzählten mir von Einzelfällen.

Russischer Tradition gemäß schlägt der Mann die Frau. Mehr oder weniger spielt hier natürlich Sadismus herein. Und es fehlt nicht an Beispielen, die ans Kriminelle grenzen.

In Moskau prügelte ein Monteur namens Mersliakow regelmäßig seine Frau Nadeschda, vielmehr er verabreichte ihr Schläge nach seinem System: zuerst mit der Hand und den Fäusten, dann Tritte mit dem Fuß und sogar Hiebe mit einem Schraubenzieher oder einem Hammer. Verlor sie das Bewußtsein, warf er sie in die Wanne mit kaltem Wasser und fing dann von vorne an. Sie starb.

In Iwanowo schlug der Angestellte Jewgenij Sindriakow seine 27jährige Frau Jelisaweta aufs grausamste. Eines Tags mußte man sie in bedenklichem Zustand ins Krankenhaus bringen. Sie beschloß dann, ihren Mann zu verlassen, und irrte zusammen mit ihren zwei Kindern drei Tage auf der Suche nach einer Unterkunft umher. Niemand wollte ihr wegen der zwei Kinder ein Zimmer geben, sie fand nichts. Sie ging nachhaus und tötete ihren schlafenden Mann mit einem Beil.

Leider gibt es keine statistischen Unterlagen, denen etwas über die Verbreitung dieser Schandtaten zu entnehmen wäre. Ich selbst bin von ihrer Häufigkeit überzeugt und glaube, daß sie keinesfalls mit den Verhältnissen etwa in Frankreich oder den Vereinigten Staaten verglichen werden können. Wenn man so will, ist die Sowjetunion dafür ein fruchtbarer Boden; Untaten eines puren Sadismus, Akte unglaublicher Roheit geschehen. Verstümmelungen zählen zu diesen Verbrechen und sind verhältnismäßig häufig. Schalidse berichtet von einem Mann, der sein Opfer biß, vergewaltigte und ihm dann die Nase mit den Zähnen wegriß. Das hatte auch der 35jährige Viktor Astafjew getan, der es mir im Gefängnis von Winniza erzählte. Einem anderen Häftling hatte seine Frau den Penis mit einem Rasiermesser abgeschnitten, als der Mann stockbetrunken war. Sie tat es, weil eine Freundin sich gebrüstet hatte, mit ihm geschlafen zu haben. Als er nüchtern wurde, brachte er seine Frau um: hier verbindet sich das Eifersuchtsdelikt mit einem Akt des Sadismus.

Verbrechen aus Eifersucht werden oft von Impotenten begangen. In dem Lager, in dem ich einsaß, gab es mehrere Dutzend Männer, die wegen eines solchen Verbrechens verurteilt worden waren; die meisten waren impotent. Einer erzählte mir, er habe seiner Frau ihre Bettgeschichten vorgehalten; ihre Antwort war, daß ihre Möse groß genug sei, die ganze Welt zu befriedigen. Er holte eine Axt und spaltete ihr den Schädel. Verbrechen dieser Art grenzen an Sadismus.

Verführung Minderjähriger

Vergewaltigungen kleiner und minderjähriger Mädchen sind außerordentlich häufig. Vielleicht sollte man auch darin eine Kriegsfolge sehen, weil damals die Soldaten in ihrer Gewalttätigkeit nicht mehr auf das Alter ihrer Opfer achteten.

In meinem Lager waren rund fünfzig wegen solcher Vergehen verurteilte Männer.

Arbeitsbrigadeführer Boris Podpesny hatte für die Vergewaltigung eines siebenjährigen Mädchens fünfzehn Jahre bekommen. Es gab da auch einen Lehrer, der die Mädchen einer Internatsschule gezwungen hatte, seinen Wünschen nachzugeben. Bekannt ist der Fall des Filmregisseurs Roman Karmen, »Künstler des Volks der Sowjetunion« (höchste Auszeichnung auf dem Gebiet des Theaters und des Films), der angeklagt war, dreizehn- und vierzehnjährige Mädchen verführt zu haben; er fuhr mit ihnen im Wagen weg und vergewaltigte sie. Dank seiner Position als Filmfachmann wurde die Affäre unterdrückt.

Es gibt Fälle von geradezu monströsen Vergewaltigungen, z. B. den eines 37jährigen Bauern in Winniza, der eine Fünfjährige mißbrauchte und tötete; er wurde erschossen. Im November 1977 wurde ein Moskauer Arbeiter zum Tod verurteilt, weil er ein Mädchen von zwölf Jahren vergewaltigt und umgebracht hatte. Oder ein Häftling im Gefängnis von Winniza: wegen Vergewaltigung eines achtjährigen Mädchens verurteilt, ging ihm sein Verbrechen so zu Herzen, daß er mit einem Löffel, den er irgendwie geschärft hatte (Messer sind im Gefängnis verboten), sich selbst kastrierte.

Die meisten Inzeste begehen Männer mit ihren Töchtern. Ich hatte auch damit zu tun. Ein wegen Vergewaltigung seiner Tochter verurteilter Mann vertrat einen eigenartigen Standpunkt, als er mir erklärte:

»Was denn? Sollte ich warten, bis andere kämen und mit ihr schliefen? Ebenso gut konnte ich es sein.«

Der Bauer Pentiuch vom Lager Charkow war zu zwölf Jahren verurteilt worden. In betrunkenem Zustand hatte er seine Frau geschmäht: sie habe eine viel zu große Möse im Vergleich zu der kleinen der Tochter Manka. Seine Frau zeigte ihn sofort an.

Die Militärzeitschrift »Roter Stern« berichtete von einem Offizier, der degradiert wurde, weil er seine 15jährige Tochter mißbraucht hatte.

Inzeste zwischen Bruder und Schwester sind viel seltener. Ich kannte im Lager einen Häftling, der seine Schwester vergewaltigte, nachdem er ihr ein Schlafmittel gegeben hatte; später ertränkte er das aus dieser Verbindung hervorgegangene Baby in einem Eimer Wasser.

Sexbesessene, Massenmörder

Sexualmorde sind nicht allzu häufig, die Informationen spärlich; Fälle sind wie im Westen hauptsächlich aus Großstädten bekannt.

Vor einigen Jahren lauerte in Leningrad ein junger Mann aus guter Familie (wie man später erfuhr) in Hauseingängen Frauen auf, versetzte ihnen einen Messerstich und vergewaltigte sie; ihre Verletzungen waren tödlich. Alle Opfer trugen rote Mäntel. Die Aufregung in der Bevölkerung war groß, bis er gefaßt wurde. Der »Mann der roten Mäntel« wurde laut ärztlicher Diagnose als Psychopath anerkannt und zwangsweise in eine psychiatrische Klinik eingewiesen. Dies hinderte aber die Richter nicht, eine für geistig gesunde Verbrecher bestimmte Strafe aufrechtzuerhalten: fünfzehn Jahre Lager. Die sowjetische Justiz nimmt auf geistige Krankheiten wenig Rücksicht.

Dieser Fall, scheint mir, ist wegen der seltsamen Fixierung des Täters auf die Farbe Rot von Interesse. Diese zweifellos unbewußte Eigenart läßt sich m. E. durch die besondere Symbolik erklären, die der roten Farbe in der Sowjetunion innewohnt. Rote Fahnen, rote Sterne, rote Familien – alle diese

Klischees und visuellen Eindrücke prägen sich im Lauf der Zeit wie eine Zwangsvorstellung ins Gehirn der Sowjetmenschen ein. Rot hat außerdem die Bedeutung von etwas Gutem angenommen. Wenn das Verbrechen, wie ich glaube, eine Art von Revolte gegen Gesellschaft und Moral sein kann, besteht die Möglichkeit, daß bei diesem Psychopathen sich der sexuelle Haß auf die Frau durch den Haß auf die rote Farbe verdoppelt hat.

Auch in Moskau gab es zwei Wochen des Terrors. Ein Mann verschaffte sich als angeblicher Angestellter des Gaswerks Einlaß in Wohnungen und vergewaltigte und tötete sechs Frauen und junge Mädchen. Es war ein verkommener Tenor aus der Provinz namens Wladimir Jonessian. Bei den Verhören legte er eine höhnische Gleichgültigkeit an den Tag und stellte seine Verbrechen als Revanche für seine letzten beruflichen Fehlschläge hin. Er hatte sich das Abzeichen eines Gasmanns verschafft und als Waffe ein kleines Beil benützt. Nach der Tat raffte er an Geld zusammen, was er fand, und verschwand. Bis er gefaßt wurde, liefen in der Stadt wilde Gerüchte um, man sprach von Ritualmord. Die echten Gasableser mußten ihre Tätigkeit eine Zeitlang einstellen. Das Gericht befand ihn für zurechnungsfähig und erkannte auf Todesstrafe, erteilte aber gleichzeitig – ein Beispiel für sowjetische Justiz – seinen Eltern, Freunden und Berufskollegen einen öffentlichen Verweis, weil die Allgemeinheit eines ihrer Mitglieder schlecht erzogen habe, so daß es die scheußlichen Verbrechen begehen konnte, obwohl sein Geisteszustand normal war. Auch eine Groteske ereignete sich in diesem Zusammenhang: ein angesäuselter Ehemann wußte, um sich Einlaß in seine Wohnung zu verschaffen, nichts Besseres zu tun, als zu schreien, der Gasmann sei da. Seine Frau hinter der Wohnungstür wurde hysterisch, schrie und heulte, was ihren Mann veranlaßte, einen Liebhaber bei ihr zu vermuten und die Tür einzuschlagen. Trotz seiner und seiner Frau Beteuerungen bekam er zwei Wochen Gefängnis wegen Herumtreiberei zudiktiert.

Alkoholismus und Kriminalität

Mehr als alles andere trägt der Alkohol und besonders der Wodka die Schuld am Umsichgreifen der sexuellen Kriminalität, die ein nationales Übel geworden ist.

Wer nie in der Sowjetunion war, kann sich keine Vorstellung machen, was es mit dem Alkohol auf sich hat. Das Trinken begleitet nicht Aktivitäten oder

Ereignisse irgendwelcher Art, es ist Sinn und Zweck an sich und wird sehr oft höher geschätzt als etwa die Bemühungen um eine Frau. Es ist auch ein unerschöpfliches Gesprächsthema und gibt Anlaß zu wahren Riten: seltsame Vorschriften gebieten z. B., eine angebrochene Flasche zu leeren und immer ex zu trinken, sei es ein Glas Wodka, ein normales Glas oder eine Flasche.

Ernsthafte Untersuchungen wurden in den letzten Jahren über den Alkoholismus in der Sowjetunion angestellt. Man hat z. B. errechnet (A. Krassikow), daß der Verbrauch von Wodka allein pro Kopf und Jahr für die ganze Sowjetunion 10,8 Liter beträgt. Darin nicht enthalten sind alle anderen alkoholischen Getränke und auch nicht der Schnaps, der in großen Mengen heimlich gebrannt wird und jeder statistischen Erfassung entgeht. Der ständig steigende Konsum an Wodka bzw. das dafür ausgegebene Geld beträgt viermal so viel wie für Fleisch und ergibt 15 % aller getätigten Einkäufe.

Die Folgen dieser allgemeinen Vergiftung sind nicht abzuschätzen und für die Zukunft unvorhersehbar. Für den Arzt ist der Wodka teilweise für Impotenz, Unfruchtbarkeit, sexuelle Grausamkeit und Verbrechen verantwortlich. Nach sowjetischen Statistiken sind 80 von 100 Morden und 70 von 100 Vergewaltigungen der Trunkenheit und dem Alkoholismus zuzuschreiben. Aus den bisherigen Beispielen ist zu ersehen, daß in den meisten Fällen der Täter sich »im Zustand der Trunkenheit« befand. Aus Gewalttätigkeiten, Alkoholismus und Sex entsteht im sowjetischen Alltagsleben eine explosive Mischung, und die Grenze zwischen dem normalen Leben und krimineller Pathologie wird zunehmend durchlässiger.

Ich kenne viele Fälle von Ehepaaren, bei denen der Alkohol das Vorspiel zu Gewalttätigkeit, um es geradeheraus zu sagen, zur Vergewaltigung war. Eine meiner Patientinnen aus der Gorkistraße wurde von ihrem Mann gezwungen, zum Liebesvorspiel Wodka zu trinken, dem er selbst reichlich zugesprochen hatte. Die Unglückliche war total frigid geworden.

Ein Patient hatte es sich angewöhnt, mit dem Trinken anzufangen, sobald er aus der Fabrik nach Haus kam. Dann schlug er seine Frau und stieß sie ins Bett. Die zwölfjährige Tochter weinte und bat den Vater, von der Mutter abzulassen; er ohrfeigte sie. Er schlug wahllos auf die Frau ein: mit den Fäusten, den Füßen, mit Flaschen. Die Wohnung glich einem Trümmerhaufen. Schließlich vergewaltigte er sie und schlief dann ein.

Neben dem Alkohol gibt es in der Sowjetunion auch den Drogenmißbrauch. Nach einigen Daten, die die »Prokuratura« (Innenministerium) verlauten ließ, nehmen 1,8 % der Jugendlichen der Großstädte Rauschgift. Wie man weiß, ist die Droge selbst kein Reizmittel zu kriminellen Taten, kann aber den Süchtigen auf eine Weise verändern, daß er nach irgendwelchen elementaren Regungen seines Wesens handelt und dadurch gefährlich wird. Im Januar 1970 wurde in Baku eine Frau in der Narimanowostraße erdrosselt. Der Täter war ein sadistischer Süchtiger.

Auch viele Gefangene nehmen Drogen, sofern sie sie sich verschaffen können. Das Rauschgift kompensiert ihre sexuelle Frustration und bringt ihnen erotische Träume. So nahmen die Visionen des Häftlings Nowikow im Lager Charkow ein Ende, als man ihn und seine Sachen durchsuchte und 160 Gramm Marihuana fand. Er litt entsetzlich, als man ihm die Droge entzog.

Ich möchte noch auf die Jugendkriminalität zu sprechen kommen, die im Lauf der letzten Jahre gefährlich zunimmt. Viele Leute stellen es von sich aus fest, die Tatsache wird aber auch durch offizielle Zahlen bestätigt, die die Behörden beunruhigen.

Im April 1972 wurde eine geheime Umfrage des Innenministeriums den örtlichen Parteikomitees übermittelt. Sie bezog sich auf 24 Städte und 48 Dörfer in der Sowjetunion. Das Ergebnis war so alarmierend, daß das Zentralkomitee anordnete, die Umfrage zu beenden. Für das Jahr 1971 wurde festgestellt, daß 49 von 100 Vergewaltigungen, 12 von 100 Morden von Jugendlichen unter 20 Jahren begangen worden waren. 1974 entfielen 718 000 Verbrechen auf Jugendliche unter 17 Jahren. Nun ist es aber – eine erstaunliche Sache – durchaus nicht so, daß die Übeltäter den untersten Schichten der Bevölkerung angehörten, ganz im Gegenteil: bei 81 Prozessen, die 1970 in Moskau, Kiew, Nowosibirsk und Baku abgewickelt wurden, gehörten 62,8 von 100 jugendlichen Tätern privilegierten oder irgendwie begünstigten Familien an: Söhne von Parteifunktionären, Forschern, Wissenschaftlern, Intellektuellen usw.

Ich bin mir bewußt, daß diese Erscheinung äußerst schwer zu analysieren und überdies in manchen Ländern zu beobachten ist. Ich möchte trotzdem auf einen Gedanken zurückkommen, den ich schon bei der sexuellen Freiheit erwähnt habe: mehr als je zuvor hat die sowjetische Jugend den Glauben an die Moral und die Ideologie verloren, mit denen man sie berieselt. Ihre Wünsche und Sehnsüchte, tiefreichend und elementar, entladen sich in vermehrter vorehelicher Sexualität, in extremer Form und Erbitterung in Sexualverbrechen. Es ist bezeichnend, daß die Statistiken einen großen Prozentsatz an von Jugendlichen begangenen Vergewaltigungen, aber wenig

Morde ausweisen; man hat das Gefühl, der Explosion einer im Kochen befindlichen Welt beizuwohnen; die Konsequenzen des Prozesses liegen in der Zukunft.

16
Die Homosexualität

Vor einigen Jahren beantwortete der frühere englische Diplomat Guy Burgess, als er sich in Moskau aufhielt, Fragen eines westlichen Journalisten. Dieser wußte, daß Burgess homosexuell war, und wollte wissen, ob er in der Sowjetunion deswegen Probleme gehabt habe. Der Diplomat erwiderte, daß sich hierin die Sowjetunion in keiner Weise vom Westen unterscheide.

In Wirklichkeit ist dies durchaus nicht so. In der Sowjetunion ist die Homosexualität verpönt, mehr als in irgendeinem Land des Westens. Im Gesetz sind für den männlichen Homosexuellen drei bis acht Jahre Gefängnis vorgesehen.

Jedermann kennt den Fall des Regisseurs Sergej Paradschanow, der 1974 wegen Homosexualität verurteilt und vor noch nicht langer Zeit nach einigen Jahren Lager entlassen wurde. Der italienische Abgeordnete Angelo Pezzana hatte am 29. November 1977 in Moskau eine Pressekonferenz einberufen, um gegen die Behandlung zu protestieren, die die Sowjetregierung bei Homosexuellen anwendet.

Man hätte das Gesetz mildern können, aber es ist nicht geschehen. Die Homosexuellen werden nach wie vor verteufelt, und nichts deutet auf irgendwelche Änderung hin. Sogar das Wort »homosexuell« wird wenig gebraucht und kommt einer Beleidigung gleich; man verwendet es z. B., um den Namen eines unbeliebten Menschen herabzuwürdigen. Ich glaube nicht, daß die sowjetische Presse jemals das Thema Homosexualität behandelt hat; gleichbedeutend mit absoluter Perversion, wird sie nicht einmal mehr als Krankheit angesehen und erregt einen derartigen Abscheu, daß man die Sache lieber mit Schweigen übergeht. Die wenigen Bücher über Sexualität bringen nicht mehr als eine trockene Definition, was Homosexualität ist. Die sowjetische medizinische Enzyklopädie gibt keine Definition der lesbischen Liebe; man begnügt sich, die Insel Lesbos geographisch festzulegen.

Auch unter der Bevölkerung sind die zähesten Vorurteile verbreitet. Der Ausdruck »homosexuell« erscheint in unflätigen Redensarten und in den Unterhaltungen Betrunkener. Der zu Beleidigende wird einem passiven Homosexuellen gleichgesetzt. »Idi na chui« bedeutet: »Laß dich von hinten –«. Wie jedes Tabu gibt die Homosexualität Anlaß zu mehr oder weniger phantastischen Gerüchten. Z. B. spricht man in Moskau über den Politiker Anastas Mikojan (1895–1978), dem es gelungen war, die Stalin-, danach die Chruschtschow-Zeit zu überleben, und der sich 1965 friedlich ins Privatleben zurückzog. Daß er sich in den Führungsmannschaften der Regime halten konnte, habe, wie es heißt, seinen Grund darin, daß er, aus Aserbeidschan stammend, gewissen Persönlichkeiten »zu Diensten« gewesen sei. Derlei ungereimtes Zeug leitet sich aus stockrussischen Ideen her, daß z. B. die Armenier eine starke Tendenz zur Homosexualität zeigten.

Die Unterdrückung der Homosexualität geht also über die bloße Gesetzgebung hinaus. Der Homosexuelle riskiert nicht nur Gefängnis und Lager, sondern vor allem Quälereien und schlechte Behandlung.

Ein Schauspieler, der mit seiner Truppe nach Winniza gekommen war, sollte es am eigenen Leib erfahren, wenn er es nicht schon vorher gewußt hatte. Im Restaurant seines Hotels lernte er einen jungen Mann kennen, der zufällig mein Patient war, und überredete ihn, mit auf sein Zimmer zu kommen. Dort bat er ihn, zärtlich sein zu dürfen, und verabredete sich für den nächsten Tag mit ihm. Diesmal kam der junge Mann nicht allein, er brachte drei Freunde mit, darunter einen Boxer. Zu viert traktierten sie den Schauspieler mit Schlägen und brachen ihm mehrere Rippen.

»Warum habt ihr das getan?« fragte ich ihn.

»Wieso? Aber hören Sie, die sind doch alle Verbrecher. Man sollte sie erschießen.«

Diese Antwort zeigt klar, wie man in der Sowjetunion über Homosexuelle denkt. Da ihnen das Gesetz keinerlei Hilfe bietet, sind sie der Mißbilligung und Mißhandlung ausgesetzt und zum Schweigen verdammt. Sie werden terrorisiert, zusammengeschlagen, gehetzt. Manche Homosexuelle leiden an schweren psychischen Störungen.

So verhaftete man in Winniza einen Homosexuellen, der plötzlich außer Rand und Band geraten war. Er lief durch die Hauptstraße, näherte sich Männern, berührte sie und rannte weiter. Einen Dreizehnjährigen nahm er in einen Hauseingang, befühlte sein Glied und floh. Er erschien und verschwand, bis er festgenommen wurde.

Bei der erzwungenen Heimlichkeit ihrer Existenz und der ständigen Angst, in der die Homosexuellen leben, ist ihr Benehmen (verstohlene Blicke, nervöses Lachen usw.) eigentlich der einzige Hinweis, sie als Homosexuelle zu erkennen. Ich erinnere mich an einen Abend in Leningrad, den ich bei einer Bekannten zubrachte; als zweiten Gast hatte sie den Konrektor des Konservatoriums eingeladen. Sein scheues, furchtsames Benehmen ließ mich vermuten, er sei homosexuell. Bald darauf wurde er entlassen, weil er versucht hatte, einen seiner Musikstudenten zu verführen.

Die Homosexuellen selbst empfinden ihre Neigung oft als pathologisch, als eine Krankheit, womit das Schicksal sie geschlagen habe: ein Gefühl also, das zu der Repression paßt, der sie unterliegen.

Nur wenige Homosexuelle haben meine Sprechstunde besucht, denn sie scheuen sich durchweg, sich zu verraten. Anläßlich eines Vortrags, den ich 1972 im Pädagogischen Institut von Winniza hielt, bekam ich drei Briefe von Homosexuellen, die im Saal gewesen waren und mich nun um Hilfe baten. Einer schrieb, er verachte sich selbst wegen seiner Krankheit, sei aber außerstande, dagegen anzugehen. Er habe jedes Verlangen nach einer Frau eingebüßt, nur Männer hätten Anziehungskraft für ihn. Was er tun solle, fragte er am Schluß. Dieser Homosexuelle definierte also sich selbst als krank.

Die Geheimhaltung, die ihr Schicksal ist, bedingt wohl den physischen Charakter dieser Form von Liebesleben. Dazu verdammt, verstohlen irgendwelche physischen Kontakte zu suchen – sofern er es überhaupt wagt – findet der Homosexuelle in seinen flüchtigen Beziehungen kein Gefühl der Zuneigung oder Liebe. Unsicher und leicht verletzbar, wird er oft ein Opfer der Erpressung: vielfach bemüht sich die Polizei, Homosexuelle als Agenten zu gewinnen.

Trotz der gesellschaftlichen Repression werden in Großstädten heimliche Verbindungen geknüpft; in Moskau spielt sich das gegenwärtig auf dem nah beim Bolchoj-Theater gelegenen kleinen Platz vor dem Marx-Denkmal ab. In der Provinz ist die öffentliche Bedürfnisanstalt der Treffpunkt, deren Wände hier wie in allen Städten der Welt mit obszönen Zeichnungen, Inschriften und Einladungen bedeckt sind.

Mangels Unterlagen läßt sich über die Verbreitung der Homosexualität in der Sowjetunion keine Aussage machen. Der einzige Anhaltspunkt, den ich kenne, ist der Prozentsatz der Verurteilungen wegen Sodomie (worunter in der Sowjetunion auch die Homosexualität fällt) im Jahr 1966: 0,1 % der Gesamtzahl der gefällten Urteile, also etwa tausend, nicht gerechnet die Dunkelziffer.

Meine Erfahrung als Gefangener erlaubt mir die verläßliche Versicherung, daß als Hauptfaktor der Entwicklung der Homosexualität in der Sowjetunion das Kerker-System anzusehen ist. Zum Homosexuellen wird der Mann vor allem im Lager und bleibt es meistens nach der Entlassung. Etwa 80 von 100 Homosexuellen, die ich zu behandeln hatte, waren durch Lager gegangen. Ich kann auch sagen, daß ungefähr 15 von 100 Häftlingen das Lager Charkow als Homosexuelle verlassen haben.

Neben Gefängnis und Lager müssen auch noch Armee und Marine, im besonderen die U-Bootmatrosen erwähnt werden. In der Gaunerwelt gibt es ebenfalls viele Homosexuelle: auch eine Folgeerscheinung des Gulag, denn man setzt seine Gewohnheiten in der Freiheit fort.

Ich erinnere mich an ein 1963 in Odessa begangenes Verbrechen, als zwei entlassene homosexuelle Häftlinge einen 38jährigen Mann zuerst vergewaltigt, dann getötet und in Stücke zerschnitten hatten, die sie unter einem Kohlenhaufen versteckten.

Unter sowjetischen Diplomaten ist Homosexualität eine verbreitete Erscheinung, wie ich von Patienten erfahren konnte, die dem Diplomatischen Corps angehörten. Dies mag seltsam erscheinen, erklärt sich aber leicht, denkt man an die rigorose Überwachung durch die KGB. Es ist ihnen streng untersagt, Verbindung mit den Menschen des Gastlands aufzunehmen, so daß die Geheimpolizei das kleinere Übel der homosexuellen Beziehungen unter »guten Sowjetmenschen« duldet.

Ich kenne auch Fälle von homosexuellen Lehrkräften. So richtete am 12. Juni 1972 eine Gruppe von Studenten des Pädagogischen Instituts von Baku eine Klageschrift an die Abteilung Wissenschaft des Zentralkomitees der Republik Aserbeidschan:

»Herr Professor Bairamow nötigt seine Studenten zu sexuellen Handlungen; weigern sie sich, läßt er sie im Examen durchfallen. Was sollen wir tun?«

In Nowosibirsk hatte sich ein Professor etwas Besonderes ausgedacht, um Partner zu finden. Er strickte Pullover und lockte damit mittellose Studenten an.

Homosexualität kann auch aus Impotenz entstehen. Einer meiner Patienten hatte wegen chronischen Alkoholismus Schwierigkeiten (auch wenn er in die Sprechstunde kam, war er betrunken). Dieser Mensch suchte sich Knaben und überredete sie, sexuelle Beziehungen zu ihm aufzunehmen, weil sein Geschlechtsteil im Krieg durch einen Granatsplitter verstümmelt worden sei.

Eine besondere Gruppe von Homosexuellen sind Männer, die an einer Unterfunktion der Geschlechtsdrüsen leiden (Hyposexualität). Wird dies äußerlich sichtbar, nennt man sie Eunuchoiden: charakteristisch an ihnen ist weiße, feine Haut, fehlender Bartwuchs, weibliche Form des Knochenbaus und des Beckens, Fettpolster auf Brust, Hüfte und Schenkel, Atrophie der Geschlechtsorgane – eben die Merkmale des echten Kastraten.

Eunuchoidismus kann noch im reifen Mannesalter auftreten; die Genitalien bilden sich zurück, das Aussehen verändert sich. Unfähig eines normalen Sexuallebens, werden diese Männer oft zu passiven Homosexuellen. Die Verweiblichung ihres Körpers zieht aktive Homosexuelle an.

Aber auch das Gegenteil kann geschehen. Ich hatte einen sonderbaren Fall von Gynäkomastie: der Patient hatte alle sexuellen Merkmale eines normalen Mannes, ausgenommen die Brust, die sich zu weiblichen Brüsten entwickelte. Er war ein aktiver Homosexueller, sein Bruder sein Partner. In seinem Fall erklärt sich die Homosexualität durch seinen ambivalenten physischen Zustand. Er befürchtete die Aufdeckung seiner Anomalie in heterosexuellen Beziehungen. Nach einer geglückten Operation, der Entfernung der Brustdrüsen, heiratete er, womit sein homosexuelles Verhältnis beendet war.

Die Frau

Die gleichgeschlechtliche Liebe zwischen Frauen wird zum Unterschied von der »Sodomie« vom Gesetz nicht geahndet. Im Sittenkodex jedoch ist auch sie geächtet, und bei der Biegsamkeit der sowjetischen Justiz können auch Lesbierinnen hart getroffen werden.

Soviel ich mit aller Vorsicht beurteilen kann, ist die weibliche Homosexualität im Vergleich zur männlichen wenig verbreitet; es ist aber möglich, daß sexuelle Beziehungen zwischen Frauen noch viel geheimer gehalten werden. Wie bei den Männern sind die Gelegenheiten für eine Lesbierin, eine Partnerin zu finden, in den Gefängnissen und Lagern am besten.

In Kischinew ereignete sich der merkwürdige Fall einer jungen Frau, die regelmäßig kleine Delikte beging, Diebstähle etwa, und das zu dem einzigen Zweck, zu einer Freiheitsstrafe verurteilt zu werden, die sie ins Lager brachte, wo sie Partnerinnen entdecken konnte.

Es gibt einen Ort, in dem der Lesbizismus besonders verbreitet ist: Iwanowo, Zentrum der Textilindustrie, die sich unter dem sowjetischen Regime ständig weiterentwickelt hat. Deshalb ergab sich dort eine beträchtliche Ansammlung von arbeitenden Menschen, zum großen Teil Frauen. Es ist bekannt, daß das soziale und gesellschaftliche Leben in der Sowjetunion sich nicht von selbst regelt, sondern allen möglichen staatlichen Zwängen unterliegt. Das Regime kümmert sich nicht darum, den Frauen ein normales soziales Leben zu bieten oder vielmehr ihnen zu gestatten, es selber zu gestalten. Einzig maßgebend ist die Arbeit. Den Frauen ist es nicht oder kaum einmal möglich, in einem anderen Gebiet Unterkunft, Arbeit und Aufenthaltserlaubnis zu bekommen. Sie sind mit unsichtbaren Fäden an die ihnen zugeteilten Plätze gebunden. Die Konzentration der ungleichen Bevölkerungsteile schafft ein Ungleichgewicht, so daß ein Überleben der Sexualität eigentlich nur im Rückgriff auf gewisse Perversionen möglich ist: Vergewaltigungen von Männern durch Frauen, Inzest Tochter-Vater, Beziehungen mit Halbwüchsigen, lesbische Verbindungen.

Mit mir im Lager war ein 30jähriger Häftling, der seine Frau getötet hatte. Er hatte seinen Militärdienst in Iwanowo geleistet, eine Textilarbeiterin kennengelernt und sich in sie verliebt. Er machte ihr einen Heiratsantrag und nahm sie in sein Dorf mit. Dann bemerkte er, daß seine Frau sexuell vollkommen uninteressiert war. Man berichtete ihm, daß sie die Gesellschaft alleinstehender Frauen suche, worauf er energisch eine Erklärung für ihr seltsames Verhalten forderte. Sie gestand ihm, daß sie in den langen Jahren, die sie unter Frauen zugebracht hatte, Gefallen an lesbischen Beziehungen gefunden habe. Da er den Ausdruck nicht kannte, wollte er ihn erläutert haben. Ihre Antwort war, daß ihr das männliche Glied keine Freude verschaffe. »Was denn sonst?« wollte er wissen. In aller Aufrichtigkeit erzählte sie ihm von den Gefühlen, die sie gehabt hatte, als ihre Freundin ihr die Brust, die lang und fein war, in die Scheide einführte.

»Es war für mich das reine Glück, ich kann es nicht missen. Weißt du, es ist am besten, wenn wir uns scheiden lassen. Ich gehe wieder zu meiner Freundin und lebe mit ihr.«

Ihr Mann geriet darüber derart außer sich, daß er zum Bügeleisen griff und sie erschlug.

Abgesehen von diesen außergewöhnlichen Fällen habe ich beruflich nur wenige Lesbierinnen gekannt. Die meisten standen im reifen Alter, was vielleicht dem Ungleichgewicht in der Zusammensetzung der Jahrgänge zuzuschreiben ist. Ich möchte aber doch den Brief einer Neunzehnjährigen aus Leningrad anführen, den sie mir im März 1971 schickte, und den ich aus der Sowjetunion mitnehmen konnte; seines Interesses halber zitiere ich ihn vollständig.

»Lieber Herr Doktor Stern,

Professor K.E. hat mir geraten, ich solle mich an Sie wenden, weil Sie mir helfen könnten. Ich weiß nicht, zu wem ich in Leningrad gehen könnte, und außerdem wäre es gefährlich: man könnte es in der Universität erfahren, es kann auch meiner Familie zu Ohren kommen. Ich könnte Sie im Juli aufsuchen, wenn Sie es für nützlich halten; ich müßte Sie aber um größte Diskretion bitten. Herr K. E. meinte, ich könne Ihnen vertrauen und offen zu Ihnen sprechen.

Ich will alles der Reihe nach erzählen. Alles hat, glaube ich, angefangen, als ich in der siebten Klasse war. Ich hatte einen Freund, der mich ständig bedrängte, ›es‹ zu tun. Ich war sehr verwirrt und hatte Angst, ihn anzurühren, aber eines Tages zwang er mich, es zu tun. Es sind mir nur sehr unangenehme Erinnerungen daran geblieben. ›Es‹ muß mir einen Schock versetzt haben.

Schon in der Schule, noch bevor ich mich an der Universität für Psychologie einschrieb, hatte ich zu masturbieren angefangen. Es war schrecklich. Ich mußte praktisch jeden zweiten, dritten Tag meine Zuflucht zu der einsamen Freude nehmen.

Nach der Erfahrung mit meinem Freund interessierte mich kein junger Mann mehr. Es mochte sich um mich bemühen wer auch immer, kein einziger weckte in mir echte Gefühle. Außerdem konnten sie mir nicht geben, was ich brauchte. Wenn ich mit Masturbieren aufhörte, wurde ich nach drei, vier Tagen vollkommen apathisch allem gegenüber, ich wurde reizbar bis zur Hysterie. Und so war ich gezwungen, wieder zu masturbieren. Ich tat es vor dem Einschlafen, weil ich viel Zeit dazu brauchte, denn erst nach vielen Stößen erreichte ich den Höhepunkt. Vielleicht habe ich damit meine Gesundheit eingebüßt. Ich habe viel gelitten und mich für sehr krank gehalten. Ich habe auch versucht, mich mit Jazz zu zerstreuen (ich liebe ihn sehr), mit Büchern, mit meinen Studien, aber das alles hat nichts geholfen.

Das Schlimmste geschah, als ich auf die Universität kam. Eines Abends blieb ich bei einer Freundin zum Schlafen, und seither geht mein ganzes Leben drunter und drüber. Ich lebe immer mehr in Furcht und Schrecken, wenn ich auch nach außen bin wie sonst, spreche und lache, so daß keiner meiner Freunde mir auf die Sprünge kommt. Die Männer ekeln mich an, ich hasse sie. Aber ich habe dafür ein sehr starkes Gefühl für meine Freundin. Ich habe mit dem Masturbieren aufgehört, aber um welchen Preis?

Das Entsetzlichste aber ist, daß ich sie bereits liebe, wie man einen Mann liebt, nämlich eifersüchtig. In unserem Studienjahr gibt es noch andere Lesbierinnen, und wenn sie mich verläßt, weiß ich nicht, was aus mir werden soll. Es ist eine Liebe, ohne die ich nicht leben kann. Bitte helfen Sie mir, raten Sie mir, was ich tun soll.

Mit vorzüglicher Hochachtung usw.

Leningrad, 3. März 1971 N.V.

Die Studentin hielt sich für pervers, für krank, weil sie masturbiert hatte – eine Sicht, würdig eines Nonnenordens, einer vergangenen Epoche, was aber in der Sowjetunion nichts Außergewöhnliches ist. Sie ist leicht zu erklären, wenn man bedenkt, wie die Jugend erzogen wird. Charakteristisch sind auch die Furcht, in der die Studentin lebt (wird die Sache bekannt, steht ihr die Relegation von der Universität bevor), und die Roheit und Häßlichkeit ihres ersten Erlebnisses mit einem Mann, das wahrscheinlich der Anlaß zu ihrer lesbischen Liebe war.

17
Hermaphroditen und Transsexuelle

»Ich will ein Mann sein und erwarte ungeduldig den Zeitpunkt, da die Technik der Kastration und der Einpflanzung der männlichen Geschlechtsorgane und Drüsen vervollkommnet ist.«

Dieser Satz steht in einer Antwort auf eine soziologische Umfrage der zwanziger Jahre und stammt von einem Komsomolmädchen – Zeuge jener erstaunlichen Zeit, als man glaubte, man werde nicht nur die Welt verändern, sondern man könne und solle auch die menschliche Natur nach den Wünschen des einzelnen manipulieren.

Der Traum der jungen Revolutionärin hat sich nicht verwirklicht, es gibt in der Sowjetunion keine Operation zum Zweck des Geschlechtswechsels. Wenn also jemand das Verlangen hat, dem anderen Geschlecht anzugehören, wird er keine Klinik, keinen Chirurgen finden, die bereit wären, seinem Wunsch zu entsprechen. Etwas anderes ist es, wenn Intersexualität (Hermaphroditismus) vorliegt, d. h. wenn Genitalien oder Genitalansätze beider Geschlechter vorhanden sind. In diesem Fall kann operiert werden. Der Chirurg irgendeines Krankenhauses führt die Operation aus. Offenbar kann und darf kein Grund homosexueller Art für eine Operation vorgebracht werden, die ausschließlich medizinisch-physischen Charakter hat.

Trotz der besonders bei Knaben verbreiteten sexuellen Unterentwicklung (Hypogenitalismus) sind Hermaphroditen in der Sowjetunion äußerst selten. Ich wenigstens schließe es aus meiner ärztlichen Praxis, in der nur einige Fälle zu verzeichnen waren. Interessant sind sie trotzdem, weil sie eine Vorstellung von den Bedingungen geben, unter denen die sowjetische Medizin arbeitet.

Der Patient: ein zwanzigjähriger Student, intersexuell mit entwickelten Brüsten, rudimentärem Testikel, sehr ausgeprägter Clitoris, schmaler Vaginalspalte und praktisch nicht entwickeltem Uterus. Mit Ausnahme des nicht funktionierenden Testikels ist der Patient mit weiblichen Sexualmerkmalen versehen. Aber »sie« kommt zu mir als Mann gekleidet und beklagt sich über den Mangel an Haarwuchs im Gesicht: kein Schnurrbart, kein Kinnbart; »sie« »geht« aber mit einem jungen Mädchen und hat die Absicht, es zu heiraten. »Sie« hat seit mehr als einem Jahr sexuelle Beziehungen zu »ihrer« Verlobten, wobei die Clitoris als männliches Organ dient. »Sie« will trotzdem ein Mann sein.

Ich versuchte, den Studenten zu überzeugen, daß es bei seinem physischen Zustand einfacher für ihn wäre, eine Frau zu sein, wozu es nur der Entfernung des Testikels und einer entsprechenden Hormonbehandlung bedürfe. Er blieb aber bei seiner Absicht. Und weil der Hermaphrodit das Recht hat, sein Geschlecht zu wählen, muß der Arzt dem geäußerten Wunsch entsprechen, auch wenn die vom Patienten gestellten Forderungen absurd sind. Man nahm also die Brüste ab und begann die Hormonbehandlung. Damit sollte erreicht werden, daß sich die Clitoris weiterentwickle und sich der Testikel aktiviere. Mein Patient und seine Freundin beendeten ihre Studien und verließen Winniza; ich weiß nicht, wie der Fall ausging.

Bei ihm war die Intersexualität angeboren; sie kann gelegentlich auch erworben sein. Ich hatte über einen langen Zeitraum hinweg eine Kranke zu beobachten, die sich als ganz normale Frau entwickelt hatte. Ihre Milchdrüsen funktionierten, die Menstruation ebenso, sie hatte die natürliche Libido. Sie heiratete mit sechzehn Jahren, hatte ein Kind mit achtzehn und führte ein normales Sexualleben. Nur eine hypertrophe Clitoris unterschied sie vom Normalen. Als sie 33 Jahre alt war, widerfuhren ihr mit einemmal rasche Veränderungen im Sinn einer Vermännlichung: die Menstruation hörte auf, die Stimme wurde tiefer, ihre Formen weniger rundlich, die Clitoris wurde zum Penis, sie fing an, sich sexuell von Frauen angezogen zu fühlen. Nach der Heirat ihrer Tochter verließ sie ihren Mann und zog in eine andere Stadt, wo sie als Mann lebte: männliche Kleidung, tägliche Rasur, Pfeiferauchen usw. Dann hatte »sie« bzw. »er« eine Liaison mit einer dreißigjährigen Frau, die von »ihm« ein Kind bekam. Von nun an verlief ihr Leben in geregelter Bahn, obwohl »sie« formell immer noch mit dem ersten Mann verheiratet war.

In allen Fällen, mit denen ich zu tun hatte, wollten die Kranken Männer werden; kein gegenteiliger ist mir untergekommen – vielleicht ein Zeichen für den in der sowjetischen Gesellschaft immer noch bestehenden Zustand der nicht ebenbürtigen Position der Frau. Es gibt kaum männliche Transsexuelle, wohl aber weibliche. Sowjetische Transsexuelle sind also fast ausschließlich Frauen, die sich bemühen, wie Männer aufzutreten.

Im übrigen werden in der Sowjetunion die Probleme des Hermaphroditismus praktisch ignoriert. Die Medizin befaßt sich wenig oder nur oberflächlich damit. Ich erinnere mich an einen Zwischenfall, der sich 1964 in einem Forschungsinstitut von Akademgorodok ereignete: ein Wandanschlag eines Studenten hatte eine Menschenansammlung zur Folge. Der Biologiestudent stellte in seinem Text die reichlich extravagante Hypothese von einer hermaphroditischen Vorgeschichte der Menschheit auf. Es habe damals weder Männer noch Frauen gegeben, sondern zweigeschlechtige Wesen. Statt daß seine Theorie fachlich diskutiert und wissenschaftlich widerlegt worden wäre, wurde er zu einer Versammlung des Parteikomitees beordert, wo er etwas über Marxismus-Leninismus zu hören bekam. Dann gab die Partei den Befehl, den Anschlag zu entfernen und zu vernichten, als handle es sich um ein gegen die Partei begangenes Sakrileg.

Eine andere Patientin, Katja M. aus dem Dorf Goroj bei Winniza, betreute ich von 1954 bis 1974. 1954 war sie 18 Jahre alt, groß, mager, mit unregelmäßigem Knochenbau. Ihre Brüste waren kaum entwickelt, die Gebärmutter zur Größe einer kleinen Zwetschge verkümmert, Menstruation nicht vorhanden. Nach zwei Jahren Hormonbehandlung nahmen ihre Organe normale Größe an, bald hatte sie ihr erstes sexuelles Erlebnis. Ich verschrieb ihr eine regelmäßige Hormonbehandlung.

Der Eunuchoidismus ist eine ernstzunehmende Störung und muß behandelt werden. In diesem Zusammenhang die Bemerkung, daß besonders bei dieser Mangelerscheinung die Entdeckung des Übels in der Sowjetunion praktisch ausscheidet: die Eltern sehen außer in der ersten Zeit ihre Kinder kaum einmal nackt, und außerdem ist alles Sexuelle, wie schon oft betont, tabu; weder Eltern noch die Kinder wagen daran zu rühren, auch nicht bei schweren Fällen. Dazu kommt noch eine blühende Unwissenheit auf medizinischem Gebiet. So kann es zu der unglaublichen und absurden Tatsache kommen, daß junge Männer, wenn sie heiraten wollen, unter Umständen erst mit zwanzig Jahren merken, daß sie auf der sexuellen Entwicklungsstufe eines Kindes von zwei Jahren stehengeblieben sind.

Derartige Fälle von sexueller Unterentwicklung (Hypogenitalismus) hatte ich zu Hunderten zu behandeln. Etwa den jungen Bauern Stepan Bajda, den man zu meinem Prozeß als Zeugen beigezogen hat. Mit siebzehn Jahren hatte er einen Penis von zwei Zentimetern wie ein Dreijähriger. Nach achtzehn Monaten hormonaler Behandlung »wurde er ein Mann«, wie mich eine Kollegin lächelnd beglückwünschte, als ich meinen Patienten der Wissenschaftlichen Gesellschaft von Winniza vorstellte: »Im Namen der Frauen spreche ich Ihnen unsere Dankbarkeit aus. Wir haben jetzt einen Mann mehr in der Stadt.« (Sie begrüßte offenbar den Zuwachs angesichts des Männermangels).

1970 hatte ich einen Patienten aus Usbekistan namens Abdurahman Abduraschidow. Er gehörte zu einer Gruppe von hundert usbekischen Studenten, die man »zwecks Russifizierung« nach Winniza geschickt hatte (die Bevölkerungsexplosion und die nationalistische Einstellung der Usbeken beunruhigen die Regierung). Die ärztliche Musterungskommission schickte mir den neunzehnjährigen Mann, der den Penis eines Neugeborenen, fast keinen Haarwuchs im Gesicht und am Schamberg und eine weibliche Stimme hatte. Als er nach einer schwierigen Behandlung normale Organe hatte, dankte er mir überschwenglich, denn in seinem usbekischen Dorf hatte er unter den Neckereien besonders einer Nachbarin zu leiden, die seiner Mutter vorwarf, »ein Weib« geboren zu haben. Nun schwor er, es den zwei Töchtern der Nachbarin zu zeigen, daß er ein Mann war.

Seine Mutter, eine usbekische Bäuerin, hatte natürlich keine Ahnung, was die Medizin in einem Fall wie dem ihres Sohns ausrichten kann. Aber die gleiche Unwissenheit ist überall zu beobachten.

Ans Unwahrscheinliche grenzt der Fall eines Arbeiters der Tabakfabrik von Winniza, der als 45jähriger zu mir kam und mich anflehte, einen Mann aus ihm zu machen. Als Halbwüchsiger hatte er mit einer Klassenkameradin ein platonisches Verhältnis. Sie zog nach Wladiwostok, heiratete und hatte zwei Kinder. Sie wußte nicht, daß sie als Schülerin einen Eunuchen geliebt hatte. Mit 45 Jahren fand sie sich allein: ihr Mann war gestorben, die Töchter verheiratet. Sie erinnerte sich an den Jugendfreund, kam nach Winniza zurück und schlug ihm vor, mit ihr zusammenzuleben. Sie war immer der Meinung gewesen, er habe ihretwegen nicht geheiratet.

Er war ein echter Eunuche, hatte keine Testikeln, sein Penis war der eines Fünfjährigen, der Haarwuchs gleich Null usw. Das alles versprach nicht viel. Trotzdem brachte ihm eine Hormonkur eine Entwicklung des Penis (der dann etwa dem eines Vierzehnjährigen entsprach) und Erektionen. Er konnte heiraten und ein normales Sexualleben haben, wenn er an drei Tagen im Monat Hormonspritzen bekam.

Ich erwähne diesen Fall, um zu zeigen, wie niedrig das Niveau der Prophylaxe in der sowjetischen Medizin sein kann: der Mann hatte 45 Jahre gewartet, ohne daß er, seine Eltern oder die Ärzte, die ihn in dieser langen Zeit untersucht hatten, auf die Idee gekommen wären, etwas zu tun.

Zahlreiche Männer kamen mit der gleichen Bitte zu mir wie der Arbeiter, aber ohne daß sie Grund dazu gehabt hätten. Sie wollten Spritzen haben, die ihren Penis vergrößern sollten. Den besonders Hartnäckigen verpaßte ich, um sie loszuwerden, eine Vitaminspritze, und sie verließen mich beruhigt und in der Gewißheit, daß ihr Wunsch sich erfüllen werde; manche glaubten dann in der Tat an einen Zuwachs des Volumens – Besonderheiten des Männlichkeitskomplexes, von dem schon die Rede war. Es gab auch Männer, die sich von mir Bart und Schnurrbart wünschten; es handelte sich bei ihnen aber nicht um Unterentwicklung, sondern um einen schwachen Haarwuchs im Gesicht, eine ziemlich häufige Erscheinung, die man allgemein einem tatarischen Erbe zuschreibt.

Das bringt mich auf die Erwähnung eines recht außergewöhnlichen Falls. 1968 kam ein gewisser Karpenko zu mir, Kleidung und Haarschnitt wie ein Mann, und bat mich, ihm »einen Bart und einen Schnurrbart zu verschaffen«. In seinem Paß sah ich, daß sein Vorname Anna und sein Vatername Petrowitsch lautete. Nun bedeutet das Patronymikum Petrowitsch, daß sein Träger nur ein Mann sein kann, denn bei einer Frau hieße es Petrowna.

Der Patient (oder die Patientin) erklärte mir die Entstehungsgeschichte dieses seltsamen Ausweises, der in einer entlegenen Gegend von einem Milizionär ausgestellt worden war. Der gute Mann hatte sich Mühe gegeben, Unvereinbares zu vereinbaren: beim Personenstand war Anna eingetragen, aber er hatte einen Mann vor sich, und so schrieb er Anna Petrowitsch.

Ich untersuchte ihn und fand, daß Anna Petrowitsch eine Frau war, allerdings mit verkümmerten Brüsten und einer enormen Clitoris. »Sie« sagte mir, sie habe eine Ehefrau, mit der sie sexuelle Beziehungen habe, wobei die Clitoris als Penis diene. Ich erklärte dieser Frau, daß sie eine Frau sei und daß ich nicht daran dächte, ihr »einen Bart und einen Schnurrbart zu verschaffen«, was bei ihr heftige Entrüstung auslöste.

Eine Groteske: 1973 kam sie wieder zu mir, diesmal mit einem Schreiben der Sozialversicherung, in dem ich um die Feststellung gebeten wurde, ob es sich bei Karpenko um eine Frau oder um einen Mann handle. Es war von Wichtigkeit, weil die Frau mit 55 Jahren aus dem Arbeitsprozeß ausscheiden kann, der Mann erst mit 60. Ich trieb einen Scherz mit ihr:

»Gut, ich bestätige Ihnen, worum Sie mich seinerzeit gebeten haben. Ich trage ein, daß Sie ein Mann sind.«

»Nein, nein, schreiben Sie das nicht! Schreiben Sie, daß ich eine Frau bin.«

TEIL IV
VOM AMTSTRÄGER ZUM STRÄFLING

Bisher habe ich das Sexualleben in der Sowjetunion nach den gemeinsamen Merkmalen des durchschnittlichen »homo sovieticus« betrachtet. Nun ist es aber auch angebracht, die Dinge aus einem anderen Gesichtswinkel zu sehen: nicht alle Sowjetbürger führen das gleiche Leben oder wohnen in gleichen geographischen Räumen – manche in warmem Klima, andere unter den Härten sibirischer Kälte. Die einen gehören dem russischen Kulturkreis an, die anderen zu Zivilisationen, die mit Rußland nichts zu tun haben, etwa die mohammedanischen (islamischen) Völkerschaften. Manche leben in einem Luxus, der jenem eines orientalischen Paschas nicht nachsteht, andere in materiellem Elend. Jede Kategorie hat eine andere Art zu leben und kann auch verschiedene sexuelle Gewohnheiten haben.

Ich will versuchen, diese Verschiedenheiten kurz zu skizzieren.

18
Sexualleben und Nationalität

Die Sowjetunion ist ein Vielvölkerstaat.

1926 hatte die Sowjetunion laut Volkszählung 194 verschiedene Nationalitäten; 1959 waren es 108 und 1970 nah an 100. Bei der Zählung von 1970 bestehen die rund 241 Millionen Einwohner* aus folgenden, nach Sprachen eingeteilten Gruppen:

	(in Millionen)		(in Millionen)
Russen	129	Tadschiken	2
Ukrainer	40,7	Juden	2
Usbeken	9,2	Deutsche	1,8
Weißrussen	9	Tschuwaschen	1,7
Tataren	6	Turkmenen	1,5
Kasachen (Kasaken)	5,3	Letten	1,4
Azeri	4,4	Kirgisen	1,4
Armenier	3,5	Mordwinen	1,3
Georgier	3,2	Baschkiren	1,2
Rumänen (sogenannte Moldauer)	2,7	Polen	1,1
Litauer	2,6	Esten	1

Es sind dies nur die Hauptgruppen. Wie man weiß, wird »Nationalität« in der Sowjetunion präzis definiert und unterscheidet sich von dem, was im Westen darunter verstanden wird: es geht um den Eintrag in den Paß eines jeden Sowjetbürgers. Es heißt nicht Russischer oder Sowjetischer Staatsangehöriger, sondern dem Gesetz entsprechend wird die Nationalität angegeben: ukrainisch, usbekisch, deutsch, estnisch usw. Die Differenzierung der vielen nationalen Einheiten erweckt den Eindruck einer Selbständigkeit der Minoritäten, dient aber in Wirklichkeit der Kontrolle und Diskriminierung.

* Die Bevölkerung der Sowjetunion hat gegenwärtig etwa 261 Millionen erreicht.

Welche Religion oder welches Volksbewußtsein auch immer das Individuum haben mag, es gehört der Nationalität an, die ihm auf dem Erbweg überkommen ist. Wenn jemand einen Angehörigen einer anderen Nationalität heiratet, haben die Kinder aus dieser Verbindung das Recht, bei der ersten Ausstellung eines Passes eine der beiden Nationalitäten mit Ausschluß jeder anderen zu wählen. Dieses System der vielen Variationen gibt, verfügt man über Geld und Verbindungen, Gelegenheit zum Erwerb einer Staatsangehörigkeit nach Maß. Es geht meist um die russische, die Vorteile bietet, denn weder die Ukrainer, Usbeken, Armenier oder andere Völkerschaften unter sowjetischer Kontrolle haben in der Praxis die Rechte, über die die Russen verfügen. Es werden 110 Millionen nicht-russischer Sowjetbürger von Moskau kontrolliert.

Es kann nicht mein Ehrgeiz sein, auf knappem Raum umfassende Einzelheiten und Besonderheiten sexueller Art über diese und jene Völkerschaften zusammenzutragen, denn eine so gründliche Studie überschritte meine Kompetenzen. Es bleibe bei einigen summarischen Angaben über die Nationalitätenprobleme.

Die Gesamtzahl der Nationalitäten ist im Abnehmen. Zwei Faktoren tragen zu diesem Vorgang bei: eine Politik der Russifizierung und die Mischehen. Nach Unterlagen von 1970 sind rund 13 Familien von 100 gemischt, in den Städten bis zu 20 von 100. Die Völkerschaften des Nordens nehmen ständig ab. Bei den Juden, Ukrainern und Weißrussen dagegen steigt die Zahl der Mischehen konstant an. Bei den Völkern Zentralasiens sind es vor allem Männer, die russische Frauen heiraten. Diese Mischehe wird als Gewinn, als eine Art Aufstieg empfunden.

Das Weiterleben der Nationalitäten ist auch wegen der Wahlfreiheit der aus Mischehen hervorgegangenen Kinder in Gefahr. Wenn ihnen daran liegt, auf der sozialen Leiter eine Stufe höher zu steigen, werden sie sich entscheiden, wenn möglich, Russen zu sein.

Manches trägt zur Lebensfähigkeit wenn nicht aller, so doch vieler nationaler Minoritäten bei. Ich denke vor allem an die hohe Geburtenziffer der zentralasiatischen und kaukasischen Völker. Der Abstand von jener der slawischen und baltischen Völker ist erstaunlich, wie die Zahlen der Volkszählung von 1970 zeigen.

	(Geburten pro 1000)
Sowjetunion	17,4
Russische Sowjetrepublik	14,6
Lettland	14,5
Estland	14,8
Ukraine	15,2
Weißrussische Sowjetrepublik	16,2
Litauen	17,6
Georgien	19,2
Moldauische Sowjetrepublik	19,4
Kirgisische Sowjetrepublik	30,5
Usbekistan	33,5
Tadschikistan	34,7
Turkmenien	35,2 usw.

Man kann die Bedrohung ermessen, die die in voller Entfaltung begriffenen Minoritäten für die Hegemonie der Russen bedeuten, deren Geburtenziffer immerzu abnimmt. Bei den Vorbereitungen zur Verfassung von 1977 wurden entsprechende Vorschläge eingebracht, etwa der, den aus den verschiedenen Nationalitäten stammenden Menschen nur dann zu gestatten, »sich zu Russen zu machen«, wenn sie der russischen Sprache mächtig und kulturell assimilierbar sind.

Mit dem Erwachen des Nationalgefühls bei Minoritäten, das man in den letzten Jahren beobachten konnte, hat die »Russifizierung« nicht mehr die gleiche Anziehungskraft. Oft entscheiden sich gegenwärtig die aus Mischehen stammenden Kinder, die Zugehörigkeit zur minoritären Nationalität aufrechtzuerhalten – ohne alle Rücksicht auf eigene Interessen. Diese originelle Art Absage erstaunt die sowjetischen Funktionäre, die nicht begreifen können, daß z. B. ein junger Mann oder ein junges Mädchen, die einen jüdischen Vater und eine russische Mutter haben, sich für die jüdische Staatsangehörigkeit entscheiden.

Ein Patient erzählte mir, mit welcher Verwunderung, mit welchem sogar echten Mitgefühl die Funktionäre der Miliz seine Entscheidung aufnahmen.

»Sie sind verrückt! Sie haben einen ukrainischen Vater und entschließen sich zur jüdischen Nationalität, der Ihrer Mutter? Begreifen Sie denn nicht, was Sie tun? Sie, Sie selbst werfen sich Prügel zwischen die Füße. Machen Sie diese Dummheit nicht!«

Trotzdem: diese Dummheiten werden immer häufiger gemacht. Ein Jude sein wollen heißt nicht nur eine Nationalität wählen, es heißt gegen das Regime protestieren. Obwohl es sich bemüht, die Bevölkerung zu uniformieren und nationale Differenzen auszugleichen, scheut es sich anderseits nicht, nationale und sogar rassische Gegensätzlichkeiten anzustacheln. Dies gilt vor allem für den Antisemitismus, der in der Sowjetunion ein Antisemitismus des Staats ist.

Bei den Mischehen läßt sich feststellen, daß die Zahl der Scheidungen, an sich sehr hoch, nicht über dem Durchschnitt der Normalehen liegt. Unabhängig von der Politik des Staats schreibt die sowjetische Gesellschaft eine Art von standardisiertem Leben vor, das nationale Unterschiede verwischt. Im vorsowjetischen Rußland führten die Nachteile der Dezentralisierung zu kulturellen Eigenständigkeiten. Heutzutage haben die Stadt und das Dorf, die Hauptstadt und das Umland die gleichen vom Staat kontrollierten und zensierten Informationen. Die Lebens- und Denkweisen, die Persönlichkeiten verschiedener Kreise tendieren zur Uniformität. Der Kommunismus hat den Typ des gehorsamen Konformisten geschaffen, der dem Regime ergeben ist, eine Art von künstlichem Menschenroboter, bar jeder Eigeninitiative, der sich an seine Doppelnatur gewöhnt hat. Man trifft ihn überall in der Sowjetunion, in Duschanbe, der Hauptstadt von Tadschikistan, ebenso wie in Tbilissi, in Georgien oder in Minsk, in Weißrußland.

Alle Eigentümlichkeiten und Besonderheiten, die für das Sexualleben in der Sowjetunion charakteristisch sind – Antierotik, Unwissenheit in sexuellen Dingen, Sadismus, Kult der Stärke, Impotenz usw. – treffen gleichermaßen auf alle Nationalitäten zu. Man darf also nicht diesem oder jenem Volk ein schweres, inhärentes Erbe zuschreiben, sondern sollte eher die Konsequenzen bedenken, die aus dem politischen Regime resultieren.

Der Staatsapparat ist nicht in der Lage, das Sexualleben seiner Untertanen vollständig zu kontrollieren, tut aber sein möglichstes. Als die Sowjetunion offiziell mit China befreundet war, erhielten junge sowjetische Mädchen, die Chinesen heirateten, eine Art Mitgift vom Staat. Heute kann eine solche Heirat fast als Vaterlandsverrat angesehen werden; Grund ist der politische Kurswechsel. Es gibt aber auch Widersprüchliches. So war es z. B. vor etwa fünfzehn Jahren erwünscht, daß ein Mädchen einen schwarzen Studenten aus Afrika heiratete, weil es zu den Zielen der sowjetischen Afrikapolitik paßte. Zum erstenmal sah man sowjetische Kinder schwarzer Hautfarbe auf der Straße. Dann gewann der dem Volk und seinen Führern gemeinsame

Rassismus schließlich die Oberhand. Heutzutage hat es ein schwarzer Student in der Sowjetunion nicht leicht. Eine Beziehung mit einer russischen Frau kann Aggression, Prügeleien und manchmal auch Mord im Gefolge haben, denn diese Einstellung gegen den Neger ist unendlich gehässiger als alles, was in Europa möglich wäre.

Ich würde sagen, daß es auf sexuellem Gebiet nationale Besonderheiten gibt, aber nur wo Lebensbezirke außerhalb der Kontrolle des Staats bleiben und nicht nach den Normen des sowjetischen Lebens uniformiert, wo Denken, Wort und Gefühl noch nicht standardisiert sind.

So gibt es z. B. bei den Tschuktschen und den Osseten noch jene Art von Gastfreundschaft, die darin besteht, dem Gast die Frau oder die Tochter anzubieten. In moderner Version ist aus dieser Tradition eine Art Prostitution geworden. Es kann passieren, daß man mit einem Zimmer auch die Frau mietet: Anlaß, den Preis zu erhöhen.

Nirgends ist die Mischung von alten Traditionen mit dem modernen Leben frappierender als in den zentralasiatischen Republiken: in Turkmenien, Usbekistan, Kirgisien, Kasachstan und Tadschikistan. Die Stellung der Frau ist jener vergleichbar, die in den islamischen Ländern vorherrscht. Wenn auch die Turkmeninnen heute ihre Teppiche in den staatlichen Fabriken wirken, ist das nur die Fortsetzung der Arbeit, die man ihnen von jeher aufgebürdet hat, und heute noch ist die Geburt eines Mädchens ein Familienunglück.

In Taschkent, der Hauptstadt von Usbekistan, spricht die Mehrheit der Usbeken auch unter sich heute Russisch. Vor zwanzig Jahren war es schwierig, sie zum Verlassen ihrer Jurten zu bewegen und in moderne Wohnungen umzuziehen, während sie es heute selbst fordern. Zugleich trifft man aber auch noch auf Fälle von Polygamie wie übrigens in allen islamischen Republiken. Ich wurde im Dorf Aigurek bei der Stadt Frunse von der Familie eines alten Kirgisen eingeladen, der drei Frauen hatte. Das gleiche erlebte ich in der Familie eines Kasachen im Gebiet von Taldy-Kurgansk in Kasachstan.

In der Nummer 2 des »Jungen Kommunisten« von 1966 wird mit Entrüstung berichtet, daß die Sitte des »kalym«, des Brautkaufs, noch verbreitet sei, sogar in den Städten. Frauenraub gebe es noch genauso wie den Verkauf von Minderjährigen.

Unter dem alten Regime war das gesetzliche Heiratsalter 18 Jahre für den Mann, 16 für die Frau. Ausnahmen wurden bei den kaukasischen Völkern gemacht (16 bei Männern, 13 bei Frauen). Die sowjetische Gesetzgebung hat einheitlich 18 Jahre festgesetzt, aber die Ausnahme besteht weiter für die zwei kaukasischen Republiken Aserbeidschan und Armenien, ebenso für die Ukraine und Moldau (18 bei Männern, 16 bei Frauen).

Die Strafgesetzbücher von Armenien, Georgien, Aserbeidschan, Turkmenien und Usbekistan sehen für Frauenkauf und Frauenraub Strafen vor, ebenso für jemanden, der eine Frau zwingt, gegen ihren Willen eine Ehe einzugehen. Das Vorhandensein dieser Gesetze beweist, daß diese Traditionen noch nicht ausgestorben sind.

Wie I. Kurganow berichtet, lebten vor dem Krieg bei den Guiljaken (im Norden der Sowjetunion) die Kinder beiderlei Geschlechts in vollständiger Abhängigkeit vom Willen des Vaters. Er kaufte die Frauen für die Söhne, ohne diese oder jene nach ihrer Meinung zu fragen. Versuchte die gekaufte Frau zu fliehen, band ihr Mann sie hinten an seinen Schlitten und trieb die Hunde an; sie wurde geschleift, bis sie tot war.

Ich hatte eine Frau zu behandeln, die ihre Heimat im Kaukasus verlassen hatte und in die Ukraine gezogen war. 1965 hatte ihre Tochter den Heiratsantrag eines jungen Abchasen (ein kaukasischer Volksstamm) abgelehnt. Treu der Tradition kidnappte er sie, fesselte ihr die Hände und vergewaltigte sie in der Erwartung, sie werde nunmehr ja sagen. Sie weigerte sich wieder und übergab ihn der Justiz.

Alle diese Überbleibsel aus vergangenen Zeiten sind im Schwinden. Lebendiger auf viele Jahre hinaus ist wohl die Anschauungsweise der Menschen, die weniger leicht zu verändern ist als Realitäten des Alltags. Ich habe bereits erwähnt, wie zwiespältig die Position der russischen Frau ist. Noch viel weiter von der »Befreiung« entfernt sind die Frauen in den Ländern mit islamischer Tradition. Ich will hier weder Urteile abgeben noch mich zum Fürsprecher der Vergangenheit machen. Ich wiederhole nur, daß die durch das gegenwärtige Regime im sozialen Leben herbeigeführten Veränderungen dazu angetan sind, die Identität der Zivilisationen zu erdrücken und zu zerstören, ohne »neue« Menschen zu schaffen, weil der Mensch sich nur entwickeln kann, wenn er die Freiheit hat, sich selbst umzugestalten. Die derzeitige Situation der nationalen Minderheiten ist ein Kompromiß zwischen jahrhundertealten Traditionen und einer neuen Lebensweise, die in ihrer Totalität dem Land auferlegt wird.

Ein Wort noch zu den von russischer Überheblichkeit, um nicht zu sagen russischem Chauvinismus in die Welt gesetzten angeblichen, lächerlichen Eigenheiten der »anderen«; an Beispielen fehlt es nicht. Der Ukrainer mit seinem Spitznamen »chochol« (»Haarschopf«, eine Anspielung auf eine volkstümliche alte Haartracht) ist da ein etwas beschränkter Träumer. Dem intellektuellen Juden gilt der ganze Haß, dessen die Russen fähig sind.

Auf sexuellem Gebiet haben die Armenier den Ruf der Homosexualität: ich weiß nicht, ob sie bei ihnen mehr verbreitet ist als bei den Russen. Die Balten sind kalt: ihre Kälte dürfte sich auf ihre Besatzer beziehen. Die Juden sind sexuell übersteigert, und es soll russische Frauen geben, die bereit sind, mit einem Juden zu schlafen; und wenn er dazu noch ein Intellektueller ist, so macht das die Sache noch pikanter, ganz abgesehen von der unerhörten Sensation eines beschnittenen Penis: aber nur noch selten lassen heutzutage Juden ihre männliche Nachkommenschaft beschneiden. Die Georgier haben den Ruf, heiße Rammler und ordinäre Gockel zu sein: an Galanterie und feinem Benehmen unterscheiden sich aber die Russen wirklich nicht besonders von ihnen, wie ich zur Genüge dargelegt zu haben glaube. Die Usbeken sind ständig dreckig. Die Tatarenfrauen sollen sich die Schamhaare abrasieren. Die Rumänen bzw. Moldauer haben alle Syphilis: ich weiß in Rußland von ganzen Dörfern, die angeblich verseucht sind.

Ich hätte diese jeder Grundlage entbehrenden Eseleien nicht aufgezählt, wären sie nicht so tief im Bewußtsein der Menschen verankert. Die sowjetische Gesellschaft ist so erstarrt, die offizielle Ideologie so wenig glaubhaft, daß die Vorurteile ein zähes Leben haben.

Und über allen diesen unterwertigen Rassen erheben sich rein und schön der russische Mann und die russische Frau, die zu glorifizieren die offizielle Kunst und Literatur nie aufgehört hat – da stehen sie, ein trister Mischmasch von unverfrorenem Nationalismus und kommunistischer Ideologie.

19
Das Volk

Es ist mir ein Anliegen, auch noch auf die Lebensverhältnisse, die Lebensart des »Volks« – man heißt es in der Sowjetunion immer noch so – einzugehen: des »gemeinen« Volks, der »unteren« Klassen, der Arbeiter, der Bauern, der kleinen Angestellten. Ich habe in diesem ganzen Buch versucht, das Sexualleben der Schichten zu beschreiben, die für die Bevölkerung der Sowjetunion repräsentativ sind.

Die allgemeine Misere ist für niemand mehr ein Geheimnis und muß notwendigerweise Folgen für das Sexualleben haben. Ich habe schon Unterernährung und Proteinmangel erwähnt, die zu sexueller Unzulänglichkeit führen können. Physisch und psychisch wichtig sind auch die Wohnverhältnisse.

Gegenwärtig verfügen 40 von 100 Moskauer Familien nicht über ein eigenes Bad, das in Provinzstädten ein Luxus ist. In den zahlreichen Gemeinschaftswohnungen der Großstädte benützen mehrere Familien die gleiche Badewanne. In Odessa gibt es noch Wohnungen, in denen in jedem Zimmer eine Familie von fünf Köpfen haust, Großeltern, Eltern, Kinder.

Aus Raummangel ist kein oder kaum Platz für Häuslichkeit, für Familienleben. Außerdem besteht die Mehrheit der städtischen Bevölkerung aus bäuerlichen Menschen, die sich, auch wenn sie schon in den dreißiger Jahren in die Stadt gezogen sind, beim Fehlen eines freundlicheren Lebenskreises immer noch entwurzelt fühlen. Aus einer tausendjährigen Zivilisation gerissen, können sie sich nicht anpassen. Die russische Familie hatte früher sicherlich kaum die Gelegenheit, in mehreren Räumen zu wohnen. In der Isba, dem Wohnraum des Bauernhauses, lebte die ganze Familie. Das Elternpaar hatte nicht immer ein Bett, man schlief auf dem großen russischen Ofen, auf dem Boden, auf Holzbänken: eine begrenzte und vertraute Welt. Dagegen hat die Gemeinschaftswohnung, von der abzukommen man erst seit Chruschtschow angefangen hat, die in Miniwohnungen unterteilt ist und bis zu zehn Personen fassen soll, nicht die Aufnahmefähigkeit der Isba und nicht die Funktion der bürgerlichen Wohnung, in der man um den Ofen zusammensaß, von wo Verbindung zu Nachbarwohnungen, zum Hof, zum Garten bestand. Die neue Wohnart zwingt die Menschen, mit unbekannten Nachbarn zu leben, und schließt jede Gruppe in ihren engen Raum ein. Die Folgen der Verstädterung zeigten sich in allen Ländern, aber in Rußland wurde sie bei der Härte der sozialen Veränderungen zum Trauma, besonders weil die Stadt nicht fähig war, die Zuwanderer zu integrieren, im Gegenteil: die neu zugeströmten Menschenmassen haben den Charakter der russischen Städte verändert.

Das Schlimmste daran ist auf sexuellem Gebiet die Unmöglichkeit für das Ehepaar, sich das eigene intime Leben zu sichern, sich von den anderen isolieren zu können. So werden Kinder oft unfreiwillige Zeugen des Sexuallebens der Eltern, das ihnen zur Tortur werden kann.

Vom Sexualakt der Eltern verstörte Kinder hatte ich oft zu behandeln. Eine 21jährige Studentin des Medizinischen Instituts von Winniza erzählte, daß sie mit sieben Jahren nachts aufwachte und ihren Eltern beim Koitus zusah. Sie hatte natürlich keine Ahnung, was diese Szene zu bedeuten hatte, und geriet in Panik. Sie brauchte mehrere Monate, sich zu beruhigen, und die Folgen blieben nicht aus. Sie masturbierte und kam auch als verheiratete Frau nicht davon los.

Was man heute Chruschtschowsche Wohnungen nennt, gibt auch keine Garantie für Abgeschlossenheit, schon der ganzen Anlage nach nicht. Die dünnen Zwischenwände sind nicht schalldicht. Auch wenn ein junges Paar auf eine eigene Wohnung Anspruch hat, auch wenn die beiden weder Eltern noch Kinder bei sich wohnen haben, müssen sie doch mit gehässigen Reaktionen der Nachbarn rechnen. Nun muß man in einem sowjetischen Bett geschlafen haben und weiß dann, daß die Matratze bei der kleinsten Bewegung knarrt und knirscht. Sind die verliebten jungen Leute etwas lebhaft im Bett, errichtet sich eine Mauer der Mißachtung um sie, denn Sex, auch legitimer Sex, findet im ganzen Haus einen schlechten Widerhall: banal und unangenehm für die Betroffenen. Man ist also gezwungen, nach einem Ausweg zu suchen. Um alle Geräusche zu vermeiden, die Kinder nicht zu wecken und die Nachbarn nicht rebellisch zu machen, warten die Leutchen bis spät in der Nacht und legen sich zueinander auf den Boden. Notabene: das ist kein schlechter Witz, sondern tägliche bzw. nächtliche Praxis.

Ein Paar, das ich kannte, hatte sich etwas anderes ausgedacht. Sie verzichteten auf das Mittagessen im Betrieb, rannten während der Pause heim und liebten sich – etwas Außergewöhnliches, denn man tut in der Sowjetunion »das« kaum einmal am hellichten Tag. Nun machten die beiden Urlaub am Schwarzen Meer, wo sie in einem Gemeinschaftszelt untergebracht waren (wie man sieht, setzt sich die Gemeinschaftswohnung auch auf dem Campingplatz fort). Da sich fast ständig jemand in dem Zelt aufhielt, verlegten sie ihre Liebesnächte an den Strand. Eines Abends wurden sie von einem Trupp Rowdies überfallen, vor denen sogar die Miliz Angst hatte. Der Mann wurde halbtot geschlagen, seine Frau vergewaltigt.

Auch die Studentenheime sind nicht für Intimitäten von Pärchen eingerichtet, verheiratet oder nicht. Die jungen Leute arrangieren sich mit Hilfe eines Wandschirms oder eines Bücherregals, um sich von den Mitbewohnern des Zimmers zu »isolieren«. Eine meiner Patientinnen, die Studentin Lida T., wurde unfreiwillig Zeugin der Bettbelustigungen eines verheirateten Paars, das in ihrem Zimmer einquartiert war. Ich mußte sie wegen nervöser Depressionen behandeln.

Im Kulturpark von Winniza steht das fünfzig Meter hohe Riesenrad, das man besteigen kann, wenn es außer Betrieb ist. Die Musikstudentin Alla und ihr Liebhaber kletterten hinauf. Unglücklicherweise entführte ein kräftiger Wind ihren Rock, den sie bereits ausgezogen hatte. Als sie herunterkamen, nahm sie die Polizei in Empfang.

Das Hotel scheidet praktisch aus. Manchmal findet ein Pärchen Zuflucht im Zimmer oder in der Wohnung von Freunden, was aber leicht zum Gruppensex führen kann. Bei nächtlichen Parties, wenn der Wodka fließt und die Möglichkeit sich ergibt, verbringen zwei, drei oder vier Paare die Nacht im selben Raum. Trunkenheit und allgemeine Erregtheit lassen den Abend zur sexuellen Orgie werden. Ein Patient erzählte mir, daß er, im Kaukasus mit einer Freundin auf Urlaub, eine Nacht mit ihr in einem großen Zelt verbrachte, in dem 24 Paare schliefen und sich liebten. Als er erwachte, sah er, daß seine Partnerin das Lager gewechselt hatte.

Orgien sind verhältnismäßig häufig; in zahlreichen Städten wurden sie entdeckt, die Teilnehmer öffentlich verurteilt.

Gruppensex und Alkoholismus verbinden sich besonders oft in den Orten der Polarregion. In Norilsk z. B., das jenseits des Polarkreises liegt, ist das Leben berüchtigt für Monotonie und Härten aller Art. Einzige Zerstreuung sind das Trinken und ein Spiel, das »Norilsker Roulette« heißt. Die Frauen arrangieren sich im Kreis mit gespreizten Schenkeln, die Männer machen die Runde und koitieren. Wer es mit den meisten Frauen geschafft hat, ist Sieger.

Bei den Rodungen in Sibirien sehen die Männer monatelang keine Frau. Eine der Zerstreuungen der Waldarbeiter ist der »Chor«. Gegen eine große Summe läßt man eine Frau kommen, und vor aller Augen vergnügt sich einer nach dem anderen mit ihr. Man trinkt und singt im »Chor«.

Diese Art von Entspannung trifft man vor allem in streng abgeschlossenen männlichen Gemeinschaften wie etwa in Gelendschik, einem Ort im Bezirk Krasnodar, wo sich ein Institut für Meereskunde befindet, das durch strengste Sicherheitsmaßnahmen isoliert ist.

Es existieren Unterschiede des Sexuallebens in der Stadt und auf dem Land, wozu auch rund 3700 Märkte zu rechnen sind, in denen sich so ziemlich das gleiche Leben abspielt. Meist herrscht noch die Tradition, man lebt in der Isba. Die Natur ist nah, und so lösen sich die Probleme von Liebespaaren leichter als in der Stadt. Man kann zwar sexuelle Abweichungen finden, die für das ländliche Leben typisch sind, aber es gibt sie auf der ganzen Welt.

Man spricht in der Sowjetunion nicht gern von Sodomie, aber ich habe im Gefängnis einen jungen Bauern getroffen, der verurteilt worden war, weil er mit einer Ziege koitiert hatte. In einem Dorf bei Winniza hatte es ein Halbwüchsiger mit einer Färse getan. Da er ein musterhafter Arbeiter war, ging er straffrei aus.

Das Gesetz sieht übrigens für Tierquälerei Strafen bis zu zwei Jahren Gefängnis vor.

Die allgemeine Ansicht über den russischen Bauern geht dahin, daß er freier, gesünder, der Natur näher ist als der Städter. Manche Beobachtungen können es teilweise bestätigen, etwa die Zahl der Scheidungen im Jahr 1957, die in den Dörfern zwanzigmal geringer war als in den Städten. Es ließe sich vielleicht sagen, daß die bäuerliche Familie weniger von der Zivilisation »angekränkelt« ist. Im allgemeinen scheint die Sexualität noch nicht so tabuisiert zu sein wie in der Stadt. Als Beweis können die »tschastuschki« dienen, eine Art vierzeiliger Couplets, die solo gesungen und dann im Chor aufgenommen werden und zur bäuerlichen Folklore gehören. Obwohl man sich in der Sowjetunion mit geradezu religiösem Eifer bemüht, die Früchte bäuerlicher Schöpferkraft zu sammeln, bleibt die Mehrzahl der »tschastuschki« aus dem erstklassigen Grund unveröffentlicht, weil sie indezent sind. Hier zwei als Beispiele:

Wenn ich zu meiner Schwiegermutter geh,
Da wird sie groß begrüßt von mir.

Durchs Fenster zeig ich ihr den Schwanz
Und dann den Arsch gleich hinterher.
Aja-a-a! Aja-a-a! (Wiederholtes Händeklatschen)

Oder:

Oh Scheiße, dieser Mensch, mein Alter,
Er tut mir's nicht seit Jahren.
Ich renn' hinaus und schrei:
Ich will es aber, hör' mich einer!
Aja-a-a! Aja-a-a!

Daß Sex Gegenstand des Ulks und eines literarischen, wenn auch reichlich tiefstehenden, Gebildes sein kann, ist ein unbezweifelbares Zeichen guter Gesundheit. Weniger erfreulich ist, wie die Verse gesungen werden. Das flache Land ist mehr noch als die Stadt ein Schauplatz der Trunkenheit, des übermäßigen Alkoholismus. Die jungen oder auch nicht mehr ganz jungen Leute kommen zusammen, trinken Wodka oder auch besonders in der Ukraine den Schnaps schlechter Qualität, den sie selbst herstellen, den »samogon«, dem sie beim Absingen der »tschastuschki« eifrig zusprechen. Meines Wissens arten diese Feste eher in wüstes Gelärme als in Orgien aus.

Ich muß also mindestens teilweise das idyllische ländliche Bild etwas eintrüben, das ich oben entworfen habe. Bukolische Gemälde von mehr oder weniger slawophilem, nationalistischem Geist sind an sich schon verdächtig, wenn sie das Bauernland früherer Zeiten idealisieren wollen. Man konnte wenigstens von einer bäuerlichen Kultur mit ihren Sitten und Gebräuchen, ihren Trachten, ihrer Lebensart, ihrer mündlich überlieferten Literatur sprechen, aber gegenwärtig bietet das russische Bauernland das trostlose Bild eines vom Krieg verheerten Lands, nicht nur und nicht so sehr vom letzten Krieg, sondern von dem, mit dem der sowjetische Staat die Bauernschaft überzogen hat: der Bürgerkrieg und vor allem die Kollektivierung, die aus den Bauern die Sklaven des neuen Staats machte, haben das russische Bauerntum in seiner lebendigen Kraft buchstäblich vernichtet. Nun ist der Bauer-Arbeiter der Kolchose in seinem Dorf fast genauso entwurzelt wie ein in die Stadt verpflanzter Bauer. Man hat also das Paradox einer weithin noch bäuerlichen Gesellschaft (44 % nach der Zählung von 1970), die aber in der Stadt und auf dem Land das gleiche Bild der Entwurzelung und Herabwürdigung bietet. So gesehen möchte man sagen, daß das Regime tatsächlich eines seiner Ziele erreicht hat: die Austilgung der Verschiedenheiten von Stadt und Land.

Man darf also die Bedeutung der »tschastuschki« nicht übertreiben. Wenn das Leben der Bauern naturnäher ist, so verläuft es aber unter sozialen Bedingungen, die aus den bäuerlichen Menschen geducktere Wesen macht, als die Städter schon sind.

Da ist z. B. die verlorene Position der Bauernfrau. Laut Volkszählung von 1970 trafen in der Russischen Sowjetrepublik auf dem Land auf 1000 Frauen 824 Männer, während das Verhältnis in den Städten bei 843 Männern lag. Für die Frau besteht auf dem Land nicht nur die Schwierigkeit, einen Mann zu finden, sie hat zusätzlich zur Arbeit in Haus und Hof die Arbeit in der Kolchose zu leisten, so daß man mit Fug und Recht in der Sowjetunion die Meinung hören kann, daß die ganze Last der Kolchosen den Frauen auferlegt wird.

Auch sind die Lebensverhältnisse schwieriger als anderswo. Man weiß, daß vor nicht zu langer Zeit die Bauern praktisch nicht entlohnt wurden. So ähnelt die Lage der Bauern jener im 18. Jahrhundert, denn aus freiem Willen kann er sein Dorf nicht verlassen, da er dem System der Paßvergebung unterworfen ist.*

Das Wort »Sklave« mag manchem Leser übertrieben erscheinen. Ich möchte dazu ein Beispiel anführen.

Es geschah im Herbst 1945, einige Monate nach Kriegsende. In den Städten nagten die Menschen am Hungertuch, den Dörfern ging es etwas besser.

Die Wiederinbetriebnahme der Kohlengruben am Donbas (dem Donez-Rücken) in der Ukraine erforderte bedeutende Arbeitskräfte, aber niemand war bereit, für einen Hungerlohn unter Tag zu arbeiten. Die Behörden organisierten daher eine Zwangsüberführung der bäuerlichen Jugend zur zeitweiligen Arbeit am Donbas. Diese Maßnahme hat nichts Erstaunliches. Das Regime hatte schon seit langem die Gewohnheit angenommen, Arbeitskräfte aus der Bauernschaft zu rekrutieren, meistens unter kaum verhüllten Zwangsmaßnahmen. Besonders die Mädchen versuchten mit allen Mitteln, der Arbeitsverpflichtung auszuweichen. Man erzählte sich Schauermärchen über die schwere Arbeit und die miserablen Lebensbedingungen, die einen erwarteten: alles lebte in Angst und Schrecken.

Aus dieser Zeit erzählte mir eine alleinstehende Patientin, die einen unehelichen Sohn hatte. In ihrem Dorf war der Leiter der Kolchose ein

* Der Inlandpaß wird der bäuerlichen Bevölkerung erst seit 1975 nach und nach ausgestellt.

Säufer und Schürzenjäger. Die einzige Möglichkeit, der Zwangsarbeit am Donbas zu entgehen, bestand darin, seine unersättliche Geilheit zu befriedigen. Er ließ sie in sein Büro kommen, zeigte ihr den »Marschbefehl« zum Donbas und sagte:

»Du kannst wählen. Entweder tust du die Schenkel auseinander oder ich lasse einen Milizionär kommen und schicke dich zum Donbas.«

Sie wählte den ersten Vorschlag und hatte dann das uneheliche Kind von ihm; der erwachsene Sohn erfuhr von den Umständen seiner Geburt und versuchte zweimal, seinen »Vater« zu töten. Daraufhin war der Kolchoseleiter gezwungen, anderswo einen Betrieb zu übernehmen.

Auch wenn es sich hier nur um eine Einzelerscheinung handelt, die aber, wie man im nächsten Kapitel sehen wird, kein Ausnahmefall ist, so könnten Dinge dieser Art nicht geschehen, wenn sich die Bauern nicht in einer Quasi-Sklaverei befänden und der Allgewalt ihres unmittelbaren Vorgesetzten ausgeliefert wären, ganz zu schweigen von höheren Instanzen.

20
Die Privilegierten

Wenn man über die Mächtigen dieser Erde spricht oder liest, besonders wenn es um die immer noch geheimnisumwitterte Welt der Sowjetunion geht, ist man ständig versucht, hinter jeder offiziellen Biographie düstere Mysterien und besonders pikante Bettgeschichten zu vermuten. Abgesehen davon, daß solche Geschichten fast immer von zweifelhafter Authentizität sind, bringen sie im allgemeinen nicht viel Neues weder über Staatsmänner noch über das Sexualleben eines Volks oder einer Epoche.

Die westliche Presse ist unabhängig und nach Bedarf auch impertinent genug, bei irgendwelchen führenden Persönlichkeiten Lichter aufzustecken. Der Schleier des Geheimen, der das sexuelle Leben sowjetischer Führer der Vergangenheit deckt, ist so dicht, als handle es sich um militärische Geheimnisse. Die Liebesepisode Lenins mit Inessa Armand wird mit einer Verschwiegenheit umgeben, als hätten sich düstere Orgien abgespielt. Die Tatsache, daß Lenin von seinem Vater die Syphilis geerbt hatte, wird sorgfältig zugedeckt, damit kein Fleckchen das herausgeputzte Porträt des Meisters beschmutze. Es geht so weit, daß Gerüchten zufolge Historiker ihrer Lehrstühle enthoben wurden, weil sie besagten Schandfleck aus Archiven ans Licht gebracht hatten.

Lenins Liebesleben bietet kein so weites Feld für historische Forschung wie jenes der Borgia oder Iwans des Schrecklichen. Bei der vielleicht unbewußten Suche nach Berührungspunkten zwischen Iwan und Stalin hat man dem Diktator des Kreml manchmal lockere Sitten und düstere altrömische Orgien zugeschrieben. Es hat aber eher den Anschein, daß es bei unmäßigem Konsum von Wodka geblieben ist. Sein Sadismus war unsinnlich und soll, wenn man Berichten glauben darf, sogar die verfeinertste Seite Stalins gewesen sein. Ich selbst neige der Ansicht zu, daß ganz wie Lenins Fanatismus der Größenwahn Stalins und das Paranoide an ihm, woran er litt, genügten, ihn vollauf zu beschäftigen, und daß keiner der beiden Zeit für die Freuden des Fleisches hatte.

An Lawrenti Berija (1899–1953), dem Leiter des Staatssicherheitsdiensts, haben Liebhaber von Anekdoten zweifellos ein viel interessanteres Thema. Der 1938 zum Innenminister ernannte Politiker hatte es nach Stalins Tod auf die Macht abgesehen. Im Dezember 1953 wurde er erschossen, das Politbüro ließ in den Parteiorganisationen ein von Chruschtschow unterzeichnetes Dokument zirkulieren. Als Parteimitglied erhielt ich Kenntnis davon; die Verlesung vor der Parteiversammlung dauerte drei Stunden. Mehr als die Hälfte des Dokuments war der Beschreibung von Berijas Liebesleben gewidmet. Er wurde beschuldigt, Frauen, die ihm gefielen, gezwungen zu haben, mit ihm zu schlafen – bevorzugt junge Mädchen, Schauspielerinnen und Ballett-Tänzerinnen. Hilfsdienste leistete ihm Oberst Sarkisow vom KGB. In seinen letzten Lebensjahren galt seine Neigung jungen Sportlern und im besonderen jungen rothaarigen Swanen, Angehörigen eines kaukasischen Volks, das sich durch hohen moralischen Ernst auszeichnen soll. Bei den Parteiversammlungen erfuhren wir Mitglieder, daß eine der bedeutendsten Persönlichkeiten der Partei in Wirklichkeit nichts als ein Bandit und Perverser gewesen sei und man Grund gehabt habe, ihn zu erschießen.

Die Affäre Berija zeigt deutlich, unter welchem Gesichtswinkel das Sexualleben der Privilegierten betrachtet werden kann, sieht man von bloßen Pikanterien ab. Die sexuellen Manien Berijas sind nicht sehr originell und können sich bei jedem Dutzendmenschen finden. Interessant sind dagegen die bequemen Gelegenheiten, die sich einem Mann bieten, der über die Macht verfügt. Die Entführungen junger Mädchen (Berijas eigene Frau Nina wurde im Alter von siebzehn Jahren gekidnappt), der Einsatz von Polizisten, als seien sie eine Bande von Gangstern oder modernisierten kaukasischen Banditen – das alles paßt ausgezeichnet zum Image eines Regimes des Terrors und der Willkür unter Stalin.

Bezeichnend ist auch, wie Berija vor den Parteigenossen »entlarvt« wurde. Erstens ist Sex immer noch einer der ernsthaftesten und wirksamsten Hauptanklagepunkte, während die Verbrechen, die er als Chef der Polizei begangen hatte, viel schwerer hätten wiegen sollen als seine sexuellen Freiheiten. Dann auch, weil ein leitender Funktionär sich alle Liebesabenteuer und Perversionen leisten kann, vorausgesetzt, daß sie geheim bleiben und der Schein gewahrt wird. Fällt der große Mann aber in Ungnade, ist man hurtig dabei, sein Privatleben auszugraben und ihn wegen seiner Taten anzugreifen. Vom verehrten und dem Staat ergebenen Funktionär, der er war, wird er von einer Sekunde zur anderen zu einem Ungeheuer an Perversität und Bosheit. Diese Beschuldigungen können nur von oben kommen, d. h. zum mindesten mit Einverständnis der höchsten Amtsträger des Regimes. Man ermesse nun den Abstand, der zu einem Skandal »westlichen« Typs besteht. Er kann auch im Westen den Sturz einer Persönlichkeit zur Folge haben, nicht aber ihm »a posteriori« als Rechtfertigung dienen. Ein Sturz kann jeden Politiker treffen, so wenig Anlaß sein Privatleben geben mag, und ob er viele oder wenige Feinde hat. Außerdem wird im Westen der Sturz nicht von der an der Macht befindlichen Gruppierung ausgelöst, sondern von anderen Kräften, etwa der Presse.

All das veranlaßt mich, dieses Thema nicht mit dem Blick auf das Privatleben führender Männer zu sehen, sondern im Kontext der sowjetischen Gesellschaft.

Die sowjetische Elite, die Privilegierten, zählen etwa eine halbe Million Menschen, die ein angenehmes, manche ein luxuriöses Leben genießen, von dem nicht geredet, mit dem nicht geprahlt wird, ganz abgesehen von den durch das System gewährten Privilegien, von denen der gewöhnliche Sterbliche keine Ahnung hat, als da sind: unbegrenzte Kredite bei den Banken, Luxusvillen an den Ufern des Schwarzen Meers und an anderen fashionablen Orten, die Umgehung des Kontigentierungssystems, Sonderzuteilungen, Zugang zur westlichen Kultur und alles andere, was dem Durchschnittsbürger verschlossen bleibt und für Geld nicht zu haben ist, sondern nur durch eine Position in der Hierarchie. Zu den Privilegierten gehören auch die Admiräle, Marschälle, Direktoren großer Unternehmen, Minister, Präsidenten der Wissenschaftlichen Akademien, Leninpreisträger, verdiente Künstler, einige Schriftsteller, die Ersten Parteisekretäre der Regionen und Republiken. Ich möchte letztere hervorheben, weil in der Provinz die Macht dieser Potentaten besonders spürbar ist. Die Machtbefugnisse eines Ersten Sekretärs in seinem Bereich sind praktisch unbeschränkt.

Mehr als jede andere Gesellschaft oder soziale Kategorie, mehr als alles, was in westlichen Gesellschaften vorstellbar ist, sind die sowjetischen Privilegierten daran interessiert, ihr Privatleben nicht ins Gerede kommen zu lassen. Um das Beispiel der Scheidung zu nehmen: im sozialen Aufstieg sind die Kriterien einer guten Moral (»moralisch stabil« heißt das) äußerst wichtig, und so kann eine Scheidung recht wohl einen Fehltritt bedeuten, der die Karriere eines Apparatschiks beendet. Die leitende Persönlichkeit wird also ein Interesse daran haben, ihre Frau zu behalten und, auch wenn sie sich nicht mehr ertragen können, Liebes- und sexuelles Glück außerhalb des offiziellen Lebens suchen. Wohlverstanden, die sexuellen Abenteuer können nicht verborgen bleiben: die Geheimpolizei, die herrschenden Kreise sind auf dem laufenden. Dies ist die Besonderheit eines Lebens mit einer Doppelfassade: ein ausschweifendes Privatleben hat wenig zu bedeuten, wenn nur das offizielle und amtliche mit den für den kämpferischen Genossen geltenden Normen strikt konform geht. Jedenfalls hat die leitende Persönlichkeit den immensen Vorteil, daß sie weder die Presse noch die öffentliche Meinung zu fürchten braucht.

Praktisch unbegrenzte Macht und Doppelgleisigkeit des Lebenswandels können bei hochmögenden Persönlichkeiten zu einem Lebensstil führen, der weitaus mehr an den eines orientalischen Gewalthabers erinnert, als er den Obliegenheiten eines »Erbauers des Kommunismus« entspricht.

In diesen Kreisen verbreitet sich mehr und mehr eine zynische Lebensauffassung. Einer meiner Patienten, Direktor einer großen Fabrik (übrigens impotent; ich mußte ihm für sein Sexualleben alle drei Wochen Hormonspritzen geben), überraschte mich eines Tages mit der satirischen Sentenz:

»Unsere Schwächen wiegen nicht schwer, weil wir sie kennen. Was mich angeht, so kann ich sagen, daß ich schon seit langem voll im Kommunismus lebe. So sagen die gelehrten Bücher: das ist Kommunismus: nehmt von jedem nach seinen Fähigkeiten, gebt jedem nach seinen Bedürfnissen.«

Die Möglichkeit, ungestraft den Staatssäckel zu schröpfen, sich der Sekretärinnen, der Schauspielerinnen zweiter Garnitur, der Hausmädchen zu bedienen, als wären sie aus einem Bordell, ergibt für Funktionäre aller Ebenen sexuelle Freiheiten, für die im Westen überhaupt keine Vergleichsmöglichkeiten (Chef und Untergebene) zu finden wären. Es ist nicht meine Absicht, die Privilegierten als Perverse und Sexbesessene hinzustellen, ich will nur zeigen, daß ihre Position ihnen eine Lebensweise ermöglicht, von der der Mann auf der Straße nicht einmal träumen könnte.

Absolute Straflosigkeit vor dem Gesetz gibt es für sie nicht, ihre Situation läßt sich aber wiederum mit nichts im Westen vergleichen. Ein Beispiel unter tausend: Richter Tschaikowski aus Winniza hatte versucht, seine schwangere Verlobte zu erdrosseln, weil sie zum Hindernis seiner Heirat mit der Tochter eines Ministers von Weißrußland geworden war. Er kam nicht vor Gericht, sondern wurde zum beigeordneten Präsidenten des höchsten ukrainischen Gerichts befördert. Nun verhängt er in der guten Stadt Kiew weiterhin seine Urteile.

In den Anfängen des Regimes machte ihre hohe Position und eine typische Parvenü-Mentalität die neuen Amtsträger oft zu Tyrannen schlimmster Art. Dies gilt besonders für Lokalgrößen. Neben den im historischen Abschnitt erwähnten Dingen möchte ich die Smolensker Archive erwähnen, die z. Zt. in den Vereinigten Staaten sind.*

Private Bordelle gibt es noch, besonders in den Luxusvillen der Mächtigen. Unter Chruschtschow z. B. wurden Alexandrow, Leiter der Propagandaabteilung des Zentralkomitees der Kommunistischen Partei, und sein Stellvertreter Zwetkow kompromittiert. Ein gewisser Scheïn hatte in seiner Datscha ein Bordell für leitende Persönlichkeiten zweiten Rangs eingerichtet. Nicht weit von Moskau entfernt, lud man junge Schauspielerinnen, Sportlerinnen und Prostituierte in die Villa. Auch kamen Frauen, die ihren Männern zu Beförderungen verhelfen wollten. Eingeladen wurden Schriftsteller, Maler, Generäle, Parteileute, darunter auch Alexandrow, und Scheïn verdiente gut. Er hatte das Pech, anläßlich einer Überprüfung der Datscha aufzufallen, wurde seines Postens enthoben, zur Jugenderziehung auf eine Universität geschickt und bekam den Lehrstuhl für Marxismus-Leninismus an der Universität Frunse – gewiß keine Bestrafung oder Degradierung.

Die Machtbefugnisse der »kleinen Stalins« erlauben ihnen auf sexuellem Gebiet die Erfüllung aller Launen, auch der an Perversion grenzenden, die ihre Impotenz befriedigen.

Ein leitender Herr in Winniza namens Botwinko »arrangierte« für den Sohn einer Patientin von mir die Zulassung zu einer Schule (an der es gewöhnlich an Plätzen fehlte); von der jungen Mutter, die eine Lesbierin war, verlangte er als Gegenleistung, daß sie und ihre Partnerin in seiner Villa ihre Liebesspiele vor ihm aufführten.

Ein Angehöriger des Personals von Erholungsheimen für Amtsträger erzählte mir in der Praxis, daß sich vor den Urinierbecken der Toiletten häufig Spiegel an der Wand befänden:

»Diese impotenten Existenzen spiegeln sich gern und sehen sich beim Wasserlassen zu.«

Mein Lehrer, Professor Schereschewski, erzählte mir von einer Prostituierten, die bei den Privilegierten sehr geschätzt war, weil sie mit der Besonderheit von vier Brustwarzen ausgestattet war.

Im Gefängnis von Winniza machte ich 1974 die Bekanntschaft von zwei

* Analysiert in dem Buch von Merle Fainsod »Smolensk under Soviet Rule«.

Zwergen, Vater und Tochter namens Berditschewski, die verurteilt worden waren, weil sie drei Goldstücke verkauft hatten. Von Zeit zu Zeit komme man, wie der Vater sagte, und hole seine Tochter zu den besseren Herren, die sie für ihre Vergnügungen pikant fänden. Er war nicht gerade unglücklich darüber, weil sie jedesmal mit einer Menge Nahrungsmittel zurückkam.

Zuweilen steigt den Bevorzugten ihre Macht so zu Kopf, daß sie die primitivsten Regeln des Anstands vergessen.

In den sechziger Jahren wurden Professor van Rejwe, Moskauer Korrespondent einer niederländischen Zeitschrift, und seine Frau zu einem Festessen in Orel eingeladen. Der Erste Sekretär der Region, der sie empfing, war bereits ziemlich betrunken. Er fand, daß die Frau seinem Geschmack entspreche, und fing an, ihr das mit beredten Gesten begreiflich zu machen, denn er dachte nicht mehr daran, daß er eine Ausländerin vor sich hatte, und noch dazu die Frau eines Journalisten. Der Vorfall hätte fast zu Tätlichkeiten geführt.

Noch dramatischer verlief die Affäre des bekannten Fußballers Strelzow, der vor Gericht mußte, weil er die Tochter eines sowjetischen Botschafters vergewaltigt hatte. Hätte es sich um ein Mädchen aus bescheideneren Kreisen gehandelt, wäre er vielleicht ungestraft davongekommen, aber er hatte ein Verbrechen an der Kaste begangen, der er selbst angehörte.

Die Söhne des Schriftstellers Fadejew und Molotows vergewaltigten und töteten die Tochter eines berühmten Künstlers. Fadejew beging 1956 Selbstmord.

Auch Akademiker geraten in Versuchung, Mißbrauch mit den Möglichkeiten zu treiben, die sich ihnen durch ihre Stellung bieten. Der Wissenschaftler Graschtschenkow veranlaßte Assistentinnen zu Intimitäten, wenn sie Posten haben oder Karriere machen wollten. Außerdem war er teilweise impotent und zwang sie zur Fellatio. Eine von ihnen ohrfeigte ihn öffentlich vor versammeltem Wissenschaftsrat und erklärte, sie verzichte lieber auf ihr Weiterkommen, als »dem geilen Bock« zu Willen zu sein.

Der Direktor des Therapie-Instituts der Akademie der Medizinischen Wissenschaften Miasnikow, dessen Patientenkreis aus führenden Persönlichkeiten bestand, war als alter Genießer bekannt. Er hatte es sich angewöhnt, die Studentinnen zu sich kommen zu lassen. Wenn sie ihm gefielen und etwas dafür taten, bestanden sie das Examen. Weil eine schlechte Note den Entzug des Studiengelds nach sich zog, fügte sich die Mehrzahl seinen Wünschen.

Ich behaupte natürlich nicht, daß derartige Praktiken die Regel seien, denn es gibt wie überall in der Welt auch in den hohen und höchsten Kreisen brave Familienväter. Es sollte nur gezeigt werden, welche Formen die mißbräuchliche Anwendung von Macht Untergebenen gegenüber annehmen kann.

Deswegen möchte ich auf der gesellschaftlichen Leiter einige Stufen absteigen. Machtgefühl ist vor allem in einem hierarchischen System wie dem der Sowjetunion ein ansteckendes Virus. In einer Gesellschaft, die sich vielfach über das Recht hinwegsetzt – man mag noch so viele hohle Phrasen dreschen – und in der Abhängige wie Sklaven behandelt werden, ist die Versuchung groß, sein bißchen Machtbefugnis spielen zu lassen.

Der Direktor der Emailfabrik von Chmelnik, 65, zwang die jungen, meist aus den umliegenden Dörfern stammenden Arbeiterinnen, ihm zu Willen zu sein. Um eine Anstellung oder nicht gerade die schwersten Arbeiten zugeteilt zu bekommen, gingen Hunderte junger Mädchen durch diese Erniedrigung.

Fabrikdirektor Kirilenko von Winniza begnügte sich mit seinen Sekretärinnen, für die in seinem Büro eine Couch bereitstand. Er pflegte die Präservative in einer Kassette aufzubewahren. Seine vernachlässigte Frau und eine alte »Sekretärin«, die er vorzeitig in den Ruhestand geschickt hatte, bemächtigten sich der Präservative und rieben sie kräftig mit Knoblauch ein. Wenn er sie in seinen Schäferstündchen benutzte, heulten die Frauen vor Schmerzen.

Die Vorsteher der Kolchosen, kleine Größen, fühlen sich auch oft als Satrapen und zwingen die Kolchosbäuerinnen, mit ihnen zu schlafen. Im Lager Charkow waren Dutzende von Gefangenen, die die Schänder ihrer Frauen oder Verlobten getötet hatten. Eine Frau z. B. arbeitete als Melkerin. Ihr Mann hörte eines Tags Schreie, denen er nachging. Der Kolchoseleiter riß gerade seiner Frau die Kleider vom Leib. Der Mann tötete ihn mit Fausthieben und Fußtritten. Bezeichnend ist, daß die anderen Melkerinnen, die im selben Stall arbeiteten, sich blind und taub stellten. Sie waren daran gewöhnt.

Geschichten dieser Art sind auch in die Literatur eingegangen, was in der Sowjetunion bemerkenswert ist. Das Buch »Die Kathedrale« des ukrainischen Schriftstellers Gontschar enthält eine Szene dieser Art: der Leiter einer Kolchose vergewaltigt ein junges Mädchen, das ihm untersteht; um der Schande zu entgehen, sieht sie sich später gezwungen, das Dorf zu verlassen.

Und ein letztes Beispiel: in einem Dorf bei Charkow hatte ein Kolchosvorsteher die Frauen mit seinen sexuellen Forderungen derart zur Verzweiflung getrieben, daß sie zur Selbstjustiz griffen und den Mann kastrierten. Sie wurden in eines jener Lager geschickt, von denen im folgenden letzten Kapitel meines Buchs die Rede sein soll.

21
Sexualleben im Lager

Die »klassenlose« Gesellschaft der Sowjetunion teilt sich in drei »Klassen« von Menschen:

1) jene, die das Lager hinter sich haben,
2) jene, die sich zur Zeit darin befinden,
3) jene, die sich bald darin befinden werden.

So der Volksmund.

Es muß nunmehr das düsterste Kapitel des Buchs aufgeschlagen, es müssen die beunruhigendsten Aspekte des Sexuallebens in der Sowjetunion angesprochen werden: das Lager. Es legt mit extremer Roheit die Mechanismen einer Sexualität bloß, die ich als kerkerhaft bezeichne und die, wie man gesehen hat, in den gesamten Volkskörper eingedrungen ist.

Dieser Aspekt des Lebens in den Lagern, den die Literatur über die Konzentrationslager meist mit Schweigen übergeht, bleibt geheim. Man mag einwenden, daß Samisdat-Autoren mehr als genug damit zu tun haben, die Schrecken der Haft zu beschreiben. Ich glaube eher, daß die Gründe des Schweigens psychologischer Art sind: das über den Sex verhängte Generalverbot hat die gesamte Bevölkerung erfaßt, und die Dissidenten, so sehr sie darauf bedacht sind, nichts zu verbergen, schweigen manchmal wohl aus purer Scham.

In der Sowjetunion gibt es vier Lagertypen oder -stufen von jeweils größerer Härte: die allgemeine Form, die verschärfte, die strenge, die Sonderform. Ich selbst kam in ein Lager des verschärften Typs. Von Mai 1974 bis März 1977 habe ich kennengelernt: das Gefängnis von Winniza, Durchgangsgefängnisse, das Lager ITK-12 von Charkow. Ich habe guten Grund zu der Annahme, daß die Szenen und Zustände, deren Zeuge ich wurde, allen Straforten in der Sowjetunion gemeinsam sind, wie mir die Erzählungen von Häftlingen aus anderen Lagern bestätigt haben.

Als ich im Lager Charkow ankam, wies man mich sogleich dem Krankenrevier zu. Wie so oft und fast überall besteht die Haupttätigkeit der diensttuenden Ärzte darin, die »Simulanten« zu »entlarven« und sie an die Arbeit zu schicken, auch wenn die angeblichen Simulanten wirklich krank sind. Die Ärzte waren oft von einer erschreckenden Unfähigkeit; KGB-Funktionäre, bestand ihr hippokratischer Eid im Dienst am Regime und für die Machthaber, nicht für die Kranken. Sie freuten sich über mein Erscheinen, weil meine Anwesenheit für sie eine Hilfe war, wenn sie sich zu Eingriffen entschließen mußten. Es dauerte nicht lang, und die Kommandantur des Lagers erhielt Weisung, mich zur härtesten Arbeit einzuteilen, und so verließ ich das Krankenrevier.

Trotzdem konnte ich beschränkt ärztlich tätig sein. Zuerst hielt ich insgeheim Sprechstunden für die Mitgefangenen ab und riet ihnen je nach ihren Beschwerden, wie sie sich verhalten sollten. So gab ich einem Häftling, der eine Blinddarmentzündung im kritischen Stadium hatte, den Rat, den Mund aufzutun und so lange zu verlangen, daß er operiert werde, bis man es tue. Er lief tatsächlich das Risiko, für einen Simulanten gehalten und nicht ernstgenommen zu werden. Innere Krankheiten, besonders die des Magens wurden allgemein mit größter Mißachtung und Mißtrauen bedacht. 1975 starb der Häftling Sorokin an einem Geschwür, weil der Arzt Hilfe verweigert hatte. Abgesehen von meinen »wilden« Konsultationen kam es auch vor, daß mich die Oberärztin des Reviers kommen ließ, wenn sie Schwierigkeiten bei einer Diagnose hatte oder einen dringenden Eingriff machen mußte.

Passive Homosexualität

Lagersexualität ist vor allem Homosexualität. Zwangsläufig oder aus Notwendigkeit praktiziert, ist sie unter den Gefangenen ungemein verbreitet. Nun ist aber, wie wir gesehen haben, diese sexuelle Praxis in der Sowjetunion ausdrücklich verboten, und man wagt nicht, davon zu sprechen. Die Behörden weigern sich, ihre Existenz anzuerkennen. Diese Scheinheiligkeit wird niemand staunen machen und zeigt abermals, falls noch nötig, die Heuchelei und das Muckertum des Systems. Ich hatte mehr als einmal Gelegenheit, mit dem Lagerkommandanten, seinen Adjutanten, mit Offizieren, mit Abteilungsleitern zu diskutieren. Alle Wächter, alle Aufseher haben mir wie ein Mann bestätigt, daß es im Lager wie in allen anderen sowjetischen Lagern keine Homosexualität gebe.

»Die Homosexualität wird bei uns mit aller gebotenen Härte bestraft, wobei die Strafe bis zu fünf Jahren Haft betragen kann, wie es übrigens auch im Lager angeschlagen ist.«

Als ich gegen die Gewalttaten protestierte, die den zur Kaste der »Unberührbaren« gehörenden Gefangenen zugefügt wurden, und ebenso gegen die Vergewaltigungen der »Päderasten«, lachten mir die anderen ins Gesicht.

»Wo suchen Sie das alles? Die Sowjetmacht würde nie derartige Verletzungen der Menschenrechte dulden.«

Die gleiche Antwort erhielt ich von den Obersten der Inspektionskommissionen, die von Moskau, Kiew und Charkow entsandt worden waren, als ich ihre Aufmerksamkeit auf den Skandal der im Lager begangenen Vergewaltigungen und auf die blühende Homosexualität lenkte.

»Vergewaltigungen? Homosexualität? Nichts als Erfindungen! Bei uns wird die Päderastie streng unter Kontrolle gehalten, und deswegen hat sie in unserem Land keinen Platz.«

Trotzdem ist die Homosexualität in den sowjetischen Lagern genau so wie in den amerikanischen Gefängnissen heimisch, wahrscheinlich noch mehr, aber die Abirrungen, die sie nach sich zieht, sind sehr viel schrecklicher. Wenn es sich um einverständliche sexuelle Beziehungen handelte, wäre das ein Grund zum Nachdenken, nicht zur Entrüstung. Nun ist es aber eine Seltenheit, in den Lagern »echte« Homosexuelle zu finden, solche nämlich, deren sexuelle Anziehungskraft echt wäre, die auch vor ihrer Haftzeit Homosexuelle waren. Ich habe im Lager ITK-12 nur einen gekannt, der Gupalo hieß. Dagegen war eine unter Zwang »erworbene« Homosexualität – Ergebnis einer Vergewaltigung, eines schmutzigen Systems der Sklaverei unter Gefangenen – das Schicksal Hunderter von Häftlingen: auf 1500 gab es nicht weniger als 300 erklärte, dazu gemachte Homosexuelle.

Es erhebt sich die Frage, wie man im sowjetischen Lager zum Homosexuellen wird.

Am 9. April 1976, zehn Uhr morgens warf sich der 36jährige Anatol Schalapuchin vor die Räder eines mit Luftfiltern für Panzer (das Lager arbeitete für die Rüstungsindustrie) beladenen Lastwagens, der die Arbeitsstätte verließ. Schalapuchin war durch den Verlust der linken Hand behindert und hatte sich nicht gegen eine Clique von sechs Kriminellen wehren können, die ihn knebelten, in den Baderaum des Lagers schleppten und vergewaltigten. Er konnte diese Schmach nicht ertragen und beging Selbstmord.

Im Februar 1977 wurde der 20jährige Arbeiter Siwzow aus Charkow von zwölf Mitgefangenen vergewaltigt. Mit seinem hübschen Gesicht und rundlichen Formen war er für sie besonders anziehend. Allerdings spielte bei ihm noch etwas herein: er war gegen die Aufseher widerspenstig gewesen – und damit komme ich zu einem düsteren Aspekt der Homosexualität im Lager. Wer nicht spuren will, bekommt von den Offizieren und Unteroffizieren Drohungen zu hören:

»Wenn du renitent bist und Schwierigkeiten machst, stecken wir dich in den Bunker, und wenn du rauskommst, bist du ein Päderast.«

In meinem Lager gebrauchte der Hauptmann Sachartschenko mit Vorliebe diesen Ausdruck für die neue Art von Strafe:

»Wir werden dich ›päderastizieren‹ (›opederastim tebia‹).«

Es spielt sich so ab: man wirft den störrischen Gefangenen in den Bunker und gibt ihm einen Kriminellen mit, der ihn mit der stillschweigenden Aufmunterung der Aufseher vergewaltigt. Außer der Erniedrigung, der Schmach und dem Horror der Vergewaltigung erwartet den Unglücklichen, wenn es sich im Lager herumgesprochen hat, die Einreihung in die Kaste der »Unberührbaren«.

Im Jahr 1972 stellte der 26jährige Musiker A. aus Charkow Antrag auf Auswanderung. Man ließ ihn glauben, daß das Visum genehmigt sei; er und sein Bruder wurden auf die Stelle für Auslandspässe bestellt. Unterwegs hatten sie einen Zusammenstoß mit Polizisten in Zivil, die sie provozierten und einen Streit vom Zaun brachen. Die Brüder wurden wegen »Herumtreiberei« und Tätlichkeiten gegen Ordnungshüter angeklagt und für vier Jahre ins Lager ITK-12 verschickt. A. bewahrte seine Würde, kroch nicht vor den Vorgesetzten, protestierte gegen Schikanen (als man z. B. bei minus 30 Grad einen Gefangenen zwang, sich vor ihm nackt auszuziehen, angeblich weil er gefilzt werden sollte). Schließlich verzichtete er schriftlich auf die sowjetische Staatsbürgerschaft. Man hatte ihm mehr als einmal gedroht und verschiedene Sanktionen gegen ihn ergriffen. Eines Tags versuchte man, einen ›Päderasten‹ aus ihm zu machen, ihm die letzte Schmach anzutun. Auf Anstiftung der Wärter schleppte ihn eine Gruppe abgebrühter Verbrecher trotz verzweifelter Gegenwehr in den Waschraum, wo er den Anführer anschrie:

»Ich kenne dich, Sergej Kupenko. Wenn ihr mir das antut, bringe ich mich um, aber vorher erfahren meine Eltern deinen Namen. Und das kostet dich zusätzliche fünfzehn Jahre Lager.«

Die Drohung ernüchterte die Kerle, A. wurde nicht vergewaltigt.

In einer Samisdat-Dokumentation berichtet der Dissident Alexander

Bolonkin von den gegen ihn gerichteten Drohungen in einem Gefängnis von Ulan-Ude. Die Untersuchungsrichter bedrohten ihn mit Folterungen, Vergewaltigung und sogar mit dem Tod, um Geständnisse zu erpressen. Man brachte ihn mit einem gewissen Olejtschik in eine Zelle, der sagte, man habe ihn zu dieser »Sondermission« mit Bolonkin zusammengesperrt, und ihm mit Vergewaltigung und Ermordung drohte.

Homosexuelle Gewalttaten gehören im Lager zum Alltag. Nachts kann man in den Baracken Schreie hören, die schnell unterdrückt werden: ein neues Opfer ist vergewaltigt worden. Man wirft sich mit einer Decke über ihn, knebelt ihn, und während vier Banditen Arme und Beine festhalten, vergewaltigt ihn ein fünfter. Dann wird abgewechselt.

Nach der Vergewaltigung ist er »Päderast«. Dieser Ausdruck bedeutet – im Lager – den passiven Homosexuellen, der, wie gesagt, nur das Opfer der Vergewaltigung ist, zum mindesten anfänglich. Jemand als »Päderasten« zu behandeln, ist die schlimmste Beleidigung. Ein Unteroffizier warf eines Tags einem Häftling das Wort an den Kopf. Dieser stürzte sich mit einer Eisenstange auf den Beleidiger, was ihm wegen Rückfalls zehn zusätzliche Jahre Lager eintrug.

Ohne es zu wissen, habe ich selbst das Leben riskiert, weil ich keine Ahnung hatte, welche abgrundtiefen Vorurteile das Phänomen »Homosexualität« umgeben. Eines Tags hatte ich angefangen, einigen Mithäftlingen den eigentlichen, richtigen etymologischen Sinn des im Lager sprachlich verdrehten Worts »Päderast« zu erklären: im alten Griechenland jemand, der Knaben liebt. Anders gesagt: ein aktiver Homosexueller. Sogleich bedeutete mir ein gutgesinnter Kamerad mit entsetzter Miene, niemals mehr zu wiederholen, was ich gesagt hatte, vor allem nicht vor den »anderen« (d. h. den Kerlen, die im Lager die Gesetze machten). Andernfalls würde man mich ohne weiteres töten, wie eine Fliege zerquetschen, denn meine Erklärung sei eine tödliche Beleidigung der aktiven Homosexuellen. Es ist nicht zu glauben: wer seine Opfer vergewaltigt, kann es ungestraft tun, denn *er* ist kein echter Homosexueller, *er* gehört zur Kaste der »Normalen«, und *er* wird noch dazu bewundert. Der Unglückliche aber, an dem die Vergewaltigung begangen wurde, hört als »Päderast« auf, ein menschliches Wesen zu sein, und gehört in die Hölle der Verdammten.

Wer vergewaltigt und als »Päderast« eingestuft wurde, ist Gegenstand des Hasses und des allgemeinen Abscheus. Zugleich kommt es gar nicht erst in Frage, daß »so einer« sich weigert, »den Arsch hinzuhalten«, wie es im

Lagerjargon heißt. Als ich im April 1975 ins Lager kam, bemerkte ich, daß Gradow, ein »Päderast«, 22, blaue Flecken hatte. Man sagte mir, daß er sich immer wieder einmal weigere, sich mißbrauchen zu lassen, und daß er jedesmal von den Kriminellen geprügelt werde. Eines Tags brachte man ihn nach einer Kollektivvergewaltigung mit blutendem After ins Krankenrevier. Derlei geschah laufend; ich wurde mehr als einmal ins Revier bestellt, um Opfer solcher Prozeduren zu behandeln. Die Verbrecher nehmen jede Gelegenheit wahr, ihren Haß zu entladen, sich auf Kosten der »Päderasten«, der Prügelknaben selbst zu »betätigen«; sie spucken ihnen ins Gesicht, prügeln sie, treten sie buchstäblich mit Füßen.

Unberührbare und Degradierte

Die »Päderasten« bilden im Lager die Kaste der »Unberührbaren«, was keine Bildersprache und keine Stilfeinheit ist. Die Absonderung der »Päderasten« ist das Werk der Häftlinge selbst – unter stillschweigender Zustimmung der Lagergewaltigen. Dazu muß man wissen, daß über die innere Organisation des Barackenkomplexes, die Verteilung der Betten oder etwa den Einbau einer Scheidewand oder eines Verschlags von den Gefangenen selbst entschieden wird, die ihre Stuben- und Brigadeältesten haben und damit eine Art Selbstregierung. Für das Wachpersonal sind diese Dinge praktisch Entscheidungen, in die sie sich nicht einzumischen haben. Und obwohl ihnen das System der Kastenbildung unter den Gefangenen wohlbekannt ist, spielen sie die Unwissenden und lassen sie gewähren. In jeder Baracke gibt es einen Teil, der sorgfältig vom übrigen Raum abgesondert und für die ›Päderasten‹ bestimmt ist. Beim Essen sitzen sie an besonderen Tischen, im Waschraum haben sie ihre ›reservierten‹ Wasserhähne, in den Toiletten ihre eigenen Abtrittlöcher. Man zwingt sie zu den mühsamsten, schmutzigsten Arbeiten, die der Gesundheit am schädlichsten sind. Im ITK-12 stellten sie die Platten der Raupenketten für Panzer her. Es ist Fließbandarbeit, die im Winter zum Martyrium wird. In meinem Lager waren sie in Baracke 3 besonders zahlreich.

Das System der Kasten ist so streng, daß es kaum einmal in Frage gestellt wird. Wen es ereilt, zieht seine Pritsche selber in die isolierte Ecke, setzt sich zum Essen zu seinen Leidensgenossen, geht mit ihnen zur Arbeit. Von heute auf morgen hat er die Kaste gewechselt. Man kann die Angst verstehen, die ein Gefangener hat, über dem die Gefahr der »Päderastisierung« schwebt.

Ich kenne nur einen einzigen Fall, bei dem die Drohung auf einen Verantwortlichen zurückfiel, den Unteroffizier Iwanjak, der sich außer durch seinen schon erwähnten Exhibitionismus durch einen rohen Sadismus auszeichnete. Es war eine Nacht der Rache, als er von einer Gruppe von Häftlingen vergewaltigt wurde. In der Folge wurde er abgesägt, seine militärische Laufbahn war zerbrochen, so stark ist die Aura der Schande um einen »Päderasten«. Im allgemeinen werden Ausschreitungen Verantwortlicher kaum einmal bestraft; man befördert sie meistens.

Es gibt außer der Kaste der »Päderasten« noch die der Degradierten (»opustiwschiesja«). Es sind dies diejenigen, die irgendwelchen Kontakt mit den »Päderasten« hatten – keinen sexuellen, denn, es sei wiederholt, dem aktiven Homosexuellen haftet nichts Schlechtes an. Man braucht sich nur neben einen »Päderasten« zu setzen, auch wenn man nicht weiß, daß er einer ist, oder eine Zigarette von ihm anzunehmen, ihn zu berühren: daher die Bezeichnung des »Unberührbaren«. Das Gesetz des Lagers ist so streng, daß Kontakte dieser Art genügen, den Unvorsichtigen in die Kategorie der Degradierten einzureihen, mit denen er von nun an zusammensein muß.

Auch hier weiß die Polizei das Lagergesetz zu nützen. Der ein bißchen zu widerspenstige Blaschtschuk mußte auf Vordermann gebracht werden. Gegen das Versprechen, ihre Lebensmittelpakete ausgeliefert zu bekommen, stürzten drei Degradierte mit aller Macht über ihn her. Nach diesem »Kontakt« wurde er selbst zum Degradierten.

Ich weiß nur von einem Fall, daß das Gesetz der Unberührbarkeit zu Gunsten des »Päderasten« gewesen wäre. Es war wie eine Revolte. Ein Faß marinierter Anchovis aus Norwegen war ins Lager geliefert worden. Zur Verteilung stellten sich die Gefangenen an und erhielten ihren Anteil. Diesmal hatten sich die »Päderasten« verabredet und zusammengetan, um die ersten zu sein. Mit Faustschlägen und Fußtritten vertrieben sie die anderen und stellten sich an die Spitze der Schlange. Sie erreichten, was sie gewollt hatten: nachdem »Päderasten« den Fisch berührt hatten, wagte sich niemand mehr zu bedienen.

Die Komplizenschaft der Lagermannschaft erklärt ihre absolute Gleichgültigkeit bei den Gewalttaten und unglaublichen Schikanen, denen »Päderasten«, Unberührbare, ausgesetzt sind. Bringt »so einer« eine Beschwerde vor, bekommt er keine Antwort von den Bewachern. Sie greifen selbst zu den Methoden der Gewalttäter, um lästige Beschwerdeführer auszuschalten.

Im Januar 1977 wurde der »Päderast« Kossolapow im Lager ITK-12 durch einen Messerstich getötet, weil er sich weigerte, »den Arsch hinzuhalten.« Ich muß sagen, daß mich die Roheit dieses Akts fast weniger erschütterte als die vollständige Gleichgültigkeit der Verantwortlichen bei der Ermordung eines Unschuldigen.

Ein anderer Fall. In der Untersuchungszelle des Gefängnisses von Winniza hatte ich einen netten, gefälligen jungen Mann aus Kalinowka mit Namen Moroz kennengelernt. Kurz danach sah ich ihn im Lager ITK-12 am Tag meiner Ankunft, am 28. April wieder. Deprimiert und vollständig apathisch saß er in dem Verschlag, der die »Päderasten« von den anderen Gefangenen isolierte. Ein anderer, Kiriljuk, der mit ihm im Durchgangslager Kiew zusammen gewesen war, erzählte mir, was sich in den zehn Tagen ereignet hatte. Moroz war ausgehungert, eine Gruppe Krimineller nahm sich seiner an und fütterte ihn heraus. Am siebten Tag wachte Kiriljuk von den Schreien seines Kameraden auf. Kiriljuk trommelte an seine Zellentür, um den Wachhabenden zu alarmieren. Währenddessen vergewaltigte die Gruppe Moroz und verhöhnte ihn.

»Was glaubst du denn? Hätten wir dich eine Woche lang umsonst füttern sollen?«

Kiriljuk bat den Wärter, der inzwischen gekommen war, er möge einschreiten. Der warf nur einen Blick durch den Judas in die Zelle und meinte:

»Sollen sie mit ihm machen, wozu sie Lust haben.«

Die Homosexualität im Lager besteht nicht nur aus dem System der Kasten, sie findet ihre zusätzliche »Legitimierung« durch die Existenz von Männerharems mit regelrechten »Puffvätern«. In meinem Lager war es ein Riesenbursche von dreißig Jahren namens Wolga, der seine privilegierte Position seiner Stärke und Schlauheit verdankte. Der Sexualakt kostete einen Rubel, eine Konserve oder ein Päckchen Zigaretten. Der Preis konnte bis zu fünf Rubel für besonders beliebte »Päderasten« gehen, auch bis zu zehn, wenn sich noch eine Fellatio anschloß.

Die »Päderasten« wurden nur mit weiblichen Vornamen angeredet: Genetschka, Swetotschka oder mit Kosenamen für Bauernmädchen: Jagodka (wörtlich: Löchlein). Wolga empfing den »Kunden«, nahm das Geld, sagte, »sie« komme gleich; man muß »sie« als Prostituierte bezeichnen. Es kam vor, daß »sie« sich weigerte, weil er nach zwölf Kunden Schmerzen hatte. Wolga schlug ihm ins Gesicht und herrschte ihn an, zu tun, was man von ihm erwarte.

Wolgas Bordell war nicht das einzige im Lager, aber das beste. Die Kunden wurden in den Waschräumen oder auch in den Baracken bedient, manchmal tagsüber, wobei ein paar Decken als Wandschirm dienten. Die zwei Waschräume zu je zehn Hähnen befanden sich in einer eigenen Baracke; einen benützten die Gefangenen nicht, weil der Harem darin untergebracht war.

Manche »Päderasten« von gutem Aussehen kamen nicht in den Harem; der Bordellvater wählte sie aus, sie wurden seine Lieblinge. Es ging ihnen besser als den anderen, sie wurden besser verpflegt, besser behandelt. Geld und Naturalien wurden zwischen Wolga und seinen Prostituierten aufgeteilt, etwas wurde »zum Wohl der Gemeinschaft« abgezweigt. Gewöhnliche Sterbliche hatten bei Wolga zu zahlen, während er die »Päderasten« gratis und wie es ihm beliebte, mißbrauchen konnte, und keiner durfte sich weigern, ihm zu Willen zu sein. Er war in gewissem Sinn den Aufsehern gleichgestellt, die sich ungestraft und gratis im Harem bedienen konnten, was oft geschah.

Durch die Homosexualität der Lager werden Geschlechtskrankheiten verbreitet, besonders der Tripper, der durch den After übertragen werden kann.

»Vorsicht«, sagten die Häftlinge, wenn sie von einem infizierten »Päderasten« sprachen, »sie hat den Tripper«. Und zu »ihr«: »Heil deinen Tripper aus, deinen Arsch kannst du später wieder hinhalten.«

Die meisten passiven Homosexuellen verkommen und verlieren alles Ehrgefühl; sie tragen die erstarrte Maske einer gefühllosen Abgestumpftheit. Manche gewöhnen sich daran, andere sehen einen materiellen Vorteil, weil sie einen Teil ihres Verdiensts bekommen; der und jener ist imstande, wie »eine Professionelle« zu sagen, heute habe er schon drei Ärsche geschafft.

Meistens kommen die in die Kaste der »Päderasten« geratenen Gefangenen nie mehr zu einem normalen Sexualleben.

In der Zeit ihrer Gefangenschaft sind sie zu Parias geworden und haben jegliche Menschenwürde verloren. Die Entwürdigung, deren Opfer sie geworden sind, hat ihr ganzes Wesen durchdrungen und macht es ihnen unmöglich, heterosexuelle Beziehungen und ein normales Familienleben wiederaufzunehmen.

Im Gegensatz dazu haben manche aktive Homosexuelle zwar auch in der Freiheit homosexuelle Beziehungen, aber für Leute wie Wolga und andere seines Typs war die Homosexualität nichts weiter als ein Notbehelf, Amüsement und eine Geld- und Machtquelle. Sie prahlen öffentlich mit ihren Unternehmererfolgen und schämen sich keineswegs. Bietet sich die Gelegenheit, nehmen sie heterosexuelle Beziehungen auf. Für sie war die »Päderastie« Zeitvertreib während des Wartens; sie fühlten sich im Recht, weil sie im Lager keine Frauen hatten.

Das Kastensystem im Lager hat etwas Verblüffendes. Gewiß, jede geschlossene Gemeinschaft kennt starre gesellschaftliche Schemata, aber die Gesetze, die diese Kasten regieren, sind von einer Pedanterie, einer Härte, einer Roheit, daß es die Fassungskraft übersteigt. Bei einer Analyse des sonderbaren Systems könnte man darin einen Mikrokosmos der sowjetischen Gesellschaft wiederfinden. Mutatis mutandis beträgt sich der Boß der Unterwelt vom Typ Wolga den »Päderasten« und den Degradierten gegenüber in der Art des Verhaltens von Privilegierten zu ihren Untergebenen: für den einen wie die anderen ist alles unter ihnen nichts weiter als Menschenmaterial. Die Kasten im Lager sind ebenso typisch wie jene in der sowjetischen Gesellschaft, in denen sich die Privilegierten zusammenschließen. Auch der Prozeß des rapiden Abgleitens auf das Niveau des Degradierten erinnert daran, wie plötzlich den gewöhnlichen Sowjetbürger das Unglück ereilen kann, wenn sich der Staat auf ihn stürzt.

Politische Gefangene

Noch eine bisher nicht erwähnte Kaste gibt es im Lager: die »politischen« Gefangenen (diese westliche Bezeichnung gibt es in der Sowjetunion nicht), die keiner Gruppe angehören. Man bemüht sich, die Kriminellen und die »Politischen« zu mischen, aber die Mischung bleibt äußerlich. Nun schätzt man im Lager Wissen und Kenntnisse. Die Kriminellen sind fast alle ungebildet und respektieren die Dissidenten. Daß ich Arzt bin, hat mir Tag für Tag Dutzende von Fragen eingetragen, die ich zu beantworten hatte; das ging von: »Wer ist Aphrodite?« bis zu »Wie lange wird die Sowjetmacht noch bestehen?«. Die Achtung vor den Gebildeten erschwert die Taktik der Lagergewaltigen, die Kriminellen, die für Propaganda immer weniger empfänglich werden, auf die »Politischen« abzurichten.

Die Homosexualität und das Kastenwesen finden sich in allen sowjetischen Konzentrationslagern und sind alte Tradition. Wie Schalidse schreibt –

sein Buch wurde schon erwähnt – wurden Anfang der zwanziger Jahre junge Männer im Lager u. U. unter Bedrohung mit einem Messer »verführt« und verfielen der Mißachtung. In den dreißiger und vierziger Jahren nahm dann die Homosexualität die große Verbreitung und die gewalttätigen Formen an, die sie heute hat. Daß ganz junge Männer wie die anderen zur Zwangsarbeit verurteilt werden, hat viel dazu beigetragen, daß das Übel um sich griff.

Besuchserlaubnis

Der Leser wird sich längst fragen, ob die Gefangenen ihre sexuellen Bedürfnisse bei Frauen befriedigen können und ob Verheiratete das Recht auf Zusammenkünfte mit ihren in Freiheit befindlichen Frauen haben. Im Prinzip ja, Verheiratete sind berechtigt, Besuche ihrer Frauen zu empfangen, je nach Haftstufe und auch dem guten Willen der Wärter. Im Lager ITK-12 hatten wir gesetzlich Anspruch auf vier Besuche jährlich: zwei von kurzer Dauer, »hinter Glas«, und zwei, bei denen das Ehepaar das Recht hatte, einen Tag in einem der acht Zimmer eines Gebäudes zuzubringen, das zu diesem Zweck für 1500 Gefangene errichtet worden war. Die gesetzliche Besuchszeit war ein bis drei Tage, aber in der Praxis wurde nur den Spitzeln mehr als ein Tag zugestanden. In den Lagern der strengen Form sind die längeren Besuche auf einen Tag beschränkt, und in den Lagern der Sonderform gibt es keine Besuche.

Die Verwaltung legt den Besuchen alle möglichen Hindernisse in den Weg und annulliert Genehmigungen unter den nichtigsten Vorwänden. Die Frau eines Gefangenen hatte sich scheiden lassen, wozu sie das Recht hatte (die Scheidung wird gerichtlich ausgesprochen, wenn im Urteil über den Mann mehr als drei Jahre festgesetzt sind), wollte ihn aber trotzdem besuchen, um ihm moralisch zu helfen. Es wurde verhindert. Nur die Ehefrau habe Besuchsrecht, nicht die Verlobte oder Freundin.

Es ist nicht weiter verwunderlich, wenn die unglaublichsten Dinge geschehen. Ein 22jähriger Mann mit anormal gesteigertem Geschlechtstrieb war wegen der Folgen einer tätlichen Auseinandersetzung um seine Verlobte ins Lager geschickt worden. Seine Mutter suchte um Besuchserlaubnis für das junge Mädchen nach, die natürlich verweigert wurde. Aus Mitleid mit den Drangsalen ihres Sohns gab sie sich ihm hin und scheute sich nicht, es auch noch auszuposaunen.

Am 26. Juni 1976 bekam der Kriminelle Sergej Kupenko den Besuch seines Bruders. Er hatte mit 23 Jahren bereits fünf Jahre Lager hinter sich. Auf dem Gang sprach er eine 25jährige Frau an, die ihren Bruder besuchte. Kupenko wartete, bis der Gang leer war, bedrohte die Frau mit einem aus der Küche gestohlenen Messer und zerrte sie in sein Besuchszimmer, die Brüder vergewaltigten die Frau. Die Aufseher schikanieren die Frauen, wo sie nur können, und verleiden ihnen die Freude an den Besuchen.

Der ukrainische Schriftsteller Swetlitschny, politischer Gefangener, schrieb in einem Text, der als Samisdat umlief:

»Meine Frau war im September 1973 zu mir auf Besuch gekommen; man hat sie nicht nur gefilzt, sondern sie vollständig ausgezogen und gezwungen, sich zu bücken, in die Hocke zu gehen, und sie den demütigendsten Prozeduren unterzogen. Der Frau des politischen Gefangenen Antoniuk ist es ebenso ergangen.«

Auch meine Frau wie die aller anderen »Politischen« mußte das gleiche über sich ergehen lassen, manche wurden sogar Opfer der Vergewaltigung durch die Aufseher. Sadismus und aggressive Sexualität verbinden sich zur Vergewaltigung aus Machtgefühl. Sie verlangen Schmiergeld in Natur für die Besuchsgenehmigung oder die Weitergabe von Lebensmittelpaketen (auch wenn sie den Vorschriften entsprechen). Es geschah, daß ein Gefangener seine Frau mit einem Messer tödlich verwundete, als ein Aufseher ihm – der Gipfel des Sadismus – erzählt hatte, welchen Preis sie hatte bezahlen müssen.

1976 sprach es sich in meinem Lager herum, daß zwei Offiziere, Hauptmann Gliewoj und Major Pjatotschenko, die Frau eines Gefangenen vergewaltigt hatten. Sie brachen nicht nur ihr Versprechen, einen Besuch zu genehmigen und ein Paket auszuliefern, sie brachten sie im Auto in die Umgebung der Stadt, vergewaltigten sie und ließen sie auf freiem Feld liegen. Der Hauptmann kam nicht ins Gefängnis, er wurde zum Major befördert.

Die Willkür und der Sadismus der Funktionäre bei der Genehmigung von Besuchen sind abstoßend. Im Lager ITK-12 starb die Frau eines Häftlings. Er bat um die Erlaubnis, der Beerdigung beiwohnen oder sie ein letztes Mal im Sarg sehen zu dürfen. Der Kommandant war »großzügig«. Der Trauerzug durfte an den Barackenfenstern vorbeiziehen.

Unbefriedigtes sexuelles Verlangen gibt Anlaß zu sonderbaren Abirrungen. Ein unverheirateter Gefangener hatte keine Aussicht, jemals besucht zu werden. Er ließ sich von seiner Freundin ein gebrauchtes Höschen schicken, um, angeregt durch den Geruch, damit zu masturbieren. Er sprach ganz offen darüber. Es ist aber befremdlich, daß er es gegen eine Konserve oder Brot an andere Gefangene auslieh. Das Ding verlor dann den Geruch, so daß er ein anderes brauchte. Die manchmal mit Voyeurismus verbundene Masturbation ist eine der im Lager am meisten verbreiteten Formen der Sexualität.

Weibliche Prostituierte im Lager sind Frauen, die zur Arbeit ins Lager kommen. Ich erinnere mich an zwei Mitgefangene, die von einer Kleiderkammerfrau wütend zurückkamen. Sie hatte ihnen 50 Rubel abgenommen, und dann stellte sich heraus, daß sie die Regel hatte.

Eine andere, die Frau eines Feuerwehrmanns, der impotent und eifersüchtig war, verhöhnte ihn in aller Öffentlichkeit und fragte ihn, was er dagegen habe, wenn er selber dazu nicht imstande sei.

Ich erwähne noch einige Fälle von Sadismus im Lager ITK-12, weil solche Praktiken kaum einmal angezeigt werden.

Der Lagerkommandant, Major Proschtschin, fand Geschmack daran, Gefangene in seinem Büro durchzuprügeln, wozu er sie vorher in Zwangsjacken stecken ließ. Dies geschah den Gefangenen Tolmatschew und Semizwetow, dem diese schandbare Behandlung so unerträglich war, daß er sich die Pulsader öffnete.

Kurz bevor ich ins Lager kam, hatte es eine Revolte gegeben. Die Gefangenen hatten einen besonders sadistischen Unteroffizier angezündet und verbrannt. Mehrere wurden verurteilt und erschossen.

Es geschieht immer wieder, daß Gefangene sich verstümmeln – aus Verzweiflung, aus Protest, manchmal auch, um sich interessant zu machen. Aber es ist schwer, zu den psychologischen Motivationen vorzudringen, die Anlaß zu so schrecklichem Tun geben.

Der Admiral Nikolas Schtscherbakow, der sich in einem der Lager des Mordwinengebiets befand, schnitt sich beide Ohren ab, die er zuvor hatte tätowieren lassen, und warf sie den Lagerführern ins Gesicht. Beim Abschneiden des rechten Ohrs verletzte das Rasiermesser eine Halsader, die heftig blutete. Als man ihn fragte, warum er das getan habe, war seine Antwort:

»Wenn ich je aus dem Lager herauskomme, soll die ganze Welt wissen, was man aus uns gemacht, wozu man uns getrieben hat.«

Verstümmelungen werden oft an den Geschlechtsteilen vorgenommen. Ein Häftling hatte sich irgendwie ein Vorhängeschloß beschafft. Es gelang ihm, den Bügel unterhalb des Penis durch die Haut des Hodensacks zu bohren, dann schloß er es zu. Diese entsetzliche Tat ist ein grausames, tiefes Symbol für den Verlust der Freiheit, jeder Verbindung zu einer Frau, für die Zwangsvorstellung, kein ganzer Mensch, kein ganzer Mann mehr zu sein – ein kastriertes menschliches Wesen.

Aus dem Männlichkeitskomplex entstehen krankhafte Ideen, etwa die Befürchtung, die Geschlechtsorgane könnten sich zurückbilden, da sie zur Untätigkeit verurteilt seien. Wenn die Funktionen tatsächlich in dem Sinn abnehmen, daß der sexuelle Appetit verlorengeht, kann den Gefangenen eine schizophrene Phobie befallen, in der er den Penis im Sinn des Worts kleiner werden sieht.

Die Tätowierung der Gefangenen wären eine eigene Studie wert. Sie werden nach der klassischen Methode mit Metallfeder und Tusche ausgeführt. Oft pornographisch, sprechen die Zeichnungen vom Abscheu vor sich selbst und der ganzen Welt. Sie werden auf der Brust, aber auch auf der Fußsohle, den Hinterbacken und sogar auf dem Penis angebracht. Ein passiver Homosexueller, den sie Waletschka (vom weiblichen Vornamen Walentina) nannten, hatte sich rund um den After die Umrisse eines weiblichen Geschlechtsorgans einritzen lassen.

Manche bevorzugen regimefeindliche Parolen wie »Nieder mit dem Kommunismus« und reagieren so auf ihre unmenschlichen Lebensbedingungen. Auch können sie Anlaß geben, ins Krankenhaus geschickt zu werden und dadurch einige Zeit der Zwangsarbeit enthoben zu sein. Wenn gewisse Inschriften zu auffällig sind, wird der Gefangene zur Operation weggebracht, die bis zur Hauttransplantation gehen kann.

Automonosexualität

Ich muß noch eine Abirrung erwähnen, von der ich vor meiner Einweisung ins Lager nichts gewußt hatte, etwas, das man als Automonosexualität bezeichnen kann: ein an der eigenen Person vorgenommener sexueller Akt durch Einführung des Penis in den After. Er befindet sich dabei in Teilerektion; die rhythmischen Zusammenziehungen des Schließmuskels, der Gesäß- und Schenkelmuskeln verhelfen zu dem Lustgefühl. Fotos der Perversion zirkulierten im Lager.

Dem liegt nichts Biologisches zugrunde, weil es sich nicht um Sex zwischen Mann und Frau handelt. Der Betreffende interessiert sich ausschließlich für sich selbst. Während bei der Masturbation erotische Bilder und Vorstellungen mitspielen, erregt sich der Monosexuelle am Spiegelbild seines Körpers. In seinem Benehmen kommt er dem Autismus nah. Er spricht wenig oder gar nichts und ist nicht gesellig. Er lebt in vollkommener Einsamkeit, die ihn aber nicht bedrückt. Es ist dies eine abgeschlossene Welt, in der der Mensch zugleich Subjekt und Objekt der Lust ist: das erschreckende Bild einer Sexualität, die sich selbst verzehrt.

Die Frauenlager

Weit weniger kompetent als für die Männerlager bin ich für jene der Frauen. Die Kenntnisse, über die ich verfüge, stammen aus Samisdatschriften und Erzählungen Betroffener. Die Frau eines Gefangenen, der mir berichtete, hatte vier Jahre in Frauenlagern zugebracht und ihm davon erzählt, wenn sie ihn, wieder frei, besuchte.

Frauenlager sind viel weniger zahlreich als die anderen. Im System der Konzentrationslager hat es im Lauf der Jahre zahlreiche Änderungen gegeben. Zuerst war es ein gemischtes Lager, in dem Frauen und Männer in gesonderten Baracken untergebracht waren. Während der Stalin-Zeit häuften sich Streitereien, Gewalttätigkeiten, Vergewaltigungen, Ausschweifungen, so daß man die Geschlechter in getrennte Lager brachte. Trotz allem gab damals die wenigstens räumliche Gemeinsamkeit den Männern und Frauen die Illusion eines normalen Lebens, während jetzt der Entzug der Freiheit doppelt hart empfunden wird und zu Revolten führen kann.

Ich konnte Frauen vor allem im Durchgangslager beobachten, der »Etappe« vor der Abfahrt ins eigentliche Lager. Es gibt nichts Schmerzlicheres als das Schauspiel dieser Unglücklichen, die von heute auf morgen in diese Welt der Flüche und Obszönitäten der Aufseher, die dreckige Welt des Gefängnisses geworfen werden. Schon die Überwachung durch Männer ist eine Erniedrigung, wenn sie morgens zu den Toiletten geführt werden. Der Unrat, der Schmutz ist unbeschreibbar, der Gestank benimmt den Atem.

Früher waren lt. Kurganow in manchen Jahren Hunderttausende von Frauen in Lagern: Frauen der sogenannten Feinde des Volks, junge unerfahrene Mädchen, die unvorsichtig gewesen und wegen antisowjetischer Äußerungen denunziert worden waren, Bäuerinnen, die wegen des Diebstahls einiger Getreidebündel verurteilt wurden, Nonnen, Mitglieder von Sekten.

Man kennt jetzt das schreckliche Schicksal, das die weiblichen Gefangenen durchzustehen hatten. Die Aufseher nützten ihre absolute Macht und leisteten sich Geliebte, die nichts kosteten. Wer sich weigern wollte, mußte einen gewaltigen Mut aufbringen und setzte sich zugleich den härtesten Arbeiten, den schlimmsten Erniedrigungen, der Ermordung aus. Es gab Frauen, die im Lager schwanger wurden oder schwanger ins Lager kamen. Ihnen ließ man das Kind ein Jahr, dann wurde es ihnen weggenommen und in den Gefängniskindergarten gebracht.

Eine Samisdat-Dokumentation gibt ein Beispiel, welchen Schikanen die Frauen ausgesetzt waren. Es handelt sich um einen Striptease im Durchgangslager Nowosibirsk, wovon eine Gefangene berichtete. Vor der Abfahrt führte man eine Gruppe von zwanzig Frauen in den Duschraum. Als sie sich entkleidet hatten und unter den Duschen standen, kam kochendheißes Wasser. Die Frauen schrien und preßten sich an die Wand. Dann kam kaltes, dann wieder heißes Wasser. Die Gefangene erzählte weiter: »Ich dachte zuerst, es sei ein technischer Fehler, und trommelte aus Leibeskräften gegen die Tür. Die Aufseher dahinter lachten wie blöd. Ich wurde wütend und schrie:

›Macht sofort auf!‹

Schon kam Wasser normaler Temperatur. Wir beruhigten uns und fingen an, uns einzuseifen. Plötzlich kein Wasser mehr, sie hatten es abgedreht.

›Kommt raus!‹ schrien sie von draußen.

Wir hatten auch das Haar voll Seifenschaum, viele wurden hysterisch. Wir schrien wieder nach Wasser. Es kam kochend. Dann eiskalt. Wir versuchten, ihm auszuweichen und schrien wild durcheinander, rieben uns die Augen. Die Tür ging auf.

›Raus!‹

Das Wasser wurde endgültig abgestellt, wir gingen hinaus. Die nackten Mädchen – in der Mehrzahl waren es junge Mädchen – blieben unter der Tür stehen und kreischten, sie begriffen nicht. Die Aufseher zerrten an uns herum und schimpften.

›Los, los, wir tun euch nichts.‹

Die Mädchen und Frauen liefen den Gang entlang, in dem Aufseher und Gefängnispersonal an den Seiten standen, die sich über das laufende Weibervolk lustig machten. Was mich angeht, ich hatte schon längst begriffen, daß diese Duschereien für die Männer eine prächtige Gelegenheit waren, ihren Voyeurismus zu befriedigen. So hatte ich die an sich idiotische Gewohnheit angenommen, mich unterm Hemd zu waschen und zu duschen. Ich hatte nämlich Ähnliches schon bei Solschenizyn gelesen und derartige Szenen in Romms Film ›Der gewöhnliche Faschismus‹ gesehen, hätte aber damals nicht gedacht, daß ich jemals Gelegenheit bekäme, persönlich zur Zerstreuung der Aufseher beizutragen.«

Soviel ich weiß, gibt es in den Frauenlagern kein Kastensystem. Die weibliche Homosexualität, die Tribadie, ist in den Lagern sehr verbreitet und gibt Anlaß zu Gruppenbildungen, die aber nicht die geschlossene Form der männlichen annehmen. Man unterscheidet die »sawodily«, Gebieterinnen, die das Gegenstück zum Boß und den aktiven Homosexuellen der Männerlager bilden, und die »skoblichi«, die Kitzlerinnen, die ihre Freundinnen masturbieren. Manche machen einen Beruf daraus und verdienen gut. Aber: weit entfernt, mißachtet zu werden wie die »Päderasten«, werden sie von der Gesamtheit der weiblichen Gefangenen sehr geschätzt. Auch wenn man sie als Prostituierte bezeichnen kann, haben sie nicht die homosexuelle Sklaverei der Männerlager zu erdulden. Man hat mir von einer »skoblichi« erzählt, die sich eine Hand hatte amputieren lassen, um ihre Kundinnen mit dem Stumpf besser bedienen zu können. Sie hatte eine hohe Reputation unter ihren Mitgefangenen.

In Lagern der Spezialform leben Lesbierinnen wie Mann und Frau zusammen, wobei die Rollen strikt verteilt sind und die »Frau« die häuslichen Arbeiten zu tun hat wie Waschen, Hauswirtschaft usw. Das gleiche kann man in Männerlagern beobachten: der »Päderast« wird (oft mit Gewalt) vom aktiven Homosexuellen ausgesucht und ist so etwas wie sein Sklave sowohl auf sexuellem Gebiet wie zur Erfüllung der täglichen Aufgaben.

Mein Bericht ist nur ein blasser Widerschein des sexuellen Elends in den sowjetischen Lagern. Man könnte Bände füllen, die vielleicht einmal geschrieben werden, wenn die ganze Wahrheit bekannt ist. Drei Viertel der Männer und Frauen in Gefangenschaft sind sexuell reif. Für sie ist jedes normale Leben zerstört, der Streß der ständigen Furcht und der Erniedrigungen hat die schlimmsten Folgen für ihr seelisches Gleichgewicht. Traumata und Abirrungen aller Art florieren, ihre Konsequenzen für das Land sind nicht auszudenken.

Das Lager ist also ein Modell im kleinen des sowjetischen Sexuallebens und hat Millionen Menschen verschlungen. Es ist ein Krebsgeschwür, das am Körper der Gesellschaft frißt, und heute noch, da die Repression viel weniger drückend als zu Stalins Zeiten ist, spürt man unter dem Schein eines

»normalen« und »freien« Lebens immer noch Beunruhigung. Das Lager bringt mancherlei zum Vorschein – Impotenz, Homosexualität, Nekrophilie, Sadismus, Masturbation. Im Lager ersteht auch im grellsten Licht die Sklaverei, der die Sowjetmenschen unterworfen sind, die das ganze Dasein verdirbt und die Freiheit in diesem Land bis hinein ins sexuelle Leben in Fesseln legt.

Überdies enthüllt das Lager bei manchen die verborgenen Seiten des Sexuallebens. Ich war z. B. erstaunt über die Offenheit und Unverfrorenheit der Gefangenen, wenn sie über sexuelle Dinge sprachen. Man erzählte von seinen Heldentaten, rühmte sich, einen Mitgefangenen vergewaltigt zu haben, lachte über die Mißlichkeiten eines »Päderasten«, erzählte sich alte Geschichten. Wie sich das Dasein unter den unmenschlichen Zuständen des Lagers abspielt, entsteht der Eindruck, als seien die Mauern der Schamhaftigkeit, der Verbote und der Hemmungen, die jeder in sich trägt, mit einem Schlag verschwunden, denn im normalen Leben spricht man in der Sowjetunion nicht von sexuellen Fragen. Wenn sich nun eine Frau oder ein Mann als herabgewürdigtes Wesen oder zum mindesten von der Gesellschaft unter den Bann gestellt fühlt, öffnen sich die Münder, es gibt nichts mehr zu verbergen, wie es auch nichts mehr zu verlieren gibt.

Wenn das Buch mit düsteren Lagerbildern schließt, so nicht, um eine Eskalation in den Schrecken vorzunehmen, sondern weil das Lager – weit entfernt, eine an den Rand der Gesellschaft geschleuderte Schlacke oder eine eiternde, vom gesunden Körper abgestoßene Beule zu sein – nichts anderes als das Zentrum des sowjetischen Systems ist: ein furchtbarer Trichter, in dessen Tiefe man gesaugt werden muß, um bis auf den Grund der Sklaverei zu sehen. Nikolai Gawrilowitsch Tschernyschewski, Revolutionär des 19. Jahrhunderts, sagte damals schon in einer pessimistischen Stimmung: »Die Russen sind eine bemitleidenswerte Nation. Von oben nach unten nichts als Sklaverei.«

Dieses Wort paßt noch besser auf die gegenwärtige sowjetische Gesellschaft.

Schlußwort
Revolution oder Katastrophe?

Wenn Menschen des Westens an die Sowjetunion denken, stellen sie sich Raketen und Panzer, Lager, Polizeikontrollen, die exotische Schönheit der Kirchen und Isbas vor, kurz, alles mögliche, nur verwenden sie keinen Gedanken an das Sexualleben der Menschen in der Sowjetunion.

Die ihrerseits verbinden mit dem »Westen« nicht nur die Begriffe Komfort und Überfluß, Meinungsfreiheit, ein politisches Leben, sondern vor allem den Sex: sexuelle Revolution und Freiheit, Pornographie, Erotik. Man mag darüber denken, man mag es nennen, wie man will, es sind nun einmal die wichtigsten Angelpunkte der Faszination, die das Leben im Westen auf die Sowjetmenschen ausübt.

Die Sowjetunion hat sozusagen eine vorfreudianische Gesellschaft. Dagegen scheint der Westen im Denken wie in den Sitten die Freudsche Revolution verdaut zu haben. Das Vokabular der Psychoanalyse ist allgemeinverständlich geworden. Es gehört zu unserer Zivilisation, sich für das Unbewußte zu interessieren, sei es im Individuum oder im Kollektiv: eine paradoxe Situation, in der die Bejahung der Existenz des Unbewußten im Menschen den Anspruch erhebt, es zu kontrollieren und dem Bewußtsein zu integrieren. Auf etwas tieferer Ebene hat es den Anschein, als sei der Ausbruch der Erotik, die Sexwelle des letzten Jahrzehntes im Abklingen, wie jüngste Umfragen vermuten lassen.

Nichts von alledem in der Sowjetunion. Die offizielle Ideologie gibt angeblich eine klare und definitive wissenschaftliche Erklärung der Vergangenheit, der Gegenwart und der Zukunft; der Existenz des Unbewußten wird kein Platz eingeräumt. Ich hoffe, es ist mir gelungen, zu zeigen, daß mehr als selbst die brutalsten Repressionen die Ausschaltung der Sexualität die Ursache des Aufbrechens all der pathologischen Erscheinungen ist, die zu beschreiben ich versucht habe. Der sowjetische Eros, der Eros mit Hammer und Sichel ist nichts anderes als eine in die Niederungen des Bewußtseins und des sozialen Lebens verwiesene Kerker-Sexualität.

Diese außerordentliche Unterdrückung elementarer Regungen, die seit einem halben Jahrhundert besteht, kann unerwartete Folgen haben. Die immerwährende Enterotisierung macht die Sowjetunion paradoxerweise zu einem Musterland für Freudsche Analysen, zugleich aber auch zu einem Vulkan, dessen Explosion – vielleicht eine befreiende, vielleicht eine verhängnisvolle – man eines Tags erwarten darf.

Sechzig Jahre Sowjetregime haben schließlich die Natur der Menschen verändert, die es über sich ergehen lassen mußten. Wie ein Gesunder krank werden muß, wenn er in einer Irrenanstalt überleben will, so sind die Menschen in der Sowjetunion unter den ihnen auferlegten Verhältnissen gezwungen, sich anzupassen, Deformierungen hinzunehmen, sich dem System zu beugen, das ihm die elementarsten Freiheiten vorenthält.

Der Sowjetmensch verliert das Zeug zur Initiative, wird unfähig, Neues, Wandlungen wahrzunehmen, denn derlei Eigenschaften sind seiner Lebensweise fremd. Er verliert den Blick voraus und die klare Sicht, weiß seine künftige Existenz nicht in Verantwortung ins Auge zu fassen. Auch droht ihm eine Schwächung des Gedächtnisses in einer Gesellschaft, die die Auslöschung, die Negierung der Vergangenheit betreibt. In dieser allgemeinen Verwirrung kommt dem Sex mit seinen wechselnden Zuständen von Erregung und Angst, seinem Gefolge von Phantasmen, Perversionen und Schuldgefühlen oft eine bedeutende Rolle zu.

Dieses soziale System duldet keinen Feind, schließt jeden aus, der Gefühl für Verantwortung hat. Man handelt im Namen des Volks, man rechtfertigt seine Taten mit der Idee vom Nutzen für die Allgemeinheit. Man wird kein offizielles Schriftstück finden, das nicht human progressiv und voll guter Absichten wäre. Was die Schmutzflecken, die düsteren Seiten des Lebens angeht, so werden sie geleugnet oder mit Betrachtungen höherer Ordnung zugedeckt: was könnte man dem Individuum zur Last legen, wo sich doch alles aus unvermeidlichen historischen Gesetzen erklärt? Keine Schuldigen also in einer Gesellschaft, die von Verantwortlichkeit nichts weiß. Diese Gesellschaft schließt auch Konflikte aus, und so müßte einer vom Wahnsinn befallen sein, wollte er unzufrieden sein oder rebellieren. So schließt sich der Kreis, das System ist ein Organismus ohne Kopf, eine Wand aus Beton ohne Unebenheiten, ohne Ausgänge.

Der Ausdruck »Wahnsinn« ist gefallen. Man hat es oft gesagt und wiederholt, daß in der Sowjetunion Verschiedenartigkeit, Opposition, Individualität in aller Aufrichtigkeit als Wahnsinn betrachtet werden, und so ist die

Internierung von Opponenten in psychiatrischen Kliniken in diesem System nur logisch. Umgekehrt könnte man den psychologischen Status der sowjetischen Gesellschaft einer Erstarrung in Hypnose vergleichen. Die Hypnose ist auf Fiktion gegründet, wie der Hypnotiseur und der Hypnotisierte wohl wissen. Der Hypnotiseur hat Erfolg, wenn sein Patient oder sein Opfer an die Fiktion glaubt.

Nun lebt die Bevölkerung der Sowjetunion in der permanenten Hypnose einer nicht endenden Täuschung, die aus allen Kanälen der Propaganda fließt und in das tägliche Leben unaufhörlich hineinwirkt. Gewiß, die ganze Welt kennt die Formen moderner Hypnose, die Suggestion der Reklame, von Slogans und Publicity, aber nirgends ist die Propaganda so aus einem Stück und unerschütterlich.

Desorientiert, verausgabt der Sowjetmensch in Furcht und Schrecken seine Kräfte in einem absurden Kampf um die Verbesserung seiner materiellen Existenz in einem Land, in dem praktisch alles fehlt. Entpersönlicht, will er, um überleben zu können, in der Masse aufgehen oder bemüht sich, sich einer Schicht einzugliedern, in der er Sicherheit zu finden hofft. Aber auch hier muß, wer überleben will, sich demütigen, nachgeben, sich Gewalt antun lassen, denn das verlogene, wie in einem Zerrspiegel verformte Leben der Elite hat seine strikten Regeln, die um so schroffer sind, weil sie auf keiner Realität ruhen, ganz wie der Wahnsinn eine innere, nicht zu erfassende Logik hat. Außerdem haben diese Regeln ihre Eigendynamik: wenn der Sowjetbürger den wackeren Kämpfer, den linientreuen Kommunisten spielen muß, hat das mit Hingabe zu geschehen. Ebenso muß seine Selbstkritik, seine Reue zu Beginn und am Ende der Umerziehung aufrichtig sein.

Die suggestive Einflußnahme auf das soziale Leben ist vergleichsweise der Motor des gigantischen Zwangsmechanismus des sowjetischen Systems, innerhalb dessen ein jeder wirkender und leidender Teil zugleich ist. Die Brüder Strugazki, Autoren von Science-Fiction-Geschichten, haben sich in »Die bewohnte Insel« einen Planeten ausgedacht, auf dem alle Gedanken und die Verhaltensweisen der Bevölkerung durch eine intensive Strahlung bestimmt werden. Die Anspielung ist durchsichtig: es geht um die sowjetische Gesellschaft. Die Strahlen-Hypnose beginnt auf dem Planeten mit der Erziehung, die darauf hinausläuft, das Kind der Familie zu entziehen, und die den Menschen sein ganzes Leben lang verfolgt, so daß man »praktisch nie aufgehört hat, sich zu bilden«. Die politische Erziehung, das Radio, das Fernsehen, die Literatur sind nichts als das Räderwerk einer gigantischen pädagogischen Maschine. Die offenkundigste Manifestation scheint in der offiziellen sowjetischen Sprache auf, jene »Sprache aus Holz«, in der die Wörter ihren Sinn verlieren und zu einem ununterscheidbaren Gebrabbel werden, einer Aussendung von Schallwellen, um das Bild des Hypnose-Strahls wiederaufzunehmen.

Dieses Phänomen fällt besonders auf, wenn ein Sowjetmensch die ersten Schritte im Ausland tut, wie es seit einigen Jahren mit der »dritten« Auswandererwelle der Fall ist. Hier treten der Verlust des Willens, der Verantwortlichkeit und die Entpersönlichung des Sowjetbürgers ins helle Licht des Tags. Sechs bis zwölf Monate lang im allgemeinen schwimmt er in einer Art von Trance nach dem Erwachen aus der Hypnose. Dressiert wie er ist, Signalen zu gehorchen, die nicht aus seinem Willen kommen und seinem Verständnis nicht entsprechen, hat er eine harte Lehre der Freiheit durchzumachen, kennt er doch auch keine Unabhängigkeit, keine wirkliche Handlungsfreiheit. Er sieht sich der Notwendigkeit ausgesetzt, eine Wahl zu treffen, nach dieser und jener Möglichkeit zu suchen, sich mit gegenteiligen Meinungen herumzuschlagen, er muß kämpfen, um leben zu können, statt in einem von vornherein garantierten und geregelten kerkerhaften Leben dahinzuvegetieren.

Im System ist die Unterdrückung der Sexualität eine Notwendigkeit, wie Orwell erkannt hat. Wie seinerzeit die Kastraten nach einem widernatürlichen Verfahren abgerichtet wurden, in dem Timbre zu singen, das man von ihnen hören wollte, so ist es für das totalitäre System ein Erfordernis, die Erotik zu brechen, die Liebe zu ersticken, die elementaren sexuellen Regungen zu kontrollieren, um die Frauen und Männer die »hölzerne Sprache« sprechen zu lassen.

Die letzten Umfragen amerikanischer Forscher (Masters, Hite) ergeben eine Tendenz des Desinteresses an der Sexualität, was sich als Reaktion auf die »sexuelle Revolution« des letzten Jahrzehnts erklären läßt. In der Sowjetunion dagegen ist die Asexualität das Ergebnis der sexuellen Repression, eine allgemeine Appetitlosigkeit, die das soziale Leben ins Herz trifft, die, wie ich glaube, die psychischen und vielleicht auch biologischen Grenzen überschreiten kann, jenseits derer das Weiterleben des russischen Volks in Frage gestellt wäre.

Terror hat immer zu einer hysterischen Sexualität, zu einer Sublimierung der Libido zu politischen Dingen geführt. Man denke an die hysterischen Manifestationen von Frauen in Nazi-Deutschland. Man muß auch die Szenen des Schmerzes bei Stalins Tod gesehen haben. Als das Idol vom Sockel gestürzt worden war, erlebte die sowjetische Gesellschaft einen Prozeß der Enthypnotisierung.

Damals begann, was ich als »Wildwuchs« bezeichnete. Der Stalinismus brachte nicht nur die sexuelle Repression; unter ihm waren die Grundfreiheiten ebenso unannehmbar wie Freiheit des Handelns, der Kreativität, des Denkens. Da hat nun ein Teil der Jugend unbewußt angefangen, wieder zu lernen, was Freiheit ist. Der Wandel im Denken der Generation – Aufschub der Familiengründung, die die kommunistische Moral auferlegte, voreheliche Sexualität, Scheidung, Abtreibung (ständig steigende Zahlen: in Moskau gegenwärtig zwei Abtreibungen auf eine Geburt) – erzeugt eine berechtigte, vielleicht auch instinktive Beunruhigung der obersten Stellen, die darin eine Bedrohung des Gleichgewichts innerhalb der Gesellschaft sehen. Das Unbehagen entspringt sowohl dem Bestreben des Staats, das Privatleben der Bevölkerung nach wie vor unter Kontrolle zu halten, als auch den Befürchtungen über das Absinken der Geburtenziffer, das eine gefährliche Abnahme der für die sowjetische Wirtschaft benötigten Arbeitskräfte und damit eine Minderung des Sozialprodukts bedeuten würde. Die Hauptsorge aber sind die hier zu vermutenden, auf Freiheit zielenden Anwandlungen, auch wenn sie noch ziellos oder anarchisch sind.

Lenin sagte, daß – würde man den freien Markt gestatten, und sei es auch nur in kleinem Maßstab, und ließe man die Bauern produzieren und verkaufen, ohne die Produktion streng zu kontrollieren – solche Formen des Wirtschaftslebens unausweichlich die Restauration des Kapitalismus nach sich ziehen würden. Desgleichen ist jede Aufwallung sexueller Freiheit unannehmbar, da vielleicht ansteckend. Das Aufbegehren, meistens noch zaghaft und naiv, das sich vornimmt, ein schlichtes und freies, von Verboten und hemmender Ideologie nicht behindertes Liebesleben neu zu erfinden, ist für sich schon eine Absage ans System. Im Westen richtet sich die Revolte der Jugend gegen das Wohlleben, die Traditionen, die Konventionen und zielt auf die Gesellschaft selbst. In der Sowjetunion ist das Aufmucken auf die Selbstbestätigung des Individuums dem System gegenüber ausgerichtet. Die angepriesene, manchmal auch proklamierte sexuelle Freiheit ist für die Jugend ein Modus, ihren Lebenswillen zu dokumentieren, sich gegen Apathie und Entpersönlichung zu wehren. Die Auflehnung nimmt manchmal treuherzige, bezeichnende Formen an: Verzicht auf Alkohol vor der Liebe, Koitus am hellen Tag, nicht mehr in schwüler Dunkelheit wie üblich usw.

Deswegen sind die Feststellungen gewisser sowjetischer Soziologen, wonach die eben erwähnten Regungen eine Folge des Absinkens der traditionellen bäuerlichen Moral seien, zum mindesten mit Vorsicht zu betrachten. Die bäuerliche Moral wie übrigens die ganze bäuerliche Kultur und Zivilisation ist seit der Kollektivierung zu Beginn der dreißiger Jahre zum Scheitern verurteilt.

Die ins Gespräch gekommene »sexuelle Revolution« ist nicht das Produkt der Verstädterung der Bauern, sondern des Bestrebens, natürliche und normale Formen des Sexuallebens zu finden. Willens, die auferlegten Normen zurückzuweisen, denen sie sich gänzlich unterworfen fühlt, ist ein Teil der sowjetischen Bevölkerung auf der Suche nach einer Moral, einem neuen Bild der Liebe und des sexuellen Lebens. Noch nimmt das Bild zumeist den zynischen Aspekt allzu großer Freiheiten und des Nihilismus an. Die Zukunft wird zeigen, welche neuen Formen sie in Reserve hat.

Eines ist sicher: die sowjetische Gesellschaft lebt derzeit auf einem Pulverfaß; unter den elementaren Kräften, die in ihr wirken, sind die sexuellen nicht die zahmsten. Katastrophale Explosion oder befreiende Revolution im Denken – dies ist die Alternative, die sich immer deutlicher auf dem tristen Schauplatz der gegenwärtigen Sowjetunion abzeichnet.

Paris, Januar 1979

ANHANG

1
Die Aussaat und Ernte der Schwänze
(Aus Afanasjews »Geheimen Geschichten« die Nr. XXXI)

»Die geheimen Geschichten« sind volkstümliche Schwankerzählungen, die A. N. Afanasjew* in den Jahren 1840 und 1850 bei russischen Bauern sammelte. Er behielt sie in der Schublade, weil sie die Barriere der zaristischen Zensur nie passiert hätten. Sie wurden in den 1860er Jahren in einer anonymen Ausgabe ohne Jahreszahl in Genf veröffentlicht:

Es waren einmal zwei Bauern, die ihre Äcker bestellen und Roggen säen wollten. Unterwegs trafen sie einen alten Mann, der den einen Bauern anhielt und zu ihm sagte:

»Guten Morgen, guter Mann!«

»Guten Morgen, Großvater!«

»Was willst du säen?«

»Roggen, Großvater.«

»So gebe es Gott, daß dein Roggen hoch wächst und schwere Ähren hat.«

Dann redete der Alte den anderen Bauern an: »Guten Morgen, guter Mann!«

»Guten Morgen, Großvater!«

»Und was willst du ansäen?«

»Du bist aber neugierig! Was schon werd' ich aussäen? Schwänze natürlich, ha!«

»Na schön. Möge es Gott gefallen, daß du erntest, was du gesät hast, deine Schwänze!«

Der alte Mann ging weiter, und die zwei Bauern säten ihren Roggen, eggten ihre Äcker und gingen heim.

Als das Frühjahr kam und warmer Regen fiel, bedeckte sich das Feld des

* Alexander Nikolajewitsch Afanasjew, russischer Volkskundler, geb. 23. Juli 1826 in Bogutschar (Gouvernement Woronesch), gest. 5. Oktober 1871 in Moskau. Herausgeber: »Russische Volksmärchen«, 1855–1863. 4. Aufl. 1913 f., deutsch 1906–1910 und 1912. – »Russkija sawjetnija skazki«, russisch Paris 1976, deutsche Auswahl, »Erotische Märchen aus Rußland«, hrsg. und übersetzt von Adrian Baar, Frankfurt 1977.

ersten Bauern mit schönen Roggentrieben, während auf dem des zweiten Bauern nichts als Schwanzschößlinge mit roten Köpfchen standen, so dicht, daß man dazwischen nicht hindurchgehen konnte.

Zur Herbstzeit gingen sie wieder auf ihre Äcker, um die Enrte zu besehen. Der erste Bauer war über seinen Roggen außer sich vor Freude, aber der andere wußte nicht, welchen Heiligen er anrufen sollte.

›Verdammtnochmal‹, sagte er bei sich, ›was soll ich bloß mit diesen Teufeln von Schwänzen anfangen?‹

Es kam die Zeit des Schnitts. Die zwei Bauern gingen auf ihre Felder; der erste fing an, seinen Roggen zu mähen, während der zweite vor seinem Schwanzfeld stand und nicht wußte, was tun. Es waren nämlich eine Menge Schwänze, er schätzte ihre Höhe auf eine gewöhnliche Elle, und schön rot waren sie, und es sah aus wie ein richtiges Mohnblumenfeld. Der Bauer schaute und schaute, schüttelte den Kopf und ging wieder heim. Zuhaus schliff er sorgfältig einige Messer, nahm Papier und Schnüre, ging wieder aufs Feld und fing an, seine Schwänze zu ernten. Wenn er zwei abgeschnitten hatte, wickelte er sie in Papier, verschnürte das Paket sorgfältig und legte es auf seinen Karren. Als alle Schwänze abgeerntet waren, machte er sich auf den Weg in die Stadt, um sie dort zu verkaufen.

»Man kann nie wissen«, murmelte er vor sich hin, »ob nicht irgendeine Schlampe mir ein Paar abkauft.«

Nachdem er in der Stadt angekommen war, fing er an, seine Ware auszuschreien.

»Schwänze! Wer will Schwänze? Schwänze! Schwänze! Schwänze zu verkaufen, Schwänze! Wer kauft schöne Schwänze?«

Eine Dame hörte das und schickte ihre Zofe los.

»Schnell, lauf hin und frag den Muschik, was er da zu verkaufen hat.«

Das Mädchen lief zu dem Bauern und fragte ihn.

»Ich verkaufe Schwänze, Fräulein«, antwortete er, »paarweise.«

Die Zofe ging zu ihrer Herrin zurück, wagte aber nicht, ihr zu wiederholen, was der Muschik gesagt hatte.

»So red schon, dummes Ding«, sagte die Dame, »hab keine Angst. Also was verkauft der Kerl?«

»Hm, Madame«, stotterte die Zofe, »es ist – es ist so, Madame, daß er Schwänze verkauft, paarweise, der Nichtsnutz, männliche.«

»Was sonst für welche? Was bist du blöd! Renn hin, daß du ihn noch erwischst, und frag ihn, was er für ein Paar haben will.«

Das Mädchen kam wieder zu dem Bauern und fragte ihn:

»Was kostet das Paar?«

»Hundert Rubel, und da gibt's nichts herunterzuhandeln.«

Die Zofe ging zurück und wurde von ihrer Herrin mit hundert Rubeln wieder losgeschickt.

»Vor allem«, trug ihr die Dame auf, »such schöne, große, dicke aus.«

Das Mädchen gab dem Bauern das Geld und sagte:

»Ich bitt Euch, guter Mann, gebt mir die besten, die Ihr habt.«

»Die sind alle schön, die ich hab.«

Die Zofe nahm ein Paar gute Schwänze und brachte sie ihrer Herrin.

Die Dame betrachtete die Schwänze von allen Seiten und bekam Stielaugen, so sehr gefielen sie ihr. Dann schob sie sie an die richtige Stelle, aber da war nichts zu machen, sie funktionierten nicht.

»Hör mal«, sagte die Dame zu ihrer Zofe, »hat dir der Muschik nicht verraten, wie man's macht, daß sie tun, was sie tun sollen?«

»Nein, Madame.«

»Mein Gott, bist du dumm! Lauf noch mal hinüber und frag ihn.«

Die Zofe lief hin und fragte den Bauer:

»Sagt mir, guter Mann, wie muß man zu – zu ihnen – ich meine, zu Eurer Ware sprechen, damit sich was tut?«

Der Bauer antwortete schnell:

»Gib mir hundert Rubel, und ich sag's dir.«

Die Zofe überbrachte seine Worte ihrer Herrin.

»Auch zweihundert Rubel sind nicht zu viel für diese Exemplare da«, sagte die Dame und gab der Zofe das Geld.

Der Bauer bekam also seine zweiten hundert Rubel und gab die gewünschte Erklärung:

»Wenn deine Dame scharf drauf ist, muß sie bloß ›Hü! Hü!‹ sagen.«

Die Dame konnte es kaum erwarten, legte sich auf ihr Bett, raffte ihr Kleid hoch und kommandierte:

»Hü! Hü!«

Und die Schwänze nichts wie auf sie gesprungen und es ihr auf die schönste Art und Weise besorgt, so sehr und so gründlich, daß die Dame nicht mehr konnte. Nun wußte sie aber nicht, wie sie die Schwänze wieder loswerden könnte, und schrie nach ihrer Zofe.

»Schnell, such den Muschik, diesen Halunken, und frag ihn, was ich tun muß, daß mich die Schwänze in Ruhe lassen.«

Die Zofe fand den Bauer und fragte ihn:

»Was muß man sagen, damit Eure saubere Ware von meiner Herrin abläßt? Denn wenn das so weitergeht, geht sie mir noch drauf.«

Der Bauer wußte gleich die Antwort.

»Hundert Rubel, oder ich sag es nicht.«

Die Zofe raste heim, wo die Dame schon Gottes Barmherzigkeit anrief.

»In meiner Kommode sind noch hundert Rubel«, stöhnte sie, »mehr hab ich nicht. Schnell, bring sie diesem Sohn einer Hündin, weil ich sonst bald den Geist aufgebe.«

Der Muschik nahm seine dritten hundert Rubel und sagte:

»Deine Dame braucht bloß ›Ho! Ho!‹ sagen, und die Schwänze geben augenblicklich Ruhe und verlassen sie.«

Die Zofe kam zurück, sah, daß ihre Herrin nur noch japste, und schrie:

»Ho! Ho!«

Und die zwei Schwänze kamen augenblicklich heraus. Die Dame konnte wieder atmen; sie erhob sich und versteckte die zwei Schwänze.

Von nun an lebte sie in dulci jubilo. Wenn sie Lust bekam, kommandierte sie die Schwänze mit »Hü! Hü!«, bei ihr tätig zu werden, und mit »Ho! Ho!«, wenn sie ihr Geschäft getan hatten.

Nun begab es sich, daß die Dame wegfuhr, um Freunde in einem anderen Ort zu besuchen, und daß sie vergaß, die Schwänze mitzunehmen. Abends fühlte sie sich sonderbar einsam und wäre am liebsten wieder heimgefahren, aber man bat sie inständig, zu bleiben.

»Unmöglich«, sagte die Dame. »Ich habe bei mir zu Haus etwas vergessen. Und ohne das kann ich nicht einschlafen.«

»Das will nichts heißen«, erwiderte man ihr. »Wir schicken einen verläßlichen Diener hin, der es holen soll.«

»Na schön.«

Man entsandte sofort einen Diener, dem die Dame eine Weisung mitgab:

»Du sagst meiner Zofe nur, daß ich etwas vergessen habe. Sie weiß Bescheid.«

Der Diener ritt zum Haus der Dame, die Zofe brachte ihm die in ein Säckchen verschnürten Schwänze. Der Diener steckte es in seine Satteltasche und ritt los.

Unterwegs lief der Weg über einen steilen Hügel, so daß das Pferd langsamer wurde.

»Hü! Hü!« rief der Diener.

Und schon waren die Schwänze aus dem Säckchen und tanzten ihm am Hintern herum. Dem Diener brach der kalte Schweiß aus.

»Was ist das für eine Teufelei, und woher kommen die verdammten Schwänze?«

Glücklicherweise hatte das Pferd die Höhe des Hügels überwunden, fing an, bergab zu traben, und wurde immer schneller. Da rief der Diener:

»Ho! Ho!«

Und schon waren die Schwänze, woher sie gekommen waren.

Der Diener ritt heim und lieferte der Dame das Säckchen mit den Schwänzen ab.

»Ist alles gut gegangen?« fragte sie ihn.

»Der Teufel soll sie holen, diese verfluchten Schwänze! Wäre mein Gaul nicht in Galopp verfallen, und hätte ich nicht ›Ho! Ho!‹ gerufen, hätten sie mich glattweg gefickt.«

2

Luka Mudischtschew

Vermutlicher Autor ist Iwan Barkow (1732–1768)

Das Gedicht ist – außer in Samisdat – in der Sowjetunion noch immer nicht veröffentlicht. (Auszug)

Prolog

Das Büchslein – die Vorratskammer der Natur,
Es ist das göttliche Symbol des Lebens.
In dichter Folge, Eifers voll
Die Menschlein schlüpfen aus den Muschelschalen.

Erster Teil

In Moskau denn, an einem Platz der Stadt
Da lebte einst in Ehren
Hübsch weiß und fett die Frau von einem Kaufmann
Als Witwe dieses braven Händlers.

Verblichen war ganz jung
Der Liebste unsres Frauenzimmers.
O trauriges Geschick! So wißt:
Der Schönen Büchslein machte ihr zu schaffen.

Ihr sagt mit Recht und aus Erfahrung,
Daß dies durchaus dem Weib entspreche.
Das stimmt. Doch hatte nie ein Luderchen
Den Teufel so im Leib wie sie.

Ihr Mann hat sich gar sehr gemüht,
Doch manchmal wollt' sein Glied nicht auferstehn.
Ohn' Mitleid heizte sie ihm ein.
Du wirst mich gnädigst augenblicklich ficken!

Dergleichen Frondienst reibt den Stärksten auf:
Ein Jahr verging, und der Gemahl
Entschwand in der Verheißung Land,
Wo, wie es heißt, das Spiel der Lieb' verboten ist.

Die Dame war zu scharf,
Ihr wütend Büchslein zu beschwichtigen.
Sie ließ sich ficken ohne Reu
Von Peter oder Paul, wer grad am besten war.

Es bürsteten die Jungen und die Alten ihre Schwarte,
Gereifte Männer, grüne Buben, kurz, alle,
Die am Gehur' Vergnügen fanden.
Und alle vögelten nach besten Kräften.

Die Zeit verging, die Dame hatt' das Leben satt.
Doch Wittibbüchslein waren übermütig eh und je.
Der Schwanz von Galan eins erhebt sich nicht,
Beim zweiten mangelt es an Stehvermögen.

Der hat ihn kurz und nicht gelehrig,
Bei dem und jenem führ'n die Eier,
Statt still zu sein,
Ganz hinten einen Wirbel auf.

Gar manchesmal vermutet sie,
Die Säcklein seien weich und leer.
Betrübt befragt sie ihr Geschick,
Wieso sie diese Fehlschläg' dulden muß.

Und so geschieht's: in ihrem Elend
Bedenkt die arme Witwe klagend
Die ganze Nacht die allgemeine Lage
Und kommt zu dem Gedankenschluß:

Die Männer sind die wahren Jammerlappen,
Sie sind nicht mehr, was sie einst waren
Wo gibt's noch starre Zapfen? Nur kleine Stümpfchen. Pfui!
Nichts richtig Langes, Hartes, Dickes mehr.

Ich muß, es koste, was es wolle,
Mir endlich einen Schwanz auftun,
Der würdig dieses Namens ist,
Um jeden Preis mein Büchslein stopfen.

Dritter Teil
In einer miserablen Hütte
Nicht weit von einer miesen Absteig'
Inmitten zweier Weinberg',
Da lebte unser Held, der Luka.

Ansonsten litt er außer Hunger, Elend
Auch noch an einem großen Kummer.
Er hatt', es war die reine Qual,
An einem Glied von zwanzig Zoll zu tragen.

Doch nicht die jungen, nicht die alten Weiber,
Holdselige Comtessen noch selbst die Huren
Verlangte es nach diesem Anblick
Und keine wollt' von diesem Riesenapparat was wissen...

(Man kann sich das Weitere denken. Die Kaufmannsfrau wendet sich an Luka, aber die Geschichte geht übel aus. Mit seinen Rammelstößen schlitzt Luka die Schöne auf, die Kupplerin kastriert ihn, um ihre Kundin vielleicht noch zu retten, aber Luka tötet die Kupplerin mit seiner Maschine und stirbt daran. Das Gedicht endet mit dem Tableau der drei Leichen).

3
Übersetzung einer Patentschrift, die 1972 in der UdSSR deponiert wurde
(s. Teil II, 7. Kapitel, S. 115)

Union der Sozialistischen Sowjetrepubliken	Überreichung einer Patentschrift	329698
[Staatsemblem]	Deklariert am 01-VII-1969 (Nr. 1344924/31-16) Exklusivität 01-VII-1968 (Nr. 31237/68)	A 61f 5/42
Komittee für Erfindungen und Entdeckungen beim Ministerrat der UdSSR	Großbritannien Bekanntgemacht am 09. II. 1972 Bulletin Nr. 7 Datum der Veröffentlichung der Beschreibung: 12. IV. 1972	618.17-71 (088.8)
Urheber des Patents und Deklarant	Biresvar Bisah (Indien)	

Vorrichtung, die die sexuelle Erregung der Frau intensivieren soll

Es wird vorgestellt eine Vorrichtung, die dazu bestimmt ist, die sexuelle Erregung der Frau außerhalb des Koitus durch die Einwirkung von Vibration auf die erogene Zone zu intensivieren.
Der vorgeschlagene Apparat hat die Form eines hohlen Kegelstumpfs aus elastischem Material mit einer Basis in Form eines Rings, auf dem ein vorspringendes Element sitzt, das die Vorrichtung mit dem Ausgangspunkt der Vibrationen verbindet. Die Außenfläche des Konus ist mit herausragenden Teilchen versehen, die den sensibelsten Stellen der sexuellen Organe der Frau entsprechen. Diese Einrichtung sichert das feste Haften an der Peniswurzel und eine vollständige Anschmiegung an die weiblichen Sexualorgane.

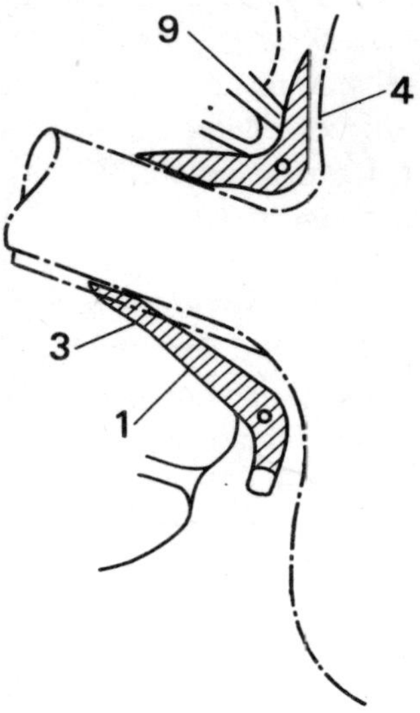

Zeichnung 1

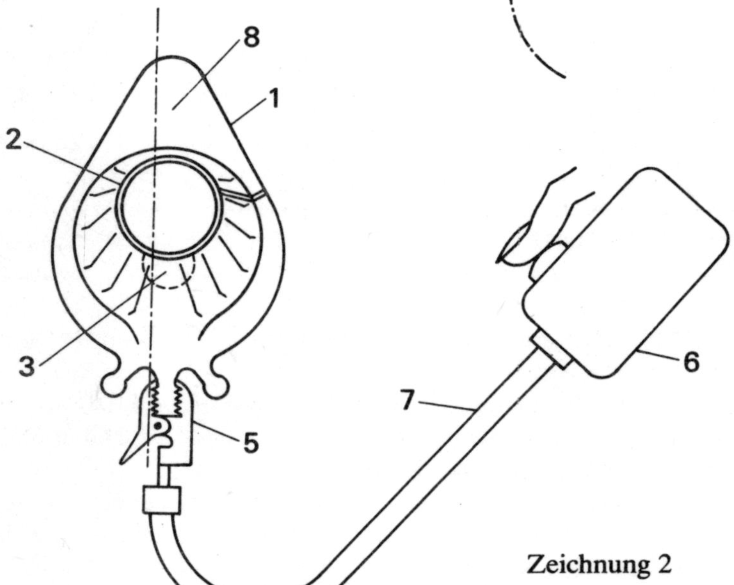

Zeichnung 2

Die Zeichnungen 1 und 2 stellen das Schema des Apparats dar. Der Apparat hat die Form eines hohlen Kegelstumpfs (1) mit gefrischtem Rand (2), an dessen Basis eine U-förmige Ausschweifung vorgesehen ist (3); seitlich am gefrischten Rand befindet sich die Basis (4), die die Form eines Rings hat. Der untere Teil der Basis 4 trägt ein vorspringendes Element (5), das mit dem Ausgangspunkt der Vibrationen, dem Schaltkästchen (6), mittels des Übertragungssystems (7) verbunden ist. Die Außenfläche (8) der Basis 4 des Konus 1 trägt herausragende Teilchen (9), die für die sensibelsten Zonen der weiblichen Sexualorgane bestimmt sind.

Vor dem Sexualakt wird der konische Apparat über den erigierten Penis gezogen (Form und Länge des Konus werden von den Partnern nach den Besonderheiten und Dimensionen ihrer jeweiligen Organe ausgewählt). Nach der Einführung des Penis drückt die Partnerin den Vibrationsknopf und läßt den Apparat eingeschaltet, bis ein erotisches Gefühl aufkommt, wonach der Sexualakt wie gewohnt fortgesetzt wird.

Zweck der Erfindung

1. Die Besonderheit des Apparats zur Intensivierung der sexuellen Erregung der Frau durch vor dem Koitus auf die erogenen Zonen der weiblichen Sexualorgane übertragene Vibrationen besteht darin, daß er dank bestmöglicher Befestigung an der Peniswurzel und vollkommenen Haftens an den sensiblen Zonen der weiblichen Sexualorgane mit den herausragenden Teilchen dazu bestimmt ist, den Orgasmus zu beschleunigen; seine äußere Form ist die eines hohlen Konusstumpfs mit einer Ringbasis, die ein vorspringendes Element als Verbindung zum Schaltkästchen trägt.

2. Der Apparat, wie unter 1. beschrieben, hat die Besonderheit, daß auf der Außenseite der Basis des Konus herausragende Teilchen angebracht wurden, die für die Zone der sensibelsten Stellen der sexuellen Organe der Frau bestimmt sind.

4
Zeichnungen einer an Voyeurismus leidenden Kranken vor und nach der Heilung

1) Selbstporträt vor der Behandlung

2) Selbstporträt nach der Heilung

5
Octobriana
Beispiel eines erotischen Samisdat-Drucks

In den 1960er Jahren tat sich in Kiew eine »Gruppe für Progressive Politische Pornographie« zusammen. Sie gaben in Handarbeit gefertigte Poster (weitgehend von der bekannten »Barbarella«, einem West-Comic beeinflußt) mit satirischem Text heraus, der dem rebellischen Charakter des Unternehmens noch mehr Nachdruck verlieh. Es werden hier einige Beispiele wiedergegeben, die aus dem von Peter Sadecky der Gruppe gewidmeten Buch ausgewählt wurden (*»Octobriana and the Russian Underground«*, Copyright Peter Sadecky and Tom Stacey, Ltd., 1971, Collection Del Duca).

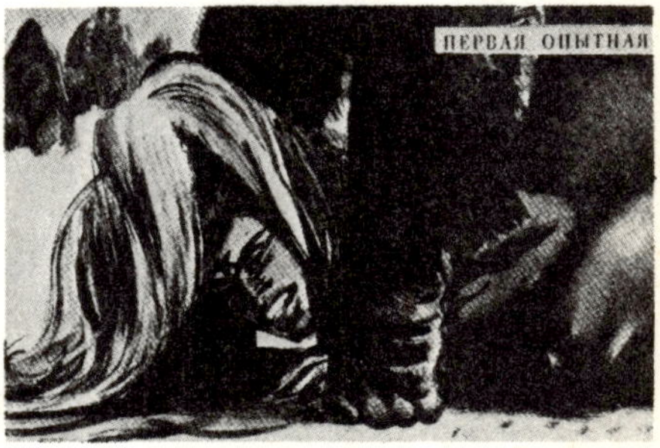

Erste Erfahrung

Ein erfahrenes Mädchen weiß, daß eine gut angebrachte und gut gebundene Ausgabe von Karl Marx mehr bieten kann als simples intellektuelles Vergnügen.

Octobriana tanzt unter Drogeneinwirkung

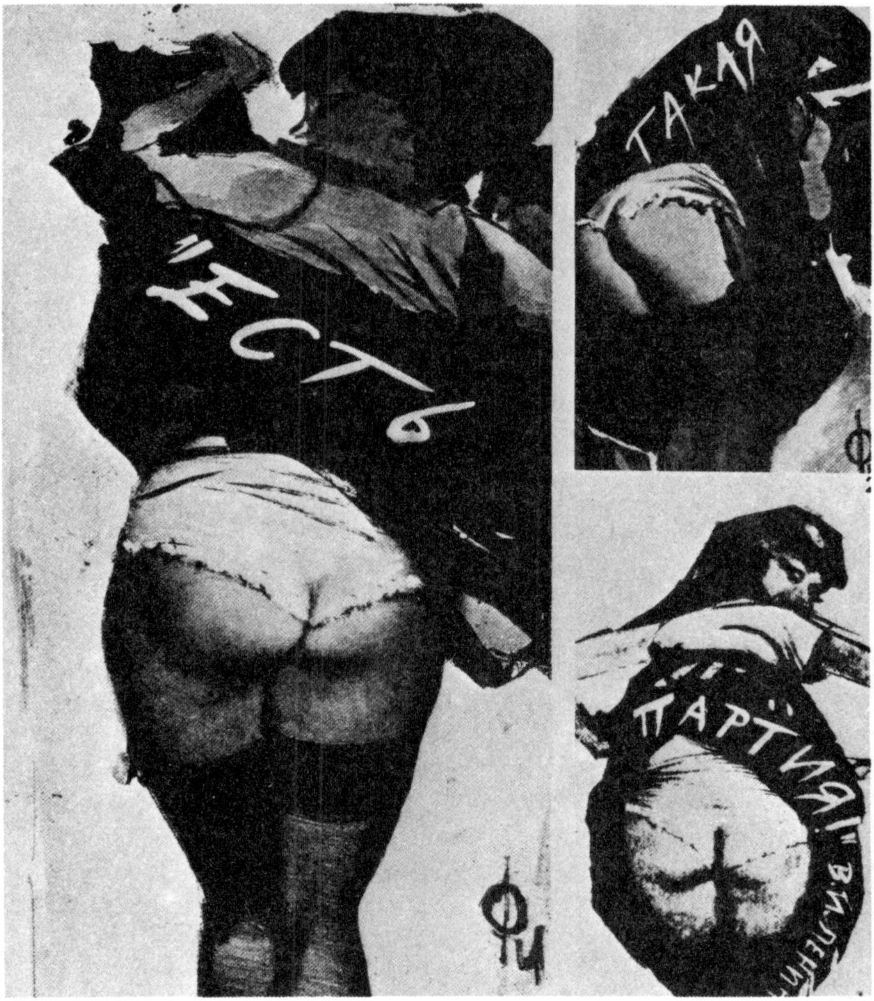

Hier findet man die berühmte Antwort Lenins an die Menschewiken, die behauptet hatten, eine Partei allein könne Rußland nicht regieren. Lenin erwiderte: »Es existiert (1) ... eine solche (2) ... Partei (3).«

Titel der französischen Originalausgabe: »La vie sexuelle en U.R.S.S.«
Ins Deutsche übertragen von Otto Weith
Verlag Ullstein GmbH · Berlin · Frankfurt/M · Wien

Satz: Süddeutsche Verlagsanstalt und Druckerei, Ludwigsburg
Druck und Binden: May & Co. Nachf., Darmstadt
Printed in Germany 1980
ISBN 3550079249

CIP-Kurztitelaufnahme der Deutschen Bibliothek

Stern, Michail:
Der verklemmte Genosse / Michail Stern u. August
Stern. Aus d. Franz. von Otto Weith. –
Ullstein, 1980. Berlin, Frankfurt/M, Wien
Einheitssacht.: La vie sexuelle en URSS ⟨dt.⟩
ISBN 3-550-07924-9
NE: Stern, August:

Anatolij Gladilin

Probe am Freitag

Der Held dieser Satiren von Anatolij Gladilin ist der sowjetische »kleine Mann«. Der Autor läßt ihn jedoch nie zur Zielscheibe seines Spottes werden, sondern immer nur die Verhältnisse, unter denen er leben muß. Gladilins Belustigung wird nur selten zu bitterem Hohn, aber selbst dann kann kein Zweifel an seinem Mitgefühl aufkommen. Aus seinen Erzählungen spricht tiefes Verständnis für die Widrigkeiten, mit denen der Sowjetbürger zu kämpfen hat.

Ullstein Kontinent

Milovan Djilas

Die unvollkommene Gesellschaft

Djilas betrachtet Fragen unserer Zeit aus der Perspektive eines gar nicht so fernen Nachbarlandes, das der Bundesbürger gemeinhin nur als mögliches Urlaubsziel kennt.
Von den spezifischen Problemen Jugoslawiens schreitet er zu kritischen Betrachtungen über den Charakter kommunistischer Gesellschaften fort und erörtert sein Ideal des demokratischen Sozialismus – eine Welt der Einheit, in der sich alle Besonderheiten der Menschen und Nationen schöpferisch entfalten.

Ullstein Kontinent

Lev Navrozov

Die Lehrjahre des Lev Navrozov

Eine sowjetische Kindheit

Wie hat sich die Sowjetgesellschaft entwickelt? Wie kam die Revolution zustande? Was ist von den herausragenden Repräsentanten der Sowjetunion zu halten? Welche Position nehmen die Künstler ein? Welche Rolle spielt der »kleine Mann«? Navrozov liefert überraschende psychologische und soziologische Erkenntnisse; seine Enthüllungen sind schonungslos, bitter, oft zynisch, doch sie verströmen die Kraft und Subtilität eines großen Romans.

Ullstein Kontinent

Wladimir Maximow

Die Quarantäne

Roman

Wladimir Maximov, neben Solschenizyn der prominenteste russische Gegenwartsautor, erzählt die Geschichte einer bunt zusammengewürfelten Gruppe von Menschen. Aus vielen dramatischen Einzelschicksalen, aus Erinnerungen, Träumen und Beichten, aus Abenteuer- und Schelmengeschichten und einer Liebesromanze entsteht das weitgespannte Epos des russischen Volkes.

Ullstein Taschenbuch